박문각

오성범
진도별로 푸는 감정평가이론

오성범 편저

2차 | 기출문제 제3판

박문각 감정평가사

개정 제3판 서문

2017년 <진도별로 푸는 감정평가이론 기출문제> 초판을 출간한 이후, 매년 새로 출제된 기출문제 해설을 추가해왔습니다. 올해는 전면적인 개정을 통해 개정 제3판을 출간합니다.

개정 제3판의 주요 개정사항은 다음과 같습니다.

1. 서론(서설)은 탑다운(Top-down) 방식으로 모두 고쳐 썼습니다. 감정평가이론 답안에서 서론은 논제의 개념적 위치를 밝히는 것이 핵심입니다. 탑다운 방식은 ① 논제가 속한 단원의 일반 명제로부터 시작해(Top), ② 해당 단원에서 논제의 개념적 위치를 설명한 후(Bridge), ③ 해당 논제를 논의할 필요성(Down)을 밝히면서 마무리하는 방식입니다. 이때 핵심은 서론에서 해당 논제를 정확하게 언급해주어야 한다는 점입니다. 서론에서 '일반 명제'와 '논제'에 해당하는 부분에는 밑줄을 넣었습니다.

2. 본론에서는 답안의 가독성을 높이기 위해 밑줄(언더라인)과 강조(하이라이트)를 추가했습니다. 논술시험은 일반적인 글쓰기와 달리 정해진 시간 내에 빠르고 정확하게 작성해야 하기 때문에, 논점에서 벗어나거나 핵심 키워드를 누락하는 실수를 방지하기 위한 '장치'가 필요합니다. 밑줄은 답안의 '구조'이자 논점에서 벗어나지 않도록 도와주는 '프레임(Frame)'입니다. 논술에서 가장 기본적인 구조는 서론·본론·결론의 3단 구조이고, 서론에서 탑다운(Top-down) 프레임을 활용하는 것처럼 본론에서도 프레임을 활용할 수 있습니다. 예를 들어 문제에서 "유의사항을 논하라"고 묻는다면 "~에 유의하여야 한다."의 형식으로 답하고, "시장의 변화를 논하라"고 묻는다면 "수요, 공급, 가격, 거래량"의 프레임으로 답하는 것입니다. 이와 같이 답안의 구조에 해당하는 부분에는 모두 밑줄을 넣었습니다. 강조는 답안의 '키워드'를 의미합니다. 개념의 정의를 서술할 때는 <꺽쇠>를 사용하고, 주요 내용을 나열할 때는 넘버링(①②③), 핵심 키워드에는 강조를 넣었습니다.

3. 그 외에 예시답안 전체적으로 개념 정의를 기본강의 교재와 통일하고, 부록으로 출제위원 강평과 단원별 의의노트를 추가했습니다. 논술의 시작은 개념을 정의하는 것에서 시작하고, 개념의 정의는 학문의 발전과 함께 수정·보완되기도 합니다. 대표적인 사례로 시장가치의 정의가 "최고가격"에서 "성립될 가능성이 가장 높다고 인정되는 가액"으로 변경된 것을 들 수 있습니다. 이번 개정을 통해 개념의 정의를 하나로 통일하고 최대한 빠르게 정리할 수 있도록 했습니다.

2026년 4월, 오성범 평가사

초판 서문

본 교재의 기획은 2016년 개설된 단과강의 "감정평가이론 논술기초세우기"에서 시작되었습니다.

감정평가이론 학습과 논술답안 작성 사이에서 징검다리가 되고자 했던 단과강의는 수험생 여러분들의 격려와 조언을 통해 완결된 교재로 출간될 수 있었습니다.

본 교재의 특징은 크게 4가지로 정리할 수 있습니다.

1. 학문적 글쓰기에 입각한 감정평가이론 답안작성방법 제시

2. 출제위원 강평에 근거한 감정평가이론 답안 체크포인트 제시

3. 11회부터 27회까지의 감정평가이론 기출문제 해설 및 예시답안 제시

4. 감정평가이론 기출문제의 진도별 재구성

감정평가이론은 정답이 아닌 해답을 요구하는 시험입니다. 본 교재에서 제시한 예시목차와 예시답안도 정답이 될 수는 없지만, 감정평가이론 기본서와 선배 평가사님들의 모범답안을 최대한 반영하고자 노력하였습니다. 부족한 교재가 수험생 여러분들의 합격에 작은 징검다리가 되기를 희망해봅니다.

2017년 2월, 오성범 평가사

I 학문적 글쓰기와 감정평가이론의 관련성

1. 학문적 글쓰기의 의의

학문적 글쓰기, 즉 논문이란 ① 연구문제를 설정하고 ② 연구방법을 계획하며 ③ 자료를 수집·분석하여 ④ 논리적인 해석과 결과를 제시하는 보고서를 의미합니다. 학문적 글쓰기는 학문을 학습하기 위한 기본능력이자, 석·박사 학위취득을 위한 기초이고, 더 나아가 의사소통의 기법이자 삶의 도구라고 할 수 있습니다.

2. 논문의 기본요소

학문적 글쓰기가 성립하기 위해서는 ① 연구문제 ② 연구문제에 대한 이론적 배경 ③ 자료수집 및 분석 ④ 연구문제의 해답 및 결론을 제시해야 합니다.

3. 논문의 요구사항

1) 형식성

학문적 글쓰기가 되기 위해서는 ① 논문의 구성 ② 논문의 형식을 준수해야 하며 ③ 용어의 인용 및 출처 표기가 정확해야 합니다.

2) 독창성

논문의 내용은 독창적이어야 하며, 이를 위해서는 기존의 선행연구에 대한 철저한 분석이 요구됩니다.

3) 기여도

논문의 형식성과 내용의 독창성은 사회에 기여할 수 있어야 합니다.

4. 논문의 단계별 난이도

일반적으로 학부논문에서는 형식성을 중심적으로 심사하며, 석사논문은 형식성을 기본으로 하되 독창성과 기여도가 있어야 하며, 박사논문은 형식성, 독창성을 기본으로 하되 기여도가 높아야 합니다.

5. 학문적 글쓰기와 감정평가이론 시험의 관련성

감정평가이론 시험형식은 100분의 논술시험 형태를 채택하고 있으며, 내용과 형식 면에서 학문적 글쓰기 능력을 요구하고 있다고 판단됩니다. 따라서 논문의 기본요소, 요구사항, 단계별 난이도는 감정평가이론 시험에도 일정 정도 적용될 수 있을 것입니다.

1) 논문의 기본요소와 감정평가이론 시험범위

감정평가이론은 재화의 가치형성원리 및 감정평가방법에 대한 과목이며, 공식적인 시험범위는
① 감정평가의 기초이론 ② 감정평가의 응용이론 ③ 감정평가 3방식 ④ 감정평가 기타방식 ⑤ 물건별
감정평가 ⑥ 목적별 감정평가입니다. 그리고 감정평가의 응용이론에서 부동산투자, 부동산금융,
부동산정책, 부동산권리론 등이 출제되어 공부 범위가 매우 넓다는 것이 특징입니다.

즉, 감정평가이론 시험은 감정평가 이론과 3방식의 이해를 넘어서, 이를 활용한 현실적인 문제
해결능력을 요구하고 있으며, 수험자는 ① 연구문제를 설정하고(문제의 분석) ② 연구문제에 대한
이론적 배경을 제시하며(기본이론의 서술) ③ 연구문제의 해답 및 결론을 제시할 수 있어야 합니다.

2) 논문의 요구사항과 감정평가이론 서술방법

논문의 완성도는 형식성, 독창성, 기여도를 통해 판단하나, 학위별 논문에서 요구하는 수준이
상이합니다. 감정평가이론에서 요구하는 답안의 완성도는 학부논문과 석사논문의 중간수준으로서,
기본적으로 답안의 형식성을 갖추되 내용의 독창성에 대한 추가적인 배점이 있음을 알 수 있습니다.

6. 바람직한 감정평가이론 답안작성방법

감정평가이론 시험은 감정평가이론에 대한 명확한 이해와 더불어 형식성, 독창성을 갖춘 학문적
글쓰기 능력을 요구하고 있습니다. 따라서 기본 내용에 대한 학습을 마친 수험자는 답안 작성연습을
시작하기 전에 ① 문제분석 ② 답안의 기본 형식 ③ 답안의 논리적 구성에 대한 기본적인 학습을
선행하는 것이 바람직하다고 판단됩니다.

"모든 시험은 짧은 시간적 제약 속에서 이루어지므로 알고 있는 것보다 쓰는 능력이 더 중요한,
그래서 수단과 목적이 도치될 위험까지 도사리고 있다." (출제위원 강평)

Ⅱ 감정평가이론 논술기초 세우기

1. 감정평가이론 답안작성 순서

감정평가이론 시험의 답안작성은 일반적으로 ① 문제분석 ② 목차구성 ③ 답안서술의 순서로 이루어지며, 이는 학문적 글쓰기 방법과 유사합니다. 각 단계의 기초적인 사항은 출제위원의 강평을 통해서 충분히 확인할 수 있습니다.

2. 문제분석: 논점의 정확성

문제분석의 시작은 문제유형을 파악하는 것입니다. 시험의 문제유형은 크게 설명형과 논술형으로 구분할 수 있습니다. 설명형은 ① 기본형 ② 관련형 ③ 관계형 ④ 영향형 ⑤ 비교형 ⑥ 사례형으로 세분할 수 있고, 논술형은 ① 기본형 ② 대립형으로 세분할 수 있습니다.

3. 답안구성

1) 목차의 체계성·논리성

답안의 목차구성은 학문적 글쓰기에서 형식성에 해당합니다. 논문의 형식성이 학위 수준과 상관없이 모든 논문의 기본에 해당하는 사항이듯, 감정평가이론 답안의 목차구성 역시 시험의 당락이 아닌 수험자의 기본 자질에 해당하는 사항입니다.

2) 배점의 합리성

배점이란 하나의 목차에 대한 서술 분량을 말합니다. 학문적 글쓰기의 기본 요소에는 포함되지 않으나, 분량이 한정되어 있는 논술시험의 특성과 공정한 채점을 위해 요구되는 사항입니다.

4. 답안서술

1) 서술의 명확성

서술의 명확성은 학문적 글쓰기에서 '연구문제에 대한 이론적 배경 제시'와 관련되어 있습니다. 논문의 독창성이 선행연구에 대한 충분한 학습과 이해를 전제하듯이, 감정평가이론 시험 역시 감정평가이론의 기본적 내용에 대한 충분한 이해와 암기를 요구하고 있습니다.

2) 서술의 독창성

서술의 독창성은 학문적 글쓰기에서 독창성에 해당합니다. 그러나 논문의 독창성이 석사논문 수준 이상의 요구사항이듯, 감정평가이론 시험에서도 반드시 독창성이 요구되는 것은 아닙니다. 또한, 독창성은 연구문제와의 관련성을 전제하므로, 감정평가이론 시험에서도 문제와 관련 없는 독창적 내용의 서술은 형식성이 갖추어지지 않은 기본 이하의 답안으로 인식될 것입니다.

5. 감정평가이론 논술기초 세우기

감정평가이론 시험은 감정평가이론에 대한 명확한 이해와 더불어 형식성, 독창성을 갖춘 학문적 글쓰기 능력을 요구하고 있습니다. 따라서 답안 작성을 처음 연습하는 수험자라면 ① 문제분석 ② 답안구성 ③ 답안서술의 단계별로 차근차근 요령을 학습한 후에 실전 답안 작성을 연습해야 합니다.

Ⅲ 감정평가이론 논술전략 세우기

「Ⅱ. 감정평가이론 논술기초 세우기」에 따라서 문제분석, 답안구성, 답안서술의 기초를 학습하셨다면, 이제 「Ⅲ. 감정평가이론 논술전략 세우기」를 통해서 ① 논제분석 ② 유형분석 ③ 배점구성 ④ 목차구성을 학습하실 차례입니다.
무턱대고 실전모의고사 형식으로 답안작성을 연습하면 시행착오로 이어질 수 있습니다. 문제분석과 답안구성에 대한 연습은 시간의 제약 없이 충분히 고민하고 연구하면서 완성해야 하는 수험의 영역이라는 점을 간과하지 않기 바랍니다.

논제분석 →	유형분석 →	배점구성 →	목차구성 →	답안작성

1. 논제분석

논제분석이란 출제범위를 파악하는 것으로서, 해당 문제의 내용이 감정평가이론의 전체 체계에서 차지하는 개념적 위치를 파악하는 것 입니다.
감정평가이론 시험문제는 약술형 문제를 제외하고, 보통 '문장'의 형태로 제시되며, 논제는 문장의 목적어로 제시되는 경우가 많습니다. 따라서 ① 문장의 독해 → ② 논제의 파악 → ③ 논제분석의 순서로 논제를 분석하면 됩니다. 정확한 논제분석을 위해서는 필수적으로 감정평가이론의 전체 체계가 정리되어 있어야 합니다.

① 문제	건부감가의 판단기준과 산출방법에 대해 서술하시오. (10점, 13회 4번)						
② 논제 파악	③ 논제분석						
	부동산의 개념	부동산 시장론	부동산 가격론		감정평가 3방식	유형별 평가	감정평가 응용이론
			O				
건부감가			가격제원칙 ↓ 최유효이용원칙 ↓ 최유효이용분석방법 ↓ 건부감가 ↓ 판단기준/산출방법				

2. 유형분석

유형분석이란 문제에 적합한 서술방식을 파악하는 것으로서, 통상 문제의 서술어를 기준으로 판단합니다. 문제유형에 따라 목차를 구성하는 방식이 조금씩 달라지므로, 목차 구성 시 유의해야 합니다.

감정평가이론 시험문제는 "설명하라"와 "논하라"로 대분류할 수 있습니다. "설명하라"는 기존 감정평가이론의 내용을 서술하라는 것이며, "논하라"는 감정평가이론에 근거하여 본인의 생각을 논리적으로 서술하라는 것입니다. 대분류 이하의 세부적인 문제유형은 다음과 같습니다.

1) 주요 문제유형 및 목차구성방법

구분		목차구성방법
설명형 [설명하라]	기본	• [기본형 문제]는 "A를 설명하시오.", "A의 ○○에 대해 설명하시오."와 같은 형식으로 출제되며, 논제에 대한 내용을 감정평가이론의 체계에 맞게 서술하는 문제입니다. • [기본형 문제]는 ① 논제의 개념적 위치를 파악하는 것이 중요하며 ② 개념체계 내에서 최대한 풍부한 내용으로 목차를 구성하는 것이 중요합니다.
	관련	• [관련형 문제]는 "A와 관련하여 B를 설명하라", "A를 중심으로 B를 설명하라", "A의 관점에서 B를 설명하라", "A에 근거하여 B를 설명하라", "A를 이용하여 B를 설명하라"와 같은 형식으로 출제되며, 2개의 논제를 동시에 제시합니다. • [관련형 문제]는 ① 설명의 도구가 되는 A논제를 우선적으로 서술하고 ② 서술한 A논제의 내용 중 설명의 대상인 B논제와 관련된 내용으로 목차를 구성합니다.
	관계	• [관계형 문제]는 "A와 B의 관계를 설명하라", "A와 B의 연관성을 설명하라"와 같은 형식으로 출제되며, 2개의 논제를 동시에 제시합니다. • [관계형 문제]는 A–B의 관계가 단편적이지 않은 경우가 있으므로 ① A가 B에게 미치는 영향과 ② B가 A에 미치는 영향을 모두 고려하여야 하며, 양자의 관계를 명확하게 제시하는 목차를 구성해야 합니다.
	영향	• [영향형 문제]는 "A가 B에 미치는 영향을 설명하라", "A가 B에 미치는 효과를 설명하라", "A가 B에 미치는 변화를 설명하라"와 같은 형식으로 출제되며, 2개의 논제를 동시에 제시합니다. • [영향형 문제]는 ① A와 B 각각의 논제에 대해 충실히 설명한 후 ② A가 B에 영향을 미치는 단계적 과정을 중심으로 목차로 구성해야 합니다.

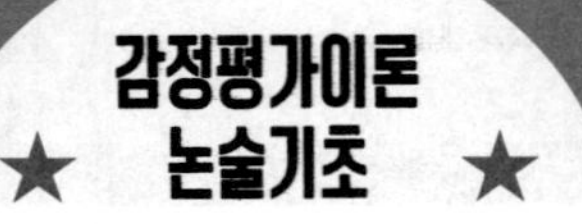

설명형 [설명하라]	비교	· [비교형 문제]는 "A와 B를 비교하여 설명하라", "A와 B의 차이점을 설명하라"와 같은 형식으로 출제되며, 2개의 논제를 동시에 제시합니다. · [비교형 문제]는 A–B의 관계가 수평적인 경우이므로 비교기준을 중심으로 목차를 구성합니다.
	사례	· [사례형 문제]는 감정평가이론의 내용을 실제 사례에 적용할 수 있는지를 시험하는 문제입니다. · [사례형 문제]는 ① 이론적 원칙을 우선적으로 서술하고 ② 서술한 원칙의 내용을 사례에 대입한 후 ③ 사례의 해결을 제시하는 순서로 목차를 구성합니다.
논술형 [논하라]	기본	· [기본형 문제]는 통상 감정평가실무에서 논란이 있는 논제가 출제되며, 정답이 없기 때문에 "논하라"의 형태로 제시됩니다. · [기본형 문제]도 설명형 문제와 마찬가지로 문제유형에 맞게 목차를 구성하되, 최대한 다양하게 서술해주셔야 합니다.
	대립	· [대립형 문제]는 감정평가실무 및 이론에서 논란이 있는 논제가 출제되며, 정답이 없기 때문에 "논하라"의 형태로 제시됩니다. · [대립형 문제]는 ① 대립되는 견해의 의의와 한계를 서술한 후 ② 최종 결론과 근거를 제시하여야 합니다.

2) 출제사례: 설명형 문제

[설명형(기본)]

- 「감정평가에 관한 규칙」에서 감정평가 시 시장가치기준을 원칙으로 하되, 예외적인 경우 '시장가치 외의 가치'를 인정하고 있다. 그러나 현행 「감정평가에 관한 규칙」에서는 '시장가치 외의 가치'에 대한 유형 등의 구체적인 설명이 없어 이를 보완할 필요성이 있다. 감정평가 시 적용할 수 있는 구체적인 '시장가치 외의 가치'에 대해 설명하시오. (30회 3번)
- 「감정평가에 관한 규칙」에는 현황기준 원칙과 그 예외를 규정하고 있다. 예외 규정의 내용을 설명하고, 사례를 3개 제시하시오. (31회 4번)

[설명형(관련)]

- 대체의 원칙이 감정평가과정에서 중요한 지침이 되는 이유를 부동산의 자연적 특성의 하나인 개별성과 관련하여 설명하고, 이 원칙이 협의의 가격을 구하는 감정평가 3방식에서 어떻게 활용되는지 기술하시오. (12회 2번)
- 부동산의 생산성을 도시성장 및 발전과 연계하여 설명하시오. (14회 1번)
- 공익사업을 위해 수용될 지구에 포함되어 장기 미사용 중이던 토지가 해당 공익사업의 중단으로 지구지정이 해제되었을 때, 당해 토지 및 주변부 토지에서 초래될 수 있는 경제적 손실을 부동산평가원리에 근거하여 설명하시오. (25회 1번)
- 토지가 국공유화되어 있는 국가에서 토지의 장기사용권이 거래되는 경우, 토지의 장기사용권 가치 산정방법을 감정평가 3방식을 이용해 설명하시오. (26회 3번)
- 비용성의 원리에 기초한 원가법은 비용과 가치간의 상관관계를 파악하는 것으로 가치의 본질을 원가의 집합으로 보고 있다. 이에 맞춰 재조달원가를 정의하고, 재생산원가 측면에서 재조달원가의 구성요소 및 산정방법에 대하여 설명하시오. (35회 1번)

[설명형(관계)]

- 감정평가에 있어 지역분석의 의의 및 필요성을 설명하고, 개별분석과의 상관관계를 기술하시오. (11회 2번)
- 오염토지의 가치하락분 산정의 일반적인 원리와 가치하락분의 제외요인 및 포함요인에 관해 설명하고, 부동산가격 제원칙과의 연관성에 관해 논하시오. (27회 3번)
- 재무보고목적의 감정평가 시 기준가치는 무엇인지 그 개념에 관해 설명하고, 시장가치 기준원칙과의 관계에 관해 설명하시오. (27회 2번)

[설명형(영향)]

- 부동산가격형성의 일반요인은 자연적, 사회적, 경제적, 행정적 제 요인으로 구분할 수 있다. 부동산가격형성의 행정적 요인 중 부동산거래규제의 내용에 대하여 설명하고, 거래규제가 감정평가에 미치는 영향에 대하여 설명하시오. (17회 3번)
- 저금리기조가 지속되는 과정에서 주택시장에 나타날 수 있는 시장변화에 대하여 설명하시오. (20회 5번)
- 인구 1,000만의 대도시인 A시와 약 40분 거리에 있는 인구 30만 규모의 기성도시인 B도시를 연결하는 전철이 개통되었다. 전철의 개통은 B도시의 광역접근성 개선효과를 가져와 부동산시장 및 부동산가격에 변화를 줄 것으로 예상된다. 전철개통으로 인한 접근성의 개선이 B도시의 유형별 부동산시장에 미치는 긍정적·부정적 효과에 대하여 설명하시오. (29회 2번)

[설명형(비교)]

- 농경지지대이론 중 차액지대설과 절대지대설을 각각 설명하고, 그 차이점을 기술하시오. (11회 4번)
- 부동산 시장분석과 시장성분석을 비교, 설명하시오. (14회 1번)
- 최근 토지의 공정가치 평가가 회계에 관한 감정에 해당하는지의 여부에 대한 논란이 있었다. 공정가치, 시장가치 및 회계상 가치를 비교·설명하시오. (29회 3번)

[설명형(사례)]

- 감정평가사 김氏는 K은행으로부터 대상부동산에 대한 담보감정평가를 의뢰 받았다. 감정평가사 김氏는 현장조사 및 자료분석을 통하여 아래와 같은 자료를 수집하였다. 아래 대상부동산의 시장분석자료를 근거로 감정평가사 김氏가 K은행 대출담당자에게 담보가격의 결정에 대한 이론적 근거에 대해 부동산가격제원칙을 중심으로 기술하시오. (16회 4번)
- 근린형 쇼핑센터 내 구분점포의 시장가치를 감정평가하려 한다. 인근에 초대형 쇼핑센터가 입지하여, 대상점포가 소재한 근린형 쇼핑센터의 고객흡인력이 급격히 감소하고 상권이 위축되어 구분점포 거래가 희소하게 된 시장동향을 고려하여 다음 물음에 답하시오. 대상 구분점포의 감정평가에 거래사례비교법을 적용할 경우 감정평가방법의 개요, 적용상 한계 및 수집된 거래사례의 거래조건보정에 대하여 설명하고, 그 밖에 적용 가능한 다른 감정평가방법의 개요 및 적용 시 유의할 사항에 대하여 설명하시오. (25회 2번)
- 공기업 A는 소지를 신규취득하고 직접 조성비용을 투입하여 택지를 조성한 후, 선분양방식에 의해 주택공급을 진행하려고 하였다. 그러나 「주택 공급에 관한 규칙」의 변경에 따라 후분양방식으로 주택을 공급하려고 한다. '예상되는 분양대금에서 개발비용을 공제하여 대상획지의 가치를 평가하는 방법'에서 분양대금의 현재가치 산정과 개발비용의 현재가치 산정 시 고려할 점을 설명하시오. (30회 1번)

3) 출제사례: 논술형 문제

[논술형(기본)]

- 최근 부동산투자회사법이 시행되었다. 부동산투자회사제도의 의의와 제도 도입이 부동산 시장에 미칠 영향에 관하여 논하시오. (12회 1번)
- 수익방식을 적용하기 위한 조사자료 항목을 열거하고 우리나라에서의 수익방식의 적용상 문제점을 논하시오. (13회 1번)
- 감정평가에 있어 시장가치, 투자가치, 계속기업가치 및 담보가치에 대하여 각각의 개념을 설명하고, 각 가치개념간의 차이점을 비교한 후, 이를 가격다원론의 관점에서 논하시오. (17회 2번)
- 수익성 부동산의 평가 시 보증금의 처리 방법과 문제점에 대해서 논하시오. (23회 2번)

[논술형(대립)]

- 토지시장에서 발생하는 불합리한 거래사례는 감정평가 시 이를 적정하게 보정하여야 한다. 현실적으로 보정을 요하는 요인은 어떠한 것이 있으며 이에 대한 의의와 그 보정의 타당성 여부를 논하시오. (12회 3번)
- 감정평가목적 등에 따라 부동산 가격이 달라질 수 있는지에 대하여 국내 및 외국의 부동산가격 다원화에 대한 견해 등을 중심으로 논하시오. (13회 3번)
- 일괄평가된 가격을 필요에 의해 토지, 건물가격으로 각각 구분할 경우 합리적 배분기준을 논하시오. (19회 1번)
- 감정평가에 사용될 수 있는 계량적 방법인 특성가격함수모형에 대해 설명하고, 감정평가사의 주관적 평가와 비교하여 그 장, 단점을 논하시오. (22회 2번)
- A법인이 소유한 위 부동산(토지 및 건물)을 감정평가 할 경우 감정평가규칙에 따른 원칙적인 감정평가방법 및 근거, 해당 방법의 적정성을 논하시오. (26회 1번)
- 해당 토지의 용적률은 50%이나 주변토지의 용적률은 100%이다. A법인이 용적률 100%를 조건으로 하는 감정평가를 의뢰하였다. 조건부평가에 관해 설명하고 본건의 평가가능 여부를 검토하시오. (26회 1번)
- 시장가치와 시장가격(거래가격)의 개념을 비교하여 설명하고, 다양한 제도를 통해 시장가격(거래가격)을 수집, 분석할 수 있음에도 불구하고 감정평가가 필요한 이유에 관하여 논하시오. (31회 1번)
- 토지소유자 甲은 공익사업에 토지가 편입되어 보상액 통지를 받았다. 보상액이 낮다고 느낀 甲은 보상액 산정의 기준이 된 감정평가서 내용에 의문이 있어, 보상감정평가를 수행한 감정평가사 乙에게 다음과 같은 질의를 하였다. 甲은 비교표준지 공시지가가 시장가격(거래가격)과 비교하여 낮은 수준임을 자료로 제시하면서, 거래사례비교법을 주방식으로 적용하지 않은 이유에 관하여 질의하였다. 이에 관하여 감정평가사 乙의 입장에서 답변을 논하시오. (31회 2번)

3. 배점구성

배점구성이란 <u>주어진 문제의 분량에 맞게 답안을 구성하는 것</u>으로서, ① 문제의 점수 ② 서술어의 개수를 기준으로 판단합니다.

① 문제의 점수는 답안의 양과 목차의 개수를 결정합니다. 답안은 100점 기준 16면(8장)이므로, 10점 문제의 경우는 최소 1.6면, 40점 문제의 경우 6.4면을 작성해야 합니다. 1면에 작성할 수 있는 목차는 3~5개이므로 답안의 양과 목차의 개수를 정할 수 있습니다.

② 문제의 서술어는 대목차의 순서 및 내용을 결정합니다. 답안구성의 기본은 서-본-결의 형태입니다. 논술시험은 연구논문이 아니므로 '결'은 문제에 따라 축소하거나 생략할 수 있으나, '서문'은 충실하게 작성하여야 합니다. '본문'의 경우 논제의 개수에 맞춰 대목차를 구성해야 하며, 임의로 순서를 뒤바꿔서는 안 됩니다.

배점구성은 의외로 많은 학생들이 소홀해 하는 부분이며, 출제위원 강평에서도 자주 지적되는 실수입니다. 객관식 시험에서 정답이 6번일 수 없듯이, 논술시험에서도 주어진 분량대로 작성해야 득점에 불이익이 없을 것입니다.

문제	부동산가격형성의 행정적 요인 중 부동산거래규제의 내용에 대하여 설명하고, 거래규제가 감정평가에 미치는 영향에 대하여 설명하시오. (20점, 17회 3번)
① 문제의 점수	• 답안분량 : 3.2면 = 16면 X (20점 ÷ 100점) • 목차개수 : 12개 = 20점 X 0.6
② 서술어의 개수	• "부동산거래규제의 내용에 대하여 설명하고" • "감정평가에 미치는 영향에 대하여 설명하시오."
③ 배점 구성	I. 서설(1목차) II. 부동산거래규제의 내용(5목차) III. 거래규제가 감정평가에 미치는 영향(5목차) IV. 결어(1목차)

4. 목차구성

목차구성은 배점구성에서 확정한 분량과 순서 내에서 세부목차를 작성하는 것입니다. 세부목차는 ① 대목차의 내용범위와 주어진 분량을 지키면서 ② 유형에 충실하게 구성해야 합니다.

문제	**부동산가격형성의 행정적 요인 중 부동산거래규제의 내용에 대하여 설명하고, 거래규제가 감정평가에 미치는 영향에 대하여 설명하시오. (20점, 17회 3번)**

① 대목차 구성	Ⅰ. 서설(1목차) Ⅱ. 부동산거래규제의 내용(5목차) Ⅲ. 거래규제가 감정평가에 미치는 영향(5목차) Ⅳ. 결어(1목차)
② 세부목차 구성	Ⅱ. 부동산거래규제의 내용[4목차] • 논제: 부동산거래규제 – 행정적 가격형성요인 – 부동산가격형성원리 – 부동산가격론 • 유형: 설명형(기본) 1. 부동산 거래규제의 의의 2. 부동산 거래규제의 내용 　1) 직접규제 　2) 간접규제 3. 부동산 가격형성요인으로서 거래규제 Ⅲ. 거래규제가 감정평가에 미치는 영향[6목차] • 논제: 가격형성요인(A) – 감정평가과정(B) • 유형: 설명형(영향) – ① A와B 각각의 논제에 대해 충실히 설명한 후 　　　　　　　　　　② A가B에 도달하는 인과관계를 목차로 구성 1. 감정평가의 의의 및 절차 2. 거래규제가 가격발생요인에 미치는 영향 3. 거래규제가 부동산가격에 미치는 영향 4. 가치형성요인의 분석과정에 미치는 영향 　1) 지역분석에 미치는 영향 　2) 개별분석에 미치는 영향 5. 평가방법의 적용 및 시산조정에 미치는 영향

5. 답안작성

서문은 <u>감정평가이론 전체 체계에서 논제의 개념적 위치를 기술하는 방식(Top-Down 방식)</u>으로 작성합니다. Top-Down 방식이란 부동산의 개념부터 부동산 시장론, 부동산가격론, 감정평가의 기초까지 해당 논제와 연관된 개념요소들을 키워드 위주로 짧게 요약하여 서술하는 방식입니다.

문제	**부동산가격형성의 행정적 요인 중 부동산거래규제의 내용에 대하여 설명하고, 거래규제가 감정평가에 미치는 영향에 대하여 설명하시오. (20점, 17회 3번)**

	I. 서설
	<table><tr><td>부동산의 개념 (고정성과 부증성) ↓ 부동산시장론 (외부효과와 균형가격불성립) ↓ 부동산가격론 (행정적 가격형성요인으로서 거래규제) ↓ 감정평가의 기초 (지역분석, 개별분석, 시산가액 조정)</td></tr></table>
서문 작성	부동산은 <u>부증성에 의한 공급제한, 고정성에 의한 외부효과</u> 등에 따라 시장의 자율적 균형에 한계가 있으며, 시장균형을 보완하기 위한 직·간접적인 개입이 필요하다. 정부에 의한 부동산 <u>거래규제는 부동산시장의 균형을 위한 행정적 조치로서 부동산가격에 영향을 미치므로, <u>감정평가 시 이의 영향력</u>에 유의하여야 한다.

결문은 ① 논술물을 간략하게 요약하거나 ② 본문에 미처 언급하지 못한 해당 논제와 연관된 내용을 서술합니다.

결문 작성	**IV. 결어** • 거래규제가 부동산가격에 미치는 영향 → 거래규제의 부작용 • 거래규제가 감정평가에 미치는 영향 → 감정평가 시 거래규제의 가격영향력 측정방법 부동산 거래규제는 ① 국민의 재산권을 과도하게 제약할 수 있고 ② 정부실패에 따라 시장실패를 악화시킬 수 있다. 거래규제 시 중장기적인 안목으로 접근하여야 하며, 감정평가 시 특정 거래규제의 영향력을 측정하기 위해 특성가격함수모형 등을 고려할 수 있다.

제한된 시간 내에 논술하기 위해서는 수험자 본인의 시간배분 규칙이 있어야 하며, 규칙에 맞게 반복연습을 해두어야만 시험장에서 충분한 실력을 발휘할 수 있을 것입니다. 아래에서 제시해드리는 논술전략은 절대적인 기준이 아니므로, 참고적으로 활용하시기 바랍니다.

구분	시간배분	방법
문제분석		문제를 분석하고, 답안의 목차와 배점을 구성하는 것이 우선입니다. 문제분석 시에는 논점의 정확성이, 답안구성 시에는 목차의 체계성과 논리성, 배점의 합리성이 중요합니다.
답안구성	20~30분	시간배분은 수험자의 필력에 따라 상이하나, 통상 20~30분 정도를 배분하면 될 것입니다.
서술	70~80분	답안의 목차와 배점을 결정할 때에는 신중함이 필요하지만, 목차와 배점을 결정한 이후에는 최대한 과감하고 신속하게 서술하는 것이 관건입니다.

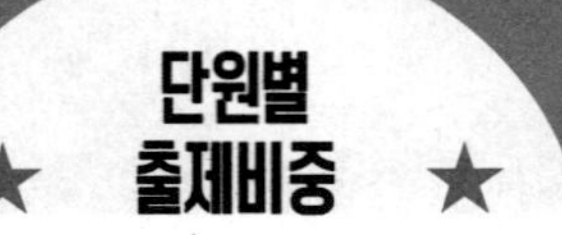

구분(기출횟수)			주요 내용
총론 (88)	부동산 시장론 (18)	부동산의 분류 (1)	종별·유형
		부동산시장의 개념 (2)	부동산시장의 특징, 부동산시장의 구조(공간·자산시장)
		부동산시장의 분석 (14)	인근/유사/동일수급권, Age-cycle, 지역분석/개별분석, 지역분석/시장분석, 전철개통, 시장분석/시장성분석, 입지분석, 저금리, 출생률저하, 핵가족화, 경제위기, 보유세인상, 금리인하, 양도세상승
		부동산시장의 경기변동 (1)	경기변동과 3방식
	부동산 가격론 (20)	부동산가격의 특성 (2)	본질, 특징, 경제적 특성
		부동산가격형성원리 (7)	지대이론, 도시성장이론, 가격형성원리, 가격결정과정, 가격형성요인(거래규제/기후변화/광평수), 가격발생요인/가격결정요인
		부동산가격제원칙 (11)	최유효이용, 건부증감가, 적합의원칙, 대체의원칙
	감정평가의 기초 (50)	감정평가의 개념 (20)	개념(회계감정), 필요성, 기능, 목적별평가(담보/표준지/개별지/표준주택/비주거/종후자산/매도청구/종전자산/현금청산), 복수평가, 제도(실거래축적/분양가상한제/권리금보호/부동산지수), 분류
		감정평가의 원칙·절차 (24)	기준가치(가격가치/정의/변천과정/중요성), 가치다원론(적정/특정/한정/보상/경매/담보/재무보고/종후자산/택지비/공정/회계상가치/시장가치외의가치), 현황평가원칙, 개별평가원칙, 기준시점, 감정평가3방식(관계/수익형/리모델링/구분점포/택지/친환경건축물), 시산가액조정(의미/전제/근거/기준/검토사항/표시방법), 절차
		감정평가의 제도 (6)	컨설팅, 권리분석, 평가검토/심사, 탁상자문, 평가윤리(일반/직무)

각론 (47)	감정평가 3방식 (23)	원가방식 (3)	재조달원가(구성요소/산정방식), 감가수정(감가요인/감가상각), 조성법/분양개발법
		비교방식 (6)	사례수집요건, 사정보정, 지역요인 비교 공시지가기준법의 타당성, 3방식과의 관계, 그밖의 요인
		수익방식 (8)	성립근거, 주요 가정, 유용성, 조사자료, 평가절차, 순수익(보증금운용율/재매도가격), 자본회수(환원율/할인율/최종환원율), 환원방법(DCM/DCF), 환원율(결합법/엘우드법), 환원율 조정, 한계
		기타 평가방법 (6)	전통적 3방식/통계적 평가방법, 특성가격함수모형, 동적DCF, 실물옵션
	물건별 평가 (16)	토지특성 (4)	오염토지(원리/스티그마), 초과잉여토지
		토지유형 (3)	지상권설정토지, 일단지, 선하지
		부동산外 (9)	기업가치, 지식재산권, 비상장주식, 임차권, 영업권, 권리금, 손해액
	감정평가 응용이론(8)	부동산투자 (5)	위험/불확실성, 레버리지효과, IRR, 민감도분석, 포트폴리오
		부동산금융 (3)	REITs, PEF, PF

차례

총론

부동산시장론

▶ 기출문제 17회 1번

부동산의 분류

01 부동산의 종별 및 유형의 개념과 분류목적을 설명하시오. `10점`

논점분석

- **논제** : 부동산의 개념 ▶ 부동산의 분류 ▶ 종별/유형
- **유형** : 설명형(기본)
- **개념어** : 개념, 목적

종별 및 유형에 대한 기본 설명형 문제입니다. 종별과 유형을 분류하는 "목적"을 물었으므로, 종별과 유형이 활용되는 후행과정을 설명해주세요.

예시목차

Ⅰ. 서설

Ⅱ. 종별 및 유형의 분류목적 (5)

　1. 종별 및 유형의 개념

　　1) 종별의 개념 및 종류

　　2) 유형의 개념 및 종류

　2. 종별 및 유형의 분류목적

　　1) 지역분석 시 인근지역 결정

　　2) 개별분석 시 최유효이용 결정

　　3) 감정평가방법의 선택 및 적용

문1 [10점]

I. 서설

「민법」 제99조는 부동산을 "토지 및 정착물"로 규정하고 있다. 그러나 물리적으로 동일한 부동산이라 하더라도 용도, 이용형태, 권리관계에 따라 가격형성요인이 상이하다. 따라서 경제적 가치를 판정하기 위한 감정평가 시 종별 및 유형의 분류를 선행하고, 그에 따라 지역분석, 개별분석, 감정평가방법의 적용이 이루어져야 한다.

II. 종별과 유형의 분류목적

1. 종별 및 유형의 개념

1) 종별의 개념 및 종류

<종별>이란 토지를 용도적 관점에서 분류한 것으로서, 지역의 용도를 분류하는 지역종별과 대상 토지의 용도를 분류하는 토지종별로 나눌 수 있다. 종별은 택지(주택·상업·공업·이행지), 농지(전·답·이행지), 임지, 예정지로 분류한다.

2) 유형의 개념 및 종류

<유형>이란 부동산을 이용형태 및 권리관계의 관점에서 분류한 것으로서, 이용형태에 따라 토지, 건물, 복합부동산, 구분소유부동산으로 분류하며, 권리관계에 따라 나지, 건부지, 갱지, 저지 등으로 구분할 수 있다.

2. 종별 및 유형의 분류목적

1) 지역분석 시 인근지역 결정

<지역분석>이란 대상 부동산이 속하는 지역의 범위를 획정하고 지역요인을 분석하여 표준적 이용과 가격수준을 판정하는 것을 말한다. 지역분석의 대상인 인근지역을 결정하기 위해서 대상 부동산이 속한 종별에 대한 판단이 선행되어야 한다.

2) 개별분석 시 최유효이용 결정

<개별분석>이란 대상 부동산의 개별요인을 분석하여 최유효이용을 판정하고 가격을 구체화하는 분석을 말한다. 최유효이용의 판정은 유형에 따라 상이하므로 대상 토지의 유형에 대한 판단이 선행되어야 한다.

3) 감정평가방법의 선택 및 적용

감정평가방법 적용 시 유형에 따라 「감정평가에 관한 규칙」상 주된 방법을 적용하여야 하며, 종별에 따라 적정한 부방법으로 합리성을 검토할 수 있다. 비교방식의 비교사례 선정, 수익방식의 환원이율 산정 시에도 종별 및 유형에 대한 판단이 선행되어야 한다. <끝>

✱ 부동산시장의 개념

02 정부가 부동산시장에 개입하는 이유에 대하여 설명하시오. 10점

논점분석

- **논제** : 부동산시장론 ▶ 부동산시장의 개념 ▶ 부동산시장의 특징
- **유형** : 설명형(기본)
- **개념어** : 이유

부동산시장에 대한 기본 설명형 문제입니다. 부동산시장의 특징에 대한 "이유"를 물었으므로, 원인 측면에서 부동산의 물리적 특성, 목적 측면에서 시장실패의 보완과 연결시켜 설명해주세요.

예시목차

Ⅰ. 서설

Ⅱ. 정부가 부동산시장에 개입하는 이유 (5)
  1. 부동산시장의 의의 및 특징
  2. 정부 개입의 의의 및 수단
  3. 정부의 시장개입 이유
      1) 부동산시장의 비효율성 보완
      2) 부동산가격의 불균형성 통제
      3) 시장실패의 보완 및 국민경제 발전

문2 10점

I. 서설

부동산은 고정성, 부증성과 같은 물리적 특성에 따라 시장 기능에 의한 자율적인 자원

배분이 저해된다. 그러나 부동산은 사적 재화와 공적 재화의 성격을 동시에 갖고 있다.

따라서 시장실패를 보완하기 위한 정부의 시장 개입이 필요할 수 있다.

II. 정부가 부동산시장에 개입하는 이유

1. 부동산시장의 의의 및 특징

<부동산시장>이란 부동산의 교환 및 가격 결정이 이루어지고 부동산 자산의

이용형태 및 배분이 결정되는 공간을 말한다. 부동산시장은 부동산의 고정성,

부증성 등 물리적 특징으로 인해 불완전 경쟁시장의 특징을 나타낸다.

2. 정부 개입의 의의 및 수단

<정부 개입>이란 시장이 자원배분의 효율성을 달성하지 못할 때 정부가 직·간접적

으로 시장의 수요와 공급을 조절하는 것을 말한다. 정부개입의 수단은 택지개발

(공급), 분양가상한제(가격), 토지거래허가제(거래) 등 직접개입과 금융, 조세,

가격공시 등 간접개입으로 분류할 수 있다.

3. 정부의 시장개입 이유

1) 부동산시장의 비효율성 보완

부동산시장은 부동산의 부증성에 의해 공급이 비탄력적이고, 고가성에 의해

시장 참여가 제한되며, 거래의 비공개성에 의해 비대칭정보가 발생하는 등

수급 조절이 어렵다. 따라서 정부는 택지조성, 공공임대와 같은 직접개입 또는 금리, 조세와 같은 간접개입을 통해 <u>수급 균형을 확보하고자 시장에 개입한다.</u>

2) 부동산가격의 불균형성 통제

부동산가격은 부동산시장의 비효율성에 의해 균형가격의 성립이 어렵고, 각종 사정이 개입될 수 있으며, 가격의 급등·폭락이 발생하는 등 거래지표로서의 기능 확보가 어렵다. 따라서 정부는 가격규제, 실거래가신고제와 같은 간접개입을 통해 <u>거래가격의 안정을 확보하고자 시장에 개입한다.</u>

3) 시장실패의 보완 및 국민경제 발전

부동산시장은 부동산의 고정성에 의해 외부경제 또는 외부불경제가 발생할 수 있으며, 이로 인해 사회적 후생손실이 발생할 수 있다. 따라서 정부는 용도지역, 용도지구, 지구단위계획과 같은 공법상 규제 등을 통해 <u>시장실패를 보완하고, 국민경제의 발전을 위해 시장에 개입한다.</u> <끝>

✱ 부동산시장의 개념

03 부동산시장을 공간시장(space market)과 자산시장(asset market)으로 구분할 때 두 시장의 관계를 설명하고, 부동산시장의 다른 조건이 동일할 때 시중은행 주택담보대출 이자율의 상승이 주택시장의 공간시장과 자산시장에 미치는 영향을 설명하시오. `20점`

논점분석

- **논제** : 부동산시장론 ▶ 부동산시장의 개념 ▶ 부동산시장의 구조
- **유형** : ① 설명형(관계) ② 설명형(영향)

부동산시장의 구조에 대한 설명형 문제입니다. ① 공간시장과 자산시장의 관계를 '상호관계'로 명확하게 제시하되, 배점을 고려해 관계의 구체적인 내용까지 서술해주세요. ② 이자율 상승의 원인 또는 배경을 먼저 설명하신 후, 공간·자산시장으로 구분하여 각 시장의 수요·공급의 변화를 설명해주세요.

예시목차

Ⅰ. 서설

Ⅱ. 공간시장과 자산시장의 관계 (5)
   1. 공간시장의 의의
   2. 자산시장의 의의
   3. 양자의 상호관계
     1) 공간시장 임대료에 의한 자산시장의 가격 결정
     2) 자산시장 가격에 의한 신규공급량 결정
     3) 신규공급량에 의한 공간시장의 임대료 결정

Ⅲ. 이자율 상승과 주택시장 (5)
   1. 이자율 상승의 의의 및 배경
   2. 주택 공간시장에 미치는 영향
     1) 이자비용 증가에 따른 기존공급 감소
     2) 건축비용 증가에 따른 신규공급 감소
   3. 주택 자산시장에 미치는 영향
     1) 유효수요 감소 및 기존공급 증가
     2) 상대수익률 하락에 따른 자본유출

Ⅳ. 결어

문3 `20점`

I. 서설

<부동산시장>이란 부동산의 교환 및 가격 결정이 이루어지고 부동산 자산의 이용 형태 및 배분이 결정되는 공간을 말한다. 부동산시장은 위치, 용도, 이용 등에 따라 개별시장으로 세분화되는데, 이용목적에 따라 공간시장과 자산시장으로 분류할 수 있다.

II. 공간시장과 자산시장의 관계

1. 공간시장의 의의

<공간시장>이란 공간이용을 목적으로 부동산 권리를 교환하여 임대료가 결정되는 부동산 시장을 말한다. 공간시장의 상품은 일정기간 부동산 공간을 이용할 수 있는 서비스로, 수요자는 임차인(점유자), 공급자는 임대인(소유자)이 된다.

2. 자산시장의 의의

<자산시장>이란 현금흐름을 목적으로 부동산 권리를 교환하는 시장을 말한다. 자산시장의 상품은 임대료 수익을 제공하는 자산으로서, 수요자는 투자자, 공급자는 투자자 또는 건설산업이 된다.

3. 양자의 상호관계

1) 공간시장 임대료에 의한 자산시장의 가격 결정

공간시장에서 공간에 대한 수요와 현재의 물리적 공급에 따라 임대료(가격)가 결정된다. 자산시장에서는 공간시장에서 결정된 임대료(현금흐름)와 투자자의 요구수익률(환원율)이 상호작용하여 자산가격이 결정된다.

2) 자산시장 가격에 의한 신규공급량 결정

자산시장에서 결정된 자산가격과 건설주체들의 공급곡선(건축곡선)과 일치하는 점에서 신규 공급량이 결정된다. 신규 공급량은 자산가격이 건축비용을 상회하는 경우에만 성립하며, 일반적으로 자산가격에 비례한다.

3) 신규공급량에 의한 공간시장의 임대료 결정

자산시장에서 결정된 신규 공급량은 기존 공급량, 감가상각률에 따른 재고감소량과 합산되어 공간시장의 최종 공급량을 결정한다. 공간시장의 공간 수요가 공급량과 일치하는 점에서 신규 임대료가 결정된다.

III. 이자율 상승과 주택시장

1. 이자율 상승의 의의 및 배경

<이자율>이란 일정 기간 동안 자금을 사용한 대가로 지급하는 이자와 원금의 비율을 말한다. 이자율은 결정주체에 따라 정부의 기준금리와 금융회사의 시장금리로 분류할 수 있는데, 정부의 기준금리는 물가 상승 및 경기 과열 시 통화정책에 따라 상향 조정될 수 있다.

2. 주택 공간시장에 미치는 영향

1) 이자비용 증가에 따른 기존공급 감소

이자율 상승에 따라 이자비용이 증가하게 되면 임대인의 기존 공급이 감소하여, 단기적으로 <u>임대료가 상승할</u> 것으로 판단된다. 다만 화폐가치 상승으로 월세 대비 전세의 공급이 증가할 경우 <u>전세 가격은 하락할</u> 수 있다.

2) 건축비용 증가에 따른 신규공급 감소

이자율 상승에 따라 금융비용을 포함한 전체 건축비용이 증가하게 되면, <u>신규 공급이 감소할</u> 것으로 판단된다. 신규 공급의 감소에 따라 공간시장의 <u>임대료는 장기적으로 상승할</u> 수 있다.

3. 주택 자산시장에 미치는 영향

1) 유효수요 감소 및 기존공급 증가

이자율 상승에 따라 수요자의 이자비용, 공급자의 건축비용이 증가하므로, <u>유효수요의 감소 및 기존공급 증가</u>에 따라 단기적으로는 <u>자산가격이 하락</u>하나, 장기적으로는 신규 공급 감소에 따라 자산가격이 일부 회복될 것으로 예상된다.

2) 상대수익률 하락에 따른 자본유출

이자율 상승에 따라 화폐시장 대비 자산시장의 상대적 수익률이 하락하게 되면, 자산시장의 <u>수요 감소로 자산가격이 하락</u>하고, 대체경쟁관계에 있는 화폐시장 및 자본시장으로의 자본유출이 발생할 것으로 예상된다.

Ⅳ. 결어

부동산 자산가격은 공간시장의 임대료와 환원율의 상호작용에 의해 결정된다. 자산시장의 환원율은 대체경쟁관계에 있는 화폐·자본시장의 수익률(이자율)의 영향을 받아 결정되므

로 감정평가 시 부동산시장의 수요·공급과 더불어, 화폐·자본시장의 변화에도 유의하여야 할 것이다. <끝>

❋ 부동산시장의 분석

04 시장분석의 의의 및 필요성을 설명하고, 시장분석 6단계를 단계별로 설명하시오.
`20점`

논점분석

- **논제** : 부동산시장론 ▶ 부동산시장분석 ▶ 시장분석의 개념/단계
- **유형** : 설명형(기본)
- **개념어** : 필요성

시장분석에 대한 기본·설명형 문제입니다. 문제에서 제시한 논제의 순서대로 서술하되, "**필요성**"을 물었으므로 부동산시장분석이 필요한 원인에 해당하는 부동산시장의 특징을 기준으로 설명해주세요.

출제위원 채점평

문제2는 시장분석에 대한 기본적인 지식이 있으면 답할 수 있는 문제로서 시장분석의 각 단계별 분석내용에 대한 이해와 <u>시장분석과 관련한 분석지표로서의 과거자료(data)의 한계 등에 대한 설명이 필요하다.</u>

예시목차

Ⅰ. 서설

Ⅱ. 시장분석의 의의 및 필요성 (4)
  1. 시장분석의 의의
  2. 시장분석의 필요성
    1) 고정성에 의한 지역시장의 형성
    2) 부증성에 의한 균형가격 성립의 어려움
    3) 개별성에 의한 정보 비공개성

Ⅲ. 시장분석의 6단계 (6)
  1. 생산성분석
  2. 시장확정
  3. 수요분석
  4. 공급분석
  5. 균형분석
  6. 포착률 추계

Ⅳ. 결어

문4 20점

I. 서설

부동산은 일반 재화와 달리 물리적으로 고정되어 있어, 부동산 시장 역시 지역시장의 형태로 형성된다. 따라서 부동산에 대한 시장분석은 특정지역 또는 특정부동산에 한정된 협의의 시장분석이라고 할 수 있다. 부동산시장분석은 일반 시장분석과 달리 생산성분석 및 시장획정이 선행되어야 한다.

II. 시장분석의 의의 및 필요성

1. 시장분석의 의의

<시장분석>이란 수요와 공급의 상호관계가 대상물건의 가치에 어떠한 영향을 미치는가를 조사·분석하는 것을 말한다. 감정평가 시 대상 부동산이 속한 시장지역의 가격수준과 대상 부동산의 시장 내 위치를 확인해야 하므로, 시장분석이 선행되어야 한다.

2. 시장분석의 필요성

1) 고정성에 의한 지역시장의 형성

부동산은 일반 재화와 달리 고정성에 의한 지역시장을 형성한다. 지역별 부동산시장은 지역요인의 차이에 따라 가격수준 및 경기국면이 상이하므로, 지역시장의 특징에 대한 시장분석이 필요하다.

2) 부증성에 의한 균형가격 성립의 어려움

부동산은 일반 재화와 달리 부증성, 영속성 등에 따라 수급 조절이 곤란하고 균형가격이 성립하기 어렵다. 따라서 기존 공급량뿐만 아니라 신규 공급량과 공급시기 등에 대한 시장분석이 필요하다.

3) 개별성에 의한 정보 비공개성

부동산은 고정성, 개별성에 따라 일물일가의 원칙이 성립하기 어렵고 정보의 공개성 및 투명성이 제한된다. 따라서 대상 부동산의 지역적, 개별적 특징을 파악하기 위한 시장분석이 필요하다.

Ⅲ. 시장분석의 6단계

1. 생산성분석

<생산성분석>이란 부동산의 법적, 물리적, 입지적 특성을 조사·분석하여 시장성 있는 잠재적 용도를 확인하는 것을 말한다. 생산성분석의 목적은 대상 부동산에서 성립할 수 있는 다양한 용도를 도출하는 것이다.

2. 시장획정

<시장획정>이란 부동산을 위치, 용도, 유형에 따라 별도의 세분시장으로 구분하는 것을 말한다. 시장획정의 목적은 부동산 시장을 세분하여 동질적인 소집단으로 구분하기 위한 것이다.

3. 수요분석

<수요분석>이란 부동산의 수요에 영향을 주는 요인을 조사·분석하여 대상 부동산의 잠재적 가능 수요자를 확인하는 것을 말한다. 수요분석의 목적은 이전 단계에서 확정된 세분시장별로 잠재적 가능 수요량을 파악하는 것이다.

4. 공급분석

<공급분석>이란 시장에 공급된 기존 부동산의 재고량과 공급이 예정된 신규 부동산의 공급량을 조사하는 것을 말한다. 공급분석의 목적은 세분시장별로 잠재적 가능 공급량을 파악하는 것이다.

5. 균형분석

<균형분석>이란 현재와 미래의 수요·공급 상호작용을 분석하여 한계수요의 존재 여부 및 수급 균형의 도달시점을 분석하는 것을 말한다. 부동산은 공급의 지행성에 의해 수급 균형이 이루어지기 어려우므로, 단기적 불균형과 장기적 균형에 유의한다.

6. 포착률 추계

<포착률 추계>란 대상 부동산이 전체 시장에서 차지할 것으로 예상되는 점유율을 예측하는 것을 말한다. 포착률은 균형분석 결과에 기초하여 파악하되, 단기의 흡수율과 장기의 점유율로 구분하여 예측한다.

Ⅳ. 결어

시장분석의 6단계 절차는 분석의 대상, 관점과 목적에 따라 유연하게 활용될 수 있다. 또한 시장분석 시 단순히 과거의 통계자료에 의존하기보다는, 기초 경제변수에 근거하여 동태적 관점에서 거시적이고 장기적인 분석을 수행해야 한다. <끝>

＊ 부동산시장의 분석

05 부동산 시장분석과 시장성분석을 비교, 설명하시오. 20점

논점분석

- **논제** : 부동산시장론 ▶ 부동산시장분석 ▶ 시장분석의 종류 ▶ 시장분석/시장성분석
- **유형** : 설경형(비교)

시장분석방법에 대한 비교·설명형 문제입니다. 비교형 문제는 동등한 위계의 논제를 대상으로 출제되므로, 비교기준을 가지고 공통점과 차이점을 서술해주세요.

예시목차

Ⅰ. 서설

Ⅱ. 시장분석과 시장성분석의 비교 (7)
  1. 시장분석의 개념
    1) 의의 및 대상
    2) 절차 및 목적
  2. 시장성분석의 개념
    1) 의의 및 대상
    2) 절차 및 목적

  3. 양 자의 비교
    1) 공통점
      (1) 분석절차의 유사성
      (2) 감정평가 시 활용성
    2) 차이점
      (1) 분석대상의 차이
      (2) 분석절차의 차이
      (3) 분석결과의 차이

Ⅲ. 결어

문5 20점

I. 서설

부동산은 일반 재화와 달리 물리적으로 고정되어 있어, 부동산 시장 역시 지역시장을 이룬다. 따라서 부동산에 대한 시장분석은 특정지역 또는 특정 부동산에 한정된 협의 시장분석이라고 할 수 있다. 시장분석은 분석 주체, 목적에 따라 다양한 형식으로 수행될 수 있으므로 분석방법 간 차이점에 유의하여야 한다.

II. 시장분석과 시장성분석의 비교

1. 시장분석의 개념

1) 의의 및 대상

<시장분석>이란 수요와 공급의 상호관계가 대상물건의 가치에 어떠한 영향을 미치는가를 조사·분석하는 것을 말한다. 시장분석의 대상에는 해당 토지에 성립할 수 있는 모든 용도의 부동산시장이 포함된다.

2) 절차 및 목적

시장분석의 절차는 ① 생산성 분석, ② 시장 획정, ③ 수요 분석, ④ 공급 분석, ⑤ 수요·공급의 균형분석, ⑥ 포착률 추계의 6단계로 수행된다. 시장분석의 목적은 해당 시장 내의 수요와 공급의 균형상태를 파악하는 것이다.

2. 시장성분석의 개념

1) 의의 및 대상

<시장성분석>이란 대상 부동산이 현재나 미래의 시장상황에서 매매되거나 임

대될 수 있는 능력을 분석하는 것을 말한다. <u>시장성분석의 대상</u>은 특정 용도의 부동산시장으로 한정된다.

2) 절차 및 목적

<u>시장성분석의 절차</u>는 ① 시장 획정, ② 수요 분석, ③ 공급 분석, ④ 균형 분석, ⑤ 포착률 예측의 순서로 수행된다. <u>시장성분석의 목적</u>은 신규 공급 예정인 부동산의 시장성 또는 분양성 여부를 판단하는 것이다.

3. 양 자의 비교

1) 공통점

(1) 분석절차의 유사성

시장분석과 시장성분석은 시장분석의 6단계 중 생산성 분석을 제외한 시장 획정, 수요 분석, 공급 분석, 균형 분석, 포착률 예측의 절차를 유사하게 활용하여 수행한다는 <u>공통점이 있다</u>.

(2) 감정평가 시 활용성

시장분석과 시장성분석은 특정 용도의 부동산 공급에 대한 수요·공급 균형상태, 시장성 등을 분석하므로, 이는 감정평가 시 지역적인 가격수준, 개별적 가격의 구체화에 활용된다는 <u>공통점이 있다</u>.

2) 차이점

(1) 분석대상의 차이

시장분석은 대상 부동산이 속한 시장지역에 대한 거시적 분석이나, 시장성
분석은 특정 용도의 부동산시장에 대한 미시적 분석이라는 차이점이 있다.
시장분석은 생산성 분석의 결과에 따라 성립 가능한 모든 시장을 포괄하므
로 시장성분석을 포함한다.

(2) 분석절차의 차이

시장분석은 생산성 분석의 결과에 따라 용도별로 시장을 획정한 후 용도별
시장 각각에 대하여 수요, 공급 및 균형분석을 한다. 반면 시장성분석은 특
정 용도의 시장에 대하여 수요, 공급 및 균형분석을 하므로 분석절차상 생
산성 분석이 제외된다는 차이점이 있다.

(3) 분석결과의 차이

시장분석의 결과는 대상 부동산의 잠재적 용도에 대한 전반적인 수요·공
급의 균형상태로 도출한다. 반면 시장성분석의 결과는 특정 용도의 부동산
에 대한 흡수율 및 흡수기간을 도출한다는 차이점이 있다.

Ⅲ. 결어

시장분석과 관련하여 실무적으로는 지역분석, 입지분석 등 다양한 용어가 혼재되어 있어
혼란이 있다. 그러나 다양한 시장분석 기법들은 분석대상과 방법이 상호 중복되는
경우가 많으며, 분석대상 및 결과의 차이만 있다고 할 수 있다. <끝>

✱ 부동산시장의 분석

▶ 기출문제 24회 2번

06 부동산 감정평가에서 행하는 지역분석을 설명하고, 시장분석과의 관계를 설명하시오.
10점

논점분석

- **논제** : 부동산시장론 ▶ 부동산시장분석 ▶ 시장분석의 종류 ▶ 시장분석/지역분석
- **유형** : 설명형(관계)

시장분석과 지역분석에 대한 관계 설명형 문제입니다. 대상, 범위, 절차, 목적 등 분석방법을 분류하는 기본 목차를 활용하되, 일반적인 부동산시장분석과 감정평가 시 지역분석의 관계에 대한 명확한 결론을 내려주세요.

예시목차

Ⅰ. 서설

Ⅱ. 감정평가의 지역분석 (2)
   1. 지역분석의 의의 및 필요성
   2. 지역분석의 절차 및 목적

Ⅲ. 지역분석과 시장분석의 관계 (3)
   1. 분석대상의 관계
   2. 분석범위의 관계
   3. 분석절차의 관계

문6 10점

I. 서설

<시장분석>이란 수요와 공급의 상호관계가 대상물건의 가치에 어떠한 영향을 미치는가를 조사·분석하는 것을 말한다. 경제학에서 시장분석은 광범위한 의미를 갖지만, 감정평가의 시장분석(지역분석)은 특정시장이나 특정부동산에 한정된 협의의 시장분석을 의미한다.

II. 감정평가의 지역분석

1. 지역분석의 의의 및 필요성

<지역분석>이란 대상 부동산이 속하는 지역의 범위를 획정하고 지역요인을 분석하여 표준적 이용과 가격수준을 판정하는 것을 말한다. 부동산의 고정성에 의해 부동산시장은 지역시장의 특성을 가지므로, 지역분석의 필요성이 있다.

2. 지역분석의 절차 및 목적

지역분석의 절차는 대상 부동산이 속하는 대상지역의 범위를 획정하는 것에서 시작한다. 대상지역으로는 대상 부동산이 속한 지역으로서 부동산의 이용이 동질적인 인근지지역과 유사지역, 동일수급권이 있다. 지역분석의 목적은 대상지역 내 부동산의 용도적 대체·경쟁관계에 유의하여 표준적 이용과 가격수준을 판단하는 것이다.

Ⅲ. 지역분석과 시장분석의 관계

1. 분석대상의 관계

시장분석의 분석대상은 물리적 특성과 구체적 입지만 확정된 부동산(토지)이다. 지역분석의 분석대상은 특정 용도로 이용되고 있는 부동산의 인근지역이므로, 지역분석의 분석대상은 시장분석에 포함된다.

2. 분석범위의 관계

시장분석의 분석범위는 부동산의 생산성에 따라 다양할 수 있으나, 지역분석의 분석범위는 대상 부동산의 용도에 따라 인근지역 등으로 한정된다. 분석범위에 있어 지역분석의 범위는 시장분석의 범위에 포함된다.

3. 분석절차의 관계

시장분석은 생산성 분석, 시장획정, 수요분석, 공급분석, 수요공급 상호작용분석, 포착률 예측의 절차로 이루어진다. 지역분석은 특정 용도의 부동산을 기준하여 생산성 분석이 불필요하므로, 분석절차상 시장분석에 포함된다. <끝>

✳ 부동산시장의 분석　　　　　　　▶기출문제 11회 2번

07 감정평가에 있어 지역분석의 의의 및 필요성을 설명하고, 개별분석과의 상관관계를 기술하시오. 20점

논점분석

- **논제** : 부동산시장론 ▶ 부동산시장분석 ▶ 감정평가 시장분석 ▶ 지역분석/개별분석
- **유형** : ① 설명형(기본) ② 설명형(관계)
- **개념어** : 필요성

감정평가의 시장분석방법인 지역분석과 개별분석에 대한 복합 유형(기본/관계 설명형) 문제입니다. 관계형 문제는 양자를 수평적으로 비교해서는 안 되며, 양자의 시간적 선후관계, 논리적 인과관계 등을 복합적으로 서술해주세요.

예시목차

Ⅰ. 서설

Ⅱ. 지역분석의 의의 및 필요성 (5)

　1. 지역분석의 의의 및 대상

　2. 지역분석의 절차 및 목적

　3. 지역분석의 필요성

　　1) 고정성에 의한 지역시장의 형성

　　2) 표준적 이용과 가격수준의 결정

　　3) 사례의 수집범위 결정

Ⅲ. 지역분석과 개별분석의 상관관계 (5)

　1. 개별분석의 의의

　2. 지역분석과 개별분석의 상관관계

　　1) 분석절차의 선후관계

　　2) 분석결과의 상호관계

　　　(1) 표준적 이용과 최유효이용의 일치

　　　(2) 표준적 이용과 최유효이용의 불일치

　　　(3) 창조적 침입과 계승

Ⅳ. 결어

문7 20점

I. 서설

부동산은 일반 재화와 달리 물리적으로 고정되어 있어, 부동산 시장 역시 지역시장을 이룬다. 따라서 부동산에 대한 감정평가는 지역시장에 대한 분석으로부터 시작되고, 지역적 가격수준의 범위에서 개별 부동산의 특성에 따라 구체적 가격을 형성하게 된다.

II. 지역분석의 의의 및 필요성

1. 지역분석의 의의 및 대상

<지역분석>이란 대상 부동산이 속하는 지역의 범위를 획정하고 지역요인을 분석하여 표준적 이용과 가격수준을 판정하는 것을 말한다. 지역분석의 대상은 대상 부동산의 소재, 접근성에 따라 인근지역, 유사지역, 동일수급권으로 분류한다.

2. 지역분석의 절차 및 목적

지역분석의 절차는 ① 대상지역의 획정, ② 지역요인의 분석, ③ 표준적 이용의 분석, ④ 가격수준 파악의 순서로 이루어진다. 대상지역의 획정은 사례수집의 범위를 고려하여 획정하여야 하며, 지역요인은 자연·사회·경제·행정적 요인별로 분석한다. 지역분석의 목적은 지역 내 부동산의 일반적이고 표준적인 이용과 가격수준을 파악하는 것이다.

3. 지역분석의 필요성

1) 고정성에 의한 지역시장의 형성

부동산은 물리적으로 고정되어 있으므로, 부동산시장 역시 지역시장으로 형성된다. 부동산의 가격형성요인은 전국적으로 동일한 영향을 미치는 것이 아니라, 용도적 지역에 따른 지향성과 편향성을 보인다. 가격형성요인은 해당 지역의 범위 내에서 분석되어야 하므로 지역분석이 필요하다.

2) 표준적 이용과 가격수준의 결정

표준적 이용이란 인근지역 내 개별 부동산의 일반적, 평균적 이용방법이며, 가격수준이란 개별 부동산 집단의 가격범위를 말한다. 표준적 이용과 가격수준은 개별분석 과정에서 최유효이용과 구체적 가격의 판정기준이 되므로 지역분석이 필요하다.

3) 사례의 수집범위 결정

부동산가격을 파악하기 위한 구체적 방법 적용 시 각종 사례자료의 수집이 필수적이다. 지역범위가 좁을 경우 사례수집이 어려우며, 넓을 경우 이용상황과 가격의 파악이 곤란하므로, 적정한 지역범위 획정을 위해 지역분석이 필요하다.

III. 지역분석과 개별분석의 상관관계

1. 개별분석의 의의

<개별분석>이란 대상 부동산의 개별요인을 분석하여 최유효이용을 판정하고 가격을 구체화하는 것을 말한다. <개별요인>이란 대상물건의 구체적 가치에 영향을 미치는 고유한 개별적 요인을 말한다.

2. 지역분석과 개별분석의 상관관계

1) 분석절차의 선후관계

개별분석은 지역분석의 결과인 표준적 이용과 가격수준의 범위 내에서 이루어지기 때문에, 일반적으로 지역분석은 개별분석에 선행하여 이루어지며, 실무적으로는 동시 또는 후행하여 이루어지기도 한다.

2) 분석결과의 상호관계

(1) 표준적 이용과 최유효이용의 일치

최유효이용의 판정은 지역분석의 결과인 표준적 이용과 대상 부동산의 개별적 이용상황에 대한 비교와 분석을 토대로 이루어진다. 만약, 표준적 이용과 대상의 개별적 이용상황이 일치한다면, 대상의 이용상황이 최유효이용이 된다.

(2) 표준적 이용과 최유효이용의 불일치

표준적 이용과 대상 부동산의 개별적 이용상황이 일치하지 않는다면, 비최유효이용으로서 건부감가 등의 발생으로 경제적 가치는 열세하다. 그러나 단일이용, 중도적이용, 비적법적이용, 복합이용 등 표준적 이용과 일치하지 않는 특수상황하의 최유효이용이 존재할 수 있다.

(3) 창조적 침입과 계승

대상 부동산의 개별적 이용상황이 표준적 이용과 일치하지 않으나, 대상 부동산의 유용성을 증대시키며(창조적 침입) 장래 계속성이 확보되는 경우(계승), 지역의 표준적 이용을 변화시킬 수 있다.

IV. 결어

부동산의 지역요인은 부단히 변화하므로, 지역분석 시 예측·변동의 원칙하에 동태적으로 분석하여야 한다. 개별분석 시 최유효이용은, 특정 입지주체가 아닌 객관적인 양식과 통상의 이용능력을 보유한 주체를 전제하므로, 분석의 객관성이 요구된다. <끝>

✱ 부동산시장의 분석

08 부동산 감정평가를 위하여 구분하는 지역을 구체적으로 열거하고 대체성, 경쟁성, 접근성과 관련하여 설명하시오. [10점]

논점분석

- **논제** : 부동산시장론 ▶ 부동산시장분석 ▶ 감정평가 시장분석 ▶ 지역분석 ▶ 대상(인근·유사·동일수급권)
- **유형** : 설명형(관련)

지역분석의 대상지역에 대한 관련 설명형 문제입니다. 특정 속성(대체성, 경쟁성, 접근성)을 기준으로 '대상지역(인근지역, 유사지역, 동일수급권)'을 분석해야 하므로, 해당 속성에 대한 내용을 우선적으로 언급한 후, 대상을 서술해주세요.

예시목차

I. 서설

II. 지역분석의 대상지역 (2)

    1. 지역분석의 의의 및 목적

    2. 지역분석의 대상지역

III. 대체성, 경쟁성, 접근성과 관련한 대상지역 (3)

    1. 대체성 측면에서의 대상지역

    2. 경쟁성 측면에서의 대상지역

    3. 접근성 측면에서의 대상지역

문8 10점

Ⅰ. 서설

부동산은 일반 재화와 달리 물리적으로 고정되어 있어, 부동산 시장 역시 지역시장을 이룬다. 따라서 부동산 감정평가 시 지역시장에 대한 분석이 선행되어야 하며, 대상지역의 선정 시 대체성·경쟁성·접근성에 유의하여야 한다.

Ⅱ. 지역분석의 대상지역

1. 지역분석의 의의 및 목적

<지역분석>이란 대상 부동산이 속하는 지역의 범위를 획정하고 지역요인을 분석하여 표준적 이용과 가격수준을 판정하는 것을 말한다. 지역분석의 목적은 대상 부동산의 잠재적 이용대안을 밝히고, 사례자료의 수집범위를 확정하는 것이다.

2. 지역분석의 대상지역

지역분석의 절차는 대상 부동산이 속하는 대상지역의 범위를 획정하는 것에서 시작한다. 지역분석의 대상지역으로는 ① 대상 부동산이 속한 지역으로서 부동산의 이용이 동질적이고 가치형성요인 중 지역요인을 공유하는 <인근지역>, ② 대상 부동산이 속하지 아니하는 지역으로서 인근지역과 유사한 특성을 갖는 <유사지역>, ③ 대상 부동산과 대체·경쟁 관계가 성립하고 가치 형성에 서로 영향을 미치는 관계에 있는 다른 부동산이 존재하는 권역으로, 인근지역과 유사지역을 포함하는 <동일수급권>이 있다.

Ⅲ. 대체성, 경쟁성, 접근성과 관련한 대상지역

1. 대체성 측면에서의 대상지역

<인근지역> 내 부동산은 대상 부동산과 동질적 이용상황에 있어 상호 대체관계에 있으며, <유사지역>은 인근지역과 유사한 지역 특성을 가지고 있어 지역 간 대체성이 있다. <동일수급권>은 지역 내, 지역 간 대체관계를 포괄하는 최원방 권역을 의미한다.

2. 경쟁성 측면에서의 대상지역

<인근지역> 내 부동산은 대상 부동산과 동질적 이용상황에 있어 상호 경쟁관계에 있으며, <유사지역>은 인근지역과 유사한 지역 특성을 가지고 있어 지역 간 경쟁관계에 있다. <동일수급권>은 지역 내, 지역 간 경쟁관계를 포괄하는 최원방권역을 의미한다.

3. 접근성 측면에서의 대상지역

<인근지역>의 경계 설정 시 지역의 물리적 특성을 우선적으로 고려하므로 접근성이 확보된다. 그러나 <유사지역>은 거리의 원근이 아닌 지역 특성의 유사성이나 가격형성요인의 동질성을 기준하므로 접근성이 다소 완화된다. <동일수급권>은 부동산의 종류, 성격 및 규모에 따라 지역적 접근성을 달리한다.

<끝>

* 부동산시장의 분석

기출문제 16회 5번

09 인근지역의 개념, 요건 및 경계와 범위를 설명하시오. `10점`

논점분석

- **논제** : 부동산시장론 ▶ 부동산시장분석 ▶ 감정평가 시장분석 ▶ 지역분석 ▶ 대상(인근지역)
- **유형** : 설명형(기본)
- **개념어** : 개념

인근지역에 대한 기본 설명형 문제입니다. 문제에서 제시한 논제의 순서대로 서술해주세요.

예시목차

Ⅰ. 서설

Ⅱ. 인근지역 (5)
    1. 인근지역의 개념
    2. 인근지역의 요건
    3. 인근지역의 경계
    4. 인근지역의 범위

문9 10점

Ⅰ. 서설

부동산은 일반 재화와 달리 물리적으로 고정되어 있어, 부동산 시장 역시 지역시장을 이룬다. 따라서 부동산 감정평가 시 지역시장에 대한 분석이 선행되어야 한다. 지역분석의 대상지역은 인근지역, 유사지역, 동일수급권으로 구분하며, 요건과 경계설정에 유의하여야 한다.

Ⅱ. 인근지역

1. 인근지역의 개념

<인근지역>이란 대상 부동산이 속한 지역으로서 부동산의 이용이 동질적이고 가치형성요인 중 지역요인을 공유하는 지역을 말한다. 인근지역 내 부동산은 지역특성을 공유하며, 대체·경쟁관계에 의해 대상 부동산의 가격형성에 직접적인 영향을 준다.

2. 인근지역의 요건

인근지역은 ① 자연적, 사회적, 경제적, 행정적 측면의 지역특성이 동일해야 하며 ② 지역 내 부동산의 용도가 동질적이거나 상호 보완적이어야 한다. 또한 ③ 대상 부동산이 속하고 지리적으로 근접하여야 한다.

3. 인근지역의 경계

인근지역의 경계는 ① 도로계통의 연속성 등 자연적 특성을 기준으로 대체적인 경계를 설정하고 ② 당해 지역의 용도지역 등 행정적 특성에 따라 가경계를 설정한다. ③ 최종적인 경계는 인구 등 인문적 특성을 종합하여 결정한다.

4. 인근지역의 범위

인근지역의 범위는 ① 물리적 범위가 아닌 교통망, 도로계통성을 고려한 경제적 범위로 결정되며 ② 부동산의 용도에 따라 범위가 달라질 수 있다. 또한 ③ 인근지역의 설정에 따라 자료수집의 범위가 달라지므로 적정 범위를 설정하여야 한다. <끝>

＊ 부동산시장의 분석

10 인근지역의 Age-cycle의 단계별 부동산 감정평가 시 유의점을 서술하시오. `10점`

논점분석

- **논제** : 부동산시장론 ▶ 부동산시장분석 ▶ 감정평가 시장분석 ▶ 지역분석 ▶ 대상(인근지역)
- **유형** : 설명형(기본)
- **개념어** : 유의사항

인근지역의 생애주기에 대한 설명형(기본) 문제입니다. 문제에서 제시한 대로 생애주기를 목차화하고, "감정평가 시 유의점"은 감정평가 절차(지역분석, 개별분석, 3방식 적용, 시산가액 조정)를 기준으로 관련 내용을 서술하면 될 것입니다.

예시목차

Ⅰ. 서설

Ⅱ. Age-cycle의 단계별 감정평가 유의사항 (5)

   1. Age-cycle의 의의

   2. Age-cycle의 단계

      1) 성장기 및 성숙기

      2) 쇠퇴기 및 천이기

   3. 감정평가 시 유의사항

      1) 지역분석 시 Age-cycle의 판단

      2) 성장(성숙)기의 유의사항

      3) 쇠퇴(천이)기의 유의사항

문10 10점

I. 서설

부동산은 일반 재화와 달리 고정성·영속성이 있으므로, 부동산 가격 역시 지역시장의 장기적 변화를 반영하여 형성된다. 따라서 감정평가 시 지역시장에 대한 분석은 지역의 생애주기를 고려하여 수행하여야 하며, 이는 감정평가 과정 전체에 영향을 미친다.

II. Age-cycle의 단계별 감정평가 유의사항

1. Age-cycle의 의의

<인근지역>이란 대상 부동산이 속한 지역으로서 부동산의 이용이 동질적이고 가치형성요인 중 지역요인을 공유하는 지역을 말한다. 인근지역은 유동적, 가변적이며, 성장, 성숙, 쇠퇴, 천이기의 Age-cycle을 갖는다.

2. Age-cycle의 단계

1) 성장기 및 성숙기

<성장기>의 지역은 개발계획, 사업착수, 사업완성을 각 단계로 가격이 변동한다. 성장기의 지역은 일반적으로 새로운 인구가 유입되고 지가가 상승한다. 개발이 진행됨에 따라 지역은 안정되면서 지역기능이 활성화되는 <성숙기>에 도달하게 된다.

2) 쇠퇴기 및 천이기

성숙기를 경과한 지역은 건물의 노후와 함께 <쇠퇴기>에 도달하여, 지가가 낮아지고 고소득 계층의 이주로 인한 여과현상이 발생한다. 쇠퇴기의 지역은

<천이기>에 이르러 입주민의 변화에 따라 새로운 지역특성을 갖게 된다.

3. 감정평가 시 유의사항

1) 지역분석 시 Age-cycle의 판단

<지역분석>이란 대상 부동산이 속하는 지역의 범위를 획정하고 지역요인을 분석하여 표준적 이용과 가격수준을 판정하는 것을 말한다. 지역분석 시 인구 변동, 지가 추이에 따라 Age-cycle 판단에 유의해야 한다.

2) 성장(성숙)기의 유의사항

<성장기>의 지역은 지가의 상승으로 인한 투기수요가 존재할 수 있으므로, 수집된 사례자료의 사정개입 여부와 거래시점에 따른 가격격차에 유의하여야 한다. <성숙기>의 지역은 지가가 안정되나 향후 쇠퇴기의 도래 시점에 대한 예측이 중요하므로, 인근지역 내 개별부동산의 평균적인 노후도와 인구 변동에 유의해야 한다.

3) 쇠퇴(천이)기의 유의사항

<쇠퇴기>의 지역은 지가의 하락과 인구의 유출이 일어나므로, 수집된 사례자료의 거래시점에 유의하여야 하며, 물리적 내용연수가 아닌 실질적, 경제적 내용연수 파악에 유의해야 한다. <천이기>의 지역은 본격적으로 지역특성의 변화가 일어나므로, 인구 특성의 변화 및 재개발·재건축 등 도시재생의 가능성 파악에 유의해야 한다. <끝>

✳ 부동산시장의 분석　　　　　▶ 기출문제 29회 2번

11 다음의 제시된 자료를 참고하여 물음에 답하시오. `30점`

인구 1,000만의 대도시인 A시와 약 40분 거리에 있는 인구 30만 규모의 기성도시인 B도시를 연결하는 전철이 개통되었다. 전철의 개통은 B도시의 광역접근성 개선효과를 가져와 부동산시장 및 부동산가격에 변화를 줄 것으로 예상된다.

1) B도시에 새롭게 신설된 전철역세권의 지역분석에 대하여 설명하시오. `15점`

2) 전철개통으로 인한 접근성의 개선이 B도시의 유형별 부동산시장에 미치는 긍정적·부정적 효과에 대하여 설명하시오. `15점`

논점분석

- **논제** : 부동산시장론 ▶ 부동산시장분석 ▶ 감정평가 시장분석 ▶ 지역분석
- **유형** : ① 설명형(사례) ② 설명형(영향)

지역분석에 대한 사례 설명형 문제입니다. 사례형 문제는 설명의 도구(지역분석)를 우선 서술한 후 사례에 대입하는 순서로 서술하시되 분석 결과를 반드시 제시해주세요. 영향형 문제는 가격형성원리(가격형성요인 → 가격발생요인 → 수요/공급 → 가격/균형)에 근거하여 설명하되, 문제에서 제시한 하위시장의 차이점에 유의해주세요.

출제위원 채점평

이 문제는 제시된 자료를 참고하여 신설된 전철역세권의 지역분석과 접근성의 개선이 유형별 부동산시장에 미치는 영향에 대한 문제입니다. 실제로 감정평가 업무수행에서 발생할 수 있는 케이스입니다. 수험생들의 대부분은 지역분석의 일반적 내용을 잘 기술하였으나, <u>물음과 관련하여 신설된 전철역세권과 접근성의 개선을 답안에 충분히 기술한 경우는 드물었습니다.</u> 문제의 배점과 답안분량을 고려하여 핵심사항을 중심으로 기술하는 것이 필요합니다.

예시목차

문11 30점

I. 서설

부동산은 일반 재화와 달리 물리적으로 고정되어 있어, 부동산 시장 역시 지역시장을 이룬다. 따라서 부동산 감정평가 시 지역시장에 대한 분석이 선행되어야 한다. 지역요인은 부단히 변동하므로 특정 요인의 변동이 유형별 부동산시장의 표준적이용, 가격수준에 미치는 효과에 유의하여야 한다.

II. [물음1] 전철역세권의 지역분석

1. 지역분석

1) 의의 및 필요성

<지역분석>이란 대상 부동산이 속하는 지역의 범위를 획정하고 지역요인을 분석하여 표준적 이용과 가격수준을 판정하는 것을 말한다. 부동산의 고정성에 따라 부동산가격 역시 지역성의 영향을 받으므로 지역분석의 필요성이 있다.

2) 분석대상 및 지역요인

지역분석의 대상은 용도적 관점에서 구분된 인근지역, 유사지역, 동일수급권이다.

<인근지역>이란 대상 부동산이 속한 지역으로서 부동산의 이용이 동질적이고 가치형성요인 중 지역요인을 공유하는 지역을 말한다. <지역요인>이란 대상물건이 속한 지역의 가격수준 형성에 영향을 미치는 자연적·사회적·경제적·행정적 요인을 말한다.

3) 분석절차 및 분석목적

<u>분석절차</u>는 ① 대상지역의 획정, ② 지역요인의 분석, ③ 표준적 이용 및 가격수준 파악의 순서로 진행되며, <u>분석목적</u>은 표준적 이용 및 가격수준을 판정하는 것이다. <표준적 이용>이란 인근지역 내 개별부동산의 일반적·평균적 사용방법을 말한다.

4) 유의사항

① 대상지역 획정 시 사례수집 가능성을 감안하여 설정하고 ② 지역요인 분석 시 요인의 변화에 <u>유의해야 한다</u>. ③ 표준적 이용 판정 시 개별이용 변화에 따른 표준적 이용의 변화 가능성 ④ 가격수준 판정 시 생애주기(성장 – 성숙 – 쇠퇴기) 파악에 <u>유의해야 한다.</u>

2. 전철역세권의 지역분석

1) 지역요인의 변화

① 대상지역은 "B도시의 전철역세권"으로서 ② "전철의 개통"에 따라 자연적 가격형성요인인 접근성이 개선되었으므로 ③ 인구·산업의 유입 등 사회·경제적 요인에도 영향을 미칠 것으로 판단된다.

2) 표준적 이용의 변화

① 전철의 개통으로 전철역세권 인근 유동인구가 증가할 것으로 예상되며, 유동인구의 증가는 <u>상업용 부동산에 대한 수요를 증가시킬</u> 것으로 판단된다.

② 접근성 개선으로 대도시에서 이탈한 산업이 유입된다면 <u>업무용 부동산에 대한 수요도 증가할</u> 것으로 판단된다.

3) 가격수준의 변화

접근성의 개선은 수요 측면에서 효용을 증가시킬 것으로 판단되며, 이는 수요의 증가와 <u>가격수준의 상승</u>으로 이어질 것이다.

Ⅲ. [물음2] 접근성 개선이 부동산시장에 미치는 효과

1. 접근성 개선의 의의

<접근성>이란 특정 지역으로의 접근비용을 말하며, 사안에서는 대도시 A로의 접근비용을 의미한다. Richard M. Hurd는 "도시토지의 가치는 근접성에 의존한다"고 하였으며, Robert M. Haig 역시 "지대는 교통비의 절약분"이라고 주장하였다.

2. 부동산시장의 의의 및 분류

<부동산시장>이란 부동산의 교환 및 가격 결정이 이루어지고 부동산 자산의 이용형태 및 배분이 결정되는 공간을 말한다. 부동산시장은 ① 주거용, 업무용, 상업용 등 용도별 시장, ② 매매, 임대 등 권리별 시장, ③ 토지, 복합·집합부동산 등 유형별 시장 등 <u>하위시장으로 분류</u>할 수 있다.

3. 부동산시장에 미치는 효과

1) 주거·업무용 부동산시장

(1) 접근성 개선에 따른 효용 증가

<효용>이란 인간의 욕구나 필요를 만족시킬 수 있는 재화의 능력으로서, 용도에 따라 다르게 나타난다. 대도시 A로의 접근성 개선은 대도시로 통근하는 <u>주거 효용</u>과 도심 접근성이 수반되어야 하는 <u>업무 효용을 증가시킨다</u>.

(2) 수요 증가와 가격 · 거래량 상승

효용 증가는 주거 · 업무용 부동산에 대한 <u>수요를 증가</u>시킬 것이며, <u>가격과 거래량의 상승</u>으로 이어질 것이다.

2) 상업용 부동산시장

(1) 접근성 개선에 따른 상대적 희소성 감소

상업용지의 효용은 배후지, 유동인구에 의해 결정된다. 대도시 A로의 접근성 개선에 따라 인구 · 산업이 유입되면 배후지가 양적으로 확대될 수 있으나, 대도시 상업용지와의 접근성 개선으로 유동인구가 유출된다면 <u>상대적 희소성은 감소</u>할 것으로 판단된다.

(2) 공급 증가와 가격 하락

유동인구 유출로 상대적 희소성이 감소하게 될 경우, <u>공급 증가</u>로 인한 상업용 부동산의 <u>가격은 하락</u>할 것으로 예상된다.

IV. 결어

부동산시장은 지역별, 용도별 하위시장에 따라 수요 측면의 효용이 상이하다. 따라서 특정 요인의 변동이 <u>하위시장마다 다른 효과</u>를 나타낼 수 있음에 유의하고, 시장분석에 앞서 <u>시장세분화</u>가 이루어져야 할 것이다. <끝>

부동산시장의 분석   ▶기출문제 36회 2번

12 乙은 본건 매매사례(거래사례)를 토대로 인근지역의 지가수준을 분석하고 있다. 이 경우 검토해야 할 사항에 대해 쓰시오. **10점**

> 1. 농업인인 甲은 거주 목적의 단독주택을 신축하기 위해 A광역시 B군에 소재하는 토지 2필지를 매수하고 소유권이전등기를 한 후, 건축비용 마련을 위해 금융회사에 담보대출을 신청함
> 2. 매매계약일 : 2024.06.01, 매매대금: 2억원, 소유권이전등기일: 2025.06.01.
> 3. 매매대상토지의 내용은 다음과 같음(매매계약일 기준)
>   - 토지 1 : 면적 200㎡, 지목 과수원, 용도지역 자연녹지지역, 수령 약 20년생 복숭아나무 15주 소재
>   - 토지 2 : 면적 300㎡, 지목 임야, 용도지역 자연녹지지역, 관상수로 식재한 수고 약 10m의 소나무 10주 소재
> 4. 매매대상토지는 서로 접한 토지로서 자연취락과 인접한 난측하향 완경사지대에 위치함
> 5. 매도인은 매매대상토지를 하나의 대지로 하여 2023.12.01. 단독주택 건축허가를 받았고, 건축공사에 착수하지는 않았음
> 6. 매매계약의 특약사항으로 매매대상 토지에 소재하는 나무도 매매대상물건에 포함되며, 매도인은 건축허가와 관련된 일체의 권리에 대해 매수인에게 무상으로 양도하기로 함
> 7. 금융회사는 매매대상토지에 대해 감정평가사 乙에게 담보목적의 감정평가를 의뢰함
> 8. 기준시점(2025.07.01.) 현재 甲은 B군수로부터 건축관계자명의변경신고필증을 교부받았음
> 9. 인근지역에 소재하는 단독주택의 표준적인 획지는 대지면적이 500㎡ 내외임

논점분석

- **논제** : 부동산시장론 ▶ 부동산시장분석 ▶ 감정평가 시장분석 ▶ 지역분석 ▶ 가격수준
- **유형** : 설명형(사례)
- **개념어** : 검토사항

지역분석에 대한 사례 설명형 문제입니다. 지역분석의 절차인 가격수준 분석 과정을 설명하되, "본건 매매사례" 등 사례에서 주어진 상황을 최대한 활용해주세요.

예시목차

Ⅰ. 서설

Ⅱ. 인근지역 지가분석 (5)
   1. 지역분석 및 인근지역의 의의
   2. 지역분석의 절차 및 목적

   3. 인근지역 지가분석 시 검토사항
     1) 거래 신고된 정상거래 여부
     2) 수목 등 비부동산 포함 여부
     3) 배분법 적용 가능 여부

문12 10점

I. 서설

부동산은 일반 재화와 달리 물리적으로 고정되어 있어, 부동산 시장 역시 지역시장을 이룬다. 따라서 감정평가 시 감정평가 3방식을 적용하기에 앞서 지역분석 및 개별분석을 통해 인근지역의 표준적 이용과 가격수준을 파악하여야 한다.

II. 인근지역 지가분석

1. 지역분석 및 인근지역의 의의

<지역분석>이란 대상 부동산이 속하는 지역의 범위를 획정하고 지역요인을 분석하여 표준적 이용과 가격수준을 판정하는 것을 말한다. <인근지역>이란 대상 부동산이 속한 지역으로서 부동산의 이용이 동질적이고 가치형성요인 중 지역요인을 공유하는 지역을 말한다.

2. 지역분석의 절차 및 목적

지역분석의 절차는 ① 인근지역 등 대상지역의 획정 ② 지역적 가치형성요인의 분석 ③ 표준적 이용의 분석 ④ 가격수준의 파악의 순서로 이루어진다. 지역분석의 목적은 표준적 이용 및 가격수준(지가수준)을 파악하는 것이다.

3. 인근지역 지가분석 시 검토사항

1) 거래 신고된 정상거래 여부

인근지역의 지가수준은 인근지역 내에서 대상부동산과 대체·경쟁관계에 있는 유사 부동산의 거래사례에 기초하여 분석한다. 거래사례 수집 시 ① 관련 법령에 따라 신고된 실제 거래가격 여부 ② 거래사정이 정상적이거나 정상적으로 보정이 가능한 거래인지 여부를 <u>검토해야 한다</u>.

2) 수목 등 비부동산 포함 여부

거래가격에 토지 외 비부동산 또는 권리의 가치가 포함되어 있다면 지가수준 파악에 왜곡이 발생할 수 있다. 거래사례 수집 시 본건 매매사례와 같이 **"토지 외 수목 등의 일괄 거래"**인지 여부, **"건축허가와 관련된 권리를 유상으로 양도"**하였는지 여부를 <u>검토해야 한다</u>.

3) 배분법 적용 가능 여부

본건 매매사례와 같이 **"일정 수령 이상의 과실수 또는 관상수 등"**은 입목등기 여부를 파악하여 별도의 경제적 가치를 산정하여 공제하여야 한다. 거래사례 수집 시 토지 외 비부동산 또는 권리가 일체로 거래된 경우에는 배분법 적용이 합리적으로 가능한지 <u>검토해야 한다</u>. <끝>

✳ 부동산시장의 분석 ▶기출문제 20회 5번

13 저금리기조가 지속되는 과정에서 주택시장에 나타날 수 있는 시장변화에 대하여 설명하시오. 10점

논점분석

- **논제** : 부동산시장론 ▶ 부동산시장분석
- **유형** : 설명형(영향)

특정 가격형성요인에 대한 영향 설명형 문제입니다. 가격형성원리(가격형성요인 → 가격발생요인 → 수요/공급 → 가격/균형)에 근거하여 설명하되, 시장을 세분화하여 설명해주세요.

예시목차

Ⅰ. 서설

Ⅱ. 저금리기조가 주택시장에 미치는 영향 (5)

  1. 저금리기조의 의의

  2. 주택시장의 의의 및 분류

  3. 저금리기조 지속 시 주택시장의 변화

    1) 주택매매시장의 변화

      (1) 유효수요의 증가

      (2) 수요 증가 및 매매시장 활성화

    2) 주택임대시장의 변화

문13 10점

I. 서설

부동산은 부증성·영속성 등 물리적 특성에 의해 공급의 총량이 제한되므로, 부동산 가격은 일반적으로 고가성을 나타낸다. 따라서 부동산시장의 수요는 구매력이 전제된 유효수요에 의해 형성되고, 자금 조달에 있어 화폐시장 금리의 영향을 받는다.

II. 저금리기조가 주택시장에 미치는 영향

1. 저금리기조의 의의

<금리>란 일정 기간 동안 자금을 사용한 대가로 지급하는 이자와 원금의 비율을 말한다. 저금리기조는 정부가 통화정책을 통해 기준금리를 낮게 유지하는 것으로, 시장금리에 영향을 미쳐 화폐 거래량(통화량)을 증가시키는 효과가 있다.

2. 주택시장의 의의 및 분류

<주택시장>은 부동산시장을 용도에 따라 분류한 하위시장으로서, 거래되는 권리에 따라 매매시장과 임대시장으로 세분할 수 있다. 주택시장은 ① 유형에 따라 공동주택, 단독주택시장, ② 권리에 따라 매매시장, 임대시장 등으로 분류할 수 있다.

3. 저금리기조 지속 시 주택시장의 변화

1) 주택매매시장의 변화

(1) 유효수요의 증가

저금리는 주택 매매 수요자의 매매자금 차입비용을 감소시키며, 이는 유효수요를 증가시킨다. 또한, 저금리에 따라 건축자금 차입비용도 감소하므로 주택의 신규 공급도 증가한다.

(2) 수요 증가 및 매매시장 활성화

유효수요 증가는 주택 매매 시장의 수요 증가로 이어지며, 이는 단기적으로 가격 및 거래량을 상승시킨다. 다만, 장기적으로는 공급 증가에 따라 가격 균형을 회복할 것으로 판단된다.

2) 주택임대시장의 변화

주택시장 내 임대수요는 저금리의 영향이 크지 않을 것으로 판단된다. 다만, 차입비용 완화에 따라 일부가 매매수요로 전환되거나, 보증금운용이익 감소로 인해 전세가 보증부월세로 전환된다면, 임대수요 감소와 전세 공급 감소에 따라 거래량이 하락할 수 있다. <끝>

✱ 부동산시장의 분석

14 금리 인하가 부동산시장에 미치는 영향에 관해 설명하시오. 10점

논점분석

- **논제** : 부동산시장론 ▶ 부동산시장분석
- **유형** : 설명형(영향)

특정 가격형성요인의 변화에 대한 영향 설명형 문제입니다. 가격형성원리(가격형성요인 → 가격발생요인 → 수요/공급 → 가격/균형)에 근거하여 설명하되, 시장세분화에 유의해주세요.

출제위원 채점평

금리 인하가 부동산에 미치는 영향을 설명하는 문제는, 금리 인하가 환원이율의 변화를 통해 부동산가치에 미치는 영향 등과 함께 부동산의 수요와 공급에 미치는 영향 등을 보다 논리적으로 접근하는 것이 필요한데, 논리적 접근에 무리가 있는 경우가 있었습니다.

예시목차

Ⅰ. 서설

Ⅱ. 금리 인하가 부동산시장에 미치는 영향 (4)

  1. 금리 인하의 의의

  2. 부동산시장의 의의 및 분류

  3. 금리 인하가 부동산시장에 미치는 영향

    1) 용도별 부동산시장에 미치는 영향

    2) 권리별 부동산시장에 미치는 영향

문14 **10점**

Ⅰ. 서설

부동산은 부증성·영속성 등 물리적 특성에 의해 공급의 총량이 제한되므로, 부동산 가격은 일반적으로 고가성을 나타낸다. 따라서 부동산시장의 수요는 구매력이 전제된 유효수요에 의해 형성되고, 자금 조달에 있어 화폐시장 금리의 영향을 받는다.

Ⅱ. 금리 인하가 부동산시장에 미치는 영향

1. 금리 인하의 의의

<금리>란 일정 기간 동안 자금을 사용한 대가로 지급하는 이자와 원금의 비율을 말한다. 부동산은 부증성·영속성에 따라 공급이 제한되어 고가성을 나타내므로, 부동산 거래 시 금리에 기반한 자금조달이 필요하다. 금리 인하에 따른 자금조달비용의 감소는 부동산시장 내 유효수요의 증가로 이어진다.

2. 부동산시장의 의의 및 분류

<부동산시장>이란 부동산의 교환 및 가격 결정이 이루어지고 부동산 자산의 이용형태 및 배분이 결정되는 공간을 말한다. 부동산시장은 ① 국내, 수도권, 지방 등 지역별 시장, ② 주거용, 업무용, 상업용 등 용도별 시장, ③ 매매, 임대 등 권리별 시장의 하위시장으로 분류할 수 있다.

3. 금리 인하가 부동산시장에 미치는 영향

1) 용도별 부동산시장에 미치는 영향

금리 인하에 따른 유효수요의 증가는 부동산시장의 수요 증가와 거래 활성화

로 이어지나, 부동산 용도별로 상이한 영향을 미칠 것으로 판단된다. <업무

·상업용 부동산>을 비롯해 임대수익을 발생시키는 수익형 부동산은 직접적

인 수요 증가로 이어질 수 있으나, 임대수익이 발생하지 않고 단기간의 자본

수익을 기대할 수 없는 <주거용 부동산>의 경우 수요 증가의 폭이 크지 않

을 것으로 판단된다.

2) 권리별 부동산시장에 미치는 영향

<부동산 매매시장>은 금리 인하로 직접적인 수요 증가로 이어질 수 있으나,

<임대시장>에는 직접적인 영향이 없을 것으로 판단된다. 오히려 임대수요

의 일부가 매매수요로 전환될 경우 임대시장의 수요는 감소할 수 있으며, 임

대시장의 가격 및 거래량이 감소할 수 있다. <끝>

✱ 부동산시장의 분석

15 다른 조건이 일정할 경우 출생률 저하, 핵가족화가 주거용 부동산시장에 미치는 영향을 설명하고, 주거용 부동산 감정평가 시 유의사항에 대하여 논하시오. `30점`

논점분석

- **논제** : 부동산시장론 ▶ 부동산시장분석
- **유형** : ① 설명형(영향) ② 논술형(기본)
- **개념어** : 유의사항

특정 가격형성요인의 변화에 대한 영향 설명형 문제입니다. 가격형성원리(가격형성요인 → 가격발생요인 → 수요/공급 → 가격/균형)에 근거하여 설명하되, 복수의 가격형성요인이 주어졌으므로 공통 분모가 되는 주거용 부동산시장에 대한 목차 구성에 유의해주세요. "감정평가 시 유의사항"은 감정평가의 절차를 기준으로 특이사항을 서술해주세요.

예시목차

Ⅰ. 서설

Ⅱ. 출생률 저하, 핵가족화가 주거용 부동산시장에 미치는 영향 (8)
   1. 주거용 부동산시장
     1) 의의 및 분류
     2) 가격형성원리 및 요인
   2. 출생률 저하가 미치는 영향
     1) 출생률 저하의 의의
     2) 주택 매매시장에 미치는 영향
     3) 주택 임대시장에 미치는 영향
   3. 핵가족화가 미치는 영향
     1) 핵가족화의 의의
     2) 주택 매매시장에 미치는 영향
     3) 주택 임대시장에 미치는 영향

Ⅲ. 주거용 부동산 감정평가 시 유의사항 (7)
   1. 감정평가의 의의 및 절차
   2. 지역분석 시 유의사항
   3. 개별분석 시 유의사항
   4. 3방식 적용 시 유의사항
     1) 원가방식 적용 시 유의사항
     2) 비교방식 적용 시 유의사항
     3) 수익방식 적용 시 유의사항
     4) 시산가액 조정 시 유의사항

Ⅳ. 결어

문 15 [30점]

Ⅰ. 서설

부동산은 일반 재화와 달리 물리적으로 고정되어 있어, 부동산 시장 역시 지역시장을 이룬다. 지역시장의 가격수준에 영향을 미치는 대표적인 가치형성요인으로서 인구와 가구는 주거용 부동산뿐만 아니라 업무·상업용 부동산까지 영향을 미친다. 가격형성요인은 상호 유기적인 관계에 있으므로, 감정평가 시 인구 감소와 가구 증가 간 상호작용에 유의하여야 한다.

Ⅱ. 출생률 저하, 핵가족화가 주거용 부동산시장에 미치는 영향

1. 주거용 부동산시장

1) 의의 및 분류

<부동산시장>이란 부동산의 교환 및 가격 결정이 이루어지고 부동산 자산의 이용형태 및 배분이 결정되는 공간을 말한다. <주거용 부동산시장>은 주거 목적으로 이용되는 부동산을 대상으로 하며, 거래되는 권리에 따라 매매·임대시장으로 분류할 수 있다.

2) 가격형성원리 및 요인

주거용 부동산은 ① 자연적 측면에서 경관, 조망, 공해, 교통, ② 사회적 측면에서 인구, 산업, 학군, 공공시설, ③ 경제적 측면에서 고용, 소득, 금리, 물가, ④ 행정적 측면에서 용도지역, 용도지구 등의 영향을 받아, 수요 측면에서는 주거 효용성과 유효수요, 공급 측면에서는 상대적 희소성에 따라 가격이 형성된다.

2. 출생률 저하가 미치는 영향

1) 출생률 저하의 의의

<출생률>이란 특정 지역의 인구에 대한 1년간의 출생 비율을 말한다. 출생률 저하는 인구수의 양적 감소와 고령화로 인한 경제활동인구 감소와 소득 감소 등 질적 변화로 이어진다.

2) 주택 매매시장에 미치는 영향

① 효용 측면에서 경제활동인구의 감소에 따라 주택임대수익과 같은 자산효용이 중요시되고, 고령화에 따라 공공시설 접근성, 주택 내 편의시설 등 주거 효용의 변화도 예상된다. ② 유효수요 측면에서는 경제활동인구의 감소에 따라 구매력 감소가 예상된다. 주택 매매시장은 매매 수요의 감소로 인해 전체적인 시장 위축이 예상되나, 수익형주택·노인주택 등 세분시장에 따라 다른 영향을 나타낼 것이다.

3) 주택 임대시장에 미치는 영향

① 효용 측면에서는 고령화의 영향에 따른 주거 효용의 변화가 예상되며 ② 유효 수요 측면에서는 구매력 감소에 따라 매매 수요의 임대 수요 전환이 예상된다. 주택 임대시장은 임대 수요의 증가로 인해 전체적인 시장 활성화가 예상된다.

3. 핵가족화가 미치는 영향

1) 핵가족화의 의의

<핵가족>이란 부부와 미혼 자녀로 구성된 가족을 말한다. 주택수요의 기본 단위는 가구로서, 핵가족화는 인구 대비 가구수의 증가 및 가구 규모 축소를 의미한다.

2) 주택 매매시장에 미치는 영향

① <u>효용 측면</u>에서 쾌적성을 느끼는 주택의 면적이나 구조에 대한 기준을 축소시켜 중소형 주택에 대한 선호 현상이 나타날 것이며 ② <u>유효수요 측면</u>에서는 가구 규모의 축소로 인해 구매력 감소가 예상된다. 주택 매매시장은 가구수 증가에 따른 <u>매매 수요의 증가가 유효수요로 이어지지 못할 경우 시장 위축</u>이 예상되나, 주택 규모에 따라 다른 영향을 나타낼 것이다.

3) 주택 임대시장에 미치는 영향

① <u>효용 측면</u>에서 중소형 주택에 대한 선호 현상이 나타날 것이며 ② <u>유효수요 측면</u>에서는 구매력이 낮은 소형 가구의 증가로 <u>임대 수요의 증가</u>가 예상된다. 주택 임대 시장은 임대 수요에 기반하여 <u>전체적인 시장 활성화</u>가 예상된다.

Ⅲ. 주거용 부동산 감정평가 시 유의사항

1. 감정평가의 의의 및 절차

<감정평가>는 토지등의 경제적 가치를 판정하여 그 결과를 가액으로 표시하는

것을 말한다. 감정평가는 ① 기본적 사항의 확정, ② 처리계획의 수립, ③ 대상 물건의 확인 및 자료 수집, ④ 가격형성요인 분석, ⑤ 감정평가방법의 적용, ⑥ 시산가액의 조정 및 감정평가액 결정의 절차로 진행된다.

2. 지역분석 시 유의사항

<지역분석>이란 대상 부동산이 속하는 지역의 범위를 획정하고 지역요인을 분석하여 표준적 이용과 가격수준을 판정하는 것을 말한다. 지역분석 시 인근지역 인구·가구의 특성에 적합한 표준적 규모의 주택 파악에 유의해야 한다.

3. 개별분석 시 유의사항

<개별분석>이란 대상 부동산의 개별요인을 분석하여 최유효이용을 판정하고 가격을 구체화하는 것을 말한다. 개별분석 시 표준적 주택 규모 대비 적정성, 가구 특성에 맞는 부대설비의 파악에 유의해야 한다.

4. 3방식 적용 시 유의사항

1) 원가방식 적용 시 유의사항

<원가방식>은 비용성에 근거한 감정평가방법으로, 가격을 구하기 위한 원가법과 임료를 구하기 위한 적산법으로 구분된다. 재조달원가 산정 시 표준적 건축원가에 부대설비를 가산해야 하며, 주택 구조·설비에 따른 기능적 감가에 유의해야 한다.

2) 비교방식 적용 시 유의사항

<비교방식>은 시장성에 근거한 감정평가방법으로, 가격을 구하기 위한 거래사례비교법과 임료를 구하기 위한 임대사례비교법으로 구분된다. 사례 선정 시 대상 주택과 규모가 유사한 주택을 선정해야 하며, 개별요인 보정 시 부대설비 유무 등 구체적 효용 차이에 유의해야 한다.

3) 수익방식 적용 시 유의사항

<수익방식>은 수익성에 근거한 감정평가방법으로, 가격을 구하기 위한 수익환원법과 임료를 구하기 위한 수익분석법으로 구분된다. 출생률 저하 및 핵가족화에 따라 임대시장의 활성화가 예상되므로, 수익방식 적용 가능성에 유의해야 한다.

4) 시산가액 조정 시 유의사항

<시산가액 조정>이란 감정평가방법의 적용을 통하여 산정된 시산가액을 합리적으로 조정하여 최종 감정평가액을 결정하는 것을 말한다. 주택 유형에 따라 원가법, 거래사례비교법 등 주된 방법에 의한 시산가액을 기준하되, 수익가액 등에 의한 합리성 검토에 유의해야 한다.

Ⅳ. 결어

가격형성요인은 상호 유기적인 관계에 있으므로 인구 감소와 가구 증가 간 상호작용에 유의하여야 하며, 동일한 가격형성요인도 하위시장별로 상이한 영향을 미칠 수 있으므로 감정평가 시 유의해야 한다. <끝>

✱ 부동산시장의 분석　　　　　　　▶기출문제 26회 4번

16 부동산 보유세율의 상승이 부동산시장에 미치는 영향을 설명하시오. 10점

논점분석

- **논제** : 부동산시장론 ▶ 부동산시장분석
- **유형** : 설명형(영향)

특정 가격형성요인의 변화에 대한 영향 설명형 문제입니다. 가격형성원리(가격형성요인 → 가격발생요인 → 수요/공급 → 가격/균형)에 근거하여 설명하되, 시장세분화에 유의해주세요.

출제위원 채점평

본 문제는 보유세의 인상이 부동산시장에 미치는 영향을 묻는 문제입니다. 매매 및 임대시장에 미치는 영향에 대해서 논리적인 설명을 요구하고 있습니다. 결과 및 그 결과가 도출되는 인과관계를 정확히 설명하는 것이 본 문제의 핵심입니다. 많은 수험생들이 수험서에 나오는 특정한 내용이나 도표를 그대로 기술하거나 도표를 그렸습니다. 그렇지만 인과관계를 제대로 이해하지 못하는 수험생들이 많았습니다. 기본적인 내용을 이해하고 이것을 스스로 논리적으로 설명할 수 있어야 하겠습니다.

예시목차

Ⅰ. 서설

Ⅱ. 보유세율 상승이 부동산시장에 미치는
　　영향 (4)
　　1. 보유세율 상승의 의의
　　2. 부동산시장의 의의 및 분류

3. 보유세율 상승이 부동산시장에 미치는
　　영향
　　1) 매매시장에 미치는 영향
　　2) 임대시장에 미치는 영향

문16 _{10점}

Ⅰ. 서설

부동산은 부증성·영속성 등 물리적 특성에 의해 공급의 총량이 제한되므로, 부동산 가격은 일반적으로 고가성을 나타낸다. 고가의 부동산 자산에 부과되는 보유세는 자산으로부터 창출되는 현금흐름에 직접적인 영향을 미치므로, 수요 측면에서 부동산의 효용과 유효수요를 변화시켜 부동산 시장에도 영향을 미칠 수 있다.

Ⅱ. 보유세율 상승이 부동산시장에 미치는 영향

1. 보유세율 상승의 의의

<보유세율>이란 부동산의 소유에 따른 세금으로 재산세, 종합부동산세 등을 말한다.

부동산은 국민 재산의 일부로서 과세의 객체가 되며, 규모와 영향력에서 국민경제에 미치는 영향이 크므로 조세정책 등 공적개입의 대상이 된다.

2. 부동산시장의 의의 및 분류

<부동산시장>이란 부동산의 교환 및 가격 결정이 이루어지고 부동산 자산의 이용형태 및 배분이 결정되는 공간을 말한다. 부동산시장은 ① 국내, 수도권, 지방 등 지역별 시장, ② 주거용, 업무용, 상업용 등 용도별 시장, ③ 매매, 임대 등 권리별 시장 등 하위시장으로 분류할 수 있다.

3. 보유세율 상승이 부동산시장에 미치는 영향

1) 매매시장에 미치는 영향

보유세율의 상승은 부동산 보유에 따른 기회비용을 증가시킨다. 이에 따라 수요 측면에서 자산의 <u>효용이 감소</u>하고, <u>유효수요에 부정적인 영향</u>을 미쳐 <u>수요가 감소</u>할 수 있으며, 공급 측면에서 자산 매각 등으로 <u>공급이 증가</u>할 수 있다. 이는 결과적으로 매매시장의 <u>가격 하락</u> 등 전반적인 시장 위축으로 이어진다. 다만, 보유세율 증가가 공간 효용에 미치는 영향은 낮으므로, 실수요의 감소는 제한적일 것으로 판단된다.

2) 임대시장에 미치는 영향

보유세율의 상승이 임대시장의 수요에 미치는 영향은 제한적일 것으로 판단되나, 공급비용의 증가에 따라 <u>공급이 감소</u>해 <u>임대료가 상승</u>하고 <u>거래량이 감소</u>할 수 있다. 임대가격의 상승은 임대시장 수요량을 감소시킬 것으로 판단된다. <끝>

※ 부동산시장의 분석

17 최근의 세계경제 위기가 국내 부동산시장에 미치는 영향을 기술하고, 이러한 영향하에서 부동산 감정평가를 할 경우 비교방식, 원가방식, 수익방식별로 유의점을 논하시오.
20점

논점분석

- **논제** : 부동산시장론 ▶ 부동산시장분석
- **유형** : ① 설명형(영향) ② 논술형(기본)
- **개념어** : 유의사항

특정 가격형성요인의 변화에 대한 영향 설명형 문제입니다. 가격형성원리(가격형성요인 → 가격발생요인 → 수요/공급 → 가격/균형)에 근거하여 설명하되, 시장세분화에 유의해주세요. "유의점"은 3방식의 절차를 기준으로 특이사항을 서술해주세요.

예시목차

Ⅰ. 서설

Ⅱ. 세계경제 위기가 국내 부동산시장에 미치는 영향 (5)
  1. 세계경제 위기의 배경
  2. 부동산시장의 의의 및 분류
  3. 국내 부동산시장에 미치는 영향
    1) 주거용 부동산시장
    2) 업무용 부동산시장
    3) 상업용 부동산시장

Ⅲ. 부동산 감정평가 시 유의사항 (5)
  1. 감정평가 및 3방식의 의의
  2. 감정평가 3방식 적용 시 유의사항
    1) 원가방식 적용 시 유의사항
    2) 비교방식 적용 시 유의사항
    3) 수익방식 적용 시 유의사항
    4) 시산가액 조정 시 유의사항

Ⅳ. 결어

문 17 20점

Ⅰ. 서설

부동산은 일반 재화와 달리 물리적으로 고정되어 있어, 부동산 시장 역시 지역시장을 이룬다. 그러나 국내 부동산 시장은 수출 중심의 경제 구조와 금융 세계화에 의해 세계경제의 직·간접적인 영향을 받으므로, 세계경제 위기는 국내 부동산 시장에도 영향을 미칠 수 있다.

Ⅱ. 세계경제 위기가 국내 부동산시장에 미치는 영향

1. 세계경제 위기의 배경

<경제위기>란 특정 요인의 변화에 따라 생산, 소비 등 경제활동이 위축되는 것을 말한다. 경제위기의 원인은 공급, 수요, 금융 측면에서 다양하게 지적되나, 최근의 세계경제위기는 금리 인상에 따른 수요 위축에서 비롯된 것으로 판단된다.

2. 부동산시장의 의의 및 분류

<부동산시장>이란 부동산의 교환 및 가격 결정이 이루어지고 부동산 자산의 이용형태 및 배분이 결정되는 공간을 말한다. 부동산시장은 ① 국내, 수도권, 지방 등 지역별 시장, ② 주거용, 업무용, 상업용 등 용도별 시장, ③ 매매, 임대 등 권리별 시장으로 분류할 수 있다.

3. 국내 부동산시장에 미치는 영향

1) 주거용 부동산시장

세계경제 위기에 따른 금리의 인상은 외환정책에 따라 국내 금리를 인상시킬 수 있다. 이 경우, 주거용 부동산시장은 수요 측면에서 금리 인상에 따른 <u>유효수요의 감소</u>, 공급 측면에서 장기적인 <u>공급 감소</u>가 발생할 수 있다. 따라서 세계경제위기는 국내 주거용 부동산시장의 <u>가격 및 거래량에 악영향</u>을 미칠 수 있다.

2) 업무용 부동산시장

세계경제 위기는 경제활동 전반을 위축시키므로 수출산업 위주의 국내 기업경기에 영향을 미친다. 또한, 금리 인상에 의한 외화 유출, 국내 금리의 동반 인상이 일어날 경우, 금리, 환율에 대한 변동성도 높아질 수 있다. 기업경기의 하락은 업무용 부동산에 대한 <u>임대수요를 감소</u>시키며, 임대료의 하락은 자산 <u>수요의 감소 및 가격 하락</u>으로 이어질 수 있다.

3) 상업용 부동산시장

세계경제 위기에 따른 국내 기업경기의 하락은 소득, 고용에 영향을 미친다. 가처분소득의 하락과 실업의 증가는 국민의 소비활동을 위축시키고, 이는 상업용 부동산시장의 <u>임대수요 감소, 임대료 하락, 자산수요 감소, 가격 하락</u>으로 이어질 수 있다. 따라서 세계경제 위기는 상업용 부동산시장에도 시차를 두고 간접적인 영향을 미칠 수 있다.

III. 부동산 감정평가 시 유의사항

1. 감정평가 및 3방식의 의의

<감정평가>란 토지등의 경제적 가치를 판정하여 그 결과를 가액으로 표시하는 것을 말한다. <감정평가 3방식>이란 비용성, 시장성, 수익성 등 가치의 세 가지 측면에 근거하여 경제적 가치를 판정하는 구체적 방법을 말한다. 비용성에 근거한 원가방식, 시장성에 근거한 비교방식, 수익성에 근거한 수익방식이 있다.

2. 감정평가 3방식 적용 시 유의사항

1) 원가방식 적용 시 유의사항

<원가방식>은 가격을 구하기 위한 원가법과 임료를 구하기 위한 적산법으로 구분된다. 경제위기에 따른 경기변동을 반영하여 ① <u>재조달원가</u> 산정 시 기준시점 현재 최신 원가를 기준하고 ② <u>감가수정</u> 시 경제적 감가에 <u>유의해야 한다.</u>

2) 비교방식 적용 시 유의사항

<비교방식>은 가격을 구하기 위한 거래사례비교법과 임료를 구하기 위한 임대사례비교법으로 구분된다. 경제위기에 따른 경기변동을 반영하여 ① <u>사례 수집</u> 시 거래시점에 유의하고 ② <u>사정보정</u> 시 개별적 거래동기의 파악과 ③ 경기변동국면이 반영된 적절한 <u>시점수정치</u> 산정에 <u>유의해야 한다.</u>

3) 수익방식 적용 시 유의사항

<수익방식>은 가격을 구하기 위한 수익환원법과 임료를 구하기 위한 수익분석법으로 구분된다. 경제위기에 따른 경기변동을 반영하여 ① 순수익(현금흐름)은 임대차 계약 시점을 고려하여 적정하게 보정하여야 하고 ② 환원율(할인율) 산정 시 기준시점의 금리와 경기전망을 반영하여 적정한 할증률 가산에 유의해야 한다.

4) 시산가액 조정 시 유의사항

<시산가액 조정>이란 감정평가방법의 적용을 통하여 산정된 시산가액을 합리적으로 조정하여 최종 감정평가액을 결정하는 것을 말한다. 시산가액 조정은 단순한 산술평균이 아니므로, 경제위기 시 국내 부동산시장의 상황을 감안하여 각 방식에 가중치를 조정할 수 있다. 원가방식은 과거에 기초한 가격으로 설득력이 떨어질 수 있고, 비교방식은 자료의 양과 질에 유의해야 하며, 수익방식에 의한 합리성 검토에 유의해야 한다.

Ⅳ. 결어

부동산은 사회적·경제적·행정적 가변성을 가지므로, 감정평가 시 예측·변동의 원칙에 입각하여 국내 경제뿐만 아니라 세계 경제의 변화에 따른 동태적 분석이 요구된다. <끝>

✶ 부동산시장의 분석

18 양도소득세의 상승이 부동산시장에 미치는 영향에 대해 설명하시오. `10점`

논점분석

• **논제** : 부동산시장론 ▶ 부동산시장분석
• **유형** : 설명형(영향)

특정 가격형성요인의 변화에 대한 영향 설명형 문제입니다. 가격형성원리(가격형성요인 → 가격발생요인 → 수요/공급 → 가격/균형)에 근거하여 설명하되, 시장세분화에 유의해주세요.

예시목차

Ⅰ. 서설

Ⅱ. 양도소득세 상승과 부동산시장 (5)

1. 양도소득세 상승의 의의
2. 부동산시장의 의의 및 분류
3. 양도소득세 상승이 부동산시장에 미치는 영향
   1) 공간시장에 미치는 영향
   2) 자산시장에 미치는 영향
      (1) 자본이익 감소로 신규 수요 위축
      (2) 양도세 회피로 기존 공급 위축 및 거래량 감소

문18 `10점`

I. 서설

부동산은 사유재이자 공공재로서, 자산의 취득·보유·처분과정에 공적 개입이 이루어 질 수 있다. 정부는 취득세, 보유세, 양도소득세 등 세금 제도를 통해 부동산 시장에 간접적으로 개입하며, 이는 부동산 자산의 현금흐름에 영향을 미쳐 부동산 시장의 수요·공급 및 가격·거래량을 변화시킬 수 있다.

II. 양도소득세 상승과 부동산시장

1. 양도소득세 상승의 의의

<양도소득세>란 자산을 매도, 교환, 현물출자 등의 방법으로 유상 이전할 때 발생하는 소득에 대한 세금을 말하며, 「소득세법」에 근거한다. 양도소득세는 부동산의 처분 과정에서 자본이익(capital gain)에 부과되는 세금으로, 일반적 가치형성요인이자 행정적 가치형성요인에 해당한다.

2. 부동산시장의 의의 및 분류

<부동산시장>이란 부동산의 교환 및 가격 결정이 이루어지고 부동산 자산의 이용형태 및 배분이 결정되는 공간을 말한다. 부동산시장은 ① 국내, 수도권, 지방 등 지역별 시장 ② 주거용, 업무용, 상업용 등 용도별 시장 ③ 공간, 자산 등 경제별 시장의 하위시장으로 분류할 수 있다.

3. 양도소득세 상승이 부동산시장에 미치는 영향

1) 공간시장에 미치는 영향

<공간시장>이란 공간이용을 목적으로 부동산 권리를 교환하여 임대료가 결정되는 부동산 시장을 말한다. 양도소득세 상승은 공간시장 수요 및 공급에 단기적인 영향을 미치지 않으나, 장기적으로는 공급자의 자본이익(capital gain)을 악화시키므로 신규 공급 감소에 따라 임대료가 상승하고 거래량이 감소할 수 있다.

2) 자산시장에 미치는 영향

(1) 자본이익 감소로 신규 수요 위축

<자산시장>이란 현금흐름을 목적으로 부동산 권리를 교환하는 부동산 시장을 말한다. 양도소득세 상승으로 자산시장 수요자의 효용인 미래 현금흐름(자본이익)이 감소하므로 신규 수요가 위축될 것으로 예상된다.

(2) 양도세 회피로 기존 공급 위축 및 거래량 감소

양도소득세 상승으로 자산 매각 등 기존 공급이 증가하면 가격이 하락할 것으로 예상된다. 그러나 기존 공급자들이 양도소득세를 회피 또는 이연하기 위해 공급을 중단하거나 회수한다면, 기존 공급이 위축되며 거래량이 감소할 수 있다. <끝>

✻	**부동산시장의 분석**

19 토지거래허가제의 시행이 부동산시장에 미치는 영향에 대해 쓰시오. `10점`

논점분석

- **논제** : 부동산시장론 ▶ 부동산시장분석
- **유형** : 설명형(영향)

토지거래허가제에 대한 영향 설명형 문제입니다. 시장을 세분화 한 후, 수요·공급·가격·거래량을 순차적으로 검토해서 결론을 지어주시면 됩니다. 토지거래허가제는 지역요인에 해당하는 만큼 허가구역 내와 허가구역 외로 시장을 세분화하고, 수요 억제책인 만큼 수요 감소에 초점을 맞추어 서술해주세요.

예시목차

Ⅰ. 서설

Ⅱ. 토지거래허가제와 부동산 시장 (5)
  1. 토지거래허가제의 의의 및 근거
  2. 부동산 시장의 의의 및 특징
  3. 토지거래허가제가 부동산 시장에 미치는
    영향
    1) 시행구역 내에 미치는 영향
      (1) 투자 수요 감소 및 공급 위축
      (2) 거래량 감소
    2) 시행구역 외에 미치는 영향

문19 `10점`

I. 서설

부동산은 일반 재화와 다른 물리적 특성으로 인해, 부동산 시장은 불완전 경쟁시장을 형성하며 균형가격의 성립이 어렵다. 정부는 부동산 시장에 직·간접적으로 개입하여 시장의 기능을 보완할 수 있으며, 수요 및 가격이 급등하는 지역에 대해서 토지거래허가제와 같은 직접규제를 활용할 수 있다.

II. 토지거래허가제와 부동산 시장

1. 토지거래허가제의 의의 및 근거

<토지거래허가제>란 토지의 투기적인 거래가 성행하거나 지가가 급격히 상승하는 지역 등을 대상으로 구역을 지정하여, 토지 거래에 있어 사전에 시장·군수·구청장의 허가를 받도록 하는 것으로서, 「부동산 거래신고 등에 관한 법률」에 근거한다.

2. 부동산 시장의 의의 및 특징

<부동산 시장>이란 부동산의 교환 및 가격 결정이 이루어지고 부동산 자산의 이용형태 및 배분이 결정되는 공간을 말한다. 부동산 시장은 고정성에 의해 지역시장을 형성하며, 개발계획·거래규제 등 행정적 요인의 변화에 민감하게 반응한다는 특징이 있다.

3. 토지거래허가제가 부동산 시장에 미치는 영향

1) 시행구역 내에 미치는 영향

(1) 투자 수요 감소 및 공급 위축

토지거래허가제 시행에 따라 실수요 요건을 충족하지 못하는 투자 목적의 수요가 제한되므로 지역 부동산 시장의 수요는 감소하며, 수요 감소에 따라 기존 토지 소유자들이 매각을 유보하게 된다면 공급도 감소할 수 있다.

(2) 거래량 감소

수요 및 공급이 동시에 감소하는 경우 토지 거래량이 감소하며, 수요 감소 정도에 따라 토지 가격이 하향 안정세를 나타낼 것으로 예상된다.

2) 시행구역 외에 미치는 영향

토지거래허가제 시행에 따라 시행구역 내 투자 수요가 시행구역 외로 이전하는 '풍선효과'가 발생할 수 있다. 이 경우 시행구역 외의 부동산 수요가 증가하여 가격과 거래량이 상승할 수 있다. <끝>

✱ 부동산시장의 경기변동

▶ 기출문제 32회 1번

20 3방식에 따른 감정평가를 할 때 부동산 경기변동에 따른 유의사항에 대해 설명하시오.
`10점`

논점분석

- **논제** : 부동산시장론 ▶ 부동산시장의 경기변동
- **유형** : 설명형(기본)
- **개념어** : 유의사항

부동산시장의 경기변동에 대한 기본 설명형 문제입니다. 경기변동의 일반적 내용을 간략하게 서술한 후, "유의사항"은 각 3방식 적용절차를 기준으로 특이사항을 서술해주세요.

예시목차

Ⅰ. 서설

Ⅱ. 부동산 경기변동과 감정평가방법 (5)
    1. 부동산 경기변동
        1) 경기변동의 의의 및 특징
        2) 경기변동의 국면
    2. 3방식 감정평가 시 유의사항
        1) 원가방식
        2) 비교방식
        3) 수익방식

문20 10점

I. 서설

부동산 시장은 부증성, 영속성 등 부동산의 물리적 특성으로 인해 공급비탄력시장, 장기시장을 형성한다. 따라서 부동산 경기변동은 일반 경기와의 연관성이 뚜렷하지 않으며 변동의 진폭과 주기도 상이하게 나타난다. 따라서 부동산 감정평가 시 경기 국면의 특징을 고려하고 감정평가방법 적용 시 유의하여야 한다.

II. 부동산 경기변동과 감정평가방법

1. 부동산 경기변동

1) 경기변동의 의의 및 특징

<부동산 경기변동>이란 부동산시장의 가격 및 거래량이 변동하여 시장의 확장국면과 수축국면이 반복되어 나타나는 것을 말한다. 부동산 경기변동의 특징은 ① 진폭이 크고 ② 주기가 길며 ③ 상승·하락국면이 우경사 비대칭을 나타낸다.

2) 경기변동의 국면

경기변동의 <상승국면>에서는 가격이 상승하고 거래량이 증가하며, 금리가 낮은 수준을 유지하여 통화량이 증가한다. 경기변동의 <하락국면>에서는 가격이 하락하고 거래량이 감소하며, 금리가 상승하여 통화량이 감소한다.

2. 3방식 감정평가 시 유의사항

1) 원가방식

<원가방식>이란 비용성에 근거한 감정평가방법으로 원가법과 적산법으로 구성된다.

원가법 적용에 있어 ① <u>재조달원가</u>는 최근 시점의 신축원가를 적용해야 하며 ② <u>시점수정</u> 시 경기국면에 따른 건축비 지수의 변화에 <u>유의해야 한다</u>.

2) 비교방식

<비교방식>이란 시장성에 근거한 감정평가방법으로 거래사례비교법과 임대사례비교법으로 구성된다. 거래사례비교법 적용에 있어 ① <u>사례 선정</u>은 동일한 경기국면의 거래사례를 수집하고 선정해야 하며 ② <u>사정보정</u> 시 경기국면에 따른 투기, 급매 등 사정개입에 <u>유의해야 한다</u>.

3) 수익방식

<수익방식>이란 수익성에 근거한 감정평가방법으로 수익환원법과 수익분석법으로 구성된다. 수익환원법 적용에 있어 ① <u>순수익</u>은 임료의 지행성을 고려하여 경기국면에 맞도록 산정해야 하며 ② <u>환원율</u> 결정 시 경기국면에 맞는 할증률 가산에 <u>유의해야 한다</u>. <끝>

부동산가격론

❋ 부동산가격의 특성

01 부동산가격의 경제적 특성에 대하여 설명하시오. 10점

논점분석

- **논제** : 부동산가격론 ▶ 부동산가격의 개념 ▶ 특징
- **유형** : 설명형(기본)
- **개념어** : 특징

부동산가격에 대한 기본 설명형 문제입니다. "특성"은 부동산이 일반 재화와 다른 측면을 기준으로 내용을 구성하셔야 합니다. 부동산가격의 특성은 부동산의 특성에서 비롯되므로, 부동산의 물리적, 인문적 특성을 기준으로 부동산가격의 특성을 설명해주세요.

예시목차

Ⅰ. 서설

Ⅱ. 부동산가격의 경제적 특성 (5)

　　1. 고정성과 위치가격

　　2. 부증성과 수요자가격

　　3. 영속성과 교환·용익가격

　　4. 개별성과 개별가격

　　5. 그 외 인문적 특성과 부동산가격의 특성

문 1 `10점`

I. 서설

부동산 가격은 부동산의 물리적 특성으로 인하여 일반 재화와 다른 특징을 나타낸다. 물리적 특성이란 고정성·부증성·영속성·개별성 등 일반 재화와 다른 부동산의 물리적 한계를 말한다. 시장에서 거래되는 하나의 재화로서 부동산이 가진 특성은 부동산시장과 부동산가격에도 영향을 미치므로, 부동산가격은 일반 재화와 다른 경제적 특성을 갖게 된다.

II. 부동산가격의 경제적 특성

1. 고정성과 위치가격

<고정성>이란 토지의 위치를 인위적으로 이동시킬 수 없다는 지리적 위치의 절대성을 말한다. 고정성은 재화의 유동성을 제한하여 시장의 형성 및 거래활동을 국지화시킨다. 고정성에 의해 부동산가격은 특정 입지와 결합하여 발생하는 위치가격의 특성을 갖게 된다.

2. 부증성과 수요자가격

<부증성>이란 토지는 추가적인 생산요소를 투입하더라도 물리적인 양을 증가시킬 수 없다는 것을 말한다. 부증성은 토지를 희소하게 하고 지가 상승의 근본적인 원인이 되며, 집약적·합리적 이용을 촉진한다. 부증성에 의해 부동산시장은 수요자 중심의 시장이 되며, 부동산가격은 수요요인에 민감하게 반응하는 수요자가격의 특성을 갖게 된다.

3. 영속성과 교환 · 용익가격

<영속성>이란 토지는 사용이나 시간에 의해 마모되거나 소멸되지 않는다는 것을 말한다. 영속성은 재화의 가치보존력을 높여 투자대상으로 선호되고, 부동산 활동을 장기화한다. 영속성에 의해 부동산시장은 소유권 외에도 임차권과 같은 제한적 권리가 거래될 수 있으므로, 부동산가격은 <u>가격 외에 임료가 형성되는 특성을 갖는다.</u>

4. 개별성과 개별가격

<개별성>이란 토지는 물리적으로 동일하지 않다는 것을 말한다. 개별성에 의해 부동산시장은 불완전경쟁시장의 특성을 갖게 되며, 부동산가격은 일물일가의 법칙이 적용되기 어려워 일반적 가격이 아닌 <u>개별적 가격의 특성을 갖게 된다.</u>

5. 그 외 인문적 특성과 부동산가격의 특성

부동산은 ① 동일한 토지 위에 수 개의 용도가 경합할 수 있고 용도전환이 가능하므로, 최대수익을 창출할 수 있는 <u>최유효이용을 기준</u>하여 가격이 형성된다. ② 토지의 합병과 분할이 가능하여 특정 시장참여자에게만 성립할 수 있는 <u>한정가격의 성립</u>이 가능하며 ③ 사회 · 경제 · 행정적 요인의 변화에 따라 <u>가격이 변동</u>할 수 있다. <끝>

✱ 부동산가격의 특성

02 부동산가격의 본질, 특징 및 가격형성원리에 대해 설명하시오. `15점`

논점분석

- **논제** : 부동산가격론 ▶ 부동산가격의 개념, 부동산가격형성원리
- **유형** : 설명형(기본)
- **개념어** : 본질, 특징

부동산가격에 기본 설명형 문제입니다. ① "본질"이란 현상을 성립시키는 근본적인 성질을 의미합니다. 본질의 사전적 정의를 감정평가이론과 연결시키면 가격을 성립시키는 근본적인 성질, 즉 가치발생요인이 됩니다. 따라서 경제학의 가치이론을 기준으로 서술하시면 됩니다. ② "특징"은 일반 재화와 다른 부동산가격의 현상을 서술해주세요.

예시목차

Ⅰ. 서설

Ⅱ. 부동산가격의 본질, 특징 및 가격형성원리 (7)

   1. 부동산가격의 본질

     1) 수요자의 효용 및 유효수요

     2) 공급자의 생산비용

   2. 부동산가격의 특징

     1) 위치가격 및 수요자가격

     2) 교환·용익가격 및 개별가격

3. 부동산가격의 형성원리

     1) 부동산가격형성요인

     2) 부동산가격발생요인

     3) 가격수준 및 구체적 가격의 형성

Ⅲ. 결어

문2 15점

I. 서설

부동산가격은 부동산의 물리적 특성으로 인하여 일반 재화와 다른 특징을 나타낸다. 감정평가는 부동산의 경제적 가치를 판정하여 그 결과를 가액으로 표시하는 활동으로서, 부동산가격의 본질, 특징 및 가격형성원리에 대한 이해가 선행되어야 한다.

II. 부동산가격의 본질, 특징 및 가격형성원리

1. 부동산가격의 본질

1) 수요자의 효용 및 유효수요

부동산가격은 수요자의 효용 및 유효수요에 의해 발생하며, 효용·유효수요가 클수록 수요가 증가한다. <효용>이란 인간의 욕구나 필요를 만족시킬 수 있는 재화의 능력으로서, 부동산은 용도에 따라 쾌적성(주거용), 수익성(상업용), 생산성(공업용) 등을 말한다. <유효수요>는 재화에 대한 구매력이 전제된 수요를 말한다.

2) 공급자의 생산비용

부동산가격은 공급자의 생산비용에 의해 발생하며, 생산비용이 높을수록 공급가격은 상승하고 공급량은 감소한다. 부동산은 부증성에 의해 공급이 제한되므로 지역, 용도, 유형에 따라 상대적 희소성이 있다.

2. 부동산가격의 특징

1) 위치가격 및 수요자가격

① 부동산가격은 부동산의 고정성에 의해 특정 입지와 결합하여 발생하는 <u>위치가격의 특징</u>을 갖게 되며 ② 부동산의 부증성에 의해 수요 요인에 민감하게 반응하는 <u>수요자가격의 특징</u>을 갖는다.

2) 교환·용익가격 및 개별가격

① 부동산가격은 부동산의 영속성에 의해 <u>소유권 외에도 임차권과 같은 제한적 권리의 가격</u>을 형성하며 ② 개별성에 의해 일물일가의 법칙이 적용되기 어려우므로 <u>개별적 가격의 특징</u>을 갖는다.

3. 부동산가격의 형성원리

1) 부동산가격형성요인

<가격형성요인>이란 대상물건의 경제적 가치에 영향을 미치는 일반요인, 지역요인 및 개별요인 등을 말한다. 부동산은 용도적 분류인 종별, 권리적 분류인 유형에 따라 다양한 가격형성요인을 가지며, 이는 가격발생요인에 영향을 미친다.

2) 부동산가격발생요인

<가격발생요인>이란 가격형성요인의 영향을 받아 부동산의 수요·공급에 영향을 미치는 요인을 말한다. 수요 측면에서는 <u>효용과 유효수요</u>, 공급 측면에서는 <u>상대적 희소성</u>으로 나타난다.

3) 가격수준 및 구체적 가격의 형성

부동산시장의 수요는 효용과 유효수요, 공급은 상대적 희소성에 의해 형성된다. 부동산은 지역종별 및 유형에 따라 일정한 <u>가격수준</u>을 형성하고, 개별적 특성에 따라 상급지·중급지·하급지 등으로 <u>가격이 구체화</u>된다.

Ⅲ. 결어

부동산가격의 형성원리는 지역분석, 개별분석, 감정평가방법의 적용과 같은 <u>감정평가활동</u>에 반영되며, 부동산가격의 특징은 <u>가격제원칙</u> 등 감정평가활동의 지침이 되므로 충분한 이해가 필요하다. <끝>

✱ 부동산가격의 형성원리

▶ 기출문제 17회 1번

03 종별 및 유형에 따른 가격형성요인을 분석하고 감정평가 시 유의사항에 대해 설명하시오. `20점`

논점분석

- **논제** : 부동산가격론 ▶ 부동산가격형성원리 ▶ 가격형성요인
- **유형** : 설명형(기본)
- **개념어** : 유의사항

가격형성요인에 대한 기본 설명형 문제입니다. "종별 및 유형에 따른~"이라고 하였으므로, 종별 및 유형에 국한시켜 설명해주세요. "감정평가 시 유의사항"은 감정평가의 절차를 기준으로 특이사항을 서술해주시면 됩니다.

예시목차

Ⅰ. 서설

Ⅱ. 종별과 유형에 따른 가격형성요인 (7)
  1. 종별 및 유형의 의의
  2. 가격형성요인의 의의
  3. 종별 가격형성요인
    1) 주택, 상업 및 공업지
    2) 농지 및 임지
    3) 이행지 및 예정지
  4. 유형별 가격형성요인
    1) 토지
    2) 복합부동산 및 구분소유부동산

Ⅲ. 감정평가 시 유의사항 (3)
  1. 지역분석 시 유의사항
  2. 개별분석 시 유의사항
  3. 감정평가방법 적용 시 유의사항

Ⅳ. 결어

문 3 [20점]

I. 서설

「민법」 제99조는 부동산을 "토지 및 정착물"로 규정하고 있다. 그러나 물리적으로 동일한 부동산이라 하더라도 종별(용도) 및 유형(이용형태·권리관계)에 따라 가치형성요인이 상이하므로, 감정평가 시 종별·유형에 따른 분류를 선행하고 그에 따라 지역분석, 개별분석, 감정평가방법 적용이 이루어져야 한다.

II. 종별과 유형에 따른 가격형성요인

1. 종별 및 유형의 의의

<종별>이란 토지를 용도적 관점에서 분류한 것으로서, 지역의 용도를 분류하는 지역종별과 대상 토지의 용도를 분류하는 토지종별로 나눌 수 있다. 종별은 택지(주택지, 상업지, 공업지, 이행지), 농지(전지, 답지, 이행지), 임지, 예정지로 분류한다. <유형>이란 부동산을 이용형태 및 권리관계의 관점에서 분류한 것으로서, 이용형태에 따라 토지, 건물, 복합부동산, 구분소유부동산으로 분류하며, 권리관계에 따라 나지, 건부지, 갱지, 저지 등으로 구분할 수 있다.

2. 가격형성요인의 의의

<가격형성요인>이란 대상물건의 경제적 가치에 영향을 미치는 요인을 말한다. 가격형성요인은 영향의 지리적 범위를 기준으로 일반적, 지역적, 개별적 요인으로 분류하며, 내용 및 특성을 기준으로 자연적, 사회적, 경제적, 행정적 요인으로 분류할 수 있다.

3. 종별 가격형성요인

1) 주택, 상업 및 공업지

종별에 따라 <주택지>는 교통, 인구, 학군 등 자연·사회적 가격형성요인의 영향을 받으며, <상업지>는 교통, 도로접면, 배후지, 소득수준 등 자연·사회·경제적 요인, <공업지>는 교통, 도심 접근성, 공항 접근성 등의 자연·사회적 요인에 따라 가격이 형성된다.

2) 농지 및 임지

<농지>의 경우 기후, 지세, 토양, 토질, 관개, 배수와 같은 자연적 요인과 함께 취락 접근성과 같은 사회적 요인에 따라 가격이 형성된다. <임지>의 경우도 경사, 면적 등 자연적 요인에 기초하되, 공법상 제한 등 행정적 요인도 중요한 가격형성요인이다.

3) 이행지 및 예정지

<이행지>의 경우 용도 전환이 이루어지고 있는 종별의 가격형성요인과 더불어 전환의 진행 정도와 같은 자연적 요인의 영향을 받는다. <예정지>의 경우 교통, 인구, 공공시설과 같은 사회적 요인과 함께 주변 지역의 성격, 택지조성의 난이도와 같은 자연적 요인이 중요한 가격형성요인이다.

4. 유형별 가격형성요인

1) 토지

<나지>의 경우 개발행위허가, 건폐율, 용적률 등과 같은 행정적 요인이 중

요한 가격형성요인이며, <건부지>의 경우 주위 환경과의 적합성과 같은 사
회적 요인과 함께 개별적인 공법 제한과 같은 행정적 요인이 중요한 가격형
성요인이다.

2) 복합부동산 및 구분소유부동산

<복합부동산>의 경우 토지와 건물 각각의 가격형성요인과 더불어 이용상의
조화상태가 가격형성에 영향을 미치나, 토지와 건물이 일체로 거래되는 <구
분소유부동산>의 경우 토지, 건물 각각의 가격형성요인과 더불어 건물 내
층수, 위치, 공용부분과의 접근성, 대지면적 등이 중요한 가격형성요인이다.

Ⅲ. 감정평가 시 유의사항

1. 지역분석 시 유의사항

<지역분석>이란 대상 부동산이 속하는 지역의 범위를 획정하고 지역요인을 분
석하여 표준적 이용과 가격수준을 판정하는 것을 말한다. 지역분석에서 인근지역획정
시 종별·유형에 근거하되 적정한 범위 설정에 유의해야 한다.

2. 개별분석 시 유의사항

<개별분석>이란 대상 부동산의 개별요인을 분석하여 최유효이용을 판정하고
가격을 구체화하는 것을 말한다. 개별분석에서 최유효이용의 판정은 나지·건
부지 등 유형에 따라 판정 방법이 달라질 수 있다는 점에 유의해야 한다.

3. 감정평가방법 적용 시 유의사항

감정평가방법 적용 시 유형에 따라 「감정평가에 관한 규칙」상 주된 방법을 적용하고, 종별에 따라 적용 가능한 부방법이 달라질 수 있음에 유의해야 한다. <원가방식> 적용 시 유형별로 적용방법이 상이하며, <비교방식> 적용 시 종별·유형이 동일 또는 유사한 비교사례를 선정해야 한다. <수익방식> 적용 시 환원이율은 종별·유형에 따라 달라질 수 있다는 점에 유의해야 한다.

Ⅳ. 결어

감정평가의 절차는 ① 기본적 사항의 확정, ② 처리계획 수립, ③ 대상물건 확인 등의 절차로 이루어진다. 종별과 유형의 판정은 감정평가 절차상 우선순위로 이루어져야 하며, 이는 감정평가 활동의 효율성과 정확성, 안정성을 위해 필요하다. <끝>

<table><tr><td>※ **부동산가격의 형성원리**</td><td>▶ 기출문제 21회 1번</td></tr></table>

04 기후변화에 대한 관심이 높아지고 있는 바, 기후변화가 부동산가격형성요인에 미칠 영향에 대하여 약술하시오. 10점

논점분석

- **논제** : 부동산가격론 ▶ 부동산가격형성원리 ▶ 가격형성요인
- **유형** : 설명형(영향)

부동산가격형성요인에 대한 설명형(영향) 문제입니다. 설명형(영향) 유형의 문제는 ① 독립변수에 대해 상세하게 서술한 후 ② 독립변수가 종속변수에 미치는 영향을 단계적으로 설명해주는 것이 관건입니다. 다만, 이 문제는 독립변수와 종속변수 모두 가격형성요인이므로, 가격형성요인의 분류체계를 기준으로 서술하면 될 것입니다.

예시목차

Ⅰ. 서설

Ⅱ. 기후변화가 가격형성요인에 미치는 영향 (5)
1. 기후변화의 내용 및 원인
2. 자연적 요인에 미치는 영향
3. 사회적 요인에 미치는 영향
4. 경제적 요인에 미치는 영향
5. 행정적 요인에 미치는 영향

문4 10점

I. 서설

부동산의 가치는 다양한 가격형성요인의 복합적인 상호작용과 가격발생요인의 균형에 의해 결정된다. 가격형성요인은 고정적이고 독립적인 것이 아니라 유동적이고 복합적이므로, 특정 가격형성요인의 변화가 다른 요인에 연쇄적인 변화를 일으킬 수 있다는 점에 유의해야 한다.

II. 기후변화가 가격형성요인에 미치는 영향

1. 기후변화의 내용 및 원인

<기후>란 인간의 활동에 영향을 미치는 기온, 강수 등의 자연조건을 말하며, 지역에 따라 온대, 냉대, 열대, 한대로 분류한다. 기후변화의 원인은 환경오염 등으로 최근 지역의 기후 특성과 상반되는 이상 현상도 발생하고 있다.

2. 자연적 요인에 미치는 영향

<자연적 요인>은 자연환경과 인공환경으로 분류할 수 있다. 부정적인 형태의 기후변화는 부동산 효용의 감소로 이어질 수 있으며, 이를 극복하기 위한 인공환경의 발전을 촉진한다. 부동산가격에서 자연환경의 중요성이 강화될 것이다.

3. 사회적 요인에 미치는 영향

<사회적 요인>은 인구특성과 제반 생활양식, 거래관행 등을 말한다. 기후변화는 인구 특성과 건축양식의 변화를 초래할 수 있다. 기후변화에 대응하여 강원도 등으로 인구 이동이 일어날 수 있으며, 친환경 설계 및 설비의 중요성이 강

화될 것이다.

4. 경제적 요인에 미치는 영향

<경제적 요인>이란 지역 내의 경제기반, 고용상태, 임금수준, 산업성장률, 물가수준, 금리 등을 말한다. 기후변화는 농업, 제조업의 입지에 직접적인 영향을 미치며, 기후변화에 대응하기 위한 보험, 정보서비스업 등 관련 산업의 발전으로 고용, 임금 등에 연쇄적인 영향을 미칠 수 있다.

5. 행정적 요인에 미치는 영향

<행정적 요인>이란 공법규제, 공공시설, 재정정책 등 정부의 활동 등을 말한다. 기후변화는 녹색건축물, 녹색건축인증 등 공법 규제로 건축 및 투자 활동에 영향을 미칠 수 있다. <끝>

✱ 부동산가격의 형성원리

▶ 기출문제 17회 3번

05 부동산가격형성의 일반요인은 자연적, 사회적, 경제적, 행정적 제 요인으로 구분할 수 있다. 부동산가격형성의 행정적 요인 중 부동산거래규제의 내용에 대하여 설명하고, 거래규제가 감정평가에 미치는 영향에 대하여 설명하시오. `20점`

논점분석

- **논제** : 부동산가격론 ▶ 부동산가격형성원리 ▶ 가격형성요인 ▶ 행정적 요인
- **유형** : 설명형(영향)

부동산가격형성요인에 대한 영향 설명형 문제입니다. 설명형(영향) 유형의 문제는 ① 독립변수에 대해 상세하게 서술한 후 ② 독립변수가 종속변수에 미치는 영향을 단계적으로 설명해주는 것이 관건입니다. 즉, [가격형성요인 → 가격발생요인 → 수요/공급 → 가격]을 단계적으로 설명하시되, 가격형성원리와 양면을 이루는 감정평가활동(가치형성요인 분석 → 감정평가방법 → 시산가액조정 → 최종 감정평가액 결정)을 입체적으로 설명해주세요.

예시목차

Ⅰ. 서설

Ⅱ. 부동산 거래규제 (5)
1. 부동산 거래규제의 의의
2. 부동산 거래규제의 내용
   1) 직접규제
   2) 간접규제
3. 거래규제가 가격발생요인에 미치는 영향
4. 거래규제가 부동산시장에 미치는 영향

Ⅲ. 거래규제가 감정평가에 미치는 영향 (5)
1. 감정평가의 의의 및 절차
2. 지역분석에 미치는 영향
3. 개별분석에 미치는 영향
4. 감정평가방법의 적용에 미치는 영향
5. 시산가액 조정에 미치는 영향

Ⅳ. 결어

문5 `20점`

Ⅰ. 서설

부동산은 일반 재화와 다른 물리적 특성으로 인해, 부동산 시장은 불완전 경쟁시장을 형성하며 균형가격의 성립이 어렵다. 특정 지역시장의 수요 및 가격이 급등하는 경우, 정부는 거래규제 등 직·간접적인 개입을 통해 시장실패를 예방하고 시장의 안정을 확보할 수 있다. 그러나 거래규제로 인해 시장의 자율적 가격조정이 왜곡될 수 있으므로 감정평가 시 거래규제가 시장에 미친 영향에 유의해야 한다.

Ⅱ. 부동산 거래규제

1. 부동산 거래규제의 의의

<부동산 거래규제>란 정부가 일정한 조건하에 부동산 거래활동을 규제하는 것을 말한다. 거래규제는 외부효과, 공급의 지행성, 정보의 불완전성 등에 따른 시장의 실패를 보완하기 위한 정부의 인위적 개입으로서, 부동산가격형성에 영향을 미치는 행정적 가격형성요인에 해당한다.

2. 부동산 거래규제의 내용

1) 직접규제

거래규제는 방식에 따라 직접규제와 간접규제로 구분할 수 있다. <직접규제>는 거래 행위 자체를 규제하는 것으로서 ① 토지거래허가제, ② 분양권 전매제한, ③ 농지취득제한, ④ 외국인토지취득제한, ⑤ 분양가상한제 등이 있다.

2) 간접규제

<간접규제>란 행위주체의 수요·공급 의사결정에 영향을 미치는 것으로서 ① 조세적 수단(양도세, 취득세), ② 금융적 수단(금리, LTV, DTI) 등이 있다. 그 외 ③ 실거래가신고제도와 같이 시장정보의 투명성을 확보하기 위한 조치도 포함된다.

3. 거래규제가 가격발생요인에 미치는 영향

<가격발생요인>이란 가격형성요인의 영향을 받아 부동산의 수요·공급에 영향을 미치는 효용, 유효수요 및 상대적 희소성 등을 말한다. 직접규제는 직접적으로 공급 및 수요를 감소시킬 수 있으며, 간접규제는 세금, 금융비용 등 거래비용을 증가시켜 효용, 유효수요 및 공급을 감소시킬 수 있다.

4. 거래규제가 부동산시장에 미치는 영향

직접규제는 거래를 제한하므로 부동산시장의 거래량이 급감할 것으로 예상된다. 간접규제는 수요와 공급을 동시에 위축시키므로 단기적으로는 거래량의 감소가 나타날 수 있으나, 장기적으로는 시장균형을 회복할 수 있을 것으로 보인다.

Ⅲ. 거래규제가 감정평가에 미치는 영향

1. 감정평가의 의의 및 절차

<감정평가>란 토지등의 경제적 가치를 판정하여 그 결과를 가액으로 표시하는 것을 말한다. 감정평가는 ① 기본적 사항 확정, ② 대상물건 확인, ③ 가치형성

요인 분석, ④ 감정평가방법의 적용, ⑤ 시산가액 조정 및 최종 감정평가액의 결정의 <u>절차</u>로 이루어진다.

2. 지역분석에 미치는 영향

<지역분석>이란 대상 부동산이 속하는 지역의 범위를 획정하고 지역요인을 분석하여 표준적 이용과 가격수준을 판정하는 것을 말한다. 거래규제는 가격이 급등하고 거래가 과열된 특정 부동산시장을 대상으로 하므로, 지역분석 시 규제의 지역적 범위를 고려하여 인근지역을 획정하고, 규제의 시기를 고려하여 규제전후의 가격수준 변동에 유의해야 한다.

3. 개별분석에 미치는 영향

<개별분석>이란 대상 부동산의 개별요인을 분석하여 최유효이용을 판정하고 가격을 구체화하는 것을 말한다. 개별분석 시 규제의 시기를 고려하여 비적법적 이용, 중도적 이용 등 특수상황 하의 최유효이용 성립에 유의해야 한다.

4. 감정평가방법의 적용에 미치는 영향

거래규제는 대상 부동산의 시장성을 악화시킨다. 직접규제에 따라 거래사례의 확보가 어렵고, 규제의 시행 전 사정개입 거래가 발생할 수 있다. 따라서 <u>비교방식</u> 적용 시 거래규제가 유사한 사례를 선정하고, 사정개입의 보정에 유의해야 한다.

5. 시산가액 조정에 미치는 영향

거래규제는 자료의 양과 질의 측면에서 <u>비준가액</u>의 신뢰성을 약화시킬 수 있으며, 상대적으로 적산가액과 수익가액이 중요해 질 수 있다. <u>수익가액</u>은 거래규제에 따른 영향력이 상대적으로 낮으므로, 수익성 측면에서 가격의 하한선 역할을 할 수 있을 것으로 판단된다.

IV. 결어

<u>부동산 거래규제는 ① 국민의 재산권을 과도하게 제약할 수 있고 ② 정부실패에 따라 시장 실패를 악화시킬 수 있으므로</u>, 중장기적인 안목으로 접근하여야 한다. 감정평가 시 <u>예측·변동의 원칙</u>에 입각하여 특정 거래규제의 효과 및 지속가능성을 판단해야 한다. <끝>

✽ 부동산가격의 형성원리

06 다음을 설명하고, 각각의 상호관련성에 대하여 논하시오. `40점`

  1) 부동산가치발생요인과 부동산가격 결정요인 `10점`

  2) 부동산가격결정과정(메커니즘)과 부동산가치의 3면성 `10점`

  3) 부동산가치의 3면성과 감정평가 3방식 6방법 `20점`

논점분석

- **논제** : ① 부동산가격론 ▶ 부동산가격형성원리
  ② 감정평가의 기초 ▶ 감정평가의 원칙 ▶ 감정평가의 방식
- **유형** : 논술형(기본)

이 문제는 가격형성원리에 대한 기본 논술형 문제입니다. 상호관련성에 대해 물었으므로 양 개념 간 연결에 유의하여 서술해주세요.

출제위원 채점평

이 문제는 부동산가치발생요인에서부터 가치를 구하기 위한 감정평가의 3가지 접근방식과 6방법에 이르는 각 개념과 상호연관성에 대한 이해의 정도를 묻는 문제입니다. 이 과정을 3단계로 나누어 각 질문내용에 대하여 구체적인 설명과 단계별 상호관련성에 대한 논점의 정리가 필요합니다.

부동산가치발생요인과 부동산가격결정요인에 대한 설명이 부족하거나, 부동산가격결정요인을 부동산가격형성요인으로 기술하는 등 부동산가치발생요인과의 상호관련성에 대한 이해와 연결이 부족한 수험생들이 많았습니다.

또한, 부동산가격결정과정과 부동산가치의 3면성에 대한 물음은 의외로 부동산가격의 개별화 구체화과정이나 가격형성요인과 3방식을 무리하게 연관을 지으려고 한 경우가 있었습니다.

부동산가치의 3면성과 감정평가 3방식 6방법의 상호관계, 3방식 6방법에 대한 연관성이나 각 방식의 장단점 등 구체적인 설명이 부족한 경우가 있었습니다.

예시목차

I. 서론

II. (물음1) 부동산가치 발생요인과 부동산가격 결정요인 (5)
1. 부동산가치 발생요인
   1) 효용 및 유효수요
   2) 상대적 희소성
2. 부동산가격 결정요인
   1) 수요 결정요인
   2) 공급 결정요인
3. 양자의 상호관련성

III. (물음2) 부동산가격 결정과정과 부동산가치의 3면성 (5)
1. 부동산가격 결정과정
   1) 수요·공급의 형성
   2) 균형가격의 형성
2. 부동산가치의 3면성
   1) 비용성 및 수익성
   2) 시장성
3. 양자의 상호관련성

IV. (물음3) 부동산가치의 3면성과 감정평가 방법 (10)
1. 감정평가 3방식 6방법
   1) 원가방식
      (1) 원가법
      (2) 적산법
   2) 비교방식
      (1) 거래사례비교법
      (2) 임대사례비교법
   3) 수익방식
      (1) 수익환원법
      (2) 수익분석법
2. 부동산가치 3면성과의 상호관련성
   1) 비용성과 원가방식
   2) 수익성과 수익방식
   3) 시장성과 비교방식
   4) 대상 특성과 감정평가방법 적용

V. 결론

문6 40점

Ⅰ. 서론

부동산의 가치는 다양한 가격형성요인의 복합적인 상호작용과 가격발생요인의 균형에 의해 결정된다. 감정평가는 부동산의 경제적 가치를 판정하여 그 결과를 가액으로 표시하는 활동으로서, 부동산가격의 형성원리에 대한 이해를 바탕으로 감정평가 3방식을 적용하여 균형가격을 도출해야 한다.

Ⅱ. [물음1] 부동산가치 발생요인과 부동산가격 결정요인

1. 부동산가치 발생요인

1) 효용 및 유효수요

<부동산가치 발생요인>이란 가격형성요인의 영향을 받아 부동산의 수요·공급에 영향을 미치는 효용, 유효수요 및 상대적 희소성 등을 말한다. <효용>이란 인간의 욕구나 필요를 만족시킬 수 있는 재화의 능력을 말하며, <유효수요>란 재화에 대한 구매력이 전제된 수요를 말한다.

2) 상대적 희소성

<상대적 희소성>이란 인간의 욕구에 비해 수나 양이 부족한 상태를 말하며, 양적 측면에서의 희소성과 용도적 측면에서의 희소성을 모두 포함한다.

2. 부동산가격 결정요인

1) 수요 결정요인

<부동산가격 결정요인>이란 부동산의 수요와 공급에 영향을 미쳐 부동산가

격을 결정하는 요인을 말한다. <수요 결정요인>에는 ① 입지, 교통, 환경과 같은 <u>자연적 요인</u>, ② 인구, 가구와 같은 <u>사회적 요인</u>, ③ 산업, 고용, 소득, 물가, 금리와 같은 <u>경제적 요인</u>, ④ 금융, 세금과 같은 <u>행정적 요인</u>이 있다.

2) 공급 결정요인

<공급 결정요인>에는 ① 기술과 같은 <u>사회적 요인</u>, ② 물가, 금리, 고용과 같은 <u>경제적 요인</u>, ③ 금융, 세제와 같은 <u>행정적 요인</u>이 있다.

3. 양자의 상호관련성

① 수요 측면에서 <u>효용 및 유효수요</u>는 입지, 소득, 금리 등 다양한 <u>수요 결정요인</u>의 영향을 받아 형성된다. ② 공급 측면에서 <u>상대적 희소성</u>은 기술, 금리 등 <u>공급 결정요인</u>의 영향을 받아 형성된다. ③ 수요와 공급의 균형은 가격으로 표현되며, 가격은 하나의 수요·공급 결정요인으로서 다시 가격 발생요인에 영향을 미친다.

Ⅲ. [물음2] 부동산가격 결정과정과 부동산가치의 3면성

1. 부동산가격 결정과정

1) 수요·공급의 형성

<수요곡선>이란 단위당 가격과 수요량과의 관계를 나타낸 것을 말한다. 수요량과 가격은 반비례관계이므로 수요곡선은 우하향하는 형태를 보인다. 반면, <공급곡선>은 단위당 가격과 공급량의 비례관계에 따라 우상향의 형태를 보인다.

2) 균형가격의 형성

부동산가격에 따른 수요량과 공급량에 따라 ① [수요량 > 공급량]인 경우에는 수요자의 경쟁에 따라 가격이 상승하며 ② [공급량 > 수요량]인 경우에는 공급자 경쟁에 따라 가격이 하락한다. 수요곡선의 수요량과 공급곡선의 공급량이 일치하는 지점에서 <균형가격>이 형성된다.

2. 부동산가치의 3면성

1) 비용성 및 수익성

부동산가치는 비용성, 시장성, 수익성의 3면성을 가지고 있다. <비용성>이란 부동산을 공급하기 위해 어느 정도의 비용이 투입되어야 하는가를 말한다. <수익성>이란 부동산으로부터 어느 정도의 수익이나 효용을 얻을 수 있는가를 말한다.

2) 시장성

<시장성>이란 부동산이 어느 정도의 가액으로 시장에서 거래될 수 있는가 하는 것을 말한다. 부동산가치는 시장에서 수요자와 공급자의 협상에 의해 성립된 균형가격의 영향을 받아서 형성된다.

3. 양자의 상호관련성

① 공급곡선은 공급자의 비용성 논리를, 수요곡선은 수요자의 수익성 논리를 반영하고 있다. ② 공급곡선과 수요곡선이 교차하는 균형가격은 시장성 논리를 반영하며, 동시에 비용성, 수익성과 일치한다.

Ⅳ. [물음3] 부동산가치의 3면성과 감정평가방법

1. 감정평가 3방식 6방법

1) 원가방식

(1) 원가법

<원가법>이란 대상물건의 재조달원가에 감가수정을 하여 대상물건의 가액을 산정하는 감정평가방법을 말한다.

(2) 적산법

<적산법>이란 대상물건의 기초가액에 기대이율을 곱하여 산정된 기대수익에 대상물건을 계속하여 임대하는 데에 필요한 경비를 더하여 대상물건의 임대료를 산정하는 감정평가방법을 말한다.

2) 비교방식

(1) 거래사례비교법

<거래사례비교법>이란 대상물건과 가치형성요인이 같거나 비슷한 물건의 거래사례와 비교하여 대상물건의 현황에 맞게 사정보정, 시점수정, 가치형성요인 비교 등의 과정을 거쳐 대상물건의 가액을 산정하는 감정평가방법을 말한다.

(2) 임대사례비교법

<임대사례비교법>이란 대상물건과 가치형성요인이 같거나 비슷한 물건의 임대사례와 비교하여 대상물건의 현황에 맞게 사정보정, 시점수정, 가치형성요인 비교 등의 과정을 거쳐 대상물건의 임대료를 산정하는 감정평가방법을 말한다.

3) 수익방식

(1) 수익환원법

<수익환원법>이란 대상물건이 장래 산출할 것으로 기대되는 순수익이나 미래의 현금흐름을 환원하거나 할인하여 대상물건의 가액을 산정하는 감정평가방법을 말한다.

(2) 수익분석법

<수익분석법>이란 일반기업 경영에 의하여 산출된 총수익을 분석하여 대상물건이 일정한 기간에 산출할 것으로 기대되는 순수익에 대상물건을 계속하여 임대하는 데에 필요한 경비를 더하여 임대료를 산정하는 감정평가방법을 말한다.

2. 부동산가치 3면성과의 상호관련성

1) 비용성과 원가방식

원가법, 적산법 등 원가방식의 감정평가방법은 재조달원가, 기초가액 등 공급자의 비용성 측면을 반영하고 있다.

2) 수익성과 수익방식

수익환원법, 수익분석법 등 수익방식의 감정평가방법은 순수익 등 수요자의 수익이나 효용 등 수익성 측면을 반영하고 있다.

3) 시장성과 비교방식

거래사례비교법, 임대사례비교법 등 비교방식의 감정평가방법은 거래가격(임대료)

등 수요자와 공급자 사이에서 성립한 균형가격에 기초하여 <u>시장성</u> 측면을 반영하고 있으며, 동시에 비용성, 수익성과의 일치를 의미한다.

4) 대상 특성과 감정평가방법 적용

대상물건 특성에 따라 ① 거래가 불가능한 공공용지 등은 <u>비교방식</u>의 적용이 곤란하며 ② 수익이 발생하지 않는 주택, 임야 등은 <u>수익방식</u>의 적용이 부적절할 수 있다. 따라서 감정평가 시 대상물건별로 정한 감정평가방법을 적용하되, 주된 방법을 적용하는 것이 곤란한 경우 다른 방법을 적용할 수 있다(「감정평가에 관한 규칙」 제12조).

V. 결론

부동산 감정평가는 부동산의 경제적 가치를 판정하는 활동으로, 이는 부동산가격 결정요인, 부동산가치 발생요인과 수요·공급의 균형으로 이어지는 부동산가격 결정과정에 따라 3방식 6방법으로 구체화된다. 가격은 장기적으로 가치에 수렴하므로, 일시적으로 <u>시산가액</u> 간 불일치가 발생하는 경우 시산가액을 조정하고 <u>가치결론을 제시</u>하여야 할 것이다.

<끝>

＊ 부동산가격의 형성원리

07 부동산 감정평가의 3방식을 이용하여 시산가격을 도출하기 위해서는 여러 단계가 필요하다. 부동산가격수준의 단계와 내용, 부동산가격의 구체화, 개별화 단계에 대하여 설명하시오. 20점

논점분석

- **논제** : 부동산가격론 ▶ 부동산가격형성원리
- **유형** : 설명형(기본)

가격형성원리에 대한 기본 설명형 문제입니다. 감정평가활동(지역분석 → 3방식을 통한 개별분석 → 시산가액 조정 및 감정평가액 결정)은 부동산가격형성원리(가격형성요인 → 가격발생요인 → 수요/공급의 변화 → 수급균형)를 밝혀내는 것으로, 감정평가활동과 부동산가격형성원리는 동전의 양면과 같다고 할 수 있습니다.

예시목차

Ⅰ. 서설

Ⅱ. 부동산가격수준의 단계와 내용 (5)
  1. 부동산가격수준의 의의
  2. 부동산가격수준의 단계
    1) 지역분석의 의의
    2) 인근지역 확정
    3) 지역요인 분석
    4) 표준적 이용 및 가격수준의 판정

Ⅲ. 부동산가격의 구체화, 개별화 단계 (5)
  1. 가격 개별화의 의의
  2. 가격 개별화의 단계
    1) 개별분석의 의의
    2) 개별요인 분석
    3) 최유효이용의 판정 및 가격 구체화
    4) 감정평가방법의 적용 및 가격 개별화

Ⅳ. 결어

문7 **20점**

I. 서설

부동산의 가치는 다양한 가격형성요인의 복합적인 상호작용과 가격발생요인의 균형에 의해 결정된다. 감정평가는 부동산의 경제적 가치를 판정하여 그 결과를 가액으로 표시하는 활동으로서, 부동산가격의 형성원리에 대한 이해를 바탕으로 감정평가 3방식을 적용하여 균형가격을 도출해야 한다.

II. 부동산가격수준의 단계와 내용

1. 부동산가격수준의 의의

<부동산가격수준>이란 인근지역 내 개별부동산의 일반적인 거래가격의 범위를 말한다. 부동산은 고정성으로 인해 지역시장에서 용도적으로 대체·경쟁관계에 있는 부동산과의 관계에 의해 가격이 형성된다.

2. 부동산가격수준의 단계

1) 지역분석의 의의

<지역분석>이란 대상 부동산이 속하는 지역의 범위를 획정하고 지역요인을 분석하여 표준적 이용과 가격수준을 판정하는 것을 말한다.

2) 인근지역 획정

<인근지역>이란 대상 부동산이 속한 지역으로서 부동산의 이용이 동질적이고 가치형성요인 중 지역요인을 공유하는 지역을 말한다. 가격수준의 파악은 인근지역의 지역적 범위 내에서 이루어진다.

3) 지역요인 분석

<지역요인>이란 대상물건이 속한 지역의 가격수준 형성에 영향을 미치는 자연적·사회적·경제적·행정적 요인을 말한다. 인근지역 내 지역요인을 분석하여 지역특성 및 지역 간 가격수준 격차를 파악할 수 있다.

4) 표준적 이용 및 가격수준의 판정

<표준적 이용>이란 인근지역 내 개별부동산의 일반적이고 평균적인 사용방법을 말하며, <가격수준>이란 인근지역 내 개별부동산의 일반적인 거래가격의 범위를 말한다. 인근지역 내 표준적 이용을 기준으로 거래가격 수준을 조사하여 가격수준을 판정할 수 있다.

Ⅲ. 부동산가격의 구체화, 개별화 단계

1. 가격 개별화의 의의

<가격 개별화>란 지역분석에 의해 판정된 인근지역 가격수준의 범위 내에서 대상 부동산의 개별적 가격을 추계하는 것을 말한다. 대상 부동산의 개별요인이 가격에 미치는 영향을 분석하여야 하며, 대체·경쟁부동산과의 우열을 판정해야 한다.

2. 가격 개별화의 단계

1) 개별분석의 의의

<개별분석>이란 대상 부동산의 개별요인을 분석하여 최유효이용을 판정하고 가격을 구체화하는 것을 말한다.

2) 개별요인 분석

<개별요인>이란 대상물건의 구체적 가치에 영향을 미치는 고유한 개별적 요인을 말한다. 대상 부동산의 개별요인을 분석하여 인근지역 내 대상 부동산의 상대적 위치를 파악하고 가격을 구체화할 수 있다.

3) 최유효이용의 판정 및 가격 구체화

<최유효이용>이란 객관적으로 보아 양식과 통상의 이용능력을 가진 사람이 부동산을 합법적이고 합리적이며 최고·최선의 방법으로 이용하는 것을 말한다. 대상 부동산이 최유효이용 상태로 판정된다면 인근지역 가격수준의 범위 내에서 상급지·중급지·하급지 등으로 가격을 구체화할 수 있다.

4) 감정평가방법의 적용 및 가격 개별화

비용성, 시장성, 수익성에 근거한 감정평가 3방식의 적용을 통해 대상 부동산의 개별적 가격을 추계한다. 개별적 가격 추계 시 대상 부동산과 인근지역 내 대체·경쟁 부동산을 비교하여 사례 간 격차율 등을 산정한다.

Ⅳ. 결어

부동산가격 형성원리는 지역분석, 개별분석, 감정평가방법의 적용 등 일련의 감정평가절차에 반영되어 있다. 지역·개별분석은 감정평가방법 적용의 선행절차로서, 시산가액 및 감정평가액은 지역적 가격수준의 범위 내에서 결정된다. <끝>

08 최근 수익형 부동산에 대한 관심이 확산되고 있는데 수익형 부동산의 특징과 그 가격
　　형성원리에 대해 설명하시오. 　15점

논점분석

- **논제** : 부동산가격론 ▶ 부동산가격형성원리
- **유형** : 설명형(기본)
- **개념어** : 특징

가격형성원리에 대한 기본 설명형 문제입니다. 다만, 수익형 부동산이라는 특정 유형의 부동산을 제시
하였으므로, 가격형성원리에 대한 기본 목차를 유지하되 수익형 부동산에 특화시켜 서술해주세요.

예시목차

Ⅰ. 서설

Ⅱ. 수익형 부동산의 특징 및 가격형성원리 (7)
　　1. 수익형 부동산의 의의 및 분류
　　2. 수익형 부동산의 특징
　　　　1) 자본이익 대비 운영이익 중시
　　　　2) 경기변동 대비 가격의 안정성

　　3. 수익형 부동산의 가격형성원리
　　　　1) 부동산의 가격형성원리
　　　　2) 수익형 부동산의 가격형성원리
　　　　　　(1) 가격형성요인
　　　　　　(2) 가격발생요인
　　　　　　(3) 수익가격의 형성

Ⅲ. 결어

문8 `15점`

I. 서설

부동산의 가치는 다양한 가격형성요인의 복합적인 상호작용과 가격발생요인의 균형에 의해 결정된다. 최근 인구의 감소와 소형 가구의 증가, 금리 인하 및 경기 불황으로 인해 수익형 부동산에 대한 수요가 증가하고 가격 및 거래량도 증가하고 있으므로, 수익형 부동산의 특징과 가격형성원리를 파악해 적정한 균형가격을 파악해야 한다.

II. 수익형 부동산의 특징 및 가격형성원리

1. 수익형 부동산의 의의 및 분류

<수익형 부동산>이란 임대를 통해 임대수익을 창출할 수 있는 부동산을 말한다. 수익형 부동산은 용도에 따라 소형아파트, 오피스텔, 도시형생활주택, 원룸 등의 주거용 부동산과 근린상가, 고시원, 모텔 등 상업용 부동산으로 분류할 수 있다.

2. 수익형 부동산의 특징

1) 자본이익 대비 운영이익 중시

수익형 부동산에서는 매도 시점의 자본이익(capital gain)보다 운영기간의 운영이익(income gain)이 중요하다. 부동산시장이 성숙함에 따라 자산가격의 상승세가 둔화되고 있으므로, 일시적·변동적 자본이익을 추구하는 비수익형 부동산 대비 장기적·안정적 운영이익을 추구하는 수익형 부동산의 수익률이 높아지고 있다.

2) 경기변동 대비 가격의 안정성

수익형 부동산은 임대수익에 기반하고 있어 가격 역시 수익성을 기초로 형성된다. 임대수익은 임대차 계약에 따라 안정적·지속적으로 발생하므로, 수익형 부동산의 가격은 <u>비수익형 부동산 대비</u> 경기 변동에 대한 민감도가 낮다.

3. 수익형 부동산의 가격형성원리

1) 부동산의 가격형성원리

부동산은 물리적, 인문적 특성으로 인해 고유의 가격형성과정을 갖는다. 부동산은 지역적, 개별적 차원의 다양한 가격형성요인의 영향을 받으며, 이는 부동산의 효용, 유효수요 및 상대적 희소성을 변화시켜, 부동산시장의 수요, 공급 및 가격을 결정한다.

2) 수익형 부동산의 가격형성원리

(1) 가격형성요인

주거용 수익형 부동산은 임차 수요의 인구사회적 특성에 따라 인구, 가구, 교통, 주택규모, 부대설비 등 <사회적 요인>이 중요하다. 상업용 수익형 부동산은 고용, 소득, 금리 등 <경제적 요인>이 중요하다.

(2) 가격발생요인

수익형 부동산은 임대수익에 의한 수익성을 주된 <효용>으로 하며, 금리 등 금융비용에 따라 <유효수요>가 결정될 것이다. 효용과 유효수요에 따라 수익형 부동산의 수요가 결정되며, 공급과의 균형에 따라 가격이 결정된다.

(3) 수익가격의 형성

수익형 부동산은 임대수익에 기초한 순수익과 다른 금융상품과의 대체·경쟁관계를 통해 결정된 요구수익률(환원율)에 따른 수익가격으로 형성된다.

III. 결어

수익형 부동산의 감정평가 시, 「감정평가에 관한 규칙」에서 규정하고 있는 주된 감정평가방법을 적용하되, 수익성에 기초한 수익환원법에 의하여 시산가액의 합리성을 검토하여야 할 것이다. <끝>

✱ 부동산가격의 형성원리

09 광평수 토지란 해당 토지가 속해 있는 시장지역에서 일반적으로 사용하는 표준적 규모보다 훨씬 더 크다고 인식되는 토지로서, 최근에 대단위 아파트 단지개발 및 복합용도 개발 등으로 인해 광평수 토지에 대한 감정평가가 증가하고 있다. 광평수 토지면적이 해당 토지의 가치에 미치는 영향을 감가와 증가로 나누어 설명하시오. `10점`

논점분석

- **논제** : 부동산가격론 ▶ 부동산가격형성원리
- **유형** : 설명형(영향)

가격형성원리에 대한 영향 설명형 문제입니다. 토지면적은 개별적·자연적 가치형성요인으로, 해당 요인이 가치발생요인 효용·유효수요·상대적 희소성에 미치는 영향, 가치에 미치는 영향을 순서대로 서술해주세요.

예시목차

Ⅰ. 서설

Ⅱ. 광평수 토지면적과 토지가치 (5)

  1. 광평수 토지의 의의 및 사례

  2. 광평수 토지면적이 토지가치에 미치는 영향

    1) 광평수 토지의 감가요인

      (1) 규모에 따른 유효수요의 감소

      (2) 규모에 따른 단위수익의 감소

    2) 광평수 토지의 증가요인

      (1) 고밀도·복합용도 개발수요의 증가

      (2) 규모에 따른 희소성 증가

문9 `10점`

I. 서설

부동산의 가치는 다양한 가격형성요인의 복합적인 상호작용과 가격발생요인의 균형에 의해 결정된다. 부동산의 자연적·개별적 가격형성요인으로서 토지 면적은 가격발생요인인 효용·유효수요 및 상대적 희소성에 영향을 미치며, 지역시장에 따라 토지가치의 증감이 다르게 나타난다.

II. 광평수 토지면적과 토지가치

1. 광평수 토지의 의의 및 사례

<광평수 토지>란 토지면적이 인근지역의 표준적 획지 규모를 상회하는 토지를 말한다. 광평수 토지는 일반적으로 최유효이용에 미달하는 것으로 판단하였으나, 대도시의 인구 집중에 따라 대단지 아파트, 복합용도 개발 등 수요가 높아지고 있어 최유효이용 판정에 유의를 요한다.

2. 광평수 토지면적이 토지가치에 미치는 영향

1) 광평수 토지의 감가요인

(1) 규모에 따른 유효수요의 감소

<유효수요>는 재화에 대한 구매력이 전제된 수요를 말한다. 광평수 토지는 표준적 획지 규모를 상회하여 상대적으로 유효수요가 적으므로 토지가치가 하락할 수 있다.

(2) 규모에 따른 단위수익의 감소

부동산에 대한 단위투자당 수익은 체증하다가 일정 수준을 넘으면서 체감한다. 광평수 토지는 표준적 획지 규모를 상회하면서 <u>단위투자당 수익이 감소할 수 있으므로 토지가치가 하락할 수 있다.</u>

2) 광평수 토지의 증가요인

(1) 고밀도 · 복합용도 개발수요의 증가

수도권 인구 집중이 가속화되면서 초과수요를 해소하기 위한 고밀도 개발, 교통 체증 등 이동 비용을 개선하기 위한 복합용도 개발이 요구된다. 고밀도 · 복합용도 개발에 적합한 광평수 토지에 대한 <u>수요 증가로 토지가치가 상승할 수 있다.</u>

(2) 규모에 따른 희소성 증가

광평수 토지는 표준적 획지 규모를 상회하므로 상대적으로 희소하며, 과거 저밀도 상태에서 도시화가 이루어진 구도심일수록 <u>희소성이 더욱 높아진다.</u> 희소성에 따라 광평수 토지의 공급은 제한되므로 <u>토지가치가 상승할 수 있다.</u> <끝>

✱ 부동산가격제원칙

10 대체의 원칙이 감정평가과정에서 중요한 지침이 되는 이유를 부동산의 자연적 특성의 하나인 개별성과 관련하여 설명하고 이 원칙이 협의의 가격을 구하는 감정평가 3방식에서 어떻게 활용되는지 기술하시오. **20점**

논점분석

- **논제** : 부동산가격론 ▶ 부동산가격제원칙 ▶ 대체의 원칙
- **유형** : ① 설명형(관련) ② 설명형(기본)
- **개념어** : 이유

대체의 원칙과 관련한 복합 유형(기본/관련 설명형)의 문제입니다. "감정평가과정에서 ～ ", "감정평가 3방식에서 ～ "라고 하였으므로, 감정평가과정(기본적 사항의 확정 ～ 감정평가액 결정), 감정평가 3방식(원가 ～ 수익)에 국한시켜 설명해주세요.

예시목차

Ⅰ. 서설

Ⅱ. 감정평가과정에서 대체원칙의 중요성 (5)
1. 대체원칙의 의의
2. 감정평가과정에서 대체원칙의 중요성
    1) 부동산의 개별성
    2) 부동산 이용에 의한 개별성의 완화
    3) 지역분석 시 대체의 원칙
    4) 개별분석 시 대체의 원칙

Ⅲ. 감정평가 3방식에서 대체원칙의 활용 (5)
1. 감정평가 3방식의 의의
2. 원가방식에서 대체의 원칙
3. 비교방식에서 대체의 원칙
4. 수익방식에서 대체의 원칙

Ⅳ. 결어

문10 20점

I. 서설

부동산도 시장 재화로서 대체·경쟁의 원칙 등 일반 경제원칙의 영향을 받으나, 부동산의 고유한 물리적 특성에 따라 일반 경제원칙이 다소 변형된 형태로 적용된다. 감정평가는 부동산가격 형성과정을 파악하여 이를 경제적 가치로 표현하는 것으로, 부동산가격 형성 원리의 특수성에 대한 이해가 필요하다.

II. 감정평가과정에서 대체원칙의 중요성

1. 대체원칙의 의의

<대체의 원칙>이란 부동산가격은 대체·경쟁관계에 있는 유사한 재화의 영향을 받아 형성된다는 원칙이다. 합리적 시장참가자라면, 동일 효용에서 낮은 가격의 재화를, 동일 가격에서는 높은 효용의 재화를 선택하게 된다는 것이다.

2. 감정평가과정에서 대체원칙의 중요성

1) 부동산의 개별성

<개별성>이란 토지는 물리적으로 동일하지 않다는 것을 말한다. 물리적 측면의 개별성은 서로 다른 부동산의 대체관계 성립 및 가격형성을 어렵게 한다.

2) 부동산 이용에 의한 개별성의 완화

부동산은 물리적 측면이 아닌, 이용적 측면의 용도·기능적 효용에 따라 대체 관계를 성립한다. 따라서 형상, 지세, 도로조건 등 물리적 형태가 다른 토지라 하더라도, 동일한 용도로 이용되면 대체성이 인정될 수 있다.

3) 지역분석 시 대체의 원칙

<지역분석>이란 대상 부동산이 속하는 지역의 범위를 획정하고 지역요인을 분석하여 표준적 이용과 가격수준을 판정하는 것을 말한다. 지역분석의 대상이 되는 <u>인근지역의 획정</u> 시, 용도·기능적 대체성이 있는 부동산의 분포를 기준한다.

4) 개별분석 시 대체의 원칙

<개별분석>이란 대상 부동산의 개별요인을 분석하여 최유효이용을 판정하고 가격을 구체화하는 것을 말한다. <u>최유효이용 판정</u> 시 대상 부동산과 용도·기능적 대체성이 있는 부동산의 표준적 이용을 기준한다.

III. 감정평가 3방식에서 대체원칙의 활용

1. 감정평가 3방식의 의의

① <원가방식>이란 비용성의 원리에 기초한 감정평가방식으로, 원가법과 적산법으로 분류할 수 있다. ② <비교방식>이란 시장성의 원리에 기초한 감정평가방식으로, 거래사례비교법과 임대사례비교법으로 분류할 수 있다. ③ <수익방식>이란 수익성의 원리에 기초한 감정평가방법으로, 수익환원법과 수익분석법으로 분류할 수 있다.

2. 원가방식에서 대체의 원칙

원가법의 재조달원가 산정은 직접법과 간접법을 병용할 수 있다. ① 간접법에 의한 재조달원가 산정 시 용도적, 기능적 대체성이 있는 건물의 건축비(대체원가)를 적용할 수 있고 ② 감가수정 시 시장추출법은 대체성 있는 사례의 감가액을 기준하여야 한다. 또한 ③ 기능적 감가 여부를 판정할 경우, 대체성 있는 건물의 표준적인 기능 상태를 기준하여 감가 여부를 결정하여야 한다.

3. 비교방식에서 대체의 원칙

비교방식에서 ① 사례의 선정 시 지역과 용도에 있어 대체성 있는 사례를 선정하여야 하며 ② 시점수정 시 지역별, 용도별 세분화 된 통계자료를 활용하여 시점수정하여야 하여야 한다. 또한 ③ 사례와의 격차율 산정 시 대상 부동산의 용도적, 기능적 대체성을 기준하여 산정한다.

4. 수익방식에서 대체의 원칙

수익방식에 의한 순수익 산정은 직접법과 간접법을 병용할 수 있다. ① 순수익 산정 시 간접법의 적용은 용도적, 기능적 대체성이 있는 사례의 임대료를 기준하여야 하며 ② 환원이율 산정 시장추출법의 사례 선정, ③ 투자결합법의 토지·건물가격비중, 자본·부채비중의 결정 시 대체성을 기준한다.

Ⅳ. 결어

부동산의 대체성은 지역과 용도(종별), 이용상태와 권리관계(유형)를 기준하므로, 대상 부동산의 종별, 유형 등 기본적 사항의 확정이 중요하다. 기본적 사항의 확정은 자료의 수집, 감정평가방법의 선정 및 적용 등 이후 감정평가 절차에 계속적인 영향을 미치게 된다. <끝>

* 부동산가격제원칙

▶ 기출문제 16회 4번

11 감정평가사 김氏는 K은행으로부터 대상 부동산에 대한 담보감정평가를 의뢰받았다. 감정평가사 김氏는 현장조사 및 자료분석을 통하여 아래와 같은 자료를 수집하였다. 아래 대상 부동산의 시장분석자료를 근거로 감정평가사 김氏가 K은행 대출담당자에게 담보가격의 결정에 대한 이론적 근거에 대해 부동산가격제원칙을 중심으로 기술하시오. 20점

- 서울시 ○○구 ○○동 xxx-x번지 AA빌라 3층 301호 100평형
- 대상 부동산 분양예정가 : 10억원
- 분양성 검토 : 대형평형으로 인해 인근지역 내에서 분양성 악화가 우려됨
- 인근지역의 표준적 이용상황 : 40~50평형
- 인근지역의 담보평가가격수준 : 3.6~4.5억원
- 거래가능가격(표준적 이용상황 기준) : 평형당 1,000만원

논점분석

- **논제** : 부동산가격론 ▶ 부동산가격제원칙
- **유형** : 설명형(사례·관련)
- **개념어** : 근거

부동산가격제원칙에 대한 사례 설명형 문제입니다. 담보평가 및 가격제원칙의 기본적 내용을 서술한 후, 사안에 적용 가능한 원칙과 사례에 대한 결론을 제시해주세요.

예시목차

Ⅰ. 서설

Ⅱ. 부동산가격제원칙에 근거한 담보가격 결정 (10)

  1. 담보평가의 개념

    1) 담보평가의 의의 및 특징

    2) 담보평가 시 유의사항

  2. 부동산가격제원칙의 개념

    1) 가격제원칙의 의의

    2) 가격제원칙의 종류

      (1) 일반 경제원칙과 동일·유사한 원칙

      (2) 부동산 고유의 원칙

  3. 담보가격 결정의 이론적 근거

    1) 최유효이용 원칙에의 미달

    2) 적합 원칙에의 미달

    3) 기타 처분주의 및 보수주의

  4. 담보가격의 결정

Ⅲ. 결어

문11 20점

I. 서설

부동산도 시장 재화로서 대체·경쟁의 원칙 등 일반 경제원칙의 영향을 받으나, 부동산의 고유한 물리적 특성에 따라 일반 경제원칙이 다소 변형된 형태로 적용된다. 따라서 부동산의 가치를 판정하는 감정평가사에게는 부동산가격제원칙이 감정평가 활동의 지침이 된다.

II. 부동산가격제원칙에 근거한 담보가격 결정

1. 담보평가의 개념

1) 담보평가의 의의 및 특징

<담보평가>란 담보를 제공받고 대출 등을 하는 금융기관 등이 대출을 하거나 채무자가 대출을 받기 위하여 의뢰하는 담보물건에 대한 감정평가를 말한다. 담보평가는 채권의 회수가능가치를 파악하기 위한 목적이므로, 일반 감정평가와 달리 평가대상 및 평가방법에 일정한 제한이 따르며 보수적으로 감정평가 해야 한다는 특징이 있다.

2) 담보평가 시 유의사항

담보평가는 ① 의뢰인과 체결한 협약서를 준수하고, ② 채권자·채무자 및 영업점·본점 양측에 공정하게 업무를 처리해야 한다. ③ 담보제공이 금지되거나 제한되는 물건에 유의하고, ④ 담보물건의 처분성을 고려하여 보수적으로 감정평가 하여야 함에 유의해야 한다.

2. 부동산가격제원칙의 개념

1) 가격제원칙의 의의

<부동산가격제원칙>이란 부동산의 가치가 시장에서 어떻게 형성되는가에 대하여 일정한 법칙을 도출한 것을 말한다. 감정평가사는 시장 참여자의 행동양식과 경제원리를 이해하고 분석하여 평가활동에 적용해야 한다.

2) 가격제원칙의 종류

(1) 일반 경제원칙과 동일·유사한 원칙

부동산 역시 시장재화로서 일반 경제원칙의 영향을 받아 가격이 성립된다. 부동산 가격형성에 영향을 미치는 일반 경제원칙으로 ① 대체의 원칙, ② 수익체증·체감의 원칙, ③ 기여의 원칙, ④ 수요·공급의 원칙, ⑤ 변동의 원칙, ⑥ 수익배분의 원칙, ⑦ 균형의 원칙, ⑧ 경쟁의 원칙, ⑨ 예측의 원칙, ⑩ 기회비용의 원칙 등이 있다.

(2) 부동산 고유의 원칙

<최유효이용 원칙>이란 부동산 가격은 최유효이용을 전제로 형성된다는 원칙을 말한다. 최유효이용이란 객관적으로 보아 양식과 통상의 이용능력을 가진 사람에 의한 합리적이고 합법적인 최고최선의 이용방법을 말한다. 그 외에 <적합의 원칙>이란 부동산 가격은 주위환경에 적합한 이용상황일 때 최대로 형성된다는 원칙을 말하며, <외부성의 원칙>은 부동산 가격은 외부 요인에 의한 영향을 받아 형성된다는 원칙을 말한다.

3. 담보가격 결정의 이론적 근거

1) 최유효이용 원칙에의 미달

시장분석자료에 의하면, 인근지역의 <u>표준적 이용</u>은 "40~50평형 규모의 주거용 부동산"이다. 그러나 대상 부동산의 <u>규모</u>는 "100평형"으로 표준적 규모를 상회하고 <u>있으므로,</u> <u>최유효이용</u>에 미달하는 것으로 판단된다. 따라서 대상 부동산은 인근지역의 가격 수준인 "평형당 1,000만원"에는 미치지 못할 것으로 판단된다.

2) 적합 원칙에의 미달

적합의 원칙에 의하면 대상 부동산이 주거용 부동산으로서 최고의 효용을 발휘하기 위해서는 주위환경에 적합하여야 한다. 그러나 대상 부동산의 <u>주위환경</u>은 "40~50평형 규모"로, "대형평형"은 주위환경에 적합하지 않으며 수요 측면에서 최고의 효용을 발휘하기 어려울 것으로 판단된다.

3) 기타 처분주의 및 보수주의

담보평가의 원칙인 처분주의, 보수주의에 관점에서 볼 때, 부동산의 처분과정에서 시장참가자, 거래기간 등에 일정한 제약이 따를 수 <u>있으므로,</u> 대상 부동산의 담보가격은 <u>일반적으로 거래 가능한 가격보다 낮은 수준</u>이 적절할 것으로 판단된다.

4. 담보가격의 결정

상기 가격제원칙과 담보평가 시 유의사항을 종합 고려할 때, 대상 부동산은 적합의 원칙에 미달하여 최유효이용 상태에 있지 않다. 따라서 대상 부동산의 <u>적정가격은 거래</u> <u>가능가격 수준인 "평형당 1,000만원"에</u> 미달할 것으로 판단되며, 평가목적에 따라 처분 과정에서 발생할 수 있는 불확실성을 추가적으로 감안할 경우, <u>담보</u> <u>가격은 거래가능가격에 추가적인 격차율을 적용</u>해야 할 것으로 보인다.

Ⅲ. 결어

예측·변동의 원칙에 의하면 부동산가격 판단 시 <u>가격형성요인의 변화에 유의</u>하여야 한 다. 향후 대형평형 부동산에 대한 선호가 증가하거나, 금리 등 경제적 요인의 변화로 수요 가 증가할 수 있으므로 이에 유의한다. <끝>

✱ 부동산가격제원칙

12 공익사업을 위해 수용될 지구에 포함되어 장기 미사용 중이던 토지가 해당 공익사업의 중단으로 지구지정이 해제되었을 때, 당해 토지 및 주변부 토지에서 초래될 수 있는 경제적 손실을 부동산평가원리에 근거하여 설명하시오. [15점]

논점분석

- **논제** : 부동산가격론 ▶ 부동산가격제원칙
- **유형** : 설명형(사례·관련)

특정 사례를 가격제원칙(부동산평가원리)을 기준으로 해석하는 사례 설명형 문제입니다. 가격제원칙의 기본 내용을 서술한 후, 이를 기준으로 경제적 손실의 내용을 목차화하면 될 것입니다.

출제위원 채점평

공익사업이 중단된 토지의 평가에 대한 부분도 공익사업의 수용권과 사업 중단에 따른 피해에 대한 이해가 기본이 되어 부동산평가원리를 적용하여 당해 토지와 주변 토지에서 발생하는 경제적 손실을 체계적으로 정리하는 것을 요구하는 지문이었다. 그러나 상당수의 답안이 사업의 피해와 손실에 대한 이해가 깊지 못하였고 <u>부동산평가원리를 충실히 적용하지 못하고 있었다.</u>

예시목차

Ⅰ. 서설

Ⅱ. 공익사업의 중단으로 인한 경제적 손실 (7)
   1. 부동산평가원리의 의의
   2. 부동산평가원리의 분류
     1) 일반 경제원칙과 동일·유사한 원리
     2) 부동산 고유의 원리

   3. 당해 토지에 초래될 수 있는 손실
     1) 예측·변동의 원칙
     2) 수요·공급의 원칙
   4. 주변부 토지에 초래될 수 있는 손실
     1) 적합의 원칙
     2) 수요·공급의 원칙

Ⅲ. 결어

문12 15점

I. 서설

부동산도 시장 재화로서 대체·경쟁의 원칙 등 일반 경제원칙의 영향을 받으나, 부동산의 고유한 물리적 특성에 따라 일반 경제원칙이 다소 변형된 형태로 적용된다. 공익사업의 중단으로 지구 지정이 해제된 경우 개발이익의 상실과 함께 경제적 손실이 발생할 수 있으므로, 감정평가 시 부동산평가원리에 근거하여 이를 반영하여야 한다.

II. 공익사업의 중단으로 인한 경제적 손실

1. 부동산평가원리의 의의

<부동산평가원리>란 부동산의 가치가 시장에서 어떻게 형성되는가에 대하여 일정한 법칙을 도출한 것을 말한다. 감정평가 시 경제원리를 잘 이해하고 분석하여 평가활동에 적용한다.

2. 부동산평가원리의 분류

1) 일반 경제원칙과 동일·유사한 원리

부동산도 하나의 경제재로서, 일반 경제원칙과 마찬가지로 대체의 원칙, 수익 체증·체감의 원칙, 기여의 원칙, 수요·공급의 원칙, 변동의 원칙, 수익배분의 원칙, 균형의 원칙, 경쟁의 원칙, 예측의 원칙, 기회비용의 원칙에 따라 감정평가하여야 한다.

2) 부동산 고유의 원리

부동산은 일반 경제재와 달리 고정성, 부증성, 영속성, 개별성을 나타내므로, 일반 경제원칙 외에도 최유효이용의 원칙, 적합의 원칙, 외부성의 원칙 등을 고려하여 감정평가하여야 한다.

3. 당해 토지에 초래될 수 있는 손실

1) 예측·변동의 원칙

<예측·변동의 원칙>이란 재화의 가격은 변화에 대한 예측을 반영하여 결정된다는 원칙을 말한다. 공익사업의 중단은 용도지역 등 해당 토지에 대한 행정적 요인의 변동을 의미하므로, 예측·변동의 원칙에 따라 향후 기대이익 하락에 의한 경제적 손실이 발생한다.

2) 수요·공급의 원칙

<수요·공급의 원칙>이란 재화의 가격은 수요와 공급의 상호작용에 의해 결정된다는 원칙을 말한다. 공익사업의 중단은 해당 토지에 대한 수요의 감소를 의미하므로, 수요·공급의 원칙에 따라 토지의 가격 및 예상 거래량이 하락하게 되어 경제적 손실이 발생한다.

4. 주변부 토지에 초래될 수 있는 손실

1) 적합의 원칙

<적합의 원칙>이란 부동산 가격은 주위환경에 적합한 이용상황일 때 최대로 형성된다는 원칙을 말한다. 공익사업의 중단으로 인하여 사업지구 내 토지의 이용상황이 사업시행 이전으로 복귀하게 되므로, 이에 적합한 주변부 토지의 이용상황도 사업시행 이전으로 복귀하게 되어 경제적 손실이 발생한다.

2) 수요·공급의 원칙

공익사업의 중단으로 인하여 주변부 토지에 대한 대토수요, 이주수요 등이 감소하므로, 수요·공급의 원칙에 따라 주변부 토지의 경제적 손실이 발생한다.

III. 결어

최유효이용에 대한 판정은 장래의 법적·경제적 상황의 변화에 따라 상이할 수 있으므로, 예측·변동의 원칙에 입각하여 판정하여야 한다. <끝>

* 부동산가격제원칙

13 최유효이용의 개념과 성립요건, 다른 원칙들 간의 상호관련성을 설명하고, 부동산가격 판단 시 최유효이용을 전제로 판단해야 하는 이유를 설명하시오. `25점`

논점분석

- **논제** : 부동산가격론 ▶ 부동산가격제원칙 ▶ 최유효이용의 원칙
- **유형** : 설명형(기본)
- **개념어** : 이유

최유효이용의 기본 내용과 개념적 위치(이유)를 묻는 기본 설명형 문제입니다. 가격제원칙 내에서는 최유효이용의 원칙을 기준으로 토대가 되는 원칙, 내·외부의 원칙을 설명하시고, '이유'는 최유효이용의 근거(부동산의 특징)와 활용(감정평가 절차) 측면 모두를 고려하여 목차를 구성해주세요.

출제위원 채점평

문제1은 최유효사용에 대한 전반적인 이해와 상호관련성을 묻고, 부동산시장이 침체국면일 때 최유효사용의 판단 시 유의해야 할 사항에 대해 설명하는 것으로 구성 출제되었다.

정확한 개념의 설명과 일관된 논리의 전개, 원칙 간 상호관계의 분석이 왜 필요한지, 그러한 관계 속에서 어떻게 최유효사용의 판단이 이루어지는가에 대한 기술이 필요하다. 하지만 대부분의 수험생들이 교과서에 있는 내용을 옮겨 놓은 듯한 형태의 답안이 많았고, 개론책 등에서 나오는 너무나 일반적인 내용을 기술한 답안도 많았다. 출제자는 상황을 주었고, 그 상황을 잘 해석하고, 최종적으로 묻고자 하는 것이 무엇인가에 집중해야 한다. 이론적이고 교재에 있는 내용을 가지고, 그 상황을 설명하기 위한 논리적인 나름대로의 구성이 필요하다.

예시목차

문13 25점

Ⅰ. 서설

<u>부동산은 개별성이 있으나 용도의 다양성으로 인하여 여러 용도 간의 경합을 통해 최유효이용에 할당된다</u>. 따라서 부동산가격은 최유효이용을 기준으로 형성되며, 최유효이용에 미달하는 경우에는 건부감가 등 가치손실이 발생할 수 있다. 따라서 부동산가격 판단 시 지역·개별분석을 선행하여 대상의 <u>최유효이용</u> 여부를 판정해야 한다.

Ⅱ. 최유효이용의 개념과 성립요건

1. 최유효이용의 개념

<최유효이용>이란 객관적으로 보아 양식과 통상의 이용능력을 가진 사람이 부동산을 합법적이고 합리적이며 최고·최선의 방법으로 이용하는 것을 말한다. 최유효이용은 대상 부동산의 현황이 아닌 성립 가능한 잠재적인 이용상황을 고려한다.

2. 최유효이용의 성립요건

1) 물리적 타당성 및 법률적 타당성

<물리적 타당성>이란 부동산의 이용이 토양의 하중이나 지지력, 지형, 지세 등에 적합하여야 한다는 것이며, <법률적 타당성>이란 부동산의 이용이 용도지역·지구제뿐만 아니라 개발 관련 법령에 적합하여야 한다는 것을 말한다.

2) 경제적 타당성 및 최고의 수익성

<경제적 타당성>이란 부동산 이용으로 인한 수익이나 가치가 개발에 <u>소요</u>

되는 비용보다 커야 한다는 것을 말한다. <최고의 수익성>이란 부동산의 이용이 물리적, 법적, 경제적 타당성을 충족하는 잠재적 용도 중에서 최고의 수익을 창출하는 용도여야 한다는 것을 말한다.

3. 최유효이용과 가격제원칙의 상호관련성

1) 가격제원칙의 의의

<부동산가격제원칙>이란 부동산의 가치가 시장에서 어떻게 형성되는가에 대하여 일정한 법칙을 도출한 것을 말한다. 감정평가사는 시장 참여자의 행동양식과 경제원리를 이해하고 분석하여 평가활동에 적용해야 한다.

2) 가격제원칙의 종류

부동산가격형성에 영향을 미치는 <일반 경제원칙>으로 ① 대체의 원칙, ② 수익체증·체감의 원칙, ③ 기여의 원칙, ④ 수요·공급의 원칙, ⑤ 수익배분의 원칙, ⑥ 균형의 원칙이 있다. <부동산 고유의 원칙>으로는 ① 최유효이용, ② 적합, ③ 외부성의 원칙이 있다.

3) 가격제원칙과 최유효이용의 상호관련성

균형의 원칙, 수익체증·체감의 원칙, 수익배분의 원칙, 기여의 원칙 등은 최유효이용을 판정하는 <내부적 원칙>, 적합의 원칙, 경쟁의 원칙 등은 <외부적 원칙>에 해당한다. 최유효이용은 내·외부 상호 관련하에 결정된다.

Ⅲ. 부동산가격 판단 시 최유효이용을 전제로 판단하는 이유

1. 부동산 이용의 다양성과 최대 수익의 할당

부동산은 용도의 다양성으로 인하여 하나의 부동산 위에 여러 용도 간의 대체·경쟁관계가 발생한다. 용도 간 경합을 통해 부동산은 최대수익을 얻을 수 있는 용도에 할당되나, 개량물 이용의 비가역성으로 인하여 최유효이용이 제약될 수 있다. 따라서 부동산가격은 <u>최유효이용을 전제로 형성된다.</u>

2. 부동산시장의 불완전성과 균형가격의 지적

부동산은 고정성으로 인해 지역적 이동이 어렵고, 고가성으로 인해 시장참여가 제한되며, 개별성으로 인한 정보의 불완전성 등으로 인해 완전경쟁이 제약된다. 부동산시장의 불완전성은 균형가격의 성립이 어려우므로, <u>최유효이용에 기초한 균형가격의 지적이 요구된다.</u>

3. 지역분석 및 개별분석에의 활용

1) 지역분석에서 표준적 이용

<지역분석>이란 대상 부동산이 속하는 지역의 범위를 획정하고 지역요인을 분석하여 표준적 이용과 가격수준을 판정하는 것을 말한다. 감정평가 시 지역분석에 의해 파악한 인근지역의 표준적 이용은 <u>최유효이용 판정의 전제가 된다.</u>

2) 개별분석에서 최유효이용

<개별분석>이란 대상 부동산의 개별요인을 분석하여 최유효이용을 판정하

고 가격을 구체화하는 것을 말한다. 감정평가 시 개별분석은 대상 부동산의 <u>최유효이용 여부를 판정하는 절차</u>로서, 감정평가방법 적용에 영향을 미친다.

4. 감정평가방법 적용 시 활용

1) 재조달원가 및 감가수정의 기준

원가방식 적용 시 간접법에 의한 <u>재조달원가</u>는 대상의 최유효이용을 판정한 후 결정하여야 한다. <u>감가수정</u> 시 최유효이용을 상한으로 물리적·기능적·경제적 감가액을 차감한다.

2) 거래사례 선정 및 가치형성요인 비교

비교방식 적용 시 <u>거래사례 선정</u>은 대상과 동일한 최유효이용 상태의 사례를 선정하여야 한다. 사례가 최유효이용에 미치지 못하는 경우 <u>가치형성요인 비교</u>를 통해 이를 보정한다.

3) 순수익 산정 및 환원율의 결정

수익방식 적용 시 간접법에 의한 <u>순수익</u>은 대상의 최유효이용을 판정한 후 산정하여야 한다. <u>환원율</u>은 지역·용도별 최유효이용을 기준으로 결정한다.

IV. 결어

대상 부동산의 개별적 이용이 <u>인근지역의 표준적 이용과 상이하더라도</u> 해당 이용에 대한 수요, 장래의 법적·경제적 상황의 변화에 따라 최유효이용에 해당될 수 있으므로, 최유효이용 판단 시 유의해야 한다. <끝>

부동산가격제원칙

14 乙은 대상물건의 최유효이용분석을 하고 있다. 최유효이용의 판정기준 중 경제적 타당성 여부를 분석할 때 검토해야 할 사항에 대해 쓰시오. 15점

1. 농업인인 甲은 거주 목적의 단독주택을 신축하기 위해 A광역시 B군에 소재하는 토지 2필지를 매수하고 소유권이전등기를 한 후, 건축비용 마련을 위해 금융회사에 담보대출을 신청함
2. 매매계약일: 2024.06.01, 매매대금: 2억원, 소유권이전등기일: 2025.06.01.
3. 매매대상토지의 내용은 다음과 같음 (매매계약일 기준)
   - 토지 1: 면적 200㎡, 지목 과수원, 용도지역 자연녹지지역, 수령 약 20년생 복숭아나무 15주 소재
   - 토지 2: 면적 300㎡, 지목 임야, 용도지역 자연녹지지역, 관상수로 식재한 수고 약 10m의 소나무 10주 소재
4. 매매대상토지는 서로 접한 토지로서 자연취락과 인접한 난측하향 완경사지대에 위치함
5. 매도인은 매매대상토지를 하나의 대지로 하여 2023.12.01. 단독주택 건축허가를 받았고, 건축공사에 착수하지는 않았음
6. 매매계약의 특약사항으로 매매대상 토지에 소재하는 나무도 매매대상물건에 포함되며, 매도인은 건축허가와 관련된 일체의 권리에 대해 매수인에게 무상으로 양도하기로 함
7. 금융회사는 매매대상토지에 대해 감정평가사 乙에게 담보목적의 감정평가를 의뢰함
8. 기준시점(2025.07.01.) 현재 甲은 B군수로부터 건축관계자명의변경신고필증을 교부받았음
9. 인근지역에 소재하는 단독주택의 표준적인 획지는 대지면적이 500㎡ 내외임

논점분석

- **논제** : 부동산가격론 ▶ 부동산가격제원칙 ▶ 최유효이용의 원칙
- **유형** : 설명형(사례)
- **개념어** : 검토사항

최유효이용의 판정기준 중 하나인 경제적 타당성에 대한 사례 설명형 문제입니다. 경제적 타당성을 분석하는 일반적인 절차(수요·공급·균형분석 또는 수익·비용분석)를 기준으로 목차를 구성해주세요.

예시목차

Ⅰ. 서설
Ⅱ. 최유효이용 분석 (7)
　1. 최유효이용의 의의
　2. 최유효이용의 판정기준
　　1) 물리적·법률적 타당성
　　2) 경제적 타당성 및 최고의 수익성
　3. 경제적 타당성 분석 시 검토사항
　　1) 표준적 이용의 판단
　　2) 인근지역 내 잠재수요 분석
　　3) 인근지역 내 공급현황 분석
　　4) 수요·공급의 균형분석
Ⅲ. 결어

문14 `15점`

I. 서설

부동산은 개별성이 있으나 용도의 다양성으로 인하여 여러 용도 간의 경합을 통해 최유효이용에 할당된다. 따라서 부동산가격은 최유효이용을 기준으로 형성되며, 최유효이용에 미달하는 경우에는 건부감가 등 가치손실이 발생할 수 있다. 따라서 부동산가격 판단에 앞서 최유효이용 용도에 대한 판단이 선행되어야 한다.

II. 최유효이용 분석

1. 최유효이용의 의의

<최유효이용>이란 객관적으로 보아 양식과 통상의 이용능력을 가진 사람이 부동산을 합법적이고 합리적이며 최고·최선의 방법으로 이용하는 것을 말한다. 부동산은 용도의 다양성에 따라 다양한 용도가 성립할 수 있으므로, 최유효이용 분석을 통해 최대수익의 용도로 활용하여야 한다.

2. 최유효이용의 판정기준

1) 물리적·법률적 타당성

최유효이용이 성립하기 위해서는 ① 토양의 하중이나 지지력, 지형, 지세 등에 적합하여야 하며 ② 용도지역·지구제뿐만 아니라 개발 관련 법령에 적합해야 한다.

2) 경제적 타당성 및 최고의 수익성

최유효이용이 성립하기 위해서는 ① 부동산 이용으로 인한 수익이나 가치가 개발에

소요되는 비용보다 커야 하며 ② 물리적·법률적·경제적 타당성을 충족하는 잠재

적 용도 중에서 최고의 수익을 창출하는 용도여야 한다.

3. 경제적 타당성 분석 시 검토사항

1) 표준적 이용의 판단

경제적 타당성은 초과수요 및 초과수익에 의해 결정된다. 대상 토지가 속한

인근지역은 "자연취락과 인접"하고 있으므로 표준적 이용을 파악하여 단독주

택에 대한 수요가 확보될 수 있는지 검토해야 한다.

2) 인근지역 내 잠재수요 분석

인근지역 내 인구·가구의 증감 추이, 가구 규모, 소득 수준 및 주택 점유형

태 등 사회·경제적 특성을 조사하고, 자연환경 및 기반시설 등 자연적 특성

을 조사하여 주택용지에 대한 잠재적 가능 수요자의 양을 검토해야 한다.

3) 인근지역 내 공급현황 분석

인근지역 내 단독주택 공급량을 조사하고, 기존 공급 외에도 토지분양실적,

건축허가, 착공현황을 조사하여 신규 공급량을 조사하여 잠재적인 주택 공급

량을 검토해야 한다.

4) 수요·공급의 균형분석

수요·공급의 균형상태를 파악하여 단독주택의 적정 가격수준(수익)을 파악

하고, 임야를 대지로 전환하기 위해 소요되는 토목·건축공사 등 개발비용(비용)을

조사하여 최종적인 경제적 타당성을 <u>검토해야 한다</u>.

III. 결어

부동산은 영속성이 있으며 <u>사회·경제·행정적 가변성</u>에 의해 가치형성요인이 부단히 변동한다. 따라서 최유효이용 및 경제적 타당성 분석 시 <u>동태적인 관점</u>에서 수요·공급의 균형 및 경제적 타당성을 판단하여야 할 것이다. <끝>

부동산가격제원칙

▶ 기출문제 22회 4번

15 최유효이용의 장애요인과 최유효이용 판단 시 유의사항을 설명하시오. `10점`

논점분석

- **논제** : 부동산가격론 ▶ 부동산가격제원칙 ▶ 최유효이용의 원칙
- **유형** : 설명형(기본)
- **개념어** : 유의사항

최유효이용의 장애요인 및 유의사항에 대한 기본 설명형 문제입니다. 장애요인은 최유효이용의 성립논리(용도의 다양성과 인간의 합리성)의 약점을 지적하면 될 것이며, '<u>유의사항</u>'은 최유효이용의 일반적인 판단절차에서 특이사항 중심으로 서술해주세요.

예시목차

Ⅰ. 서설

Ⅱ. 최유효이용의 장애요인과 판단 시 유의사항 (5)

    1. 최유효이용의 장애요인

        1) 부동산 이용의 다양성과 비가역성

        2) 부동산의 물리적 특성과 시장의 비효율성

        3) 정부의 비효율적 행정 규제

    2. 최유효이용 판단 시 유의사항

        1) 수요 분석의 중요성

        2) 동태적 분석의 필요성

문 15 10점

Ⅰ. 서설

<최유효이용>이란 객관적으로 보아 양식과 통상의 이용능력을 가진 사람이 부동산을 합법적이고 합리적이며 최고·최선의 방법으로 이용하는 것을 말한다. 그러나 현실적으로 부동산의 최유효이용을 제약하는 요인이 있으므로, 최유효이용 판단 시 이에 유의해야 한다.

Ⅱ. 최유효이용의 장애요인과 판단 시 유의사항

1. 최유효이용의 장애요인

1) 부동산 이용의 다양성과 비가역성

부동산은 용도의 다양성으로 인하여 여러 용도 간의 대체·경쟁 관계가 발생하나, 이는 개량물 이용상의 비가역성에 의해 제한된다. 개량물의 용도전환은 철거비용, 신축비용, 임료손실 등이 발생하므로, 이는 최유효이용의 장애요인으로 작용한다.

2) 부동산의 물리적 특성과 시장의 비효율성

부동산은 고정성으로 인한 지역적 이동의 어려움, 고가성으로 인한 시장참여의 제한, 개별성으로 인한 정보의 비대칭 등으로 시장의 효율성이 제약되므로 최유효이용에 대한 판단의 장애요인으로 작용한다.

3) 정부의 비효율적 행정적 규제

정부는 토지자원의 최적할당 및 공공복리의 증진을 위하여 용도지역·용도

지구제, 개발행위허가 등 공법적 규제를 활용하여 사유 재산권의 행사를 제한할 수 있으며, 이는 사유지의 최대수익 창출이라는 최유효이용의 장애요인으로 작용한다.

2. 최유효이용 판단 시 유의사항

1) 수요 분석의 중요성

아파트 단지 내 상가와 같이 인근지역의 용도와 다른 <단독이용>, 복합상업시설, 레저단지, 아파트단지 등 여러 용도가 복합된 <복합적 이용>, 교회, 극장, 공공시설과 같은 <특수목적 이용>의 경우, 수요분석 등 최유요이용 판단에 유의해야 한다.

2) 동태적 분석의 필요성

최유효이용은 특정 시점을 기준으로 판단한다. 그러나 도심의 임시주차장, 도시 외곽 농지와 같이, 가까운 장래의 법적·경제적 상황의 변동을 예정된 <중도적 이용>, 향후 개발을 염두한 <투기적 이용>의 경우, 최유효이용 판단에 유의해야 한다. <끝>

✳ 부동산가격제원칙

▶ 기출문제 13회 4번

16 건부감가의 판단기준과 산출방법에 대해 서술하시오. 10점

논점분석

- **논제** : 부동산가격론 ▶ 부동산가격제원칙 ▶ 최유효이용의 원칙 ▶ 판정방법 ▶ 건부감가
- **유형** : 설명형(기본)

건부감가에 대한 기본 설명형 문제입니다. 기본적인 내용을 정확하게 적시하되, 논의의 배경(용도의
다양성 → 최유효이용 → 비최유효이용으로 인한 감가 → 건부감가)을 논리적으로 서술해주세요.

예시목차

I. 서설

II. 건부감가의 판단기준과 산출방법 (5)

    1. 건부감가의 의의

    2. 건부감가의 판단기준

       1) 나지 상정 최유효이용

       2) 개량물 하 최유효이용

    3. 건부감가의 산출방법

       1) 가치손실분 기준 산출

       2) 철거비 기준 산출

문16 [10점]

Ⅰ. 서설

부동산은 개별성이 있으나 용도의 다양성으로 인하여 여러 용도 간의 경합을 통해 최유효이용에 할당된다. 따라서 부동산가격은 최유효이용을 기준으로 형성되며, 최유효이용에 미달하는 경우에는 건부감가 등 가치손실이 발생할 수 있다. 따라서 감정평가 시 최유효이용 판정을 선행하고 그 결과를 감정평가방법 적용 시 반영하여야 한다.

Ⅱ. 건부감가의 판단기준과 산출방법

1. 건부감가의 의의

<최유효이용>이란 객관적으로 보아 양식과 통상의 이용능력을 가진 사람이 부동산을 합법적이고 합리적이며 최고·최선의 방법으로 이용하는 것을 말한다.<건부감가>란 같은 토지라도 나지상태일 때가 가격이 더 높고 건부지가 되면 가격이 낮아진다는 것을 말한다. 건부지는 건물의 노후, 구식화에 따라 최유효이용에 미달할 수 있으며, 개량물로 인한 토지가치의 감소를 가져올 수 있다.

2. 건부감가의 판단기준

1) 나지 상정 최유효이용

<나지 상정 최유효이용>이란 현재 개량물이 있더라도 없는 것으로 간주한 상태에서 토지의 최유효이용 용도를 말한다. 나지를 기준으로 물리적·법률적·경제적 타당성 및 최고의 수익성을 기준으로 최유효이용 용도를 도출하며, ① 특정 용도 및 규모로 개발 또는 ② 현재 나지 상태로의 이용이 각각 도출될 수 있다.

2) 개량물 하 최유효이용

<개량물 하의 최유효이용>이란 현재의 개량물을 기준으로 토지와 개량물이 결합된 상태에서 최유효이용 용도를 말한다. 개량물 하 최유효이용은 ① 현재 용도의 가치 손실 여부, ② 현재 용도를 변경하거나 증축·철거하기 위한 가능성 및 비용, ③ 공사기간의 임대수익 손실 등 물리적·경제적 타당성을 고려해야 하며, 분석 결과 ① 현존 개량물의 유지, ② 일부 용도 전환 또는 증축, ③ 철거 후 신축 등이 도출될 수 있다. 개량물 하 최유효이용이 나지 상정 최유효이용에 미달하는 경우 비최유효이용으로서 건부감가가 발생한다.

3. 건부감가의 산출방법

1) 가치손실분 기준 산출

건부감가는 ① '나지 상정 최유효이용'의 토지가치에서 '개량물 하 최유효이용'의 토지가치를 공제하여 산정하거나 ② '나지 상정 최유효이용'의 부동산 가치에서 '개량물 하 최유효이용'의 부동산 가치를 공제한 가치손실분에서 건물가치 차액을 공제하여 토지의 건부감가를 산출한다.

2) 철거비 기준 산출

'현재 이용'의 부동산 가치가 '나지 상정 최유효이용'의 부동산 가치에 크게 미달하여 가치손실분이 철거 후 신축비용보다 큰 경우라면, '개량물 하 최유효이용' 용도는 부분적인 증축이나 용도 변경이 아닌 철거 후 (나지 상정 최유효이용 용도로의) 신축이 된다. 이 경우에는 철거비를 기준으로 건부감가를 산출한다. <끝>

❋ **부동산가격제원칙**

17 건부증가와 건부감가의 성립논리를 설명하시오. `10점`

논점분석

- **논제** : 부동산가격론 ▶ 부동산가격제원칙 ▶ 최유효이용의 원칙 ▶ 판정방법 ▶ 건부감가
- **유형** : 설명형(기본)

최유효이용에 대한 기본 설명형 문제입니다. 다만, 성립 '논리'를 설명하는 문제이므로, 건부감가와 건부증가 개념의 연원을 역추적하여 단계적으로 서술해주어야 합니다. 부동산의 특성(용도의 다양성) → 부동산가격의 특성(최유효이용원칙) → 부동산가격의 분석(최유효이용분석)의 순서로 서술해주세요.

예시목차

Ⅰ. 서설

Ⅱ. 건부증가 및 건부감가의 성립논리 (5)

　1. 건부증・감가의 의의

　2. 건부증・감가의 성립논리

　　1) 부동산 이용의 다양성과 최유효이용 원칙

　　2) 최유효이용의 판정방법

　　3) 나지 상정 최유효이용이 높은 경우(건부감가)

　　4) 개량물 하의 최유효이용이 높은 경우(건부증가)

문17. 10점

Ⅰ. 서설

부동산은 개별성이 있으나 용도의 다양성으로 인하여 여러 용도 간의 경합을 통해 최유효이용에 할당된다. 따라서 부동산가격은 최유효이용을 기준으로 형성되며, 최유효이용에 미달하는 경우에는 건부감가 등 가치손실이 발생할 수 있다. 그러나 특수한 상황에서는 건부지가 나지보다 높은 가치를 갖는 건부증가도 발생할 수 있으므로 최유효이용 판정에 유의해야 한다.

Ⅱ. 건부증가 및 건부감가의 성립논리

1. 건부증ㆍ감가의 의의

<건부감가>란 건부지 상태의 토지가치가 나지 상태의 토지가치에 미달하는 것을 말하며, <건부증가>란 특수한 상황에서 건부지 상태의 토지가치가 나지 상태의 토지가치보다 높아지는 것을 말한다. 건부증가의 대표적인 사례는 개발제한구역 내 토지로서 나지보다 건부지가 더 높은 가격에 거래된다.

2. 건부증ㆍ감가의 성립논리

1) 부동산 이용의 다양성과 최유효이용 원칙

부동산은 용도의 다양성으로 인하여 하나의 부동산 위에 여러 용도 간의 대체ㆍ경쟁관계가 발생한다. 부동산은 용도 간 경합을 통해 최대의 수익을 얻을 수 있는 용도에 할당되므로, 최유효이용을 기준으로 가격을 판단해야 한다. <최유효이용>이란 객관적으로 보아 양식과 통상의 이용능력을 가진 사람이 부동산을 합법적이고 합리적이며 최고ㆍ최선의 방법으로 이용하는 것을 말한다.

2) 최유효이용의 판정방법

건부지에 대한 최유효이용 분석 시 <나지 상정한 최유효이용>과 <개량물하의 최유효이용> 용도를 각각 도출한다. 개량물 하 최유효이용은 ① 현재 용도의 가치손실 여부 ② 현재 용도를 변경하거나 증축·철거하기 위한 가능성 및 비용 ③ 공사기간의 임대수익 손실 등 물리적·경제적 타당성을 고려해야 하므로 나지 상정의 최유효이용 용도와 상이할 수 있다.

3) 나지 상정 최유효이용이 높은 경우(건부감가)

개량물 하의 최유효이용이 나지 상정의 최유효이용 가치에 미달하는 경우, 개량물로 인한 토지가치의 하락이 발생한다. 건부감가는 지상 개량물의 물리적, 기능적 한계(비가역성)에 의하여 발생한다.

4) 개량물 하의 최유효이용이 높은 경우(건부증가)

개발제한구역과 같이 개발행위 규제로 인하여 나지의 잠재적 용도가 제한적인 경우, 오히려 개량물 하의 최유효이용이 나지 상정 최유효이용 가치를 상회하여 건부증가가 발생할 수 있다. 건부증가는 개발제한구역 외에도 용적률 제한이 강화되는 등 행정적, 법률적인 요인에 의해 발생할 수 있다. <끝>

✻ 부동산가격제원칙

18 최근 노후 공동주택의 재건축이 사회문제로 대두되고 있는 가운데 재건축의 용적률이 핵심쟁점이 되고 있다. '토지가치의 극대화'라는 최유효이용의 관점에서 재건축의 용적률이 이론적으로 어떻게 결정되는지를 설명하고, 현실적인 용적률 규제와 주택가격의 상승이 이러한 이론적 적정 용적률에 미치는 영향을 설명하시오. 20점

논점분석

- **논제** : 부동산가격론 ▶ 부동산가격제원칙 ▶ 최유효이용의 원칙 ▶ 판단기준
- **유형** : ① 설명형(사례/관련) ② 설명형(영향)

최유효이용의 판단기준에 대한 사례 설명형 문제입니다. 사례형 문제는 원칙을 먼저 서술하고, 서술한 원칙을 기준으로 사례를 해석해야 합니다. 최유효이용의 판단기준의 관점에서 주어진 사례를 해석하면, 용적률 규제는 법적 타당성, 주택가격 상승은 경제적 타당성 또는 최대 수익성과 관련되어 있습니다.

예시목차

Ⅰ. 서설

Ⅱ. 최유효이용 관점의 용적률 결정 (4)
   1. 부동산 이용의 다양성과 최유효이용 원칙
   2. 최유효이용의 판단기준
   3. 최유효이용 관점의 용적률 결정
     1) 물리적·법률적 타당성
     2) 경제적 타당성과 최고의 수익성

Ⅲ. 용적률 규제, 주택가격 상승이 적정 용적률에 미치는 영향 (4)
   1. 용적률 규제가 적정 용적률에 미치는 영향
     1) 용적률 규제와 법률적 타당성
     2) 법률적 타당성이 적정 용적률에 미치는 영향
   2. 주택가격 상승이 적정 용적률에 미치는 영향
     1) 주택가격 상승과 경제적 타당성
     2) 경제적 타당성이 적정 용적률에 미치는 영향

Ⅳ. 결어

문18 `20점`

Ⅰ. 서설

부동산은 개별성이 있으나 용도의 다양성으로 인하여 여러 용도 간의 경합을 통해 최유효이용에 할당된다. 최유효이용은 용도뿐만 아니라 규모까지 포함된 구체적인 이용상황으로서, 연면적·층수 등 적정 개발규모를 파악하여야 한다. <용적률>은 대지면적 대비 연면적의 비율로서 개발 규모에 직접적인 영향을 미치므로, 최유효이용을 기준으로 적정 용적률을 도출할 수 있다.

Ⅱ. 최유효이용 관점의 용적률 결정

1. 부동산 이용의 다양성과 최유효이용 원칙

부동산은 용도의 다양성으로 인하여 하나의 부동산 위에 여러 용도 간의 대체·경쟁관계가 발생한다. 이러한 용도 간 경합을 통해 부동산은 최대의 수익을 얻을 수 있는 용도에 할당되며, 최유효이용은 부동산 활동의 기준이 된다. <최유효이용>이란 객관적으로 보아 양식과 통상의 이용능력을 가진 사람이 부동산을 합법적이고 합리적이며 최고·최선의 방법으로 이용하는 것을 말한다.

2. 최유효이용의 판단기준

최유효이용이 성립하기 위해서는 ① 토양의 하중이나 지지력, 지형, 지세 등에 적합하여야 하며 ② 용도지역·지구제뿐만 아니라 개발 관련 법령에 적합해야 한다. 또한 ③ 부동산 이용으로 인한 수익이나 가치가 개발에 소요되는 비용보다 커야 하며 ④ 물리적·법률적·경제적 타당성을 충족하는 잠재적 용도 중에서 최고의 수익을 창출하는 용도여야 한다.

3. 최유효이용 관점의 용적률 결정

1) 물리적 · 법률적 타당성

적정 용적률을 결정하기 위해서는 ① 물리적 측면에서 토양의 하중이나 지지력, 지형, 지세 등에 적합하여여 하며 ② 법률적 측면에서 용도지역 · 지구제뿐만 아니라 개발 관련 법령에 적합하여야 하므로, 「국토의 계획 및 이용에 관한 법률」과 지방자치단체 조례가 허용하고 있는 용적률과 기타 법령에서 규정하고 있는 공법상 제한의 범위를 확인해야 한다.

2) 경제적 타당성과 최대 수익성

물리적 · 법률적으로 허용 가능한 최대의 용적률을 산정한 후, 경제적 타당성과 최고의 수익성을 검토한다. ① 경제적 측면에서 해당 용적률에 따른 수익(분양가격)이나 가치가 개발에 소요되는 비용(철거비 · 건축비 · 사업비 등)보다 커야 하며 ② 최고의 수익성 측면에서 한계수익이 극대화되는 용적률을 결정해야 한다.

Ⅲ. 용적률 규제, 주택가격 상승이 적정 용적률에 미치는 영향

1. 용적률 규제가 적정 용적률에 미치는 영향

1) 용적률 규제와 법률적 타당성

용적률 규제는 도시의 과밀화와 도시기반시설의 부재를 막기 위한 행정조치로서, 직접적인 용적률 상한 규제 외에 건축물 높이제한, 공용시설 · 기부채납 요건 등 간접적인 규제로 이루어 질 수 있다. 용적률의 규제는 적정 용적률의 법률적 타당성에 부정적인 영향을 미친다.

2) 법률적 타당성이 적정 용적률에 미치는 영향

최유효이용인 용적률의 판단은 <u>법률적 타당성</u>의 범위 내에서 이루어지므로, 용적률 규제에 의해 적정 용적률은 감소할 수 있다. 용적률의 감소에 따라 공동주택 세대수가 감소하며, 분양수입 등 <u>경제적 타당성</u>이 감소한다.

2. 주택가격 상승이 적정 용적률에 미치는 영향

1) 주택가격 상승과 경제적 타당성

주택가격의 상승은 재건축 이후 공동주택 분양수입의 증가를 의미하므로, 경제적 타당성과 최대 수익성에 영향을 미친다. 건축비용의 변동이 없는 경우, 주택가격 상승은 <u>경제적 타당성</u>에 긍정적인 영향을 미친다.

2) 경제적 타당성이 적정 용적률에 미치는 영향

적정 용적률의 판단은 경제적 타당성의 범위 내에서 이루어진다. <u>경제적 타당성</u>의 증가에 따라 적정 용적률은 증가하며, 세대수 및 분양수입 증가로 한계수익이 극대화되는 지점(<u>최고의 수익성</u>)에서 적정 용적률이 결정된다.

Ⅳ. 결어

부동산의 <u>최유효이용</u>은 행정적, 경제적 요인의 영향 하에서 성립하며, 행정적, 경제적 요인은 가변성이 있으므로 감정평가 시 <u>예측·변동의 원칙</u>에 의한 동태적 분석이 요구된다. <끝>

＊ 부동산가격제원칙 ▶ 기출문제 24회 1번

19 부동산시장이 침체국면일 때 최유효이용의 판단 시 유의사항을 설명하시오.
15점

논점분석

- **논제** : 부동산가격론 ▶ 부동산가격제원칙 ▶ 최유효이용의 원칙 ▶ 판단기준
- **유형** : 설명형(기본)
- **개념어** : 유의사항

'부동산시장의 침체국면'과 최유효이용 판단을 결합한 기본 설명형 문제입니다. '유의사항'을 물었으므로 최유효이용의 일반적인 판단방법을 기준하되 경기침체와 연관시켜 서술해주세요.

예시목차

Ⅰ. 서설

Ⅱ. 침체국면하 최유효이용 판단 시 유의사항 (7)
　1. 최유효이용의 개념
　　1) 최유효이용의 의의
　　2) 최유효이용의 판단방법
　2. 부동산시장의 경기변동
　　1) 경기변동의 의의 및 국면
　　2) 침체국면의 특징

3. 침체국면하 최유효이용 판단 시 유의사항
　1) 판단기준상 경제적 타당성에 유의
　2) 판단절차상 수요분석에 유의
　3) 중도적, 투기적 이용 등에 유의

Ⅲ. 결어

문19 `15점`

Ⅰ. 서설

<u>부동산은</u> 개별성이 있으나 용도의 다양성으로 인하여 여러 용도 간의 경합을 통해 최유효 이용에 할당된다. <u>최유효이용</u> 용도는 물리적·법률적 타당성에 기초하되 시장상황에 따라 경제적 타당성과 최고의 수익성이 달라질 수 있으므로, 부동산시장이 <u>침체국면인</u> 경우 수 요 분석 및 경제적 타당성에 유의해야 한다.

Ⅱ. 침체국면하 최유효이용 판단 시 유의사항

1. 최유효이용의 개념

1) 최유효이용의 의의

<최유효이용>이란 객관적으로 보아 양식과 통상의 이용능력을 가진 사람이 부동산 을 합법적이고 합리적이며 최고·최선의 방법으로 이용하는 것을 말한다. 최유효이 용이란 대상 부동산의 현황이 아닌 다양한 용도 중 잠재적인 이용상황을 고려한다.

2) 최유효이용의 판단방법

최유효이용의 판단은 ① 생산성분석, ② 시장획정, ③ 수요분석, ④ 공급분 석, ⑤ 시장균형분석, ⑥ 포착률의 예측의 <u>절차로</u> 이루어지며, ① 물리적 타 당성, ② 법률적 타당성, ③ 경제적 타당성, ④ 최고의 수익성을 <u>기준</u>으로 판 단한다.

2. 부동산시장의 경기변동

1) 경기변동의 의의 및 국면

<부동산 경기변동>이란 부동산시장의 가격 및 거래량이 변동하여 시장의 확장국면과 수축국면이 반복되어 나타나는 것을 말한다. 경기변동의 국면은 상향, 후퇴, 하향, 회복시장으로 분류할 수 있다.

2) 침체국면의 특징

부동산시장의 침체국면은 후퇴시장과 하향시장을 포괄한다. 후퇴시장에서는 가격의 상승이 중단되며 거래량이 감소한다. 금리는 높고 통화량은 감소한다. 하향시장에서는 가격과 거래량이 동반 하락하며, 고금리와 저통화량이 유지된다. 침체국면의 부동산 거래사례는 새로운 거래가격의 상한선이 된다.

3. 침체국면하 최유효이용 판단 시 유의사항

1) 판단기준상 경제적 타당성에 유의

부동산시장 침체국면 시 법적 타당성과 물리적 타당성에는 변동이 없으나, 경제적 타당성의 판단결과는 변동할 수 있다. 시장의 침체로 인한 수요의 감소는 수익성을 감소시켜 경제적 타당성을 변동시키므로 최유효이용 판단 시 유의해야 한다.

2) 판단절차상 수요분석에 유의

부동산시장 침체국면 시 고금리·저통화에 의해 유효수요가 감소한다. 최유효이용 분석은 대상 부동산의 잠재적 이용에 대한 수요와 균형을 확인하는 작업이므로, 최유효이용 판단 시 수요분석, 균형분석 및 포착률 추계에 유의

<u>해야 한다.</u>

3) 중도적, 투기적 이용 등에 유의

부동산시장 <u>침체국면</u> 시 인근지역의 표준적 이용과 일치하지 않는 중도적, 투기적 이용 등이 발생할 수 있다. 가까운 장래의 법적, 경제적 상황의 변동 가능성을 분석하여 최유효이용 판단 시 <u>유의해야 한다</u>.

III. 결어

대상 부동산의 개별적 이용이 인근지역의 표준적 이용과 상이하더라도 해당 이용에 대한 수요, <u>장래의 법적·경제적 상황의 변화</u>에 따라 최유효이용에 해당될 수 있으므로, 최유효이용 판단 시 유의해야 한다. <끝>

✱ 부동산가격제원칙

20 제시된 자료를 참고하여 다음 물음에 답하시오. `40점`

> 감정평가사 甲은 감정평가사 乙이 작성한 일반상업지역 내 업무용 부동산(대지면적
> : 3,000㎡, 건물 : 30년 경과된 철근콘크리트조 6층)에 대한 감정평가서를 심사하
> 고 있다. 동 감정평가서에 따르면, 인근지역은 일반적으로 대지면적 200㎡~500㎡
> 내외 2층 규모의 상업용으로 이용되고 있으며, 최근 본건 부동산 인근에 본건과 대
> 지면적이 유사한 토지에 20층 규모의 주거 및 상업 복합용도 부동산이 신축되어 입
> 주(점) 중에 있는 것으로 조사되어 있다. 검토결과 원가방식(면적 400㎡ 상업용 나
> 대지의 최근 매매사례 단가를 적용한 토지가치에 물리적 감가수정만을 행한 건물가
> 치 합산)에 의한 시산가치가 수익방식(현재 본건 계약임대료 기준)에 의한 시산가치
> 보다 높게 산출되어 있다.

1) 심사 감정평가사 甲은 감정평가사 乙에게 추가적으로 최유효이용 분석을 요청하였
   는 바, 최유효이용 판단기준을 설명하고 구체적인 최유효이용 분석방법을 설명하
   시오. `20점`

2) 최유효이용에 대한 두 가지 분석 유형(방법)에 따른 결과가 다르다면, 그 이유와 그
   것이 의미하는 바를 설명하시오. `10점`

3) 원가방식에 의한 시산가치가 수익방식에 의한 시산가치보다 높게 산출된 것이 타당
   한 것인지 감정평가원리(원칙)를 기준으로 설명하고, 올바른 원가방식 적용
   방법에 관하여 설명하시오. `10점`

논점분석

- **논제** : ① ② 부동산가격론 ▶ 부동산가격제원칙 ▶ 최유효이용의 원칙 ▶ 판단기준/판정방법 ▶ 건부감가
  ③ 감정평가 3방식 ▶ 원가방식
- **유형** : ① 설명형(사례) ② 설명형(기본) ③ 설명형(사례/관련)
- **개념어** : 이유, 의미

최유효이용 분석부터 구체적 가격의 산정에 이르는 과정을 이론적으로 해석하는 사례형 문제입니다.
사례형 문제이므로 기본 내용을 서술한 후, 이를 기준으로 사례를 해석해주어야 합니다. 본 문제에서는
최유효이용 여부에 대한 명확한 판단근거를 제시하고 있지 않기 때문에("입주(점)중이다") 섣불리 하나
의 결론을 제시하기 보다는 다양한 경우의 수를 제시하는 것이 바람직하다고 판단됩니다.

출제위원 채점평

이 문제는 기승전결에 입각해서 문제를 이해하고, 답안을 작성해야 하는 문제입니다. 이 문제의 답안을 구성하기 위해서는 답안작성을 위한 도입부문의 방향성, 이론적 근거의 제시, 제시된 사례와 이론과의 관련성을 지적하고, 물음에서 요구하는 있는 판단준거의 제시와 답안의 명료성, 결론부의 종결성을 갖추어야 합니다. 많은 수험생들이 기승전결의 틀을 갖추고자 노력한 점은 보이나, 위에서 제시한 기승전결에 입각해서 언급하면, 이론적인 내용만을 기술한 형태가 많았고, 제시된 사례와 이론과의 관련성을 언급하면서 기술한 답안의 비율은 그다지 높지 않았습니다. 일반적인 이론만을 기술해서는 안 되고, 논점을 정확하게 파악하여 기술해야 하며, 답안의 내용이 물음에서 요구하는 내용에 가능한 한 맞도록 기술해야 합니다. 또한, 수험생은 답안작성에 적합한 용어의 선택도 필요합니다. 마지막으로 주어진 사실관계에 입각해서 기술해야 합니다. 수험생 나름대로의 예측이나 추론은 오류를 범할 수 있기 때문에 이점에 유의해야 합니다.

예시목차

Ⅰ. 서설

Ⅱ. (물음1) 단독이용 중인 광평수 토지의 최유
       효이용 분석 (10)
  1. 최유효이용의 의의
  2. 최유효이용 판단기준
    1) 물리적 타당성
    2) 법률적 타당성
    3) 경제적 타당성
    4) 최고의 수익성
  3. 최유효이용 분석방법
    1) 나지 상정 최유효이용
    2) 개량물 하의 최유효이용
  4. 사례의 최유효이용 분석
    1) 단독이용 및 광평수 토지의 의의
    2) 대상 토지의 최유효이용 분석
      (1) 나지 상정 최유효이용
      (2) 개량물 하의 최유효이용

Ⅲ. (물음2) 광평수 토지의 건부감가 (5)
  1. 건부감가의 의의
  2. 건부감가의 발생이유
  3. 건부감가의 의미
    1) 토지가치의 손실
    2) 규모 변경 또는 용도 전환 필요성
    3) 철거 후 토지 분할 필요성

Ⅳ. (물음3) 광평수 토지의 감정평가 (4)
  1. 가격제원칙의 의의 및 종류
  2. 적산가액과 수익가액의 타당성
  3. 올바른 원가방식 적용방법
    1) 사례단가 적용 시 면적고려
    2) 감가수정 적용 시 경제적 감가 고려

Ⅴ. 결어

문 20 <u>40점</u>

Ⅰ. 서설

<u>부동산은 개별성이 있으나 용도의 다양성으로 인하여 여러 용도 간의 경합을 통해 최</u>
<u>유효이용에 할당된다.</u> 최유효이용은 일반적으로 인근지역의 표준적 이용상황 및 개발 규모와 일치하나, <u>단독이용 중인 광평수 토지</u>와 같이 표준적 이용과 불일치하는 경우에도 시장 수요에 따라 최유효이용이 성립할 수 있으므로 최유효이용 판정에 유의해야 한다.

Ⅱ. (물음1) 단독이용 중인 광평수 토지의 최유효이용 분석

1. 최유효이용의 의의

<최유효이용>이란 객관적으로 보아 양식과 통상의 이용능력을 가진 사람이 부동산을 합법적이고 합리적이며 최고·최선의 방법으로 이용하는 것을 말한다. 부동산은 용도의 다양성으로 인하여 여러 용도 간의 대체·경쟁관계가 성립하므로, 용도 간 경합을 통해 최대의 수익을 얻을 수 있는 용도에 할당된다.

2. 최유효이용의 판단기준

1) 물리적 타당성

<물리적 타당성>이란 토양의 하중이나 지지력, 지형, 지세 등에 적합하여야 한다는 것을 말한다. 최유효이용이 성립하기 위해서는 해당 용도가 물리적 타당성을 갖추어야 하며, 물리적 타당성은 개발 가능성 또는 개발비용과 관련되어 경제적 타당성에 영향을 미친다.

2) 법률적 타당성

<법률적 타당성>이란 부동산의 이용이 용도지역·지구제뿐만 아니라 개발 관련 법령에 적합하여야 한다는 것을 말한다. 법률적 타당성은 개발규모를 직접적으로 제한하며 건축 관련 규제는 부대설비 등 개발비용과 관련이 있으므로 경제적 타당성에 영향을 미친다.

3) 경제적 타당성

<경제적 타당성>이란 부동산 이용으로 인한 수익이나 가치가 개발에 소요되는 비용보다 커야 한다는 것을 말한다. 경제적 타당성은 인근지역의 표준적인 이용상황을 비롯해 해당 용도에 대한 수요 및 공급의 균형상태(수익), 토목·건축 등 공사비용(비용)을 비교하여 판단한다. 구체적인 분석방법으로 순현재가치법, 내부수익률법, 수익성지수법 등을 활용할 수 있다.

4) 최고의 수익성

<최고의 수익성>이란 부동산의 이용이 물리적, 법적, 경제적 타당성을 충족하는 잠재적 용도 중에서 최고의 수익을 창출하는 용도여야 한다는 것을 말한다. 단기의 흡수율, 장기의 포착률이 가장 높을 것으로 예상되는 용도가 최대의 수익성을 갖는다.

3. 최유효이용 분석방법

1) 나지 상정 최유효이용

<나지 상정 최유효이용>이란 현재 개량물이 있더라도 없는 것으로 간주한

상태에서 토지의 최유효이용 용도를 말한다. 농지·임지와 같은 비수익성 부동산은 개발여부를 우선 판정하고 예상수익에서 개발비용을 공제하여 토지가치를 산정하며, 택지와 같은 수익성 부동산은 용도별로 토지에 귀속되는 가치를 비교·분석하여 결정한다.

2) 개량물 하의 최유효이용

<개량물 하의 최유효이용>이란 현재의 개량물을 기준으로 토지와 개량물이 결합된 상태에서 최유효이용 용도를 말한다. 개량물 하 최유효이용은 ① 현재 용도의 가치손실 여부 ② 현재 용도를 변경하거나 증축·철거하기 위한 가능성 및 비용 ③ 공사기간의 임대수익 손실 등 물리적·경제적 타당성을 고려해야 하며, 분석결과 ① 현존 개량물의 유지, ② 일부 용도 전환 또는 증축, ③ 철거 후 신축 등이 도출될 수 있다.

4. 사례의 최유효이용 분석

1) 단독이용 및 광평수 토지의 의의

본건의 주위환경은 "대지면적 200㎡ ~ 500㎡ 내외 2층 규모의 상업용 건물"이나, 본건은 "대지면적 3,000㎡인 6층 업무용 건물"로서, 단독이용 중인 광평수 토지에 해당한다. <단독이용>이란 인근지역의 용도와 다른 이용을 말하며, <광평수 토지>란 인근지역의 획지 규모를 상회하는 토지를 말한다. 단독이용 광평수 토지는 일반적으로 최유효이용에 미달하나, 인근지역 수요에 따라 특별한 고려가 필요하다.

2) 대상 토지의 최유효이용 분석

(1) 나지 상정 최유효이용

대상 토지는 "업무용"이나 인근지역은 "상업용" 또는 "주거·상업복합용도"로 이용 중이므로, 주거·상업·업무용 부동산의 수요·공급을 분석하여 최고의 수익성을 나타내는 용도를 도출한다. 또한, 본건이 광평수 토지인 점을 감안하여 인근 수요에 따라 분할 이용 또는 일체 이용 여부를 판단하여 최종적인 용도와 규모를 도출해야 한다.

(2) 개량물 하의 최유효이용

대상 부동산은 "신축 후 30년이 경과된 6층 규모의 업무용 부동산"으로서, 나지 상정 최유효이용 대비 현재 용도의 가치손실 여부를 파악하여야 한다. 만약 현재 용도를 변경해야 한다면, 물리적·경제적 타당성을 검토한 후 최적의 용도와 규모를 도출해야 한다. 분석 결과에 따라 ① 6층 규모 업무용으로의 계속이용 또는 ② 주거·상업용으로의 용도전환 및 ③일부 증축 또는 철거 등을 통한 규모변경이 도출될 수 있다.

III. [물음2] 광평수 토지의 건부감가

1. 건부감가의 의의

<건부감가>란 건부지 상태의 토지가치가 나지 상태의 토지가치에 미달하는 것을 말한다. 일반적으로 건부지는 건물의 노후·구식화에 따라 나지 상태의 가치에 미달하나, 리모델링 등 개량 활동을 통해 나지 상태의 가치에 상응하는 용도 및 효용을 유지할 수 있다.

2. 건부감가의 발생이유

건부감가는 건부지 상태의 최유효이용이 나지의 최유효이용에 미달하여 발생한다. 나지 상태의 최유효이용은 대상 토지의 잠재적인 용도 및 규모를 의미하나, 건부지 상태의 최유효이용은 ① 현재 용도를 변경하거나 증축·철거하기 위한 가능성 및 비용, ② 공사기간의 임대수익 손실 등 물리적·경제적 타당성 등 현실적인 제약이 따르므로 양 자는 일치하지 않을 수 있다.

3. 건부감가의 의미

1) 토지가치의 손실

대상 부동산에 건부감가가 발생한다면, 토지가치는 인근지역 가격수준에 미달하게 된다. 토지가치의 손실은 나지 상태의 최유효이용 용도로 개발하기 위한 비용이 현재의 가치손실보다 낮아질 때까지 지속된다.

2) 규모 변경 또는 용도 전환 필요성

대상 부동산은 용도 전환 또는 규모 변경을 통해 토지가치의 손실을 최소화 할 수 있다. 현재 개량물 상태에서 ① 주거·상업용으로의 용도전환, ② 일부 증축 등을 고려할 수 있다.

3) 철거 후 토지 분할 필요성

나지 상정 최유효이용 용도가 "대지면적 200㎡ ~ 500㎡ 내외의 2층 규모 상업용"이고, 현재의 가치손실이 철거 후 신축비용보다 높은 경우라면 현존 개량물을 철거하고 토지를 분할하여 상업용으로 이용할 필요성이 있다.

IV. [물음3] 광평수 토지의 감정평가

1. 가격제원칙의 의의 및 종류

<부동산가격제원칙>이란 부동산의 가치가 시장에서 어떻게 형성되는가에 대하여 일정한 법칙을 도출한 것을 말한다. 가격제원칙은 최유효이용을 중심으로 내부·외부요인으로 분류할 수 있으며, <내부요인>으로는 ① 균형의 원칙, ② 수익체증·체감의 원칙, ③ 수익배분의 원칙, ④ 기여의 원칙이 있으며, <외부요인>으로는 ① 적합의 원칙, ② 경쟁의 원칙이 있다.

2. 적산가액과 수익가액의 타당성

적산가액이 수익가액을 상회한다는 것은 대상 부동산에 투입된 비용 대비 효용(수익)이 과소함을 의미한다. 이는 수익체증·체감의 원칙에 근거할 때 표준적 규모(2층) 대비 과대개량에 의한 수익의 체감, 적합의 원칙에 근거할 때 표준적 이용(상업용)과 부적합하여 최유효이용의 원칙에 미달하기 때문이다. 원가방식에는 광평수 토지에 대한 건부감가 및 이용상황에 따른 경제적 감가가 반영되어 있지 않아 타당성이 <결여>된다.

3. 올바른 원가방식 적용방법

1) 사례단가 적용 시 면적고려

토지에 거래사례비교법을 적용할 때 ① 거래사례 선정에서 본건과 유사한 규모의 토지 매매사례를 선정하여야 하며 ② 개별요인 비교에서 면적 과대에 따른 감가요인을 반영해야 한다.

2) 감가수정 적용 시 경제적 감가 고려

건물에 원가법을 적용할 때, <u>감가수정</u>은 물리적 감가 외 주위환경 부적합에 따른 경제적 감가를 고려하여야 한다. 경제적 감가는 치유불능이므로 토지 및 개량물에 모두 발생하나, 토지가치를 별도로 산정한 경우 개량물에만 반영할 수 있다.

V. 결어

광평수 토지의 경우 일반적으로 최유효이용에 미달하는 것으로 판단하였으나, 최근 대규모 부지에 대한 수요가 높아지고 있어 최유효이용 판정에 유의를 요한다. 「감정평가 실무기준」에서는 규모가 과대한 것에 따른 불리한 정도를 고려하도록 일률적으로 규정하고 있으나, 광평수 토지의 가치는 지역, 용도별 수요에 따라 <u>감가뿐만 아니라 증가할 가능성도 있음을 감안</u>해야 한다. <끝>

※ 부동산가격제원칙

21 광평수 토지란 해당 토지가 속해 있는 시장지역에서 일반적으로 사용하는 표준적 규모보다 훨씬 더 크다고 인식되는 토지로서, 최근에 대단위 아파트 단지개발 및 복합용도개발 등으로 인해 광평수 토지에 대한 감정평가가 증가하고 있다. 광평수 토지의 최유효이용이 단독이용인 경우 감정평가방법에 대해 설명하시오. `10점`

논점분석

- **논제** : 부동산가격론 ▶ 부동산가격제원칙 ▶ 최유효이용의 원칙 ▶ 특수상황의 최유효이용
- **유형** : 설명형(기본)

최유효이용에 대한 기본 설명형 문제입니다.

예시목차

Ⅰ. 서설

Ⅱ. 광평수 토지의 감정평가방법 (5)
    1. 광평수 토지의 단독이용
    2. 광평수 토지의 감정평가방법
        1) 공시지가기준법 및 거래사례비교법
        2) 개발법 및 토지잔여법
        3) 시산가액 조정 및 최종 감정평가액 결정

문21 10점

Ⅰ. 서설

<최유효이용>이란 객관적으로 보아 양식과 통상의 이용능력을 가진 사람이 부동산을 합법적이고 합리적이며 최고·최선의 방법으로 이용하는 것을 말한다. 단독이용 등 특수한 상황에서는 최유효이용 판정에 유의하여야 하며, 감정평가액 결정 시 시산가액 간 합리성 검토를 수행하여야 한다.

Ⅱ. 광평수 토지의 감정평가방법

1. 광평수 토지의 단독이용

<단독이용>이란 인근지역의 표준적 이용과 다른 용도로 이용하는 것을 말한다. 광평수 토지는 토지 규모의 특징으로 인해 주택지대 내 대형마트, 농업지대 내 물류센터 등 단독이용의 가능성이 있으며, 당해 용도에 대한 수요가 충분한 경우 최유효이용에 해당한다.

2. 광평수 토지의 감정평가방법

1) 공시지가기준법 및 거래사례비교법

<공시지가기준법>이란 대상 토지와 가치형성요인이 유사한 표준지공시지가를 기준으로 시점수정 및 가치형성요인을 비교하여 가액을 산정하는 감정평가방법이며, <거래사례비교법>은 유사 거래사례를 기준한 감정평가방법이다. 표준지 및 거래사례는 광평수 토지를 선정해야 하나, 그렇지 못한 경우 가치형성요인 비교 시 최유효이용에 근거하여 증가 여부를 검토해야 한다.

2) 개발법 및 토지잔여법

<개발법>이란 대상 토지를 개발했을 경우 예상되는 총 매매(분양)가격의 현재 가치에서 개발비용의 현재가치를 공제하여 토지가치를 구하는 감정평가방법을 말한다. <토지잔여법>은 복합부동산의 순수익에서 건물에 귀속되는 순수익을 공제한 후 도출된 토지에 귀속되는 순수익을 토지환원율로 환원하여 토지의 가액을 구하는 감정평가방법을 말한다.

3) 시산가액 조정 및 최종 감정평가액 결정

<시산가액 조정>이란 감정평가방법의 적용을 통하여 산정된 시산가액을 합리적으로 조정하여 최종 감정평가액을 결정하는 것을 말한다. 광평수 토지는 공시지가기준법 및 거래사례비교법 적용 시 비교표준지 및 거래사례의 선정이 어렵고, 토지잔여법도 토지만의 순수익 산정에 어려움이 있으므로, 구체적인 이용상황을 반영할 수 있는 분양개발법에 의해 합리성을 검토하고 최종 감정평가액을 결정하여야 할 것이다. <끝>

✱ 감정평가의 개념

▶ 기출문제 31회 1번

01 감정평가와 관련한 다음의 물음에 답하시오. `40점`

1) 감정평가의 개념에 근거하여 기준가치 확정과 복수 감정평가의 필요성을 논하시오. `20점`

2) 시장가치와 시장가격(거래가격)의 개념을 비교하여 설명하고, 다양한 제도를 통해 시장가격(거래가격)을 수집, 분석할 수 있음에도 불구하고 감정평가가 필요한 이유에 관하여 논하시오. `20점`

논점분석

- **논제** : 감정평가의 기초 ▶ 감정평가의 개념 ▶ 개념, 필요성
- **유형** : ① 논술형(관련) ② 논술형(비교)
- **개념어** : 개념, 필요성, 이유

감정평가의 개념 및 필요성에 대한 논술형 문제입니다. (물음1)은 설명의 도구인 감정평가의 개념(정의, 필요성, 기준, 업무, 기능 등) 중 기준가치 확정 및 복수평가와 관련된 내용을 제시한 후, 이를 바탕으로 기준가치 확정 및 복수 감정평가의 필요성을 도출해주시면 됩니다. (물음2)는 기준을 세워 시장가격과 시장가치의 차이점을 밝힌 후, 시장가격의 한계로부터 시장가치의 필요성을 도출해주세요.

예시목차

문1 40점

Ⅰ. 서론

부동산은 물리적 특성으로 인하여 균형가격의 성립이 어려우므로, 시장의 불완전성을 보완할 수 있는 균형가치의 지적이 필요하다. 감정평가는 가격(price)이 아닌 가치(value)를 측정하는 활동으로, 거래당사자의 주관적 합의와는 달리 독립된 행위자에 의한 측정이 요구된다. 감정평가 시 가치를 추정하기 위한 전제조건으로서 기준가치를 확정하고 객관적이고 공정한 결과를 도출해야 할 것이다.

Ⅱ. [물음1] 기준가치와 복수평가의 필요성

1. 감정평가의 개념

1) 감정평가의 정의 및 기준

<감정평가>란 토지 등의 경제적 가치를 측정하여 그 결과를 가액으로 표시하는 것을 말한다. 감정평가의 기준은 경제적 가치로서, 거래 당사자의 주관적 가격과 달리 객관적 기준에 입각한 가치의 추정의 요구된다.

2) 감정평가의 기능

감정평가는 ① 국민의 재산권에 대한 과세, 손실보상 등 국가행정의 기초를 제공하는 정책적 기능과 ② 부동산시장 참여자의 의사결정 기준을 제공하는 등 경제적 기능을 수행한다.

2. 기준가치 확정의 필요성

1) 기준가치의 의의

<기준가치>란 감정평가의 기준이 되는 가치를 말한다. 가치는 시장의 거래 활동에서 실제 지불된 가격과 달리 추정 또는 평가된 가액이므로, 추정의 기준이 되는 가정이 필요하다.

2) 기준가치의 확정

「감정평가에 관한 규칙」 제5조는 감정평가의 기준가치로 시장가치를 규정하고 있다. <시장가치>란 통상적인 시장에서 충분한 기간 동안 거래를 위하여 공개된 후 그 대상물건의 내용에 정통한 당사자 사이에 신중하고 자발적인 거래가 있을 경우 성립될 가능성이 가장 높다고 인정되는 가액을 말한다.

3) 기준가치 확정의 필요성

(1) 가격이 아닌 가치의 추정으로서 감정평가

감정평가는 대상물건의 '가격'이 아닌 '경제적 가치'를 측정하는 활동이다. 가격은 거래당사자 간 합의로 성립하지만, 가치는 일정한 기준에 의해 측정되어야 하므로 측정 가정의 집합인 기준가치의 확정이 필요하다.

(2) 가치 측정을 위한 기본 가정의 수립

가치를 측정하기 위해서는 시장, 거래당사자, 거래행위 등을 판단하기 위한 다양한 기준과 가정인 가치기준이 필요하다. 가치 측정의 목적과 용도에 따라 측정 기준이 달라질 수 있으므로, 감정평가 시 기준가치의 종류를 확정하는 것이 필요하다.

3. 복수감정평가의 필요성

1) 복수감정평가의 의의

<복수감정평가>란 둘 이상의 감정평가법인 등이 동일한 대상물건을 감정평가하는 것을 말한다. 복수감정평가는 감정평가를 수행주체의 수를 기준으로 분류한 것으로, 단수 감정평가와 대비된다.

2) 복수감정평가의 활용

복수감정평가는 국가, 지방자치단체 등에 의뢰에 의해 수행되는 공적평가에 주로 활용된다. ①「부동산가격공시에 관한 법률」에 의한 표준지공시지가의 감정평가, ②「공익사업을 위한 토지 등의 취득 및 보상에 관한 법률」에 의한 보상평가 등이 이에 해당된다.

3) 복수감정평가의 필요성

(1) 과세행정의 안정성 확보

표준지공시지가의 감정평가는 국민 재산권에 대한 과세행정의 기초를 제공하는 등 정책적 기능을 수행한다. 따라서 감정평가결과에 대한 적정성을 상호 검토하고 행정의 안정성을 확보하기 위해 복수감정평가가 필요하다.

(2) 손실보상의 공정성 확보

보상평가는 공용수용 대상물건을 감정평가하여 국민의 재산권을 보호함과 동시에 공익사업의 시행을 촉진하는 등 정책적 기능을 수행한다. 상호 대립하는 이해관계를 조율하고 공익과 사익의 균형을 이루기 위해 복수감정평가가 필요하다.

III. [물음2] 감정평가의 필요성

1. 시장가격과 시장가치의 비교

1) 시장가격의 의의

<시장가격>(거래가격)이란 시장에서 거래 당사자가 상호 합의하여 실제 거래가 이루어진 대상물건의 가액을 말한다. 시장가격은 거래가 이루어지는 시장 환경, 거래 당사자의 개별적 능력과 사정에 따라 달라질 수 있다.

2) 시장가치의 의의

<시장가치>란 토지등이 통상적인 시장에서 충분한 기간 동안 거래를 위하여 공개된 후 그 대상물건의 내용에 정통한 당사자 사이에 신중하고 자발적인 거래가 있을 경우 성립될 가능성이 가장 높다고 인정되는 대상물건의 가액을 말한다.

3) 양자의 비교

(1) 성립주체의 차이

<시장가격>은 거래당사자의 상호 합의로 성립된 가액으로 성립주체가 주관적이나, <시장가치>는 객관적 입장의 제3자에 의해 추정된 가액으로 중립성과 공정성이 전제된다는 차이점이 있다.

(2) 성립시기의 차이

<시장가격>은 과거시점에 성립된 가액으로 객관적 사실이나, <시장가치>는 기준시점에 성립될 가능성이 높다고 인정되는 가액으로 성립시점에 있어 차이점이 있다.

(3) 사정개입의 차이

<시장가격>은 시장의 특수성, 거래당사자의 이해관계, 거래행위의 개별적 동기 등 개별적·구체적 사정이 개입할 수 있으나, <시장가치>는 시장의 통상성, 거래당사자의 독립성, 거래행위의 자발·신중성 등 정상적인 시장 거래를 가정하여 추정한다는 차이점이 있다.

(4) 가치 3면성 반영의 차이

<시장가격>은 시장참여자의 합의를 바탕으로 시장성에 기초하나, <시장가치>는 대상물건의 시장성 외에 비용성, 수익성 등 가치의 3면성을 모두 고려하여 결정한다는 차이점이 있다.

2. 시장가치를 기준한 감정평가의 필요성

1) 중립성에 기반한 공정한 기준 제시

시장가치는 특정 거래당사자의 상황이나 주관적 견해가 배제된 공정하고 중립적인 가액을 제시하여 부동산시장에 올바른 가격정보를 제공할 수 있으므로 감정평가가 필요하다.

2) 과거가 아닌 현재의 균형가격 반영

시장가격은 과거시점에 성립한 것으로 현재 및 장래의 변동성에 대한 반영이 미흡하나, 시장가치는 기준시점에 추정한 가액으로 현재의 시장상황을 반영하여 균형가격을 추정하므로 감정평가가 필요하다.

3) 시장가격에 개입될 수 있는 거래사정의 보정

시장가격은 현행 거래신고제도의 한계로 인해 ① 이해관계인 간 거래, ② 급매 등 비정상적 거래 ③ 집기, 권리금 등을 포함한 일괄거래 등 사정이 개입될 수 있으므로, 개별적 사정이 없는 상태로 보정한 감정평가가 필요하다.

4) 가치 3면성을 반영한 균형가격의 제시

시장가격은 시장성 등 시장상황에 국한되어 장기적 관점의 부동산 가치가 왜곡될 수 있으나, 시장가치는 현재의 시장성뿐만 아니라 과거의 비용성, 미래의 수익성 등을 고려한 균형가격을 제시하므로 감정평가가 필요하다.

Ⅳ. 결론

2006년부터 시행된 실거래가 신고제도의 시행으로 인하여 거래가격 자료가 축적되고 있으나, 여전히 자료의 양적, 질적 측면에 있어 부동산시장의 지표로 활용되기에는 한계가 있다고 판단된다. 감정평가에 의해 추정된 가액은 자료의 질적 측면에서 가격 대비 장점이 있으나, 기준가치의 종류, 정의, 성격 등 추정방법의 객관성이 확보되어야 할 것이다.

<끝>

✴ 감정평가의 개념

02 최근 토지의 공정가치 평가가 회계에 관한 감정에 해당하는지의 여부에 대한 논란이 있었다. 이와 관련하여 다음 물음에 답하시오. `20점`

1) 감정평가의 개념과 회계에 관한 감정의 개념 차이를 설명하시오. `5점`

2) 공정가치, 시장가치 및 회계상 가치를 비교·설명하시오. `15점`

논점분석

- **논제** : ① 감정평가의 기초 ▶ 감정평가의 개념 ▶ 정의
  ② 감정평가의 기초 ▶ 감정평가의 원칙 절차 ▶ 시장가치원칙 ▶ 시장가치 외의 가치
- **유형** : 설명형(비교)
- **개념어** : 개념

감정평가와 시장가치에 대한 비교·설명형 문제입니다. 양자의 공통점에 해당하는 가치평가와 가치기준의 개념요소를 비교기준으로 설정하고 병렬적으로 서술해주세요.

출제위원 채점평

이 문제는 감정평가의 기본 개념 등에 대한 문제입니다. 전문자격자는 관련 이론 및 업무에 관한 기본 개념을 정확하게 숙지할 필요가 있습니다. 수험생들의 답안 일부는 <u>감정평가의 개념과 회계에 관한 감정을 유사하게 표현</u>하거나, 명확하게 비교하지 못한 경우가 있었습니다. 또한 공정가치, 시장가치 및 회계상 가치를 비교·설명하는 문제는 많은 수험생들이 <u>비교의 필요성과 배경에 대한 이해가</u> 부족하였습니다.

예시목차

Ⅰ. 서설

Ⅱ. (물음1) 감정평가와 회계에 관한 감정 (3)
  1. 양자의 개념
  2. 양자의 차이
    1) 목적 및 대상의 차이
    2) 기준 및 방법의 차이

Ⅲ. (물음2) 공정가치, 시장가치 및 회계상 가치 (8)
  1. 공정가치의 의의 및 활용
  2. 시장가치의 의의 및 활용
  3. 회계상 가치의 의의 및 활용
  4. 가치기준의 비교
    1) 시장에 대한 가정의 차이
    2) 거래당사자에 대한 가정의 차이
    3) 거래기간에 대한 가정의 차이
    4) 성립가능성에 대한 가정의 차이

Ⅳ. 결어

문2 `20점`

I. 서설

감정평가는 가격이 아닌 가치를 추정하는 것으로서, 가치의 추정에는 일련의 가정으로서 가치기준이 필요하다. 최근 토지의 감정평가와 관련하여 공인회계사의 회계에 관한 감정에 대해 논란이 있으므로, 업무의 목적과 대상 및 가치기준의 차이점을 인식하여야 할 것이다.

II. (물음1) 감정평가와 회계에 관한 감정

1. 양자의 개념

<감정평가>란 토지 등의 경제적 가치를 측정하여 그 결과를 가액으로 표시하는 것을 말한다. <회계에 관한 감정>이란 기업 등의 재무정보에 대해 진위, 적부 등을 판정하는 것을 말한다.

2. 양자의 차이

1) 목적 및 대상의 차이

<감정평가>의 목적은 토지 등에 대한 경제적 가치의 판정으로 「감정평가 및 감정평가사에 관한 법률」에 근거한다. 그러나 <회계에 관한 감정>의 목적은 재무정보에 대한 진위·적부의 판정으로 「공인회계사법」에 근거한다는 차이점이 있다.

2) 기준 및 방법의 차이

<감정평가>는 시장가치 및 공정가치 등 시장가치 외의 가치를 기준하며 공

시지가 기준법을 주된 방법으로 적용한다. <회계에 관한 감정>은 공정가치,
역사적 원가 등을 기준하여 평가한다는 차이점이 있다.

III. [물음2] 공정가치, 시장가치 및 회계상 가치

1. 공정가치의 의의 및 활용

<공정가치>란 합리적인 판단력과 거래의사가 있는 독립된 당사자 사이의 거래에
서 자산이 교환되거나 부채가 결제될 수 있는 금액을 말한다. 공정가치는 기업활
동에 대한 재무제표를 작성하기 위한 측정기준으로 활용된다.

2. 시장가치의 의의 및 활용

<시장가치>란 통상적인 시장에서 충분한 기간 동안 거래를 위하여 공개된 후 그
대상물건의 내용에 정통한 당사자 사이에 신중하고 자발적인 거래가 있을 경우 성
립될 가능성이 가장 높다고 인정되는 가액을 말한다. 시장가치는 기업 외에 개인
의 일반적인 경제활동에 대한 측정기준으로 활용된다.

3. 회계상 가치의 의의 및 활용

<회계상 가치>란 재무제표 요소의 화폐금액을 결정하는 측정기준을 말하며,
① 역사적 원가, ② 현행원가, ③ 실현가능가치 등이 있다. 가장 보편적인 측정
기준은 <역사적 원가>로서, 자산의 취득대가로 취득 당시에 지급한 현금 또는
현금성 자산의 가치를 말한다.

4. 가치기준의 비교

1) 시장에 대한 가정의 차이

<시장가치>는 "통상적 시장"을 전제하여 가치를 측정하나, <공정가치>와 <회계상 가치>는 시장에 대한 별도의 가정이 존재하지 않는다는 차이점이 있다.

2) 거래당사자에 대한 가정의 차이

<시장가치>와 <공정가치>는 각각 "대상물건의 내용에 정통한 당사자", "합리적인 판단력과 거래의사가 있는 독립된 당사자"를 전제하여 가치를 측정하나, <회계상 가치>는 거래당사자에 대한 판단기준이 존재하지 않는다는 차이점이 있다.

3) 거래기간에 대한 가정의 차이

<시장가치>는 "충분한 기간 동안 거래를 위하여 공개"될 것을 전제하여 가치를 측정하나, <공정가치>와 <회계상 가치>는 거래기간 또는 거래조건에 대한 별도의 가정이 존재하지 않는다는 차이점이 있다.

4) 성립가능성에 대한 가정의 차이

<시장가치>와 <공정가치>는 각각 "성립될 가능성이 가장 높다고 인정되는 대상물건의 가액", "거래에서 자산이 교환되거나 부채가 결제될 수 있는 가치"를 전제하여 실현된 가격이 아닌 추정된 가치이나, <회계상 가치>는 "취득 당시에 지급한 현금 또는 현금성 자산의 가치"로서 실현된 가격이라는 차이

점이 있다.

IV. 결어

회계에 관한 감정은 토지 등의 경제적 가치를 판정하는 감정평가와는 목적, 수행주체, 가치기준 등이 상이하다. 따라서 토지의 공정가치 평가는 회계에 관한 감정이 아닌 감정평가에 해당한다고 판단된다. <끝>

✽ 감정평가의 개념

▶ 기출문제 36회 2번

03 감정평가의 정의에 규정된 '경제적 가치'와 '판정'의 의의를 각각 쓰시오. 10점

논점분석

- **논제** : 감정평가의 기초 ▶ 감정평가의 개념
- **유형** : 설명형(기본)
- **개념어** : 의의

감정평가의 개념에 대한 기본 설명형 문제입니다. 개념어 "의의"는 단순한 정의를 서술하는 것을 넘어 필요성 등 배경에 대한 서술이 필요합니다. 따라서 가격이 아닌 가치를 기준하는 이유, 산정이 아닌 판정을 기준하는 이유를 설명해주세요.

예시목차

Ⅰ. 서설

Ⅱ. 감정평가의 정의 (5)

　1. 감정평가의 정의

　2. 경제적 가치의 의의

　　1) 가격이 아닌 가치의 추정

　　2) 가치 추정의 기준으로서 기준가치

　3. 판정의 의의

　　1) 시산가액 간 합리성 검토

　　2) 전문가적 판단에 의한 시산가액 조정

문3 10점

Ⅰ. 서설

부동산은 물리적 특성으로 인하여 균형가격의 성립이 어려우므로, 시장의 불완전성을 보완할 수 있는 균형가치의 지적이 필요하다. 감정평가는 가격이 아닌 경제적 가치를 추정하는 것이므로 가치 추정의 기준이 객관적이어야 하며, 최종 감정평가액의 판정에 있어 그 과정이 명확하게 제시되어야 한다.

Ⅱ. 감정평가의 정의

1. 감정평가의 정의

〈감정평가〉란 토지 등의 경제적 가치를 측정하여 그 결과를 가액으로 표시하는 것을 말한다. 부동산은 물리적 특성으로 인해 시장경쟁에 의한 균형가격의 성립이 어려우므로, 감정평가를 통해 균형가격을 제시하고 시장의 기능을 보완할 필요성이 있다.

2. 경제적 가치의 의의

1) 가격이 아닌 가치의 추정

감정평가 정의에 규정된 '경제적 가치(value)'는 가격(price)에 대비되는 개념이다.

감정평가는 특정 거래 당사자 사이에서 성립한 가격이 아닌, 통상의 시장 참여자에게 일반적으로 성립할 수 있는 가치를 추정하는 것을 목적으로 한다.

2) 가치 추정의 기준으로서 기준가치

감정평가 정의에 규정된 '경제적 가치'의 추정은 측정에 필요한 객관적인 가정들의 집합인 기준가치에 근거하여 이루어진다. 기준가치는 시장, 거래당사자, 거래조건 등에 대한 일련의 가정으로서, 감정평가 시 시장가치, 적정가격, 공정가치 등 다양한 기준가치가 활용될 수 있다.

3. 판정의 의의

1) 시산가액 간 합리성 검토

감정평가 정의에 규정된 '판정(judgment)'은 전문가의 판단에 의한 결정을 의미하며 산정(calculation)과 대비되는 개념이다. 감정평가는 특정 감정평가방법을 적용하여 산정한 가액이 아닌, 시산가액에 대한 합리성 검토 및 조정 절차를 통해 이루어진다.

2) 전문가적 판단에 의한 시산가액 조정

감정평가 정의에 규정된 '판정'은 「감정평가에 관한 규칙」 제12조에 근거하여 시산가액에 대한 합리성 검토(동조 제2항)와 시산가액 조정(동조 제3항)을 의미한다. 부동산은 가치의 3면성을 가지나 3면 등가의 성립이 어려우므로, 감정평가액 결정 시 상관·조정의 원리에 따라 시산가액을 조정할 수 있다. <끝>

✱ 감정평가의 개념

▶ 기출문제 29회 4번

04 감정평가의 공정성과 감정평가행위의 독립 필요성을 감정평가이론에 근거하여 설명하시오. `10점`

논점분석

- **논제** : 감정평가의 기초 ▶ 감정평가의 개념
- **유형** : 설명형(관련)
- **개념어** : 필요성

감정평가의 공정성, 독립성에 대한 관련 설명형 문제입니다. "감정평가이론에 근거하여" 설명하라고 하였으므로, 감정평가의 개념 중 공정성과 독립성과 관련된 내용(기준, 기능 등)을 우선적으로 서술하시고, 해당 목차를 활용하여 공정성과 행위독립 필요성을 구체화해주세요.

출제위원 채점평

이 문제에서는 감정평가의 필수 덕목인 공정성과 감정평가행위의 독립 필요성에 대하여 감정평가이론과 결부지어 물었으나, 내용을 제대로 기술하지 못하거나 <u>논거 없이 당위성만을 서술하는 경우</u>가 있었습니다. 또한, 감정평가이론보다 감정평가의 기능이나 감정평가사로서의 역할에만 치우쳐 서술한 답안이 많았습니다.

예시목차

Ⅰ. 서설

Ⅱ. 감정평가의 공정성과 행위독립 필요성 (5)
    1. 감정평가의 의의 및 필요성
    2. 감정평가의 기준 및 기능

3. 공정성과 행위독립 필요성
    1) 가치 추계의 주관성 보완
    2) 국민 재산권의 공정한 보호
    3) 경제적 이해관계의 불편부당한 조율

문4 <10점>

I. 서설

감정평가는 가격이 아닌 가치를 추정하는 것으로서, 가치의 추정에는 일련의 가정으로서 가치기준이 필요하다. 감정평가는 객관적인 가치기준에 근거하여 감정평가액의 결정 과정이 명확하게 제시되어야 하며, 감정평가 주체의 주관성을 보완하기 위해 공정성과 독립성이 요구된다.

II. 감정평가의 공정성과 행위독립 필요성

1. 감정평가의 의의 및 필요성

<감정평가>란 토지 등의 경제적 가치를 측정하여 그 결과를 가액으로 표시하는 것을 말한다. 부동산시장은 부동산의 물리적 특성으로 인하여 균형가격의 성립이 어려우므로, 전문가에 의한 공정하고 객관적인 균형가격의 지적이 필요하다.

2. 감정평가의 기준 및 기능

감정평가의 기준은 가격이 아닌 가치로서, 일정한 목적과 기준에 의해 측정된다. 감정평가 등 국가 등의 의뢰에 따라 국민 재산권의 경제적 가치를 측정하는 정책적 기능과 부동산시장 참여자들의 의사결정을 지원하고 이해관계를 조율하는 경제적 기능을 갖고 있다.

3. 공정성과 행위독립 필요성

1) 가치 추계의 주관성 보완

가치는 시장의 거래활동을 통해 실제 성립된 사실이 아니라, 일정한 목적을 위해 특정한 시장상황을 가정하여 추정한 가액이다. 따라서 가치 추계의 주관성을 보완하기 위해서는 평가주체의 공정성과 독립성이 필요하다.

2) 국민 재산권의 공정한 보호

정책적 목적의 감정평가는 공평과세, 손실보상 등 국가의 과세행정과 공익사업의 기준이 된다. 과세 및 보상행정은 국민 재산권에 미치는 영향이 크므로, 평가주체는 사익에 구애받지 않는 공정성이 필요하다.

3) 경제적 이해관계의 불편부당한 조율

경제적 목적의 감정평가는 경제주체의 의사결정에 있어 기반이 된다. 경제적 이해관계는 둘 이상에 있어 상호 대립적일 수 있으므로, 평가주체는 특정 당사자의 이해관계로부터 독립성이 필요하다. <끝>

⬛ **감정평가의 개념**

▶ 기출문제 20회 1번

05 감정평가목적에 따라 감정평가액의 차이가 발생할 수 있는 이유를 감정평가의 기능과 관련하여 설명하시오. [15점]

논점분석

- **논제** : 감정평가의 기초 ▶ 감정평가의 개념 ▶ 기능
- **유형** : 설명형(관련)
- **개념어** : 이유

가격다원론에 대한 관련 설명형 문제입니다. 감정평가의 기능과 "관련하여" 설명해야 하므로, 감정평가의 기능에 대해 우선적으로 서술한 후, 기능 – 목적 – 차이의 연관관계를 밝혀주세요.

예시목차

Ⅰ. 서설

Ⅱ. 평가목적에 따른 감정평가액 차이 발생 이유 (7)

   1. 감정평가의 의의 및 필요성

   2. 감정평가의 기능

     1) 정책적 기능

     2) 경제적 기능

   3. 정책적 기능에 따른 차이

     1) 표준지평가 시 개별적 이용상황 배제

     2) 보상평가 시 개발이익 배제

   4. 경제적 기능에 따른 차이

     1) 담보평가 시 처분성 반영

     2) 재무보고평가 시 공정가치 적용

Ⅲ. 결어

문5 `15점`

Ⅰ. 서설

감정평가는 가격이 아닌 가치를 추정하는 것으로서, 가치의 추정에는 일련의 가정으로서 가치기준이 필요하다. 따라서 동일한 물건이라 하더라도 가치기준에 따라 감정평가액에 차이가 발생할 수 있으며, 감정평가의 정책적·경제적 기능을 고려하여 의뢰인의 감정평가 용도에 적합한 기준가치를 활용하여야 할 것이다.

Ⅱ. 평가목적에 따른 감정평가액 차이 발생 이유

1. 감정평가의 의의 및 필요성

<감정평가>란 토지 등의 경제적 가치를 측정하여 그 결과를 가액으로 표시하는 것을 말한다. 부동산시장은 부동산의 물리적 특성으로 인하여 균형가격의 성립이 어려우므로, 전문가에 의한 공정하고 객관적인 균형가격의 지적이 필요하다.

2. 감정평가의 기능

1) 정책적 기능

감정평가는 국민 재산권의 경제적 가치를 측정하여 재산권에 따른 적정한 세금을 부과하는 등 과세행정을 지원한다. 또한 공익사업의 시행에 있어 공용수용 대상인 국민 재산권의 손실을 측정하여 합리적인 보상이 이루어지게 한다.

2) 경제적 기능

감정평가는 부동산 개발, 매매, 투자, 금융 등 다양한 영역의 부동산 활동에서 의사결정의 기준을 제시하고, 이해관계인의 대립이 있을 경우 이에 대해 공정하고 객관적인 기준을 마련하여 갈등을 해결하는 데 기여한다.

3. 정책적 기능에 따른 차이

1) 표준지평가 시 개별적 이용상황 배제

<표준지평가>란 「부동산 가격공시에 관한 법률」 등에 따라 표준지 등 부동산의 적정가격을 공시하기 위한 감정평가를 말한다. 표준지평가는 과세형평의 확보를 위해 정착물·사법상 권리 등 개별적 이용에 의한 차이를 배제하기 위해 나지를 상정하여 평가하므로 감정평가액의 차이가 발생한다.

2) 보상평가 시 개발이익 배제

<보상평가>란 「공익사업을 위한 토지 등의 취득 및 보상에 관한 법률」 등에 따라 공익사업을 목적으로 취득하는 토지에 대한 손실보상을 위한 감정평가를 말한다. 보상평가는 손실보상의 정당성을 확보하기 위해 당해 사업으로 인한 지가상승분 등 개발이익은 배제하므로 감정평가액의 차이가 발생한다.

4. 경제적 기능에 따른 차이

1) 담보평가 시 처분성 반영

<담보평가>란 담보를 제공받고 대출 등을 하는 금융기관 등이 대출을 하거나 채무자가 대출을 받기 위하여 의뢰하는 담보물건에 대한 감정평가를 말한다. 담보평가는 의뢰인의 안전한 채권 회수를 위해 가격 판단 시 담보물건의 처분성을 고려하여 보수적으로 평가하므로 감정평가액의 차이가 발생한다.

2) 재무보고평가 시 공정가치 적용

<재무보고평가>란 「주식회사의 외부감사에 관한 법률」에 따른 재무보고를 목적으로 하는 공정가치의 추정을 위한 감정평가를 말한다. 재무보고평가는 기업 환경의 개별성과 특수성을 고려하기 위해 시장가치보다 광의의 개념인 공정가치를 기준가치로 적용하므로 감정평가액의 차이가 발생한다.

III. 결어

감정평가는 동일 물건이라 하더라도 의뢰인, 평가목적에 따라 감정평가액이 달라질 수 있다. 따라서 감정평가서에 평가목적에 따른 가치기준과 평가방법을 명시하여 감정평가결과에 대한 의뢰인의 이해를 높여야 할 것이다. <끝>

＊ 감정평가의 개념

06 「부동산가격공시 및 감정평가에 관한 법률」에 의한 표준지공시지가와 표준주택가격의 같은 점과 다른 점을 설명하시오. 20점

논점분석

- **논제** : 감정평가의 기초 ▶ 감정평가의 개념 ▶ 기능 ▶ 정책적 기능 ▶ 표준지평가
- **유형** : 설명형(비교)

표준지·표준주택평가에 대한 비교·설명형 문제입니다. 각 논제의 기본내용을 충실히 서술한 후, 공통점과 차이점을 다양하게 목차화하는 것이 관건입니다.

예시목차

Ⅰ. 서설

Ⅱ. 표준지공시지가와 표준주택가격의
　비교 (10)
　1. 표준지공시지가
　　1) 의의 및 활용
　　2) 평가방법 및 절차
　2. 표준주택가격
　　1) 의의 및 활용
　　2) 평가방법 및 절차

　3. 양자의 비교
　　1) 같은 점
　　　(1) 평가(산정)목적
　　　(2) 평가(산정)기준
　　　(3) 활용
　　2) 다른 점
　　　(1) 평가(산정)대상 및 평가(산정)주체
　　　(2) 평가조건 및 건부감가 반영 여부
　　　(3) 개발이익 반영 평가

Ⅲ. 결어

문6 20점

I. 서설

<u>1989년 제정된 (현행) 「부동산 가격공시에 관한 법률」</u>은 부동산의 적정가격을 공시하여 부동산 시장의 안정, 조세·부담금의 형평성 및 국민경제 발전을 도모하기 위<u>한 제도이다</u>. 2005년 법 개정을 통해 토지(표준지공시지가) 외에 주택(표준주택가격)이 공시대상에 추가되었다. 주택은 토지와 건축물의 결합으로 이루어지므로, <u>표준지공시지가와 표준주택가격</u>의 같은 점과 다른 점을 인식하고 공시가격의 일관성을 갖춰야 할 것이다.

II. 표준지공시지가와 표준주택가격의 비교

1. 표준지공시지가

1) 의의 및 활용

<표준지공시지가>란 토지이용상황이나 주변 환경, 그 밖의 자연적·사회적 조건이 일반적으로 유사하다고 인정되는 토지 중에서 선정한 표준지에 대한 공시기준일의 단위면적당 적정가격으로서, 「부동산가격공시에 관한 법률」 제3조에 근거한다. 표준지공시지가는 ① 토지시장에 지가정보를 제공하고 ② 일반적인 토지거래의 지표가 되며 ③ 국가·지방자치단체 등이 그 업무와 관련하여 지가를 산정하거나 ④ 감정평가법인 등이 개별적으로 토지를 감정평가하는 경우에 기준으로 <u>활용된다</u>.

2) 평가방법 및 절차

표준지공시지가는 인근 유사 토지의 거래가격·임대료 및 토지의 조성에 필요한 비용추정액 등을 종합적으로 참작하여 결정하며, 지번, 단위면적당 가격, 면적, 형상, 이용상황 등을 공시하여야 한다. 표준지공시지가의 평가는 복수의 감정평가법인 등이 수행하며, 중앙부동산가격공시위원회의 심의를 거쳐 매년 2월 말에 공시한다.

2. 표준주택가격

1) 의의 및 활용

<표준주택가격>이란 용도지역, 건물구조 등이 일반적으로 유사하다고 인정되는 단독주택 중에서 선정한 표준주택에 대한 공시기준일의 적정가격으로서, 동법 제16조에 근거한다. 표준주택가격은 ① 개별주택가격을 산정하는 경우에 기준이 되며 ② 주택시장의 가격정보를 제공하고 ③ 과세행정의 기준으로 활용된다.

2) 평가방법 및 절차

표준주택가격은 인근 유사 단독주택의 거래가격, 임대료 및 주택의 건설에 필요한 비용추정액 등을 참작하여 산정하며, 지번, 가격, 대지면적, 형상, 용도, 연면적, 구조 및 사용승인일 등을 공시한다. 표준주택가격의 조사·산정은 한국부동산원이 수행하며, 중앙부동산가격공시위원회의 심의를 거쳐 매년 1월 말에 공시한다.

3. 양자의 비교

1) 같은 점

(1) 평가(산정)목적

표준지공시지가와 표준주택가격은 적정가격을 공시하여 적정한 가격형성과 조세·부담금 등의 형평성을 도모하고 국민경제의 발전에 기여하는 것을 목적으로 한다는 공통점이 있다.

(2) 평가(산정)기준

표준지공시지가와 표준주택가격은 통상적인 시장에서 정상적인 거래가 이루어지는 경우 성립될 가능성이 가장 높다고 인정되는 가격인 적정가격을 기준하며, 그 외에 실제 용도와 공법상 제한을 기준하고 사법상 제한을 배제한다는 점에서 공통점이 있다.

(3) 활용

표준지공시지가와 표준주택가격은 개별공시지가(개별주택가격) 산정의 기준이 되며, 부동산시장의 가격정보를 제공하고, 국가·지방자치단체의 과세업무에 활용된다는 공통점이 있다.

2) 다른 점

(1) 평가(산정)대상 및 평가(산정)주체

<표준지공시지가>는 토지를 대상으로 둘 이상의 감정평가법인 등이 수행하나, <표준주택가격>은 단독주택을 대상으로 한국부동산원에 의해 수행

된다는 <u>차이점이 있다</u>.

(2) 평가조건 및 건부감가 반영 여부

<표준지공시지가>는 건물이나 그 밖의 정착물을 배제하고 나지를 상정하여 평가하나, <표준주택가격>은 건물(단독주택)을 포함하여 일체의 가격으로 산정하며, 개량물 이용에 따른 건부감가를 반영한다는 <u>차이점이 있다</u>.

(3) 개발이익 반영 평가

<표준지공시지가>는 공시기준일 현재 현실화·구체화된 개발이익을 반영하여 평가하나, 표준주택가격은 별도의 규정이 없다는 <u>차이점이 있다</u>.

Ⅲ. 결어

표준지공시지가와 표준주택가격은 재산세 등 과세 목적에 활용된다는 점에서 동일하나, 평가(산정)주체 및 평가조건 등이 상이하여 과세기준의 일관성을 확보하기 어려우므로, 이에 대한 <u>제도개선</u>이 요구된다. <끝>

＊ 감정평가의 개념

▶ 기출문제 30회 4번

07 부동산 가격공시와 관련된 '조사·평가'와 '조사·산정'에 대해 비교·설명하시오. `10점`

논점분석

- **논제** : 감정평가의 기초 ▶ 감정평가의 개념 ▶ 기능 ▶ 정책적 기능 ▶ 표준지평가
- **유형** : 설명형(비교)

표준지 감정평가에 대한 비교·설명형 문제입니다. "부동산가격공시와 관련된"이라고 하였으므로, 「부동산가격공시에 관한 법률」상 토지에 대한 조사평가와 주택에 대한 조사산정을 비교하여 서술해야 합니다. 법조문을 기준으로 적용대상, 적용방법, 수행주체 등을 비교하시되, 공통점과 차이점으로 분류하여 서술해주시면 됩니다.

출제위원 채점평

본 문제는 조사·평가와 조사·산정을 비교하여 양자 간의 유사점과 차이점을 기술하고 나아가 전문성 판단기준이나 검증 등의 이슈까지 파악하고 있음을 보여줄 것을 요구하는 문제였습니다. 비교적 다루기 쉬운 문제임에도 시간적 배분이 안 되어 놓치거나 급히 답안을 작성한 수험생들이 일부 있었습니다.

예시목차

Ⅰ. 서설

Ⅱ. 부동산공시가격의 조사평가와 조사산정의 비교 (5)
    1. 부동산가격공시의 의의 및 필요성
    2. 부동산가격공시의 방법

    3. 조사평가와 조사산정의 비교
        1) 적용 대상의 차이점
        2) 수행 주체의 차이점
        3) 적용 방법의 공통점

문7 10점

Ⅰ. 서설

<u>1989년 제정된 (현행) 「부동산 가격공시에 관한 법률」은 부동산의 적정가격을 공시하여</u>
<u>부동산 시장의 안정, 조세·부담금의 형평성 및 국민경제 발전을 도모하기 위한</u> 제도이다.
2016년 법 개정을 통해 단독주택에 대한 가격공시가 감정평가법인 등에 의한 <u>조사·평가</u>
에서 한국부동산원에 의한 <u>조사·산정</u>으로 개정되었으므로, 양자의 차이점을 명확하게
구분하여 제도 운영의 적절성을 확보해야 할 것이다.

Ⅱ. 부동산공시가격의 조사평가와 조사산정의 비교

1. 부동산가격공시의 의의 및 필요성

<부동산 가격공시>란 「부동산 가격공시에 관한 법률」 등에 따라 토지 등 부동산의
적정가격을 공시하는 것을 말한다. 부동산 가격공시는 부동산의 적정한 가격형성
과 조세·부담금 등의 형평성을 도모하고 국민경제의 발전에 이바지하기 위해 필
요하다.

2. 부동산가격공시의 방법

부동산가격공시는 국토교통부장관에 의해 수행되나, ① 토지(표준지)는 감정평
가법인 등에게 의뢰하여 <u>조사·평가</u>하고 ② 단독주택(표준단독주택) 및 공동주
택은 한국부동산원에 의뢰하여 <u>조사·산정</u>한다.

3. 조사평가와 조사산정의 비교

1) 적용 대상의 차이점

<조사·평가>는 토지(표준지)를 대상으로 하나, <조사·산정>은 단독주택(표준단독주택) 및 공동주택을 대상으로 한다는 점에서 차이점이 있다.

2) 수행 주체의 차이점

<조사·평가>는 「감정평가 및 감정평가사에 관한 법률」에 따른 둘 이상의 감정평가 법인 등에 의한 복수평가로 수행되나, <조사·산정>은 한국부동산원에 의한 단수산정으로 수행된다는 점에서 차이점이 있다.

3) 적용 방법의 공통점

<조사·평가>와 <조사·산정> 모두 인근 유사 물건의 거래가격·임대료 및 해당 물건과 유사한 이용가치를 지닌다고 인정되는 물건의 조성에 필요한 비용추정액 등을 종합적으로 참작하여 이루어진다는 점에서 공통점이 있다(「부동산가격공시에 관한 법률」 제3조 제4항, 제16조 제5항, 제18조 제5항). <끝>

★ 감정평가의 개념

08 토지소유자 甲은 공익사업에 토지가 편입되어 보상액 통지를 받았다. 보상액이 낮다고 느낀 甲은 보상액 산정의 기준이 된 감정평가서 내용에 의문이 있어, 보상감정평가를 수행한 감정평가사 乙에게 다음과 같은 질의를 하였다. 이에 관하여 감정평가사 乙의 입장에서 답변을 논하시오. 30점

1) 감정평가서에는 공시지가기준법을 주방식으로 적용하여 대상 토지를 감정평가하였다고 기재되어 있다. 甲은 대상 토지의 개별공시지가가 비교표준지공시지가보다 높음에도 불구하고 개별공시지가를 기준으로 감정평가하지 않은 이유에 관하여 질의하였다. 15점

2) 甲은 비교표준지공시지가가 시장가격(거래가격)과 비교하여 낮은 수준임을 자료로 제시하면서, 거래사례비교법을 주방식으로 적용하지 않은 이유에 관한여 질의하였다. 15점

논점분석

- **논제** : ① 감정평가의 기초 ▶ 감정평가의 개념 ▶ 기능 ▶ 정책적 기능 ▶ 표준지평가
  ② 감정평가의 기초 ▶ 감정평가의 원칙절차 ▶ 주된 방법 원칙
- **유형** : 논술형(사례)
- **개념어** : 이유

보상 목적의 토지 평가와 관련된 사례 논술형 문제입니다. 물음1에서는 공시지가기준법 적용 시 표준지공시지가와 개별공시지가, 물음2에서는 주된 방법 적용 시 공시지가기준법과 거래사례비교법 중 어느 것을 기준해야 하는지 문제되고 있습니다. 각 물음의 결론은 표준지공시지가, 공시지가기준법으로 정해져 있는 만큼, 한계, 비교, 관계 등의 논리를 활용하여 결론을 도출하는 과정을 보여주는 것이 관건입니다.

예시목차

Ⅰ. 서론

Ⅱ. (물음1) 표준지공시지가를 기준한 이유 (7)

   1. 보상 목적의 토지 감정평가방법

      1) 보상감정평가의 의의

      2) 토지의 감정평가방법

   2. 표준지공시지가를 기준으로 감정평가 한 이유

      1) 표준지 및 개별공시지가의 의의

      2) 개별공시지가의 한계

         (1) 평가(산정)방법의 한계

         (2) 평가(산정)절차의 한계

         (3) 평가(산정)결과의 한계

      3) 소결 : 표준지공시지가를 기준한 이유

Ⅲ. (물음2) 공시지가기준법을 주방식으로 적용한 이유 (7)

   1. 감정평가방법 적용의 원칙

      1) 주된 평가방법의 적용

      2) 부방법의 적용 및 합리성 검토

   2. 공시지가기준법을 주방식으로 적용한 이유

      1) 거래사례비교법의 의의

      2) 거래사례비교법의 한계

         (1) 사정개입의 가능성

         (2) 가격편의의 가능성

         (3) 불추종 오류의 가능성

      3) 소결 : 공시지가기준법이 주방식인 이유

Ⅳ. 결론

문8 [30점]

Ⅰ. 서론

1989년 제정된 (현행) 「부동산 가격공시에 관한 법률」은 부동산의 적정가격을 공시하여 부동산 시장의 안정, 조세·부담금의 형평성 및 국민경제 발전을 도모하기 위한 제도이다. 표준지공시지가는 토지의 가격공시 및 조세·부담금의 산정 외에 토지 감정평가의 기준으로 활용되고 있다. 공시지가기준법은 표준지공시지가에 기반하여 거래사례비교법의 한계를 극복하기 위한 감정평가방법으로서, 각 방법의 특징과 장점에 대한 인식이 필요하다.

Ⅱ. [물음1] 표준지공시지가를 기준한 이유

1. 보상 목적의 토지 감정평가방법

1) 보상감정평가의 의의

<보상감정평가>란 「공익사업을 위한 토지 등의 취득 및 보상에 관한 법률」 등에 따라 공익사업을 목적으로 취득하는 토지에 대한 손실보상을 위한 감정평가를 말한다.

2) 토지의 감정평가방법

공익사업을 목적으로 취득하는 토지는 대상 토지와 유사한 이용가치를 지닌다고 인정되는 하나 이상의 표준지공시지가를 기준으로, 공시기준일부터 가격시점까지의 지가변동률 등, 그 밖에 토지의 위치, 형상, 환경, 이용상황 등을 고려하여 평가한 적정가격으로 감정평가한다(「공익사업을 위한 토지 등의 취득 및 보상에 관한 법률」 제70조 및 동법 시행규칙 제22조).

2. 표준지공시지가를 기준으로 감정평가 한 이유

1) 표준지 및 개별공시지가의 의의

<표준지공시지가>란 토지이용상황이나 주변 환경, 그 밖의 자연적·사회적 조건이 일반적으로 유사하다고 인정되는 토지 중에서 선정한 표준지에 대한 공시기준일의 단위면적당 적정가격을 말한다. <개별공시지가>란 개별토지와 유사한 표준지공시지가를 기준으로 토지가격 비준표를 활용하여 산정한 단위면적당 적정가격을 말한다(「부동산가격공시에 관한 법률」 제3조, 제10조).

2) 개별공시지가의 한계

(1) 평가(산정)방법의 한계

<표준지공시지가>는 거래가격, 임대료 및 조성비용 등을 종합적으로 참작하여 평가하나, <개별공시지가>는 표준지공시지가를 기준으로 토지가격 비준표를 적용하여 산정한다는 점에서 한계가 있다.

(2) 평가(산정)절차의 한계

<표준지공시지가>는 전문가로서 둘 이상의 감정평가법인 등이 조사사항 및 평가의견에 기초하여 결정하나, <개별공시지가>는 행정주체인 시장·군수 또는 구청장이 산정한다는 점에서 한계가 있다.

(3) 평가(산정)결과의 한계

<표준지공시지가>는 지방자치단체 등이 지가를 산정하거나 감정평가법인 등이 토지를 감정평가하는 기준으로 활용되나, <개별공시지가>는 세금

의 부과 등에 국한되어 활용된다는 한계가 있다.

3) 소결 : 표준지공시지가를 기준한 이유

표준지공시지가는 ① 평가방법 측면에서 가치의 3면성을 반영하고 있으며 ② 평가

절차 측면에서 감정평가사의 구체적인 조사 및 평가 의견에 근거하고 있기 때문에,

개별공시지가와 다르게 세금 부과 외 일반적인 토지 감정평가의 기준으로 <적합>하

다고 판단된다.

III. [물음2] 공시지가기준법을 주방식으로 적용한 이유

1. 감정평가방법 적용의 원칙

1) 주된 평가방법의 적용

「감정평가에 관한 규칙」 제12조는 감정평가방법의 적용 시 대상물건별로 정한 감정

평가방법을 적용하도록 규정하고 있다. 토지는 동 규칙 제14조에 근거하여 공시지

가기준법을 적용하여야 한다.

2) 부방법의 적용 및 합리성 검토

동 규칙 제12조는 ① 주된 방법을 적용하는 것이 곤란하거나 부적절한 경우 다른

감정평가방법을 적용할 수 있도록 규정하고 있고 ② 어느 하나의 감정평가방법을

적용하였다 하더라도 다른 감정평가방식에 속하는 하나 이상의 감정평가방법으로

산출한 시산가액과 비교하여 합리성을 검토하도록 규정하고 있다.

2. 공시지가기준법을 주방식으로 적용한 이유

1) 거래사례비교법의 의의

<거래사례비교법>이란 대상물건과 가치형성요인이 유사한 거래사례와 비교하여 사정보정, 시점수정, 가치형성요인 비교 등의 과정을 거쳐 대상물건의 가액을 산정하는 감정평가방법을 말한다.

2) 거래사례비교법의 한계

(1) 사정개입의 가능성

공시지가기준법과 거래사례비교법은 모두 시장성에 기반한 비교방식의 감정평가방법이다. 다만, 거래사례는 표준지공시지가와 달리 개별 거래주체의 합의만으로 성립한 주관적 성격의 가격으로, 개별적 사정이 반영되어 왜곡될 가능성이 있다는 한계가 있다.

(2) 가격편의의 가능성

표준지공시지가는 「표준지의 선정 및 관리지침」에 따라 지가의 대표성, 토지특성의 중용성을 기준으로 선정하며, 지역별로 고르게 분포하고 있다. 그러나 거래사례는 표준지공시지가와 달리 가격수준 및 사례분포에 있어 편차가 있을 수 있다는 한계가 있다.

(3) 불추종 오류의 가능성

표준지공시지가는 지역별로 고르게 분포하므로 비교표준지 선정에 있어 주관이 개입되기 어렵다. 그러나 거래사례비교법은 표준지공시지가와 달리 특정 거래사례의 선정에 따라 시산가액에 유의미한 격차가 발생할 수 있다는 한계가 있다.

3) 소결 : 공시지가기준법이 주방식인 이유

공시지가기준법은 ① 거래사례비교법과 달리 특정 거래사례에 의한 가격의 왜곡을 방지할 수 있으며 ② 지역, 용도별로 고르게 분포하여 비교기준의 주관성을 억제할 수 있으므로 주방식으로 <적정>하다고 판단된다.

Ⅳ. 결론

표준지공시지가를 기준으로 한 공시지가기준법은 거래사례비교법의 장점인 시장성과 실증성을 반영하면서, 동시에 비교방식의 한계인 비용성과 수익성을 고려한 감정평가방법이다. 따라서 토지 감정평가 시 공시지가기준법을 주된 방법으로 적용하되, 거래사례비교법 등 부방법으로 합리성을 검토하여 균형가격을 제시하도록 하고 있다. <끝>

감정평가의 개념　　　　　　　　　　▶ 기출문제 20회 4번

09　비주거용 부동산가격공시제도의 도입 필요성에 대하여 설명하시오.　10점

논점분석

- **논제** : 감정평가의 기초 ▶ 감정평가의 개념 ▶ 기능 ▶ 정책적 기능 ▶ 표준지평가
- **유형** : 설명형(기본)
- **개념어** : 필요성

비주거용 공시제도에 대한 기본 설명형 문제입니다. "필요성"을 물었으므로, 비주거용 부동산에 대한
일괄평가, 3방식평가가 이루어지고 있지 않은 현재의 문제점 개선에 초점을 맞추어 서술해주세요.

예시목차

Ⅰ. 서설

Ⅱ. 비주거용 부동산가격공시제도 (5)

　1. 공시제도의 의의 및 현황

　2. 비주거용 부동산의 의의 및 분류

　3. 제도도입 필요성

　　1) 일체 거래관행의 반영

　　2) 가치의 3면성 반영

　　3) 과세의 형평성

문9 `10점`

I. 서설

<u>1989년 제정된 (현행) 「부동산 가격공시에 관한 법률」은 부동산의 적정가격을 공시하여 부동산 시장의 안정, 조세·부담금의 형평성 및 국민경제 발전을 도모하기 위한 제도이다.</u>

2016년 법 개정을 통해 <u>비주거용 부동산</u>이 공시대상에 추가되었으나, 현재 임의조항으로 시행되고 있지 않다. 적정가격의 공시와 과세형평의 확보를 위해 비주거용 부동산가격공시가 조속히 시행되어야 할 것이다.

II. 비주거용 부동산가격공시제도

1. 공시제도의 의의 및 현황

<부동산가격공시제도>란 「부동산 가격공시에 관한 법률」 등에 따라 토지 등 부동산의 적정가격을 공시하는 것을 말한다. 용도별로 <주거용>의 경우 단독·공동주택은 일괄로 공시하나, <비주거용>은 토지·건물을 개별 공시하고 있다.

2. 비주거용 부동산의 의의 및 분류

<비주거용 부동산>이란 주택을 제외한 건축물이나 건축물과 그 토지의 전부 또는 일부를 말하며, 비주거용 집합부동산과 일반부동산으로 분류할 수 있다(「부동산가격공시에 관한 법률」 제2조).

3. 제도도입 필요성

1) 일체 거래관행의 반영

오피스텔 및 상업용건물을 제외한 비주거용 부동산은 토지·건물 일괄로 거래되는 부동산시장 관행에도 불구하고, 토지와 건물의 부동산가격을 별도로 공시하고 있어 실질 거래가격의 반영이 미흡하므로 <u>일괄평가에 의한 가격공시가 필요하다.</u>

2) 가치의 3면성 반영

비주거용 부동산의 대부분은 수익성 부동산임에도 불구하고, 수익성에 근거한 수익방식이 아닌 조사·산정된 개별 물건의 공시가격을 합산하는 원가방식으로 공시되고 있어 적정가격 반영에 미흡하므로 <u>전문가에 의한 3방식 적용이 필요하다.</u>

3) 과세의 형평성

비주거용 부동산은 주거용 부동산과 공시가격의 평가(산정)주체가 상이하고, 시가표준액 및 기준시가의 실거래가 반영률이 낮아 주거용 부동산과의 과세형평성의 문제가 발생하므로 <u>주거용 부동산 공시제도와 일원화가 필요하다.</u> <끝>

✱ 감정평가의 개념

10 관련 법령에 따라 '복수 감정평가'를 하는 공시지가평가, 보상평가, 재개발사업 종전자산평가의 경제적 가치 판정에 있어 유의할 점을 각각 쓰시오(단, 감정평가 대상물건은 토지에 한함). 20점

논점분석

- **논제** : 감정평가의 기초 ▶ 감정평가의 개념 ▶ 기능 ▶ 정책적 기능
- **유형** : 설명형(기본)
- **개념어** : 유의사항

목적별 감정평가에 대한 기본 설명형 문제입니다. 복수 감정평가를 하는 감정평가 업무만을 설명하는 것이기 때문에 각 감정평가에서 복수 감정평가를 하는 이유, 감정평가 결과가 달라지는 구체적인 이유를 중심으로 서술해주세요.

예시목차

Ⅰ. 서설

Ⅱ. 복수 감정평가 시 유의할 점 (10)

　1. 복수 감정평가의 의의

　2. 복수 감정평가의 활용

　　1) 공시지가평가

　　2) 보상평가

　　3) 종전자산평가

　3. 경제적 가치 판정 시 유의사항

　　1) 공시지가평가 시

　　　(1) 과세행정의 객관성

　　　(2) 조세·부담금의 형평성

　　2) 보상평가 시

　　　(1) 손실보상의 공정성

　　　(2) 공익사업의 효율성

　　3) 종전자산평가 시

　　　(1) 사업성(비례율) 분석의 공정성

　　　(2) 조합원별 상대적 균형

Ⅲ. 결어

문10 **20점**

Ⅰ. 서설

<감정평가>란 토지 등의 경제적 가치를 판정하여 그 결과를 가액으로 표시하는 활동이다.

감정평가는 국민의 재산권을 보호하고 시장 참여자의 의사결정을 지원하는 정책적·경제적 기능을 수행하므로 공정성과 객관성이 확보되어야 하며, 감정평가 주체의 주관성을 통제하고 객관성을 확보하기 위해 복수 감정평가를 활용할 수 있다.

Ⅱ. 복수 감정평가 시 유의할 점

1. 복수 감정평가의 의의

<복수 감정평가>란 둘 이상의 감정평가법인 등이 동일한 대상물건을 감정평가하는 것을 말한다. 복수 감정평가는 감정평가를 수행주체의 수를 기준으로 분류한 것으로 단수 감정평가와 대비된다.

2. 복수 감정평가의 활용

1) 공시지가평가

<공시지가평가>란 「부동산 가격공시에 관한 법률」 등에 따라 표준지 등 부동산의 적정가격을 공시하기 위한 감정평가를 말한다. 동법 제3조에 따라 국토교통부장관이 업무실적, 신인도 등을 고려하여 선정한 둘 이상의 감정평가법인 등이 수행한다.

2) 보상평가

<보상평가>란 「공익사업을 위한 토지 등의 취득 및 보상에 관한 법률」 등에 따라

공익사업을 목적으로 취득하는 토지에 대한 손실보상을 위한 감정평가를 말한다. 보

상평가는 동법 제68조에 따라 사업시행자, 시·도지사, 토지소유자가 추천한 둘 이

상의 감정평가법인 등이 수행한다.

3) 종전자산평가

<종전자산평가>란 「도시 및 주거환경정비법」에 따라 분양대상자별 종전

의 토지 또는 건축물에 대한 감정평가를 말한다. 종전자산평가는 동법 제74

조에 따라 사업시행자(조합), 시장·군수가 선정한 둘 이상의 감정평가법인 등

이 수행한다.

3. 경제적 가치 판정 시 유의할 점

1) 공시지가평가 시

(1) 과세행정의 객관성

공시지가는 재산세 등 과세 행정의 기초자료로 활용되므로 과세행정의 객관성을

확보하기 위해 복수 감정평가를 규정하고 있다. 감정평가 시 ① 적정가격

을 기준가치로 ② 실제 용도를 기준으로 평가함에 유의해야 한다.

(2) 조세·부담금의 형평성

공시지가는 조세·부담금의 형평성을 확보하기 위해 복수 감정평가를 규정하고

있다. 감정평가 시 ① 토지에 건물·정착물 또는 사법상의 권리가 없는 상

태로 평가하며 ② 현실화·구체화된 개발이익과 ③ 공법상 제한을 반영하

여 평가함에 유의해야 한다.

2) 보상평가 시

(1) 손실보상의 공정성

보상평가는 토지소유자 등 피수용자의 재산권에 대한 손실보상이 공정하게 이루어 질 수 있도록 사업시행자 외에 토지 소유자가 추천한 감정평가법인 등의 복수 감정평가를 규정하고 있다. 감정평가 시 ① 기준시점의 객관적 상황과 현실적인 이용상황을 기준으로 평가하며 ② 대상토지 및 소유권 외의 권리마다 개별로 감정평가함에 <u>유의해야 한다</u>.

(2) 공익사업의 효율성

보상평가는 공익사업의 효율적인 수행과 공공복리의 증진을 위해 복수 감정평가를 규정하고 있다. 감정평가 시 ① 해당 공익사업으로 인한 가격의 변동은 배제하고 평가하며 ② 건축물 등이 없는 상태를 상정하여 감정평가함에 <u>유의</u> <u>해야 한다</u>.

3) 종전자산평가 시

(1) 사업성(비례율) 분석의 공정성

종전자산평가는 정비사업의 사업성 분석의 기초자료로 활용되므로 복수 감정평가를 규정하고 있다. 감정평가 시 ① 사업시행인가고시가 있은 날의 현황을 기준으로 평가하되 ② 정비구역 지정에 따른 공법상 제한을 받지 않는 상태로 감정평가함에 <u>유의해야 한다</u>.

(2) 조합원별 상대적 균형

종전자산평가는 조합원별 조합출자 자산의 상대적 가치비율 산정의 기준이 되므로 복수 감정평가를 규정하고 있다. 감정평가 시 대상물건의 유형·위치·규모 등에 따라 감정평가액의 균형이 유지되어야 함에 <u>유의해야 한다</u>.

Ⅲ. 결어

복수 감정평가는 감정평가 시 주관의 개입을 통제하고 공정한 결과를 통해 이해관계를 조율할 수 있다는 장점이 있다. 그러나 <u>감정평가 절차와 비용이 중복될 수 있다는</u> 단점도 있으므로, 감정평가 목적을 고려하여 신중하게 적용해야 할 것이다.

<끝>

✱ 감정평가의 개념

11 정비사업은 도시환경을 개선하고 주거생활의 질을 높이는 것이 목적인데, 그중 주택재개발사업은 정비기반시설이 열악하고 노후 · 불량건축물이 밀집한 지역의 주거환경을 개선하기 위한 사업이다. 이에 관한 감정평가사의 역할이 중요한 바, 다음의 물음에 답하시오. 20점

(1) 주택재개발사업의 추진 단계별 목적에 따른 감정평가업무를 분류하고 설명하시오. 10점

(2) 종전자산(종전의 토지 또는 건축물)과 종후자산(분양예정인 대지 또는 건축물의 추산액)과의 관계를 설명하시오. 10점

논점분석

- **논제** : 감정평가의 기초 ▶ 감정평가의 개념 ▶ 기능 ▶ 정책적 기능 ▶ 도시정비평가
- **유형** : ① 설명형(기본) ② 설명형(관계)

정비사업과 관련된 감정평가사의 구체적 역할(업무/기능)을 묻는 기본 설명형 문제입니다. 물음1은 정비사업의 추진단계에 대해 서술한 후, 이를 기준으로 각 업무의 평가대상, 기준시점, 평가방법 등을 서술해주세요. 물음2는 관계 설명형 문제이므로, 비례율 산정의 기준이라는 양자의 관계를 명확히 제시하고, 권리가액, 분담금에 미치는 영향을 추가적으로 서술해주세요.

예시목차

Ⅰ. 서설

Ⅱ. (물음1) 주택재개발사업과 관련된 감정평가
　　　　　업무 (5)
　　1. 주택재개발사업의 의의
　　2. 주택재개발사업의 추진단계
　　3. 추진단계별 감정평가업무
　　　1) 사업시행인가 이전
　　　2) 관리처분계획인가 이전
　　　3) 관리처분계획인가 이후

Ⅲ. (물음2) 종전자산과 종후자산과의 관계 (5)
　　1. 종전 · 종후자산의 의의
　　2. 양자의 관계
　　　1) 비용과 수익의 관계
　　　2) 사업성 결정의 관계
　　　　(1) 종전 · 종후자산에 의한 비례율 산정
　　　　(2) 비례율에 따른 추가분담금 결정

Ⅳ. 결어

문11 20점

Ⅰ. 서설

감정평가는 국가의 정책적 필요와 시장의 경제적 필요에 의해 요구되며, 국민의 재산권을 보호하고 시장 참여자의 의사결정을 지원해야 한다. 주택재개발사업은 정비사업 중에서도 사업의 규모가 크고 다양한 이해관계가 반영되므로 공정한 감정평가가 필수적이다. 따라서 주택재개발사업의 추진단계별 감정평가사의 역할과 기능을 이해하고 공정하게 감정평가하여야 한다.

Ⅱ. [물음1] 주택재개발사업과 관련된 감정평가업무

1. 주택재개발사업의 의의

<주택재개발사업>은 정비기반시설이 열악하고 노후·불량건축물이 밀집한 지역에서 주거환경을 개선하기 위한 사업을 말하며, 「도시 및 주거환경정비법」에 근거한다.

2. 주택재개발사업의 추진단계

주택재개발사업은 ① 기본계획의 수립, ② 정비계획의 수립 및 정비구역의 지정, ③ 추진위원회 구성 및 조합 설립, ④ 사업시행인가, ⑤ 분양공고 및 분양신청, ⑥ 관리처분계획인가, ⑦ 철거 및 공사, ⑧ 소유권 이전 및 청산금 징수, ⑨ 조합 해산의 단계로 진행된다.

3. 추진단계별 감정평가업무

1) 사업시행인가 이전

사업시행인가 시 정비기반시설 및 토지 등의 귀속에 관한 사항을 확정하여야 한다.

<정비기반시설 무상 양·수도 감정평가>는 정비구역 안의 기반시설을 용도폐지하여 사업시행자에게 무상 양·수도 하기 위한 평가로서, <u>사업시행인가 예정고시일을 기준</u>으로 감정평가한다.

2) 관리처분계획인가 이전

사업시행자는 분양신청기간이 종료된 때에는 관리처분계획 인가를 득하여야 한다.

① 종전자산, ② 종후자산, ③ 국·공유재산, ④ 세입자 손실에 대한 감정평가가 이루어진다.

<종전자산 감정평가>란 조합원의 종전의 토지 또는 건축물에 대해 <u>사업시행인가 고시일을 기준</u>으로 감정평가하는 것이며, 정비구역의 지정에 따른 공법상 제한 및 용도지역의 변경은 고려하지 않고 감정평가한다.

<종후자산 감정평가>란 분양예정인 대지 또는 건축물의 가치를 <u>분양신청기간 만료일이나 의뢰인이 제시하는 날을 기준</u>으로 감정평가한다.

<국·공유재산 감정평가>는 정비구역 내 국·공유재산에 대해 <u>사업시행인가 고시일을 기준</u>으로 감정평가하는 것이며, 지목을 '대'로 변경하여 의뢰한 경우 조건부 평가한다.

<손실보상 감정평가>란 세입자의 권리(영업권 등)를 <u>협의 성립일을 기준으</u>로 감정평가한다.

3) 관리처분계획인가 이후

사업시행자는 분양신청을 하지 아니한 자, 분양신청기간 종료 이전에 분양신청을 철회한 자 또는 관리처분계획에 따라 분양대상에서 제외된 자에 대해서는 현금으로 청산하여야 한다. <현금청산 감정평가>란 분양대상이 아닌 자의 토지·건축물·권리에 대해 협의성립일(분양신청기간 종료일 다음 날부터 관리처분계획 인가·고시일 다음 날부터 90일 이내)을 기준으로 감정평가한다.

III. (물음2) 종전자산과 종후자산과의 관계

1. 종전·종후자산의 의의

<종전자산>이란 사업시행인가의 고시가 있은 날을 기준으로 한 종전의 토지 또는 건축물을 의미하며, 조합원별 조합출자 자산의 상대적 가치비율 산정의 기준이 된다.

<종후자산>이란 분양예정인 대지 또는 건축물을 의미하며, 대상물건의 유형, 위치, 규모 등에 따라 감정평가한다.

2. 양자의 관계

1) 비용과 수익의 관계

<종전자산>은 주택개발사업을 시행하기 위한 토지 매입의 기회비용에 해당하며, <종후자산>은 주택개발사업의 시행을 통한 분양 수익에 해당한다. 따라서 종전자산과 종후자산은 주택재개발사업에서 비용과 수익의 관계에 해당된다.

2) 사업성 결정의 관계

(1) 종전·종후자산에 의한 비례율 산정

<비례율>이란 종후자산 감정평가액에서 총 사업비를 제외한 금액을 종전자산 감정평가액으로 나누어 백분율로 환산한 값을 말한다. 비례율은 개발사업의 지분이익과 지분투자액의 비율로서, 주택재개발사업의 사업성을 의미한다.

(2) 비례율에 따른 추가분담금 결정

비례율은 주택재개발사업의 사업성으로 조합원 개인의 권리가액과 추가분담금에 영향을 미친다. <권리가액>은 종전자산의 감정평가액에 비례율을 곱한 것이며, 추후 조합원 분양가와 권리가액을 비교하여 <추가분담금(환급금)>이 결정된다.

Ⅳ. 결어

주택재개발사업은 공공성을 가지므로, 객관적이고 공정한 감정평가가 요구된다. 종전자산 감정평가액은 조합원의 권리가액 및 추가분담금에 영향을 미치지 않으므로, 감정평가 시 조합원별 가격균형을 유지하는 것이 중요하다. <끝>

✳ 감정평가의 개념

12 A토지는 OO재개발사업구역에 소재하고 있다. A토지에 대하여 재개발사업의 절차상 종전자산의 감정평가를 하는 경우와 손실보상(현금청산)을 위한 감정평가를 하는 경우에 다음의 물음에 답하시오. 20점

1) 각각의 감정평가에 있어 기준시점, 감정평가액의 성격 및 감정평가액 결정 시 고려할 점에 관하여 설명하시오. 10점

2) 각각의 감정평가에 있어 재개발사업으로 인한 개발이익의 반영여부에 관하여 설명하시오. 10점

논점분석

- **논제** : 감정평가의 기초 ▶ 감정평가의 개념 ▶ 기능 ▶ 정책적 기능 ▶ 도시정비평가 ▶ 종전자산, 손실보상
- **유형** : 설명형(기본)
- **개념어** : 특징, 고려사항

정비사업과 관련된 감정평가의 구체적 내용을 묻는 기본 설명형 문제입니다. 물음에서 제시한 사항을 순서대로 서술해주세요.

예시목차

Ⅰ. 서설

Ⅱ. (물음1) 종전자산 및 손실보상 감정평가 (5)

  1. 종전자산 감정평가

    1) 감정평가의 의의 및 기준시점

    2) 감정평가액의 성격 및 결정 시 고려사항

  2. 손실보상 감정평가

    1) 감정평가의 의의 및 기준시점

    2) 감정평가액의 성격 및 결정 시 고려사항

Ⅲ. (물음2) 도시정비평가에서의 개발이익 반영 (5)

  1. 개발이익의 의의

  2. 개발이익의 산정방법

  3. 각 감정평가에 있어 개발이익 반영여부

    1) 종전자산 : 현실화·구체화된 개발이익 반영

    2) 손실보상 : 개발이익 배제

Ⅳ. 결어

문12 20점

I. 서설

감정평가는 국가의 정책적 필요와 시장의 경제적 필요에 의해 요구되며, 국민의 재산권을 보호하고 시장 참여자의 의사결정을 지원해야 한다. 주택재개발사업은 정비사업 중에서도 사업의 규모가 크고 다양한 이해관계가 반영되므로 공정한 감정평가가 필수적이다. 특히 종전자산 및 손실보상 감정평가는 개발이익 배분과 재산권 보호를 위한 절차로서, 감정평가의 성격에 대한 이해가 필요하다.

II. (물음1) 종전자산 및 손실보상 감정평가

1. 종전자산 감정평가

1) 감정평가의 의의 및 기준시점

<종전자산 감정평가>란 「도시 및 주거환경정비법」에 따라 분양대상자별 종전의 토지 또는 건축물에 대한 감정평가를 말한다. 감정평가의 기준시점은 사업시행인가 고시일이다.

2) 감정평가액의 성격 및 결정 시 고려사항

종전자산 감정평가액은 조합원별 조합출자 자산의 상대적 가치비율 산정의 기준이 되므로, 대상물건의 유형, 위치, 규모 등에 따라 감정평가액의 균형이 유지되도록 해야 한다. 그 외에 정비구역 지정에 따른 공법상 제한을 받지 않는 상태로 감정평가하여야 한다.

2. 손실보상 감정평가

1) 감정평가의 의의 및 기준시점

<손실보상 감정평가>란 분양대상이 아닌 자의 토지, 건축물 등의 경제적 가치를 감정정평가하는 것을 말한다. <u>감정평가의 기준시점</u>은 협의 성립일이다.

2) 감정평가액의 성격 및 결정 시 고려사항

손실보상 감정평가액은 사업을 직접 시행하지 않는 비조합원의 자산 가치이므로, 사업진행에 따른 개발이익은 배제하고 감정평가하여야 한다. 「공익사업을 위한 토지 등의 취득 및 보상에 관한 법률」을 준용하여 정당한 보상액으로 감정평가한다.

Ⅲ. [물음2] 도시정비평가에서의 개발이익 반영

1. 개발이익의 의의

<개발이익>이란 ① 재개발사업의 계획 또는 시행의 공고, ② 사업의 시행에 따른 토지이용계획의 설정 또는 변경, ③ 사업의 착수 또는 준공까지 그 시행에 따른 가치의 증감분을 말한다.

2. 개발이익의 산정방법

개발이익은 사업의 시행 이후 준공까지의 주택가격 상승분에서 정상주택가격 상승분 및 개발비용을 공제한 금액으로 산정한다.

3. 각 감정평가에 있어 개발이익 반영여부

1) 종전자산 : 현실화·구체화된 개발이익 반영

도시정비사업은 토지 등 소유자 또는 조합이 시행하는 사업이다. 따라서 개발이익은 사업시행자인 토지소유자 또는 조합에 귀속되며, 사업시행인가 고시일까지 구체화·현실화된 개발이익은 반영하여 감정평가하여야 한다.

2) 손실보상 : 개발이익 배제

손실보상 감정평가는 재개발사업을 직접 시행하지 않는 비조합원의 자산에 대한 감정평가이므로, 사업진행에 따른 개발이익은 배제하고 감정평가하여야 한다.

IV. 결어

종전자산 및 손실보상 감정평가는 재개발사업의 원활한 진행을 위한 필수적인 감정평가 업무이다. 양자는 감정평가의 목적 및 용도에 따라 구체적인 감정평가의 기준과 방법이 상이하므로 차이점에 유의하여야 한다. <끝>

✱ 감정평가의 개념

13 재건축정비사업에 있어서 매도청구소송목적의 감정평가에 대해 설명하시오.
`10점`

논점분석

- **논제** : 감정평가의 기초 ▶ 감정평가의 개념 ▶ 기능 ▶ 정책적 기능 ▶ 도시정비평가 ▶ 매도청구소송
- **유형** : 설명형(기본)

정비사업과 관련된 감정평가의 구체적 내용을 묻는 기본 설명형 문제입니다. 매도청구소송의 기본적 내용을 간략히 서술한 후, 감정평가의 내용은 기본적 사항(평가대상, 기준시점, 평가방법 등)을 중심으로 서술해주세요.

출제위원 채점평

주택재건축정비사업에 있어서 매도청구소송목적의 감정평가에 대한 문제이다. 이는 도시정비사업의 일종인 재건축정비사업 및 그 과정에서 발생하는 여러 평가 중 매도청구소송목적의 감정평가에 대한 이해도를 묻는 문제이다. 이 문제 역시 수험생들이 <u>문제의 핵심보다는 일반적인 정비사업 및 재건축사업에 대해 서술하는 경우가 많았다.</u> 주어진 배점에 따른 제한된 지면을 고려하여 문제의 핵심이 어디에 있는지를 파악하여 답안을 서술하는 것이 필요한데, 부차적인 문제에 집중하여 논점을 놓쳐버리는 경우가 많았다. 하지만 다수의 수험생은 전체적인 맥락에서 해당 문제의 논점을 대체적으로는 파악하고 있었다고 보여진다. 다만, 좀 더 정확한 개념해설과 용어 선택이 필요해 보인다.

예시목차

문13 10점

Ⅰ. 서설

<주택재건축사업>이란 정비기반시설은 양호하나 노후·불량건축물에 해당하는 공동주택이 밀집한 지역에서 주거환경을 개선하기 위하여 시행하는 사업을 말한다. 주택재건축사업은 주택재개발사업과 달리 공익사업이 아닌 민간사업으로 분류되나, 사업의 원활한 시행을 위하여 사업 미동 의자에 대한 매도청구권을 부여하고 있다.

Ⅱ. 매도청구소송목적의 감정평가

1. 매도청구의 의의

<매도청구>란 주택재건축조합이 ① 주택재건축조합 설립에 동의하지 않은 자 또는 ② 사업시행구역 내 토지 또는 건축물만을 소유한 자를 상대로 사업시행구역 내 토지 또는 건축물의 소유권을 시가로 매도하도록 청구하는 것을 말하며, 「도시 및 주거환경 정비법」 제64조에 근거한다.

2. 매도청구소송의 의의

<매도청구소송>이란 주택재건축조합과 매도청구 당사자 사이의 매도청구금액에 대한 소송을 말하며, 매도청구권 행사에 따른 매매계약의 법적 성질에 따라 민사소송 또는 행정소송으로 해석할 수 있으나, 판례 및 실무상으로는 민사소송으로 다루고 있다.

3. 매도청구소송목적의 감정평가

1) 감정평가의 기본적 사항

<평가대상>은 조합 설립 미동의자의 자산이며, <기준시점>은 법원에서 제시하는 날을 기준하여 시가로 평가하나, 관련 법령에서 평가방법에 대한 별도의 규정이 미비하여 개발이익의 반영이 문제된다.

2) 현실화·구체화된 개발이익의 반영

<개발이익>이란 재건축사업으로 인하여 정상주택가격 상승분을 초과하여 귀속되는 주택가액의 증가분으로서, 판례는 기준시점에 현실화·구체화되지 않은 개발이익이나 조합원의 비용부담을 전제로 한 개발이익은 배제하도록 하고 있으므로, 감정평가 시 사업진행기간에 따른 개발이익의 반영정도를 고려한다. <끝>

＊ 감정평가의 개념

14 담보가치의 결정에서 고려해야 할 사항들에 대하여 설명하시오. `10점`

논점분석

- **논제** : 감정평가의 기초 ▶ 감정평가의 개념 ▶ 기능 ▶ 경제적 기능 ▶ 담보평가
- **유형** : 설명형(기본)
- **개념어** : 고려사항

담보평가에 대한 기본 설명형 문제입니다. 감정평가업무의 보편적 절차를 기준으로 풍부하게 목차화하는 것이 관건입니다.

예시목차

Ⅰ. 서설

Ⅱ. 담보가치 결정 시 고려사항 (5)

  1. 기본적 사항의 확정 시 고려사항

  2. 대상물건 확인 시 고려사항

  3. 가격형성요인 분석 시 고려사항

    1) 불법적·일시적 이용상황의 판단

    2) 담보물 처분을 통한 채권회수의 고려

  4. 그 외 고려사항

문14 `10점`

I. 서설

<담보평가>란 담보를 제공받고 대출 등을 하는 금융기관 등이 대출을 하거나 채무자가 대출을 받기 위하여 의뢰하는 담보물건에 대한 감정평가를 말한다. 담보평가는 의뢰와 수임, 평가절차와 평가방법에 있어 일반적인 감정평가와 차이점이 있으므로 감정평가 시 유의해야 한다.

II. 담보가치 결정 시 고려사항

1. 기본적 사항의 확정 시 고려사항

담보평가 수임 시 대상물건이 ① 행정재산 등 담보물로서 부적격하거나 ② 감정평가 관계법규 외 의뢰인과의 협약내용에 위배되는 경우에는 감정평가를 중지한다. 또한, 의뢰인이 조건부 감정평가를 요청한 경우에는 ① 조건의 합리성, 적법성 및 실현가능성을 검토하고 ② 의뢰인과의 협약내용을 준수하여 수행한다.

2. 대상물건 확인 시 고려사항

대상물건 확인 시 ① 현황과 공부가 현저하게 달라 대상물건의 동일성이 인정되기 어렵거나 ② 담보물 소유자 및 점유자 등 이해관계인이 감정평가를 거부 또는 방해하는 등 실질적으로 감정평가를 수행할 수 없는 경우 감정평가를 중지한다.

3. 가치형성요인의 분석 시 고려사항

1) 불법적·일시적 이용상황의 고려

대상물건이 불법적으로 이용되고 있어 합법적인 이용으로 전환하기가 사실상 곤란한 경우 감정평가를 중지할 수 있으며, 전환이 가능한 경우에는 전환에 수반되는 비용을 고려하여 평가한다. 또한, <u>일시적 이용</u>인 경우에는 최유효이용을 기준하여 평가하되, 최유효이용으로의 전환비용을 고려한다.

2) 담보물 처분을 통한 채권회수의 고려

수집된 자료를 분석할 때 <u>담보물의 처분을 통한 채권회수</u>를 감안하며, 매매사례뿐만 아니라 방매사례, 경매평가사례, 낙찰사례 등 <u>담보물의 처분사례</u>를 참고하여 보수적으로 판단하여야 한다.

4. 그 외 고려사항

담보평가는 담보물의 처분가치만을 고려하는 것이며, <u>채무자의 신용도</u> 등은 금융기관의 신용평가 등 별도의 절차 등을 통해 추가적으로 고려되므로 이를 고려하지 아니한다. <끝>

✱ 감정평가의 개념

15 담보평가를 수행함에 있어 감정평가의 기능과 관련하여 감정평가의 공정성과 독립성이 필요한 이유를 설명하고, 감정평가의 공정성과 독립성을 확보할 수 있는 수단 3개를 제시하시오. [10점]

논점분석

- **논제** : 감정평가의 기초 ▶ 감정평가의 개념 ▶ 기능 ▶ 경제적 기능 ▶ 담보평가
- **유형** : ① 설명형(관련) ② 논술형(기본)
- **개념어** : 이유

담보평가에 대한 관련 설명형 문제입니다. 감정평가의 경제적 기능을 우선 서술해주신 후, 이를 담보평가와 연결시켜 서술해주세요. 공정성과 독립성 확보수단은 "제시하라"는 문맥에 맞게, 이미 제도화된 방안은 물론 제도화 필요성이 있는 방안까지 다양하게 제안해주시면 됩니다.

예시목차

Ⅰ. 서설

Ⅱ. 담보평가의 공정성과 독립성 (3)

    1. 담보평가의 의의 및 경제적 기능

    2. 담보평가 시 공정성과 독립성이 필요한 이유

        1) 적정 대출금액의 판단

        2) 채권자의 금융위험 관리

Ⅲ. 감정평가의 공정성과 독립성 확보수단 (2)

    1. 감정평가 심사의 강화, 감정평가 검토의 활성화

    2. 감정평가 의뢰와 수임의 분리

문15 10점

Ⅰ. 서설

감정평가는 국가의 정책적 필요와 시장의 경제적 필요에 의해 요구되며, 국민의 재산권을 보호하고 시장 참여자의 의사결정을 지원해야 한다. 이 중 담보평가는 부동산 담보대출에 있어 채권자 및 채무자의 의사결정을 지원하므로, 금융시장의 안정과 금융소비자의 보호를 위해 독립적인 위치에서 공정하게 이루어져야 할 것이다.

Ⅱ. 담보평가의 공정성과 독립성

1. 담보평가의 의의 및 경제적 기능

<담보평가>란 담보를 제공받고 대출 등을 하는 금융기관 등이 대출을 하거나 채무자가 대출을 받기 위하여 의뢰하는 담보물건에 대한 감정평가를 말한다. 담보평가의 경제적 기능은 금융기관 등이 채권을 안전하게 회수할 수 있도록 담보가치에 대한 정보를 제공하고 대출 의사결정을 지원하는 것이다.

2. 담보평가 시 공정성과 독립성이 필요한 이유

1) 적정 대출금액의 판단

대출금액은 담보평가에 의한 담보물건의 감정평가액에 기초하여 산정되므로, 적정한 감정평가액이 전제되어야 한다. 따라서 담보평가 시 채무자 또는 대출 담당자의 유도 또는 요구에 따르지 않도록 공정성과 독립성이 필요하다.

2) 채권자의 금융위험 관리

금융기관 등의 담보대출은 예ㆍ적금 등 국민의 금융자산을 재원으로 이루어지므로 채권의 안전한 회수가 전제되어야 한다. 담보평가는 담보물건의 처분가치에 대한 객관적 정보에 기초하여 금융위험을 관리할 수 있도록 공정성과 독립성이 필요하다.

Ⅲ. 감정평가의 공정성과 독립성 확보수단

1. 감정평가 심사의 강화, 감정평가 검토의 활성화

<감정평가 심사>란 감정평가서를 의뢰인에게 발급하기 전에 감정평가의 적정성을 같은 법인 소속의 다른 감정평가사가 심사하고 서명과 날인을 하는 것을 말하며, <감정평가 검토>란 발급된 감정평가서의 적정성을 별도의 감정평가법인 등에서 검토하는 것을 말한다. 감정평가 심사를 강화하고 검토를 활성화하여 감정평가의 공정성과 독립성 확보에 기여할 수 있다.

2. 감정평가 의뢰와 수임의 분리

감정평가의 공정성을 확보하기 위해 의뢰인으로부터의 독립성이 요구된다. 따라서 한국감정평가사협회 등 독립적 기관을 활용하여 감정평가 의뢰와 수임을 분리한다면 감정평가의 공정성과 독립성 확보에 기여할 수 있다. <끝>

✱ 감정평가의 개념

16 감정평가목적에 따라 감정평가금액의 격차가 큰 경우가 있다. 다음 물음에 답하시오.
30점

  1) 보상·경매·담보평가의 평가방법을 약술하고, 동일한 물건이 평가목적에 따라 평가금액의 격차가 큰 사례 5가지를 제시하고 그 이유를 설명하시오. 20점

  2) 주거용 건물을 신축하기 위해 건축허가를 득하여 도로를 개설하고 입목을 벌채 중인 임야를 평가하고자 한다. 개발 중인 토지의 평가방식에는 공제방식과 가산방식이 있다. 공제방식은 개발 후 대지가격에서 개발에 소요되는 제반비용을 공제하는 방식이고, 가산방식은 소지가격에 개발에 소요되는 비용을 가산하여 평가하는 방식이다. 두 가지 방식에 따른 감정평가금액의 격차가 클 경우 보상평가, 경매평가, 담보평가에서 각각 어떻게 평가하는 것이 더 적절한지 설명하시오. 10점

논점분석

- **논제** : 감정평가의 기초 ▶ 감정평가의 개념 ▶ 기능
- **유형** : ① 설명형(기본) ② 설명형(사례)
- **개념어** : 이유

목적별 평가에 대한 기본/사례 설명형 문제입니다. 물음1은 기본 설명형 문제이므로 문제에서 제시하고 있는 순서대로 서술해주세요. 물음2는 사례형 문제인 만큼 평가목적에 따라 두 가지 방식 중 어떤 방식이 더 타당한지 명확한 결론을 제시해주세요.

출제위원 채점평

감정평가 목적에 따라 감정평가 대상에 대한 고려해야 할 것과 가격 격차가 클 경우 평가방법에 대해 물었다. 대다수의 수험생들이 보상평가, 경매평가, 담보평가의 내용을 잘 숙지하고 이를 잘 기술하였으나 일부는 단순한 암기 항목을 나열하거나, 동일한 대상에 대한 감정평가금액의 격차와 감정평가 목적에 따라 그 대상 자체가 달라지는 것에 대한 혼동도 다수 있었다.
공제방식과 가산방식에 대해서는 전반적으로 높은 이해도를 보이고 있었으나, 보상평가에서 당해 사업으로 인한 개발이익의 배제 여부의 검토가 미진한 부분은 제한된 시간 때문인 것으로 생각은 되나 다소 아쉬움으로 남는다.

예시목차

문16 `30점`

Ⅰ. 서설

감정평가는 가격이 아닌 가치를 추정하는 것으로서, 가치의 추정에는 일련의 가정으로서 가치기준이 필요하다. 「감정평가에 관한 규칙」 제5조에서는 감정평가 시 일반적인 가치기준으로 시장가치를 규정하고 있으나, 보상·경매·담보평가 등 평가목적에 따라 시장가치 외의 가치를 적용할 수 있다. 동일한 대상물건이라 하더라도 평가목적·기준가치·감정평가방법에 따라 감정평가금액이 달라질 수 있으므로 차이점에 유의해야 한다.

Ⅱ. [물음1] 목적별 감정평가

1. 목적별 감정평가방법

1) 보상평가

(1) 의의

<보상평가>란 「공익사업을 위한 토지 등의 취득 및 보상에 관한 법률」 등에 따라 공익사업을 목적으로 취득하는 토지에 대한 손실보상을 위한 감정평가를 말한다.

(2) 감정평가방법

보상평가는 ① 기준시점에서의 일반적 이용방법에 따른 객관적 상황과 ② 현실적인 이용상황을 기준하며 ③ 대상 토지 및 소유권 외의 권리마다 개별로 감정평가한다. 또한 ④ 건축물 등이 없는 상태를 상정하여 평가하며 ⑤ 해당 공익사업으로 인한 가격의 변동은 배제하여 평가함을 원칙으로 한다.

2) 경매평가

(1) 의의

<경매평가>란 경매사건의 관할 법원이 경매의 대상이 되는 물건의 경매에서 최저 매각가격을 결정하기 위해 의뢰하는 감정평가를 말한다.

(2) 감정평가방법

경매평가는 감정평가 관계 법령과 일반 감정평가이론에 근거하여 객관적으로 감정평가하되, 평가명령에 조건이 부여된 경우에는 조건에 부합하도록 평가하며, 법률적 판단이 필요하거나 사실관계에 관한 의문이 있는 경우 법원의 지시에 따른다.

3) 담보평가

(1) 의의

<담보평가>란 담보를 제공받고 대출 등을 하는 금융기관 등이 대출을 하거나 채무자가 대출을 받기 위하여 의뢰하는 담보물건에 대한 감정평가를 말한다.

(2) 감정평가방법

담보평가는 금융기관 등이 보유한 채권의 회수가능가치를 파악하는 것을 목적하므로 ① 대상 부동산에 대한 확인주의, ② 물적 상태 확정에 있어서 현황주의, ③ 감정평가액 결정 시 처분주의와 보수주의, ④ 업무 수행에 있어서 준칙주의에 입각하여야 한다.

2. 목적별 평가액의 차이발생 사례 및 이유

1) 공익사업지구 내 토지

「공익사업을 위한 토지 등의 취득 및 보상에 관한 법률」상 공익사업지구 내 토지의 경우 당해 사업으로 인한 개발이익의 반영이 문제된다. <보상평가>에서는 개발이익을 배제하여 평가하나, <경매평가>에서는 현실화된 개발이익을 반영하여 평가한다. <담보평가>에서는 개발이익을 반영하되 처분주의·보수주의에 입각하여 공익사업의 시행단계에 따른 채권확보에 유의한다.

2) 공법상 제한 토지

도시계획시설과 같은 공법상 제한이 있는 토지의 경우 토지이용상의 제약이 문제된다. <경매평가> 및 <담보평가>에서는 감가하여 감정평가하거나 감정평가 제외하나, <보상평가>에서는 일반적 제한인 경우에만 감가하여 평가한다.

3) 사법상 제한 토지

지상권 설정과 같은 사법상 권리가 설정된 토지의 경우 토지이용상의 제약이 문제된다. <보상평가>에서는 건축물 등이 없는 상태를 상정하여 평가하므로 지상권이 설정되지 않은 상태로 평가하나, <경매평가> 및 <담보평가>에서는 지상권 설정으로 인한 토지이용상의 제약을 반영하여 평가한다.

4) 도로부지

도로로 이용되고 있는 토지의 경우 환가성 제약이 문제된다. <보상평가>에서는 당해 도로부지가 도로로 이용되지 아니하였을 경우에 예상되는 표준적인 이용상황을 기준으로 일정 비율(1/3 또는1/5)로 평가하나, <경매평가>에서는 인접 토지와의 관계, 용도의 제한이나 거래제한 등을 감안하여 평가한다. <담보평가>에서는 처분주의·보수주의에 입각하여 감정평가 제외하나, 의뢰인과의 협약에 유의한다.

5) 제시외 건물

<제시외 건물>이란 의뢰인이 의뢰하지 않은 건물·구축물로서 평가대상 여부가 문제된다. <보상평가>에서는 사업시행자와의 협의를 통해 평가대상 여부를 확정하되 이전 가능성을 고려하여 평가한다. <경매평가>에서는 제시외 건물을 원칙적으로 별도로 평가한다. <담보평가>는 보수적인 관점에서 타인 소유로 판단하고 감정평가 제외한다.

Ⅲ. [물음2] 개발 중인 토지의 감정평가목적별 평가방법

1. 공제·가산방식의 비교

<공제방식>은 대상 토지에 대한 개발행위의 완성을 전제하고 있으므로 미래 지향적이고 수요자 중심인 평가방법이다. 반면, <가산방식>은 과거시점에 투입된 비용에 기초하므로 과거 지향적이고 공급자 중심인 평가방법이다.

2. 감정평가목적별 평가방법

1) 보상평가 시 평가방법

보상평가 시 대상물건의 개발행위의 제한 또는 중단을 고려하여야 하므로, 개발행위에 의한 가치 증가가 반영되지 않은 <가산방식>을 채택해야 할 것으로 판단된다.

2) 경매평가 시 평가방법

경매평가 시 대상물건의 시장성을 고려해야 하므로, 개발행위의 난이도 및 성숙도에 따라 <공제방식> 또는 <가산방식>을 채택할 수 있을 것으로 판단된다.

3) 담보평가 시 평가방법

담보평가 시 보수주의에 의거해야 하므로, 미래시점의 개발 후 토지가격을 기준하는 공제방식보다는 과거시점에 투입된 소지취득비, 입목벌채비 등이 가산된 <가산방식>을 채택해야 할 것으로 판단된다.

Ⅳ. 결어

감정평가는 손실보상, 공평과세 등 정책적 목표를 충족시키기 위한 기능과 채권회수, 투자 의사결정 등 경제적 목표를 충족시키기 위한 기능을 수행한다. 감정평가 시 의뢰인의 목적에 부합하는 결과를 제시하기 위해 평가조건 및 평가방법이 달라질 수 있으며, 그에 따라 감정평가액의 차이가 발생할 수 있다. 감정평가 시 평가목적과 평가방법을 명시적으로 표기하고 의뢰인의 혼란이 없도록 하여야 한다. <끝>

❋ 감정평가의 개념

17 공동주택 분양가상한제를 설명하고, 이 제도와 관련된 감정평가사의 역할에 대하여 논하시오. `20점`

논점분석

- **논제** : 감정평가의 기초 ▶ 감정평가의 개념 ▶ 기능 ▶ 택지비평가
- **유형** : 설명형(기본), 논술형(기본)
- **개념어** : 역할

특정 부동산 제도와 관련된 감정평가사의 역할을 묻는 기본 논술형 문제입니다. 제도의 내용은 필요성, 대상, 주체, 방법, 절차, 목적, 한계 등 일반적 목차를 활용해 서술해주시고, "**역할**"은 제도와 관련된 실무적·구체적 역할을 우선적으로 서술하신 후 정책적·추상적 기능으로 확장하면서 서술해주세요.

예시목차

Ⅰ. 서설

Ⅱ. 공동주택 분양가상한제 (5)
1. 분양가상한제의 의의
2. 분양가상한제의 도입취지
3. 분양가상한제의 적용대상
4. 상한분양가 산정방법
   1) 개요
   2) 택지비 및 건축비의 산정

Ⅲ. 분양가상한제에서 감정평가사의 역할 (5)
1. 택지비의 감정평가
   1) 적용 개요
   2) 감정평가의 방법
2. 택지비 감정평가의 정책적 기능
   1) 적정 분양가 제시 및 가격정보의 제공
   2) 주택가격 안정 및 주거 기본권 확대

Ⅳ. 결어

문17 20점

I. 서설

감정평가는 국가의 정책적 필요와 시장의 경제적 필요에 의해 요구되며, 국민의 재산권을 보호하고 시장 참여자의 의사결정을 지원해야 한다. 주택은 사유재산이면서 국민의 주거 기본권을 실현하기 위한 공공재의 성격을 갖고 있으며, 정부는 분양가 상승 등 시장실패를 보완하기 위해 공동주택 분양가상한제를 시행하고 있다. 감정평가사는 택지비 감정평가를 통해 적정한 상한 분양가를 결정할 수 있도록 지원하고 있다.

II. 공동주택 분양가상한제

1. 분양가상한제의 의의

<공동주택 분양가상한제>란 「주택법」에 따라 사업주체가 일반인들에게 공급하는 공동주택 중 공공택지 또는 특정 지역에서 공급하는 주택에 대하여 동법에서 규정한 분양가격 이하로 공급하도록 규정한 제도를 말한다.

2. 분양가상한제의 도입취지

공동주택 분양가상한제의 도입취지는 주택가격의 상승기에 주택 분양가를 안정시키고, 저소득층의 주택구입 기회를 확대하며, 주택시장을 안정시키기 위한 것이다.

3. 분양가상한제의 적용대상

분양가상한제의 적용대상은 ① 공공택지, ② 공공택지 외 주택가격 상승 우려가 있는 지역에서 공급하는 주택이며, 적용 제외대상은 ① 도시형 생활주택, ② 외

자유치 촉진과 관련된 경제자유구역 내 공동주택, ③ 관광특구 내 일정 규모 이상의 공동주택이다.

4. 상한분양가 산정방법

1) 개요

상한분양가는 택지비와 건축비로 구성된다. <택지비>는 공공택지와 공공택지 외의 경우 별도로 산정하고, <건축비>는 국토교통부장관이 고시하는 건축비에 일부 금액을 가산하여 산정한다.

2) 택지비 및 건축비의 산정

<공공택지>의 경우 해당 택지의 공급가격에 공사비, 필요경비, 기간이자 등을 가산하여 산정한다. <공공택지 외>에는 감정평가금액을 기준으로 산정한다. <건축비>는 기본형건축비에 구조별 추가비용, 기간이자 등을 가산하여 결정한다.

III. 분양가상한제에서 감정평가사의 역할

1. 택지비의 감정평가

(1) 적용 개요

감정평가사는 공공택지 외에서 공급하는 공동주택의 상한분양가 산정 시 <택지비 감정평가>를 수행한다. <u>의뢰인</u>은 사업주체로서 입주자모집공고 전 시·군·구청장을 통해 감정평가를 의뢰하며, <u>복수의 감정평가법인 등</u>의 감정평가액을 산술평균하여 택지비를 결정한다.

(2) 감정평가의 방법

감정평가의 ① 기준시점은 사업주체가 택지가격의 감정평가를 신청한 날이며 ② 평가조건은 택지조성이 완료된 상태(대지)를 상정하여 조건부 감정평가한다. ③ 감정평가방법은 토지의 감정평가로서 「감정평가에 관한 규칙」 제14조에 근거하여 공시지가기준법을 적용한다.

2. 택지비 감정평가의 정책적 기능

1) 적정 분양가 제시 및 가격정보의 제공

감정평가사는 택지비의 감정평가를 통해 공동주택의 적정 분양가를 제시한다. 상한분양가는 비용성의 관점에서 토지 취득비용 및 건물 개발비용의 합계로 결정된 적산가액으로, 수분양자에게 객관적이고 실증적인 가격정보를 제공할 수 있다.

2) 주택가격 안정 및 주거 기본권 확대

택지비의 감정평가를 통해 상한분양가가 결정되면, 신규 공급되는 아파트의 가격을 적정하게 유지할 수 있다. 이로 인해 주택시장의 가격안정과 국민의 주거 기본권을 확대하는 등 정책적 목적 달성에 기여할 수 있다.

Ⅳ. 결어

공동주택 분양가상한제는 주택분양가 안정, 저소득층 주택구입 기회 확대, 주택시장 안정 등의 제도적 장점에도 불구하고, 건축비를 통제하여 주택의 질을 저하시키고, 분양으로 인한 시세 차익을 통해 부동산투기를 조장하며, 주거 형평성을 악화시킨다는 한계도 지적되고 있다. 정부의 신중한 시장개입이 요청된다. <끝>

✳ **감정평가의 개념**

18 국토해양부의 부동산 실거래가 자료축적의 의의와 한계극복을 위한 감정평가사의 역할
에 대해서 설명하시오. 10점

논점분석

- **논제** : 감정평가의 기초 ▶ 감정평가의 개념 ▶ 기능 ▶ 실거래가 자료축적
- **유형** : 설명형(기본)
- **개념어** : 의의, 역할

특정 부동산 제도와 관련된 감정평가사의 역할을 묻는 기본 설명형 문제입니다. 제도의 "<u>의의</u>"는 정의
나 내용에 대한 서술 이상으로 시장에서의 기능까지 서술해주시고, "<u>역할</u>"은 구체적인 업무의 내용에
서 정책적 기능으로 확대하면서 서술해주세요.

출제위원 채점평

감정평가이론 4번 문제는 국토해양부의 부동산실거래가 자료축적의 의의와 한계극복을 위한 감
정평가사의 역할에 대한 질문으로서, 비교적 실무적이면서도 수험자의 답안 작성에 용이한 구성
으로 만들어진 질문이다. 부동산실거래가의 의의, 자료축적의 과정과 현재의 현황 그리고 부동
산실거래가 제도의 향후 발전가능성과 감정평가사의 역할 등을 중점으로 비교적 우수하게 작성
된 답안이 타 문항에 비해 다수 있었다.

예시목차

Ⅰ. 서설

**Ⅱ. 실거래가 자료 축적 및 감정평가사의
역할 (5)**

   1. 실거래가 자료 축적의 의의

     1) 시장참여자의 거래 참고자료

     2) 부동산시장의 정보 투명성 제고

  2. 실거래가 자료의 한계

  3. 한계극복을 위한 감정평가사의 역할

     1) 3방식 병용 및 시산가액 조정

     2) 자료의 검증 및 조정 실거래가 산정

문18 10점

I. 서설

부동산은 물리적 특성으로 인하여 균형가격의 성립이 어려우므로, 시장의 불완전성을 보완할 수 있는 균형가치의 지적이 필요하다. 2006년 「부동산 거래신고에 관한 법률」이 제정으로 실거래가격 신고제도가 도입되며 부동산 시장의 투명성이 획기적으로 개선되었으나, 실거래가의 양적·질적 한계를 보완하기 위해서는 감정평가사의 역할이 필요하다.

II. 실거래가 자료 축적 및 감정평가사의 역할

1. 실거래가 자료 축적의 의의

1) 시장참여자의 거래 참고자료

부동산 실거래가 자료는 부동산시장의 수요·공급자 등 시장참여자가 부동산 거래를 위한 참고자료로 활용할 수 있다. 그 외 학술적·정책적으로도 활용될 수 있다.

2) 부동산시장의 정보 투명성 제고

부동산은 개별성, 고가성으로 인해 거래정보의 공개가 제한적이었으며, 부동산시장의 효율성을 저해하였다. 부동산 실거래가 자료의 축적을 통해 부동산시장의 투명성과 효율성을 제고할 수 있을 것으로 판단된다.

2. 실거래가 자료의 한계

실거래가격은 <양적 측면>에서 부동산 거래가 활발하지 않은 비도시지역이나 특수목적 부동산 등에 대한 사례의 확보가 어렵다. 또한, <질적 측면>에서 거래당사자, 거래동기, 거래조건 등에 개별적·구체적 사정이 개입될 수 있어 추상적, 일반적 기준가치로 활용되기에는 한계가 있다.

3. 한계극복을 위한 감정평가사의 역할

1) 3방식 병용 및 시산가액 조정

감정평가사는 <u>실거래가</u>에 의한 비교방식 외에도 원가방식, 수익방식의 평가방법을 병용하여야 하며, 비준가액의 합리성이 인정되지 않을 경우, 대상물건의 비용성과 수익성에 기초하여 이를 조정하여야 한다.

2) 자료의 검증 및 조정 실거래가 산정

감정평가사는 신고된 <u>실거래가</u>에 대해 거래주체, 거래동기, 거래상황, 거래조건, 시장 상황 등에 근거해 검증업무를 수행할 수 있다. 더 나아가, 미국과 같이 감정평가사에 의한 <u>실거래가</u>의 검증을 제도화하여 조정 실거래가를 산정할 수 있다. <끝>

✱ 감정평가의 개념

▶ 기출문제 25회 4번

19 정부에서 추진 중인 상가권리금 보호방안이 제도화될 경우 권리금 감정평가업무에 변화가 나타날 것으로 예상된다. 이에 관한 상가권리금에 대해 설명하시오. `10점`

논점분석

- **논제** : 감정평가의 기초 ▶ 감정평가의 개념 ▶ 기능 ▶ 상가권리금 감정평가
- **유형** : 설명형(기본)

상가권리금 감정평가에 대한 기본 설명형 문제이나, 권리금 보호방안 제도화, 감정평가업무의 변화라는 전제에 유의하여야 합니다. 상가권리금의 일반사항에 대해 서술하시되, 제도 및 업무변화에 대해서도 균형 있게 서술해주세요.

출제위원 채점평

문제4는 최근 공론화되고 있는 상가권리금에 대한 충분한 이해를 바탕으로 향후 법제화를 상정하여 감정평가영역에 미칠 영향을 기술하도록 요구되는 지문이었다. 하지만 대부분의 수험생들이 권리금의 정의와 종류의 기술에 그치는 경우가 많았으며 권리금에 대한 이해도 깊지 못한 것으로 평가된다. 업무영역의 확대나 새로운 감정평가기법의 도입 등을 충실하게 기술한 답안은 매우 적었다.

예시목차

Ⅰ. 서설

Ⅱ. 상가권리금의 감정평가 (5)
   1. 상가권리금의 의의
   2. 상가권리금 보호방안 도입배경

   3. 권리금 감정평가업무의 변화
      1) 권리금 감정평가방법 제정
      2) 감정평가 실무기준 및 심사기준 제정
      3) 업무영역 확대 및 국민 재산권 보호

문19 10점

I. 서설

감정평가는 국가의 정책적 필요와 시장의 경제적 필요에 의해 요구되며, 국민의 재산권을 보호하고 시장 참여자의 의사결정을 지원해야 한다. 상가권리금은 임대차 관행에 따라 거래가 공개되지 않아 재산권 보호에 한계가 있었으나, 정부의 보호방안 제도화에 따라 양성화가 예상된다. 향후 상가 권리금의 거래 및 분쟁에 있어 적정한 상가권리금에 대한 감정평가 수요가 예상되므로 이에 대한 대비가 필요하다.

II. 상가권리금의 감정평가

1. 상가권리금의 의의

<권리금>이란 임대차 목적물인 상가건물에서 영업을 하는 자 또는 영업을 하려는 자가 영업시설·비품, 거래처, 신용, 영업상의 노하우, 상가건물의 위치에 따른 영업상의 이점 등 유·무형의 재산적 가치의 양도 또는 이용대가로서 임대인, 임차인에게 보증금과 차임 이외에 지급하는 금전 등의 대가를 말한다.

2. 상가권리금 보호방안 도입배경

상가권리금은 임대차 관행을 통해 거래되어 왔으나, 명확한 법적 정의와 규정 없이 일부 세법 및 판례에 의해서 간접적으로 인정되어 왔다. 정부는 상가권리금의 보호를 위해 「상가건물임대차보호법」을 개정하여 회수기회 보호를 명문화하였고, 거래질서 확립을 위해 「감정평가 실무기준」을 통해 권리금 평가방법을 규정하였다.

3. 권리금 감정평가업무의 변화

1) 권리금 감정평가방법 제정

권리금은 유·무형 재산마다 <u>개별로 감정평가</u>하는 것을 원칙으로 하며, 일괄하여 감정평가할 경우 합리적인 배분기준에 따라 유·무형 재산에 배분한다. <u>유형재산</u>은 원가법을 적용하나, 부방법으로 거래사례비교법을 적용할 수 있다. <u>무형재산</u>은 수익 환원법을 적용하나, 부방법으로 거래사례비교법이나 원가법을 적용할 수 있다.

2) 감정평가 실무기준 및 심사기준 제정

「감정평가 실무기준」에서 권리금 감정평가방법을 규정하고 있으나, 규정의 포괄성으로 인해 실무적으로 한계가 있다. 따라서 세부적인 평가지침, 사례 연구, 표준감정평가서, 심사기준 등 실무적 통일성을 확보할 수 있는 방안이 강구될 것이다.

3) 업무영역 확대 및 국민 재산권 보호

권리금 감정평가에 따라 소송뿐만 아니라, 권리금 투자 타당성 등 컨설팅 목적의 감정평가 수요도 증가할 것으로 판단된다. 또한, 지속적인 권리금 감정평가에 의해 시장의 투명성을 개선하고 국민의 재산권 보호에 기여할 수 있을 것이다. <끝>

★ 감정평가의 개념

▶기출문제 19회 2번

20 부동산가격지수와 관련하여, 다음을 설명하시오. 20점

1) 부동산가격지수의 필요성과 기능을 설명하시오. 10점

2) 부동산가격지수를 산정하는 데 사용되는 대표적인 계량모형인 특성가격모형(Hedonic Price Model)과 반복매매모형(Repeat Sale Model)의 원리와 각각의 장·단점을 설명하시오. 10점

논점분석

- **논제** : 감정평가의 기초 ▶ 감정평가의 개념 ▶ 기능 ▶ 부동산가격지수
- **유형** : 설명형(기본)
- **개념어** : 필요성, 기능

특정 제도에 대한 기본 설명형 문제입니다. 필요성은 부동산의 특성, 부동산시장의 특성과 연결시켜 서술해주시고, 기능은 부동산시장의 기능, 감정평가의 기능과 연결시켜주세요.

예시목차

Ⅰ. 서설

Ⅱ. (물음1) 부동산가격지수의 필요성 및 기능 (5)

  1. 부동산가격지수의 의의

  2. 부동산가격지수의 필요성

    1) 부동산시장의 불완전성

    2) 부동산가격의 불균형성

  3. 부동산가격지수의 기능

    1) 부동산시장의 가격정보 제공

    2) 부동산정책의 근거자료 제공

Ⅲ. (물음2) 부동산가격지수의 산정방법 (5)

  1. 개요

  2. 특성가격함수모형에 의한 부동산가격지수

    1) 의의

    2) 원리 및 장·단점

  3. 반복매매모형에 의한 부동산가격지수

    1) 의의

    2) 원리 및 장·단점

Ⅳ. 결어

문20 [20점]

Ⅰ. 서설

감정평가는 국가의 정책적 필요와 시장의 경제적 필요에 의해 요구되며, 국민의 재산권을 보호하고 시장 참여자의 의사결정을 지원해야 한다. 부동산은 고정성에 따라 지역시장을 형성하며 개별성에 따라 비교에 한계가 있어 부동산 시장 상황을 파악하기 어려우므로, 부동산가격지수를 도입하여 시장 참여자 및 정부 정책의 의사결정을 지원해야 한다.

Ⅱ. [물음1] 부동산가격지수의 필요성 및 기능

1. 부동산가격지수의 의의

<지수>란 한 상황에서 다른 상황으로의 양적인 변화를 측정한 것을 말한다. <부동산가격지수>는 일정한 기간 동안 부동산 가격의 변화를 지수의 형태로 표시한 것을 말한다.

2. 부동산가격지수의 필요성

1) 부동산시장의 불완전성

부동산시장은 부증성으로 인해 공급 비탄력적이며, 개별성으로 인한 정보의 비대칭으로 인해 적정가격의 형성과 자원의 효율적 배분에 실패할 수 있다. 부동산가격지수는 부동산시장에 가격정보를 제공해 정보의 비대칭을 완화할 수 있으므로 필요하다.

2) 부동산가격의 불균형성

부동산시장은 지역시장의 형성, 수급 조절의 곤란, 수요자 중심적 특성으로 인해

균형가격의 성립이 어렵다. 부동산가격지수는 수요자에게 가격정보를 제공

해 적정 수요량 결정 및 가격 결정에 영향을 미치므로 필요하다.

3. 부동산가격지수의 기능

1) 부동산시장의 가격정보 제공

부동산가격지수는 부동산시장에 가격정보를 제공함으로써, 부동산 개발, 투

자, 금융 등 부동산 의사결정의 근거를 제공한다. 또한, 부동산투자회사, 저당

채권담보부증권 등 부동산유동화상품 및 부동산파생상품의 기초가격이 된다.

2) 부동산정책의 근거자료 제공

부동산가격지수는 부동산시장 및 부동산경기를 진단하여, 정부가 직·간접

적으로 개입하기 위한 부동산정책 결정의 근거자료로 활용된다. 또한, 부동산

시장의 정보 비대칭성을 완화하고 부동산시장의 적정가격형성과 자원의 효

율적 배분에 기여한다.

III. [물음2] 부동산가격지수의 산정방법

1. 개요

부동산가격지수는 <표본의 동일성>에 따라 동일표본모형과 혼합표본모형, <가격산정

방법>에 따라 실거래모형과 감정평가모형으로 분류할 수 있다. 실거래모형에는 대표적

으로 특성가격함수모형과 반복매매모형이 있다.

2. 특성가격함수모형에 의한 부동산가격지수

1) 의의

<특성가격함수모형>은 재화의 가치가 재화에 내포된 특성에 의해 결정된다는 가정하에 재화의 특성변수와 가격과의 관계를 분석하는 계량적 평가기법이다. 특성가격함수모형은 부동산 속성의 함수관계로 가격지수의 기초가격을 산정한다.

2) 원리 및 장·단점

특성가격함수모형은 동일표본모형, 실거래모형으로서, 기준시점에 거래된 사례의 집합과 비교시점에 거래된 사례의 집합을 상호 비교하여 가격지수를 측정한다. 특성가격함수모형은 부동산의 개별적 특성을 적절하게 반영하는 <장점>이 있으나, 특성변수의 선정에 따라 분석결과가 상이하고, 특성변수의 유의성이 지속적으로 변동하는 등 모형의 안정성이 낮다는 <단점>이 있다.

3. 반복매매모형에 의한 부동산가격지수

1) 의의

<반복매매모형>이란 개별 토지나 주택의 질에 변동이 없다는 가정하에 동일 목적물에 대한 반복거래가격을 관찰하여 부동산가격지수를 산정하는 방법이다. 대표적으로 한국감정원에서 발표하는 '공동주택 실거래가격지수'가 있다.

2) 원리 및 장·단점

반복매매모형은 혼합표본모형, 실거래모형으로서, 기준시점의 거래가격과 비교시점의 거래가격을 상호 비교하여 가격지수를 측정한다. 반복매매모형은 부동산의 개별

적 특성들을 제거하여 오차발생을 최소화하는 <장점>이 있으나, 표본 확보의 한계,

보유기간 동안 부동산 내부특성 변화에 따른 가격변동을 반영하지 못하는 <단점>이

있다.

IV. 결어

특성가격함수모형 및 반복매매모형은 실거래가에 기반해 부동산가격지수를 산정하므로

실증적이고 객관적이나, 특정 거래가격에 의해 가격지수가 왜곡될 수 있다는 단점이 있다.

따라서 <u>감정평가기반의 가격지수와의 병용</u>이 필요할 것으로 판단된다. <끝>

*** 감정평가의 개념** ▶ 기출문제 15회 3번

21 부동산 감정평가를 체계적으로 분류하는 목적을 설명하시오. 5점

논점분석

- **논제** : 감정평가의 기초 ▶ 감정평가의 개념 ▶ 분류
- **유형** : 설명형(기본)
- **개념어** : 목적

감정평가의 분류체계에 대한 기본 설명형 문제입니다. 단순히 단답형으로 서술하기보다, 감정평가의 분류체계를 먼저 서술하고 분류목적을 설명해주세요. "목적"은 감정평가 분류의 후행과정을 기준으로 목차화하시면 됩니다.

예시목차

Ⅰ. 감정평가의 분류

Ⅱ. 감정평가를 체계적으로 분류하는 목적
   1. 평가대상의 확정 및 평가방법의 결정
   2. 평가목적의 확정 및 평가원칙의 결정

문21 5점

I. 감정평가의 분류

감정평가는 ① <평가주체>에 따라 공적·공인평가, 단수·복수평가, ② <평가대상>에 따라 토지·건물·공장재단·의제부동산·권리·유가증권·동산평가, ③ <평가목적>에 따라 일반·담보·경매·보상·재무보고·소송·표준지평가, ④ <평가조건>에 따라 현황·조건부, 소급·현행·기한부, 개별·일괄·부분·구분평가 등으로 분류할 수 있다.

II. 감정평가를 체계적으로 분류하는 목적

1. 평가대상의 확정 및 평가방법의 결정

감정평가의 분류체계는 평가대상을 확정하고 평가대상에 따라 <u>감정평가방법을 체계적으로 결정하기 위한 목적</u>으로 이루어진다. 「감정평가에 관한 규칙」 제12조에 근거하여 대상물건별 주된 방법을 적용하고, 하나 이상의 감정평가방법으로 합리성을 검토하여야 한다.

2. 평가목적의 확정 및 평가원칙의 결정

감정평가의 분류체계는 평가목적을 확정하고 평가목적에 따라 <u>근거법령, 기준가치 등 감정평가원칙을 결정하기 위한 목적</u>으로 이루어진다. 평가목적에 따라 동일한 물건이라도 감정평가결과가 달라지므로 감정평가의 논리성 및 정확성에 기여한다. <끝>

▶ 기출문제 18회 4번

✱ 감정평가의 개념

22 공적평가에서 복수평가의 필요성 5점

논점분석

- **논제** : 감정평가의 기초 ▶ 감정평가의 개념 ▶ 분류
- **유형** : 설명형(기본)
- **개념어** : 필요성

감정평가의 분류체계에 대한 기본 설명형 문제입니다. "필요성"을 물었으므로, 원인의 관점에서 복수평가가 활용되는 업무와 그렇지 않은 업무의 차이점을 중심으로 서술해주세요.

예시목차

Ⅰ. 공적평가와 복수평가

Ⅱ. 복수평가의 필요성

    1. 과세표준의 공정성·객관성 확보

    2. 이해관계 조율 및 국민의 재산권 보호

문 22 `5점`

I. 공적평가와 복수평가

<공적평가>란 국가 · 지방자치단체 등 공적기관에 의한 평가를 말하며, 「부동산가격공시에 관한 법률」에 의한 표준지 감정평가, 「공익사업을 위한 토지 등의 취득 및 보상에 관한 법률」에 의한 보상 감정평가 등이 있다. 해당 법률에서는 감정평가 시 둘 이상의 감정평가법인 등에 의한 <복수평가>를 규정하고 있다.

II. 복수평가의 필요성

1. 과세표준의 공정성 · 객관성 확보

표준지 감정평가는 조세 · 부담금에 영향을 미치므로, 감정평가의 공정성과 객관성에 기초해 행정의 신뢰성을 확보해야 한다. 복수평가는 둘 이상의 감정평가결과를 비교 · 검토해 <u>감정평가의 공정성을 확보하고 주관성을 통제하기 위해 필요하다.</u>

2. 이해관계 조율 및 국민의 재산권 보호

보상 감정평가는 토지소유자 추천제를 통해 토지 등 소유자가 감정평가법인 등을 추천하고 사업시행자와 복수평가하도록 규정하고 있다. 복수평가는 피수용자의 입장과 의견을 청취하여 <u>이해관계를 조율하고 국민의 재산권을 보호하기 위해 필요하다.</u> <끝>

✱ 감정평가의 원칙 · 절차

23 시장가치 개념의 변천과정을 설명하고, 최근 시장가치 정의의 통계학적 의미를 최종평가가치의 표현방법과 관련하여 설명하시오. 40점

논점분석

- **논제** : 감정평가의 기초 ▶ 감정평가의 원칙절차 ▶ 시장가치기준원칙
- **유형** : ① 설명형(기본) ② 설명형(관련)
- **개념어** : 의미

기준가치인 시장가치에 대한 설명형 문제입니다. 소문항1은 적정가격, 정상가격, 시장가치의 순서로 설명하시되, 기준가치로서의 공통항목(정의, 근거법령, 연혁)을 활용해 설명해주세요. 시장가치는 변천과정을 거쳐 최종적 기준가치가 된 만큼 연관 논점(적정가격과 시장가치, 시장가치의 개념요소)을 활용해 풍부하게 서술해주시면 됩니다. 소문항2는 최종평가가치의 표현방법과 "관련하여" 설명하라고 하였으므로, 먼저 평가가치의 표현방법(점, 구간, 관계 등)에 대해 서술한 후, 이를 통계적 추정, 즉 추리통계의 내용과 연결해주셔야 합니다.

출제위원 채점평

정확한 답변을 위해서는 시장가치에 대한 명확한 정의를 바탕으로 서술되어야 한다. 아울러 시장가치의 변천과정에 대한 기술이 포함되어야 한다. 하지만 아쉽게도 많은 수험자가 이러한 원칙적인 서술에 비중을 적게 두다보니 시장가치 정의의 통계학적 의미를 시장가치의 표현방법과 관련한 설명도 매우 미흡한 답변과 질문을 이해하지 못했던 답안도 다수 있었다고 판단된다.

예시목차

문 23 40점

I. 서설

「감정평가에 관한 규칙」 제5조는 시장가치 기준원칙을 규정하면서 예외적으로 시장가치 외의 가치를 적용할 수 있다고 규정하고 있다. 시장가치의 개념은 고정되어 있는 것이 아니라 시대에 따라 변화·발전하고 있으며, 측정기준 및 표현방법이 주요 쟁점이라 할 수 있다. 2013년 개정에 의한 "성립될 가능성이 가장 높다고 인정되는 가액"은 가치의 표현방법과 관련하여 통계학적 의미가 있다.

II. 시장가치 개념의 변천과정

1. 개설

시장가치는 2013년 「감정평가에 관한 규칙」의 개정을 통해 명시적으로 규정되었으며, 개정 전에는 '정상가격'의 개념이 사용되었다. 또한, 「부동산 가격공시에 관한 법률」에서는 '적정가격'이라는 별도의 기준가치를 규정하고 있어 개념상 혼동이 있다.

2. 적정가격

1) 적정가격의 정의

<적정가격>이란 통상적인 시장에서 정상적인 거래가 이루어지는 경우 성립될 가능성이 가장 높다고 인정되는 가격을 말하며, 「부동산 가격공시에 관한 법률」 제2조에 근거한다.

2) 적정가격의 연혁

적정가격은 1989년 「지가공시 및 토지 등의 평가에 관한 법률」에 최초로 규정되었으며, 2005년 「부동산 가격공시 및 감정평가에 관한 법률」, 2016년 「부동산 가격공시에 관한 법률」로 개정되었다.

3) 적정가격의 개념 변천

① 1989년 제정된 「지가공시 및 토지 등의 평가에 관한 법률」은 적정가격을 "당해 토지에 대하여 자유로운 거래가 이루어지는 경우 합리적으로 성립한다고 인정되는 가격"으로 규정하였다. ② 2005년 제정된 「부동산가격공시 및 감정평가에 관한 법률」은 적정가격을 "당해 토지 및 주택에 대하여 통상적인 시장에서 정상적인 거래가 이루어지는 경우 성립될 가능성이 가장 높다고 인정되는 가격"으로 규정하여, 대상물건에 '주택'을 추가하였고, '시장의 통상성'을 새로 규정하였으며, 자유로운 거래를 '정상적인 거래'로, 합리적인 성립을 '성립 가능성'으로 개정하였다. ③ 2016년 제정된 「부동산가격공시에 관한 법률」에서는 대상물건에 토지, 주택 외에 '비주거용 부동산'을 추가하였다.

3. 정상가격

1) 정상가격의 정의

<정상가격>이란 통상적인 시장에서 충분한 기간 거래된 후 그 대상물건의 내용에 정통한 거래당사자 간에 통상 성립한다고 인정되는 적정가격을 말하며, 개정 전 「감정평가에 관한 규칙」 제4조에 근거한다.

2) 정상가격의 연혁

정상가격은 1973년 「감정평가에 관한 법률」에 '정상시가'로 규정되었으며, 1989년 「감정평가에 관한 규칙」에서 정상가격으로 변경되었다. 2013년 「감정평가에 관한 규칙」 개정 시 시장가치로 개정되어 현재에 이르고 있다.

3) 정상가격의 개념 변천

① 1989년 제정된 「감정평가에 관한 규칙」은 정상가격을 "통상적인 시장에서 충분한 기간 거래된 후 그 대상물건의 내용에 정통한 거래당사자 간에 통상 성립한다고 인정되는 적정가격"으로 규정하였다. ② 2013년 개정을 통해 '신중하고 자발적인 거래'를 추가하였고, 통상적인 성립을 '성립될 가능성이 가장 높은'으로 변경하였으며, '적정가격'을 삭제하였다.

4. 시장가치

1) 시장가치의 정의

<시장가치>란 통상적인 시장에서 충분한 기간 동안 거래를 위하여 공개된 후 그 대상물건의 내용에 정통한 당사자 사이에 신중하고 자발적인 거래가 있을 경우 성립될 가능성이 가장 높다고 인정되는 대상물건의 가액을 말한다.

2) 시장가치의 개념요소

(1) 시장의 통상성

시장가치가 성립하기 위해서는, 대상물건이 '시장성이 있는 물건'으로서 일반적인 시장참여자 누구나 이용할 수 있도록 공개되고 자유로운 '통상적인 시장'에서 거래될 수 있어야 한다.

(2) 방매기간의 충분성

시장가치가 성립하기 위해서는, 대상물건이 통상적인 시장에서 '충분한 기간 거래를 위하여 공개된 후' 거래가 성립되어야 한다. 따라서 너무 길거나 짧은 방매기간을 통해 거래된 가격은 시장가치에 해당되지 않는다.

(3) 당사자의 정통성

시장가치가 성립하기 위해서는, 대상물건의 거래당사자들은 대상물건의 내용, 시장성과 경제적 가치, 시장의 수요·공급 동향 및 추이 등에 대한 충분한 지식과 판단력을 보유한 '정통한 당사자'여야 한다.

(4) 거래행위의 자발성

시장가치가 성립하기 위해서는, 특별한 동기나 사정의 개입 또는 당사자의 의사에 반한 강제성 등이 개입되지 않은 '자발적인 거래'를 통해 성립되는 가격이어야 한다.

3) 적정가격과의 관계

(1) 동일하다고 보는 견해

시장가치와 적정가격이 동일하다고 보는 견해로는 ① 양 기준가치가 동일한 개념을 법적 관행상 달리 명시하고 있을 뿐 동일하다는 견해, ② 양 기준가치 모두 존재가격이 아닌 당위가격으로서 부동산 거래의 실제에 있어 지향해야 할 목표가격에 가까우므로 <u>동일하다는 견해</u>가 있다.

(2) 상이하다고 보는 견해

시장가치와 적정가격이 상이하다고 보는 견해로는 ① 시장가치는 현실성과 시장성을 중시하는 존재가격인 반면 적정가격은 법률 목적에 따른 당위가치로서 <u>상이하다는 견해</u>와 ② 시장가치와 달리 적정가격은 나지상정평가로서 조건부가격 또는 특정가격이므로 <u>상이하다는 견해</u>가 있다.

(3) 소결

시장가치는 적정가격과 달리 시장성을 중시한다는 점에서 존재가격적 성격이 있으나, 시장·거래당사자·거래행위 등에 대한 가정이 상호 유사하므로 <u>시장가치와 적정가격은 <동일 또는 유사></u>한 것으로 판단된다. 적정가격의 나지상정평가 등은 기준가치가 아닌 평가조건으로서 기준가치의 유사성에는 영향을 미치지 않는다.

4) 시장가치 기준원칙과 예외

「감정평가에 관한 규칙」 제5조는 시장가치 기준원칙을 명시하면서, 동조 제2항에서 ① 법령에 다른 규정이 있는 경우, ② 감정평가 의뢰인이 요청하는 경우, ③ 감정평가의 목적이나 대상물건의 특성에 비추어 사회통념상 필요하다고 인정되는 경우에는 시장가치 외의 가치를 기준으로 결정할 수 있다고 규정하여 가치다원론을 인정하고 있다.

III. 시장가치 정의의 통계학적 의미

1. 최종평가가치 표현방법

최종평가가치의 표현방법에는 하나의 수치로 표시하는 <점추정>과 범위로 표시하는 <구간추정>이 있다. 일반적으로 의뢰인의 요청이 있거나 책임소재를 명확하게 하기 위해 점추정치를 활용하고 있다.

2. 시장가치 정의의 통계학적 의미

1) 성립 가능성과 통계적 추정

시장가치 정의의 "성립될 가능성이 가장 높다고 인정되는 가액"은 성립 '가능성'을 고려한다는 점에서 표본(거래사례)을 통해 모집단(대상)의 특성(가격)을 밝히는 <통계적 추정>이라고 볼 수 있다.

2) 통계적 추정의 내용

(1) 통계적 추정의 의의

<통계적 추정>이란 표본으로부터 계산한 통계량을 활용하여 모집단의 특성을 규명하는 것을 말한다. 통계적 추정은 점추정과 구간추정으로 표시할 수 있다. 점추정은 모집단의 특성을 하나의 값으로 추정하는 방법이고, 구간추정은 모집단의 특성을 존재할 범위로 추정하는 방법이다.

(2) 통계적 추정의 방법

<대푯값>이란 표본의 최빈값, 중윗값, 평균값 등을 말하며, <신뢰구간>이란 표본의 대푯값으로 추정한 모집단의 대푯값을 범위로 표시한 것을 말한다. 표본의 대

푯값은 표본에 따라 차이가 있을 수 있으므로(표본오차), 모집단의 대푯값은 표본의 대푯값에 표본오차를 고려하여 [대푯값 ± 표본오차]로 산정한다.

3) 통계적 추정에 의한 최종평가가치의 표현

(1) 점추정과 대푯값

점추정에 의한 시장가치는 통계학적으로 <대푯값>에 해당한다. 감정평가 시 수집한 거래사례는 표본에 해당하며, 수집된 거래사례의 최빈값, 중위값, 평균값 등은 표본의 대푯값에 해당한다.

(2) 구간추정과 신뢰구간

구간추정에 의한 시장가치는 통계학적으로 <신뢰구간>에 해당한다. 거래사례는 여러 조합으로 추출될 수 있으므로, 거래사례(표본)의 대푯값과 대상물건(모집단)의 가치는 차이가 발생할 수 있으며, 해당 차이를 고려하여 신뢰구간으로 표현할 수 있다.

Ⅳ. 결어

시장가치 개념은 기존의 정상가격, 적정가격에 대한 논의를 계승하고 국제적인 평가기준을 수렴하여 성립하였다. 그러나 미국감정평가협회의 시장가치 정의를 참고할 때, ① 마케팅활동, ② 자기이익추구, ③ 금융조건 등에 대한 규정이 미비한 바, 향후 추가적인 논의를 통해서 반영될 필요가 있다고 생각된다. <끝>

✳ 감정평가의 원칙 · 절차

▶ 기출문제 30회 2번

24 시장가치에 대하여 다음의 물음에 답하시오. 30점

1) '성립될 가능성이 가장 많은 가격(the most probable price)'이라는 시장가치의 정의가 있다. 이에 대해 설명하시오. 10점

2) 부동산거래에 있어 '최고가격(highest price)'과 '성립될 가능성이 가장 많은 가격'을 비교 · 설명하시오. 10점

3) 가치이론과 가치추계이론의 관계에 대해 각 학파의 주장내용과 이에 관련된 감정평가방법별 특징을 설명하시오. 10점

논점분석

- **논제** : 감정평가의 기초 ▶ 감정평가의 원칙절차 ▶ 시장가치기준원칙, 주된방법원칙
- **유형** : ① 설명형(기본) ② 설명형(비교) ③ 설명형(관계)
- **개념어** : 특징

시장가치의 개념요소 중 하나인 '성립될 가능성이 가장 많은 가격'에 대해, 기본 설명형과 비교 · 설명형으로 각각 답하는 문제입니다. '최고가격'은 미국감정평가협회(Appraisal Institute)에서 시장가치의 개념요소로 사용되어 왔으나, 이론적 논쟁을 통해 1983년 '성립될 가능성이 가장 많은 가격'으로 대체되었습니다. 따라서 물음2는 물음1에서 서술한 내용을 기준으로 최고가격 개념과의 차이점을 부각시켜 주세요. 물음3은 가치이론, 가치추계이론, 3방식의 관계를 설명하는 문제이므로 병렬적으로 연결하여 서술해주세요.

출제위원 채점평

본 문제는 기승전결에 입각하여 시장가치에 대한 문제를 이해하고 답안을 작성하는 구성입니다. 물음1)에 대한 조건에 대하여 대다수가 잘 기술하였으나 물음2)는 최고가격과의 비교 시 물음1과 중복적으로 답안을 구성한 경우가 많았으며 물음3)은 <u>가치발생의 논의 배경과 학파 간 가치추계방식의 구분이 올바르지 않게 구성된 경우가 많았습니다.</u>

문 24 30점

Ⅰ. 서설

감정평가는 가격이 아닌 경제적 가치를 판정하는 행위로서, 가치를 판정하기 위한 기준가치가 전제되어야 한다. 「감정평가에 관한 규칙」 제5조는 감정평가의 기준이 되는 가치로 '시장가치'로 규정하고 있으나, 시장가치의 구체적인 측정 기준이 무엇인지에 대한 이론적 논의가 존재한다.

Ⅱ. [물음1] 시장가치의 정의

1. 시장가치의 정의 및 개념요소

<시장가치>란 통상적인 시장에서 충분한 기간 동안 거래를 위하여 공개된 후 그 대상물건의 내용에 정통한 당사자 사이에 신중하고 자발적인 거래가 있을 경우 성립될 가능성이 가장 높다고 인정되는 대상물건의 가액을 말한다. 시장가치는 ① 시장, ② 거래기간, ③ 거래행위, ④ 거래당사자에 대해 일정한 가정을 전제하고 있으며, ⑤ 거래의 성립에 대해 "성립될 가능성이 가장 많은 가격'이라고 규정하고 있다.

2. '성립될 가능성이 가장 많은 가격'의 의미

1) 과거가 아닌 미래의 가격

성립될 가능성이 가장 많은 가격은 과거에 성립한 가격이 아닌 기준시점에 성립될 것으로 예상되는 가격으로서, 불확실한 미래에 대한 추정치를 의미한다.

2) 표본을 이용한 확률적 추정

성립될 가능성이 가장 많은 가격은 미래에 대한 추정으로서, 비래의 불확실
성은 확률로 표현될 수 있다. 확률적 추정이란 표본을 이용해 모집단의 특성
을 확률적으로 예측하는 것을 의미한다.

3) 점 또는 구간추정치로 표현

성립될 가능성이 가장 많은 가격은 확률적 추정의 결과인 점 추정치(대푯값)
외에 구간 추정치(신뢰구간)로 표현될 수 있으므로, 시장가치의 표현방법 역
시 점 추정치와 구간추정치가 활용될 수 있다는 것을 의미한다.

III. [물음2] 시장가치와 최고가격

1. 최고가격의 의의

<최고가격>(highest price)이란 공개경쟁시장에서 성립할 수 있는 가격 중 가
장 높은 가격을 의미한다. 통상적인 시장에서 매도인은 매수인이 제시한 가격
중 가장 높은 최고가격으로 거래를 할 것이므로, 시장가치 역시 최고가격의 성
격을 나타낼 수 있다.

2. 최고가격과 성립가능성이 높은 가격의 비교

1) 유사점

<최고가격>은 경쟁시장에서 낙찰된 최고 입찰가격이나 합리적인 매수자라
면 무조건 높은 가격이 아닌 수용 가능한 적정한 가격을 제시할 것이다. 따라
서 최고가격은 경쟁시장에서 <성립될 가능성이 가장 많은 가격>과 유사점

<u>이 있다.</u>

2) 차이점

(1) 결정방법 : 대푯값과 통계적 추정

<최고가격>은 유사 매매사례 가격의 대푯값(최고값)으로 시장가치를 결정하나, <성립될 가능성이 가장 많은 가격>은 유사 매매사례 가격의 대푯값을 비롯해 신뢰구간 등 통계적 추정을 활용하여 시장가치를 결정한다는 <u>차이점이 있다.</u>

(2) 중심측도 : 최고값과 다양한 중심측도

<최고가격>은 유사 매매사례 중 최고값으로 결정하나, <성립될 가능성이 가장 많은 가격>은 평균, 중앙, 최빈값 등 다양한 중심측도가 활용된다는 <u>차이점이 있다.</u>

(3) 표현방법 : 점 추정치와 구간 추정치

<최고가격>은 최고값이라는 <u>점 추정치</u>로 시장가치를 표현하나, <성립될 가능성이 가장 많은 가격>은 점 추정치 외 신뢰구간 등 <u>구간 추정치</u>로 표현될 수 있다는 <u>차이점이 있다.</u>

Ⅳ. [물음3] 가치이론과 가치추계이론의 관계

1. 가치이론의 내용

<가치이론>이란 경제학에서 재화의 경제적 가치가 무엇으로부터 비롯되는지

본질을 파악하기 위한 이론을 말한다. ① <고전학파>는 생산비가치설을 통해 재화를 생산하는 데 소요된 생산요소의 비용이 가치의 본질이라고 주장하였으며 ② <한계효용학파>는 생산비가 아닌 재화를 한 단위 더 소비했을 때 획득되는 효용의 증분이 가치의 본질이라고 주장하였다. ③ <신고전학파>는 공급 측면의 고전학파 이론과 수요 측면의 한계효용학파의 이론을 통합하였으며, 단기에는 한계효용이 장기에는 생산비가 가치를 결정한다고 주장하였다.

2. 가치추계이론의 내용

<가치추계이론>이란 가치이론에 기반하여 구체적으로 가치를 추계하기 위한 방법을 말한다. 가치추계이론에는 ① 재화의 비용성에 근거한 원가방식(비용접근법), ② 재화의 시장성에 근거한 비교방식(시장접근법), ③ 재화의 수익성에 근거한 수익방식(수익접근법)이 있다.

3. 가치이론과 가치추계이론의 관계

감정평가의 가치추계이론은 경제학의 가치이론에 기반하여 정립되었다. ① <원가방식>은 생산비 측면에서 가치의 본질을 파악한 고전학파의 생산비가치설에 기반하고 있으며 ② <수익방식>은 효용(수익)의 증분 측면에서 가치의 본질을 파악한 한계효용학파의 이론에 기반하고 있다. ③ <비교방식>은 공급과 수요의 결합으로 성립하는 가격을 기준한다는 점에서 신고전학파의 이론에 기반하고 있다.

4. 가치추계이론과 관련된 감정평가방법별 특징

1) 원가법과 수익환원법

<원가법>이란 재조달원가에 감가수정을 하여 대상물건의 가액을 산정하는 감정평가방법을 말하며, 재조달원가 결정 시 공급자의 생산비용 측면에서 접근하는 특징을 갖는다. <수익환원법>이란 장래 산출할 것으로 기대되는 순수익이나 미래의 현금흐름을 환원하거나 할인하여 대상물건의 가액을 산정하는 감정평가방법이며, 순수익(현금흐름) 산정 시 수요자의 효용(수익) 측면에서 접근하는 특징을 갖는다.

2) 거래사례비교법

<거래사례비교법>이란 대상물건과 가치형성요인이 같거나 비슷한 물건의 거래사례와 비교하여 대상물건의 현황에 맞게 사정보정, 시점수정, 가치형성요인 비교 등의 과정을 거쳐 대상물건의 가액을 산정하는 감정평가방법을 말한다. 거래사례비교법은 시장에서 성립한 거래사례에 기초하므로 수요와 공급의 균형을 고려하는 특징을 갖는다.

V. 결어

시장가치는 감정평가에서 가치를 측정하는 기준이므로, 시장가치의 개념 정의는 감정평가결과에 중대한 영향을 미친다. 시장가치의 개념은 이론적 논의를 통해 지속적으로 구체화되고 있으므로, 감정평가사는 시장가치 개념요소의 변천과정을 이해하여야 하며, 금융조건, 마케팅활동 등 시장가치 개념요소의 개선방안을 연구해야 할 것이다. <끝>

25 「부동산가격공시에 관한 법률」의 표준지공시지가를 기준으로 평가한 적정가격과 시장가치, 실거래가격과의 관계를 설명하시오. [10점]

논점분석

- **논제** : 감정평가의 기초 ▶ 감정평가의 원칙절차 ▶ 시장가치기준원칙
- **유형** : 설명형(관계)

감정평가의 기준가치인 시장가치와 적정가격, 실거래가격과의 관계에 대한 설명형 문제입니다. 각 개념의 정의에 대해서 명확하게 서술하신 후, 각 개념 간의 상호영향력을 기준으로 관계를 파악해주세요.

예시목차

Ⅰ. 서설

Ⅱ. 적정가격, 시장가치 및 실거래가격의 관계
   (5)
   1. 각 가격(가치)의 의의
   2. 시장가치와 적정가격의 관계
      1) 원칙과 예외의 관계
      2) 상호 보완적 관계
   3. 시장가치와 실거래가격의 관계
      1) 본질과 현상의 관계
      2) 장기적 일치 관계

문25 10점

I. 서설

감정평가는 가격이 아닌 경제적 가치를 판정하는 행위로서, 가치를 판정하기 위한 기준가치가 전제되어야 한다. 「감정평가에 관한 규칙」 제5조에서는 감정평가의 기준가치로 시장가치를 규정하고 있으나, 감정평가 관계법령인 「부동산 가격공시에 관한 법률」 및 「공익사업을 위한 토지 등의 취득 및 보상에 관한 법률」에서는 적정가격을 규정하고 있어 양 개념의 관계가 문제된다.

II. 적정가격, 시장가치 및 실거래가격의 관계

1. 각 가격(가치)의 의의

① <적정가격>이란 공시지가를 기준으로 지가변동률과 토지의 위치, 형상, 환경, 이용상황 등을 고려하여 평가한 가격을 말한다. ② <시장가치>란 통상적인 시장에서 충분한 기간 동안 거래를 위하여 공개된 후 그 대상물건의 내용에 정통한 당사자 사이에 신중하고 자발적인 거래가 있을 경우 성립될 가능성이 가장 높다고 인정되는 대상물건의 가액을 말한다. ③ <실거래가격>이란 거래당사자가 대상물건에 대해 매매계약의 체결을 통해 결정한 실제 매매가격을 말한다.

2. 시장가치와 적정가격의 관계

1) 원칙과 예외의 관계

「감정평가에 관한 규칙」은 감정평가의 기준가치로 시장가치를 원칙으로 규정하고 있으므로, 보상 목적 감정평가의 기준가치인 적정가격은 시장가치 외의 가치로서 <원칙의 예외>의 관계에 해당한다.

2) 상호 보완적 관계

시장가치와 적정가격은 가치 측정의 기준 및 방법에서 차이가 있으므로, 동일한 물건이라 하더라도 평가목적에 따라 상이한 결론을 도출할 수 있다. 따라서 양자는 다양한 감정평가 용도 및 수요에 대응하기 위한 <상호 보완적 관계>에 해당한다.

3. 시장가치와 실거래가격의 관계

1) 본질과 현상의 관계

시장가치는 통상적인 시장에서 다수의 시장참여자들의 이상적인 거래행위를 전제한 가치이나, 실거래가격은 특정 거래당사자 사이의 협의에 의해 성립한 개별적 사실이므로 <본질과 현상의 관계>에 해당한다.

2) 장기적 일치 관계

실거래가격은 특정 거래당사자 사이에 성립한 개별적 사실로서, 다수의 시장 거래를 전제하여 추정한 시장가치와 차이가 있을 수 있다. 그러나 장기적으로 다수의 거래가 축적되면서 실거래가격 역시 시장가치에 수렴하게 되므로 <장기적 일치 관계>에 해당한다. <끝>

✳ 감정평가의 원칙·절차

▶ 기출문제 28회 3번

26 정비사업의 관리처분계획을 수립하기 위한 종후자산 감정평가에 대한 다음 물음에 답하시오. 20점

1) 종후자산 감정평가의 기준가치에 관하여 설명하시오. 10점
2) 종후자산 감정평가의 성격을 감정평가방식과 관련하여 설명하시오. 10점

논점분석

- **논제** : ① 감정평가의 기초 ▶ 감정평가의 원칙절차 ▶ 시장가치기준원칙
  ② 감정평가의 기초 ▶ 감정평가의 개념 ▶ 기능 ▶ 정책적 기능 ▶ 도시정비평가 ▶ 종후자산평가
- **유형** : ① 설명형(기본) ② 설명형(관련)
- **개념어** : 특징

종후자산 감정평가에 대한 복합(기본/관련) 설명형 문제입니다. 물음1은 종후자산의 기준가치가 명확하지 않으므로, 원칙인 시장가치를 기준으로 원칙, 예외의 적용 가능성을 검토해주시면 됩니다. 물음2는 "감정평가방식과 관련하여" 설명하라고 하였으므로, 감정평가방식(원가, 비교, 수익방식)에 대해 우선적으로 서술한 후, 이를 종후자산 감정평가의 성격과 연결시켜 서술해주세요.

출제위원 채점평

이 문제는 종후자산의 기준가치와 감정평가의 성격을 평가방식과 관련한 문제입니다. 최근에 이슈가 많이 되고 있는 분야인 만큼 대부분의 수험생들은 그 내용들을 빠짐없이 잘 기술한 편이었습니다.

예시목차

Ⅰ. 서설

Ⅱ. (물음1) 종후자산 감정평가의 기준가치 (5)
  1. 감정평가의 기준가치
    1) 시장가치의 의의
    2) 시장가치 외의 가치
  2. 종후자산 감정평가의 기준가치
    1) 종후자산 감정평가의 개요
    2) 조건부 시장가치 적용 가능성
    3) 투자가치 적용 가능성

Ⅲ. (물음2) 종후자산 감정평가의 성격 (5)
  1. 감정평가 3방식의 의의
  2. 종후자산 감정평가의 성격
    1) 총 사업비 등 비용성 고려
    2) 가격수준 등 시장성 고려
    3) 임대수요 등 수익성 고려

Ⅳ. 결어

문26 20점

Ⅰ. 서설

<u>「감정평가에 관한 규칙」 제5조는 시장가치 기준원칙을 규정하면서 예외적으로 시장가치 외의 가치를 적용할 수 있다고 규정하고 있다.</u> 그러나 구체적인 감정평가업무에 대한 기준 가치가 명시적으로 규정되어 있지 않아 실무적인 혼란이 존재한다. <종후자산 감정평가> 란 정비사업의 분양대상자별 분양예정인 대지 또는 건축물의 추산액에 대한 감정평가로 서, 감정평가의 기본적 사항에 근거하여 기준가치를 판단할 수 있다.

Ⅱ. [물음1] 종후자산 감정평가의 기준가치

1. 감정평가의 기준가치

1) 시장가치의 의의

<시장가치>란 통상적인 시장에서 충분한 기간 동안 거래를 위하여 공개된 후 그 대 상물건의 내용에 정통한 당사자 사이에 신중하고 자발적인 거래가 있을 경우 성립 될 가능성이 가장 높다고 인정되는 대상물건의 가액을 말한다. 「감정평가에 관한 규칙」 제5조는 감정평가의 기준가치로 시장가치를 규정하고 있다.

2) 시장가치 외의 가치

「감정평가에 관한 규칙」 제5조 제2항은 ① 법령에 다른 규정이 있는 경우, ② 감정 평가 의뢰인이 요청하는 경우, ③ 감정평가의 목적이나 대상물건의 특성에 비추어 사회통념상 필요하다고 인정되는 경우에는 시장가치 외의 가치를 기준으로 결정할 수 있다고 규정하고 있다.

2. 종후자산 감정평가의 기준가치

1) 종후자산 감정평가의 개요

종후자산 감정평가의 <u>대상물건</u>은 분양예정인 대지 또는 건축물의 추산액이며, <u>평가목적</u>은 분양대상자별 권리가액 및 분담금 등 관리처분계획을 수립하는 것이다. <u>기준시점</u>은 분양신청기간 만료일 또는 의뢰인이 제시한 날이다.

2) 조건부 시장가치 적용 가능성

<조건부 감정평가>란 기준시점의 가치형성요인 등을 실제와 다르게 가정하거나 특수한 경우로 한정하는 조건을 붙여 감정평가하는 것을 말한다. 종후자산 감정평가는 법령의 규정에 따라 기준시점 당시의 이용상황이 아닌 준공 후 이용상황으로 감정평가하므로, <조건부 시장가치>의 적용 가능성이 있다.

3) 투자가치 적용 가능성

<투자가치>란 개인적인 투자나 운영목적을 가진 소유자 또는 예정 소유자에 대한 자산의 가치를 말한다. 종후자산 감정평가는 재개발조합의 사업계획 및 사업조건을 반영하여 감정평가하므로 <투자가치>의 적용 가능성이 있다.

III. [물음2] 종후자산 감정평가의 성격

1. 감정평가 3방식의 의의

<원가방식>이란 비용성의 원리에 기초한 감정평가방식으로, 원가법과 적산법으로 분류할 수 있다. <비교방식>이란 시장성의 원리에 기초한 감정평가방식으로, 거래사례비교법과 임대사례비교법으로 분류할 수 있다. <수익방식>이란

수익성의 원리에 기초한 감정평가방법으로, 수익환원법과 수익분석법으로 분류할 수 있다.

2. 종후자산 감정평가의 성격

1) 총 사업비 등 비용성 고려

종후자산 감정평가는 <u>원가방식의 측면</u>에서 총 사업비 원가 등 비용성을 고려하여 감정평가한다. 부동산의 가치는 상관·조정의 원리에 따라 비용성이 시장성에 영향을 미치므로, 종후자산 감정평가 시 건축비용 및 부대비용을 고려하여야 한다.

2) 가격수준 등 시장성 고려

종후자산 감정평가는 <u>비교방식의 측면</u>에서 인근·유사지역의 거래량 및 가격수준 등 시장성을 고려하여 감정평가한다. 정비사업의 사업성은 일반분양분의 적정 분양가 산정과 밀접한 연관을 가지므로 시장성 판단에 유의한다.

3) 임대수요 등 수익성 고려

종후자산 감정평가는 <u>수익방식의 측면</u>에서 인근·유사지역의 임대수요 및 임대료 등 수익성을 고려하여 감정평가한다. 일반 분양분의 분양가는 임대수익에 기반한 수익성이 확보되어야 하므로 수익성 판단에 유의한다.

IV. 결어

「감정평가에 관한 규칙」은 시장가치 외의 가치의 종류 및 적용대상을 명확히 규정하지 않아 실무적인 혼란이 존재한다. 시장가치 외 가치의 정의, 성격, 평가목적과 관련하여 구체적인 활용방안에 대한 연구가 필요할 것으로 판단된다. <끝>

★ 감정평가의 원칙 · 절차

27 재무보고목적의 감정평가 시 기준가치는 무엇인지 그 개념에 관해 설명하고, 시장가치 기준원칙과의 관계에 관해 설명하시오. 10점

논점분석

- **논제** : 감정평가의 기초 ▶ 감정평가의 원칙절차 ▶ 시장가치기준원칙 ▶ 시장가치 외의 가치 ▶ 공정가치
- **유형** : 설명형(관계)
- **개념어** : 개념

공정가치와 시장가치 기준원칙과의 관계 설명형 문제입니다. 시장가치 외의 가치로 감정평가가 가능한 조건을 꼼꼼하게 적용하여, 공정가치가 시장가치 기준원칙상 '예외사항'에 해당한다는 것을 논리적으로 서술해주세요.

출제위원 채점평

설문1에서는 공정가치와 시장가치의 개념에 대한 숙지가 부족한 듯 양자의 관계에 대한 논리적인 설명보다는 용어 정의에만 치우친 차이 분석이나 단순히 결과적으로는 동일하다는 식의 단편적인 설명이 많아 아쉬웠습니다.

예시목차

Ⅰ. 서설

Ⅱ. 재무보고목적 감정평가의 기준가치 (2)
    1. 재무보고 감정평가의 의의
    2. 재무보고 감정평가의 기준가치

Ⅲ. 시장가치 기준원칙과의 관계 (3)
    1. 시장가치 기준원칙의 의의
    2. 시장가치 원칙의 예외로서 공정가치
      1) 시장가치 외 감정평가의 조건
      2) 법령의 규정에 의한 예외

문 27 `10점`

I. 서설

「감정평가에 관한 규칙」 제5조는 시장가치 기준원칙을 규정하면서 예외적으로 시장가치 외의 가치를 적용할 수 있다고 규정하고 있다. 시장가치 외의 가치는 개인 외에도 기업·공공기관 등 다양한 의뢰인의 감정평가 용도에 적합한 감정평가결과를 제공하여 감정평가의 기능을 확대할 수 있다. 따라서 구체적인 감정평가업무에 따라 공정가치 등 다양한 시장가치 외의 가치를 규정하여 업무에 적극적으로 활용하여야 한다.

II. 재무보고목적 감정평가의 기준가치

1. 재무보고 감정평가의 의의

<재무보고목적의 감정평가>란 「주식회사 외부감사에 관한 법률」에 따른 재무보고를 목적으로 하는 공정가치의 추정을 위한 감정평가를 말한다. 재무상태표를 비롯한 재무제표는 기업이 보유한 자산·부채 및 영업 실적에 대한 구체적인 정보를 제공하므로 기업 환경 및 이해관계자의 요구 수준에 적합하여야 한다.

2. 재무보고 감정평가의 기준가치

재무보고 감정평가 시 기준가치는 <공정가치>로서, 합리적인 판단력과 거래의 사가 있는 독립된 당사자 사이의 거래에서 자산이 교환되거나 부채가 결제될 수 있는 금액을 말한다. 공정가치는 시장가치와 달리 ① 시장의 통상성, ② 방매기간의 충분성 등을 전제하지 않으며 시장가치보다 폭넓은 측정 기준이다.

Ⅲ. 시장가치 기준원칙과의 관계

1. 시장가치 기준원칙의 의의

<시장가치>란 통상적인 시장에서 충분한 기간 동안 거래를 위하여 공개된 후 그 대상물건의 내용에 정통한 당사자 사이에 신중하고 자발적인 거래가 있을 경우 성립될 가능성이 가장 높다고 인정되는 대상물건의 가액을 말한다. 「감정평가에 관한 규칙」 제5조는 감정평가의 기준가치로 시장가치를 규정하고 있다.

2. 시장가치 원칙의 예외로서 공정가치

1) 시장가치 외 감정평가의 조건

「감정평가에 관한 규칙」 제5조 제2항은 ① 법령에 다른 규정이 있는 경우, ② 감정평가 의뢰인이 요청하는 경우, ③ 감정평가의 목적이나 대상물건의 특성에 비추어 사회통념상 필요하다고 인정되는 경우에 시장가치 외의 가치를 적용할 수 있다고 규정한다.

2) 법령의 규정에 의한 예외

「감정평가 실무기준」은 재무보고 목적의 감정평가 시 공정가치를 기준하여야 한다고 규정하고 있으므로, 재무보고평가 시 법령의 규정에 근거하여 시장가치 기준의 예외로서 공정가치를 적용할 수 있다. 따라서 시장가치 기준원칙과 공정가치는 <원칙과 예외>의 관계에 해당한다. <끝>

✱ 감정평가의 원칙·절차

▶ 기출문제 34회 2번

28 기준가치의 중요성에 대하여 설명하고, 택지비 목적의 감정평가서에 기재할 기준가치에 대하여 논하시오. 15점

논점분석

- **논제** : 감정평가의 기초 ▶ 감정평가의 원칙절차 ▶ 시장가치 기준원칙
- **유형** : ① 설명형(기본) ② 논술형(기본)

택지비 감정평가의 기준가치에 대한 논술형 문제입니다. 정답이 있는 설명형 문제가 아니므로, 시장가치·시장가치 외 가치의 적용 가능성을 모두 서술해주세요.

예시목차

Ⅰ. 서론

Ⅱ. 기준가치의 중요성 (4)
  1. 기준가치의 개념
  2. 기준가치의 중요성
    1) 감정평가 용도 및 목적의 반영
    2) 감정평가액 측정기준의 제시
    3) 가치다원성 확보와 업무영역 확장

Ⅲ. 택지비 감정평가의 기준가치 (3)
  1. 택지비 감정평가의 개요
  2. 택지비 감정평가의 기준가치
    1) 시장가치 적용 가능성
    2) 시장가치 외의 가치 적용 가능성

Ⅳ. 결론

문28 15점

Ⅰ. 서론

감정평가는 가격이 아닌 경제적 가치를 판정하는 행위로서, 가치를 판정하기 위한 기준가치가 전제되어야 한다. 「감정평가에 관한 규칙」 제5조는 기준가치로 시장가치와 시장가치 외의 가치를 규정하고 있으나, 택지비 목적의 감정평가 등 개별 감정평가업무에 대한 기준가치가 구체적으로 규정되어 있지 않아 실무상 혼란이 존재한다.

Ⅱ. 기준가치의 중요성

1. 기준가치의 개념

<기준가치(basis of value)>란 감정평가의 기준이 되는 가치를 말한다. 「감정평가에 관한 규칙」 제5조는 감정평가 시 기준가치로 시장가치를 규정하고 있으며, 일정한 요건을 충족하는 경우에는 시장가치 외의 가치도 적용할 수 있다.

2. 기준가치의 중요성

1) 감정평가 용도 및 목적의 반영

감정평가는 의뢰인의 용도(intended use)와 감정평가사가 결정한 목적(purpose)에 따라 적용 법령 및 기준가치가 달라지며, 이에 따라 감정평가 결과도 달라진다. 감정평가 용도 및 목적을 반영하기 위해서 기준가치가 중요한 역할을 한다.

2) 감정평가액 측정기준의 제시

동일한 대상물건이라 하더라도 시장가치, 공정가치, 적정가격 등 기준가치의 측정 기준에 따라 감정평가 결과가 달라질 수 있다. 따라서 의뢰인 및 사용자가 이해할 수 있는 구체적인 측정기준을 제시하기 위해 기준가치가 중요한 역할을 한다.

3) 가치다원성의 확보와 업무영역 확장

감정평가 의뢰인의 용도 및 목적에 적합한 기준가치를 활용하여야 다양한 감정평가 수요에 대응하고 감정평가 업무영역을 확장할 수 있다. 따라서 가치다원성 확보와 업무영역 확장을 위해 기준가치가 중요한 역할을 한다.

III. 택지비 감정평가의 기준가치

1. 택지비 감정평가의 개요

<택지비 감정평가>란 공공택지 외에서 공급하는 공동주택의 상한 분양가를 산정하기 위해 사업주체의 신청과 시·군·구청장의 의뢰에 따라 토지를 감정평가하는 것을 말한다. 공시지가기준법을 주된 방법으로 적용하며, 택지조성 완료 상태를 조건으로 감정평가한다.

2. 택지비 감정평가의 기준가치

1) 시장가치 적용 가능성

<시장가치>란 통상적인 시장에서 충분한 기간 동안 거래를 위하여 공개된 후 그 대상물건의 내용에 정통한 당사자 사이에 신중하고 자발적인 거래가 있을 경우 성립될 가능성이 가장 높다고 인정되는 대상물건의 가액을 말한다. 분양가는 기회비용의 관점에서 사업주체가 보유한 토지의 가치를 적절하게 반영하여야 하므로 일반적인

기준가치로서 <시장가치>의 적용이 가능하다.

2) 시장가치 외의 가치 적용 가능성

공동주택 부지는 통상적인 거래시장이 형성되어 있지 않다는 점에서 <공정가치>의 적용 가능성이 있으며, 택지비 감정평가를 활용한 공동주택 분양가 상한제가 주택시장 안정과 주거생활 향상이라는 정책적 목적을 갖고 있다는 점에서 <적정가격> 등 시장가치 외 가치의 적용도 가능하다고 판단된다.

IV. 결론

감정평가의 첫 번째 절차인 기본적 사항의 확정은 평가목적 및 기준가치를 필수 요건으로 규정하고 있다. 기준가치는 평가목적과 독립적인 것이 원칙이나, 평가목적에 따라 영향을 받을 수 있다. 따라서 평가목적과 기준가치의 연관성에 대한 추가적인 연구가 필요하다.

<끝>

✱ 감정평가의 원칙 · 절차
▶ 기출문제 17회 2번

29 감정평가에 있어 시장가치, 투자가치, 계속기업가치 및 담보가치에 대하여 각각의 개념을 설명하고, 각 가치개념 간의 차이점을 비교한 후, 이를 가격다원론의 관점에서 논하시오. 30점

논점분석

- **논제** : 감정평가의 기초 ▶ 감정평가의 원칙 ▶ 시장가치기준원칙 ▶ 가치다원론
- **유형** : 논술형(관련)
- **개념어** : 개념

시장가치, 투자가치, 계속기업가치, 담보가치 등 기준가치에 대한 논술형 문제입니다. ① 기준가치 간 비교 문제를 특정 기준(예 시장가치)을 중심으로 비교하여 차이점을 밝혀내신 후, ② 이 차이점을 가격다원론의 "관점에서" 논하여야 하므로, 우선적으로 가격다원론의 기본적 내용(의의, 근거, 필요성)에 대해 충분히 서술하고, 이를 기준가치 간 차이가 발생하는 이유로 연결해 서술해주세요.

예시목차

I. 서론

II. 시장가치 등의 개념과 차이점 (8)
    1. 시장가치의 의의 및 개념요소
       1) 시장가치의 의의
       2) 시장가치의 개념요소
          (1) 시장의 통상성
          (2) 방매기간의 충분성
          (3) 당사자의 정통성
          (4) 거래행위의 자발성
    2. 각 가치개념 간 차이점
       1) 투자가치와 시장가치
       2) 계속기업가치와 시장가치
       3) 담보가치와 시장가치

III. 가격다원론 관점의 가치개념 간 차이점 (8)
    1. 가격다원론의 의의 및 근거
       1) 가격다원론의 의의
       2) 가격다원론의 법률적 근거
       3) 가격다원론의 이론적 근거
    2. 가치개념 간 차이발생 이유
       1) 투자가치 : 투자자의 투자조건 반영
       2) 계속기업가치 : 계속경영의 가정
       3) 담보가치 : 금융기관의 채권회수 고려

IV. 결론

문 29 30점

I. 서론

감정평가는 가격이 아닌 경제적 가치를 판정하는 행위로서, 가치를 판정하기 위한 기준가치가 전제되어야 한다. 「감정평가에 관한 규칙」 제5조에서는 감정평가 시 기준가치로 시장가치를 규정하여 일반적 기준가치를 제시하고 있으나, 투자가치, 계속기업가치, 담보가치 등 다른 가치개념과의 차이점과 관계가 문제된다.

II. 시장가치 등의 개념과 차이점

1. 시장가치의 의의 및 개념요소

1) 시장가치의 의의

<시장가치>란 통상적인 시장에서 충분한 기간 동안 거래를 위하여 공개된 후 그 대상물건의 내용에 정통한 당사자 사이에 신중하고 자발적인 거래가 있을 경우 성립될 가능성이 가장 높다고 인정되는 대상물건의 가액을 말한다. 「감정평가에 관한 규칙」 제5조는 시장가치 기준원칙을 규정하면서 예외적으로 시장가치 외의 가치를 적용할 수 있다고 규정하고 있다.

2) 시장가치의 개념요소

(1) 시장의 통상성

시장가치가 성립하기 위해서는, 대상물건이 '시장성이 있는 물건'으로서 일반적인 시장참여자 누구나 이용할 수 있도록 공개되고 자유로운 '통상적인 시장'에서 거래될 수 있어야 한다.

(2) 방매기간의 충분성

시장가치가 성립하기 위해서는, 대상물건이 통상적인 시장에서 '충분한 기간 거래를 위하여 공개된 후' 거래가 성립되어야 한다. 따라서 너무 길거나 짧은 방매기간을 통해 거래된 가격은 시장가치에 해당되지 않는다.

(3) 당사자의 정통성

시장가치가 성립하기 위해서는, 대상물건의 거래당사자들은 대상물건의 내용, 시장성과 경제적 가치, 시장의 수요·공급 동향 및 추이 등에 대한 충분한 지식과 판단력을 보유한 '정통한 당사자'여야 한다.

(4) 거래행위의 자발성

시장가치가 성립하기 위해서는, 특별한 동기나 사정의 개입 또는 당사자의 의사에 반한 강제성 등이 개입되지 않은 '자발적인 거래'를 통해 성립되는 가격이어야 한다.

2. 각 가치개념 간 차이점

1) 투자가치와 시장가치

<투자가치>란 개인적인 투자나 운영목적을 가진 소유자 또는 예정 소유자에 대한 자산의 가치를 말한다. 투자가치는 투자자의 주관적 가치로서, 시장의 통상성, 방매기간의 충분성 등 다수의 시장 거래를 전제한 요건이 배제되므로 시장가치와 차이점이 있다.

2) 계속기업가치와 시장가치

<계속기업가치>는 기업의 경영활동이 현재와 미래에 지속된다는 전제하에 성립하는 가치를 말한다. 기업가치는 기업이라는 특정 평가대상에 한정된 가정으로서 일반적 기준가치인 시장가치와 차이점이 있다.

3) 담보가치와 시장가치

<담보가치>란 금융기관 등의 담보물에 대해 안정적인 채권회수를 전제한 가치를 말한다. 담보가치는 급매, 경매 등 제한적 시장에서 신속한 채권회수를 고려하므로, 시장의 통상성, 방매기간의 충분성, 거래행위의 자발성 등 일부 요건이 배제되어 시장가치와 차이점이 있다.

Ⅲ. 가격다원론 관점의 가치개념 간 차이점

1. 가격다원론의 의의 및 근거

1) 가격다원론의 의의

<가격다원론>이란 감정평가의 용도와 목적에 따라 감정평가결과가 상이할 수 있다는 것을 말한다. 용도와 목적에 따라 ① 기준가치, ② 감정평가조건, ③ 감정평가방법이 달라질 수 있으며 이에 따라 감정평가결과에 차이가 발생할 수 있다.

2) 가격다원론의 법률적 근거

「감정평가에 관한 규칙」 제5조 제2항은 ① 법령에 다른 규정이 있는 경우, ② 감정평가의뢰인이 요청하는 경우, ③ 감정평가의 목적이나 대상물건의 특성에 비추어 사회통념상 필요하다고 인정되는 경우에는 시장가치 외의 가치를 기준으로 감정평가할 수 있다고 규정하여 가격다원론을 인정하고 있다.

3) 가격다원론의 이론적 근거

시장가치에 의한 정형화된 가격의 제시는 의뢰인의 의뢰목적에 부응하지 못할 수 있으므로 ① 의뢰인에게 유용한 정보를 제공함과 동시에 ② 감정평가의 사회적, 경제적 기능을 확대하고 ③ 목적에 따른 평가방법을 유형화하여 감정평가의 정확성과 안정성에 기여할 수 있다.

2. 가치개념 간 차이발생 이유

1) 투자가치 : 투자자의 투자조건 반영

투자가치는 시장가치 외의 가치로서, 객관적 성격을 갖는 시장가치와 달리 특정 투자자의 주관적 가치를 의미한다. 투자가치는 특정 투자조건, 요구수익률 등을 반영하므로 시장가치하의 감정평가액과 차이가 발생할 수 있으나, 의뢰인의 의뢰목적에 부응하여 유용한 정보를 제공하는 기능을 수행한다.

2) 계속기업가치 : 계속경영의 가정

계속기업가치는 기업가치를 평가하기 위한 전제조건으로, 일종의 조건부 시장가치로 해석될 수 있다. 기업의 경영활동이 지속된다고 가정하므로 통상적 시장을 전제하는 시장가치하의 감정평가액과 차이가 발생할 수 있으나, 기업의 계속경영을 목적으로 하는 시장참여자에게 의사결정의 기준을 제시할 수 있다.

3) 담보가치 : 금융기관의 채권회수 고려

담보가치는 금융기관의 담보물을 평가하기 위한 가치기준으로, 방매기간의 충분성 등 일부 시장가치 요소를 충족하지 못할 경우 시장가치 외의 가치로 해석될 수 있다. 담보가치는 준칙주의 및 처분주의에 따라 시장가치하의 감정평가액과 차이가 발생할 수 있으나, 금융기관의 의사결정의 기준을 제시하고 금융안정성을 확보하는 기능을 수행한다.

Ⅳ. 결론

동일한 평가대상에 대해 상이한 가치결론이 도출될 경우 자칫 혼란이 발생할 수 있으나, 감정평가결과의 목적 적합성을 향상시키고 감정평가기능을 확대하기 위해 가격다원론의 이론적, 법률적 타당성이 인정된다고 판단된다. 현행 법령은 기준가치를 시장가치와 시장가치 외로 대분류하고 있으나, 평가목적별 기준가치와 평가조건 등을 더욱 세부적으로 규정하여 감정평가의 기능성과 안정성을 동시에 확보해야 할 것이다. <끝>

✳ 감정평가의 원칙 · 절차

▶ 기출문제 13회 3번

30 감정평가목적 등에 따라 부동산가격이 달라질 수 있는지에 대하여 국내 및 외국의 부동산가격 다원화에 대한 견해 등을 중심으로 논하시오. `20점`

논점분석

- **논제** : 감정평가의 기초 ▶ 감정평가의 원칙 ▶ 시장가치기준원칙 ▶ 가치다원론
- **유형** : 논술형(관련)

가격다원론의 타당성에 대한 논술형 문제입니다. 이를 국내 및 외국의 다원화 견해를 "중심으로" 논하라고 하였으므로, 국내 및 외국의 견해를 충분히 서술한 후, 이에 기초하여 타당성에 대한 '결론'을 명확하게 제시해주세요.

예시목차

Ⅰ. 서론

Ⅱ. 감정평가목적에 따른 부동산가격의 차이 (10)

　1. 가격다원론의 의의
　　1) 가격다원론의 정의
　　2) 목적별 가격의 종류
　2. 가격다원론에 대한 견해
　　1) 국내의 견해
　　　(1) 「감정평가에 관한 규칙」
　　　(2) 「감정평가 실무기준」
　　2) 외국의 견해
　　　(1) 미국의 견해
　　　(2) 일본의 견해
　　　(3) 영국의 견해
　　　(4) 국제평가기준위원회의 견해

Ⅲ. 결론(가격다원론의 성립 가능성)

문30 [20점]

Ⅰ. 서론

「감정평가에 관한 규칙」 제5조는 시장가치 기준원칙을 규정하면서 예외적으로 시장가치 외의 가치를 적용할 수 있다고 규정하고 있다. 가격다원론에 따르면 동일한 대상물건이라도 기준가치에 따라 상이한 결과가 도출되어 혼란이 발생할 수 있으므로, 국내외의 이론적·법률적 논의를 참고하여 가격다원론의 타당성을 논한다.

Ⅱ. 감정평가목적에 따른 부동산가격의 차이

1. 가격다원론의 의의

1) 가격다원론의 정의

<가격다원론>이란 감정평가의 용도와 목적에 따라 감정평가결과가 상이할 수 있다는 것을 말한다. 용도에 목적에 따라 ① 기준가치, ② 감정평가조건, ③ 감정평가방법이 달라질 수 있으며 이에 따라 감정평가결과에 차이가 발생할 수 있다.

2) 목적별 가격의 종류

국가의 정책적 목적에 따라 ① 과세 목적으로 수행하는 표준지평가, ② 손실보상 목적으로 수행하는 보상평가, ③ 소송참고 목적으로 수행하는 소송평가 등이 있으며, 시장의 경제적 목적에 따라 ① 매매·교환 목적으로 수행하는 일반거래평가, ② 담보대출 목적으로 수행하는 담보평가, ③ 법원경매 목적으로 수행하는 경매평가, ④ 재무보고 목적으로 수행하는 재무보고평가 등 다양하게 분류할 수 있다.

2. 가격다원론에 대한 견해

1) 국내의 견해

(1) 「감정평가에 관한 규칙」(이하 '감칙')

감칙 제5조 제1항은 시장가치 기준원칙을 명시하였으나, 제2항에서 ① 법령에 다른 규정이 있는 경우, ② 감정평가 의뢰인이 요청하는 경우, ③ 감정평가의 목적이나 대상물건의 특성에 비추어 사회통념상 필요하다고 인정되는 경우에는 시장가치 외의 가치를 기준으로 결정할 수 있다고 규정하여, 의뢰인, 평가목적, 대상물건의 특성에 따른 감정평가방법 및 결과의 차이를 <인정>하고 있다.

(2) 「감정평가 실무기준」 (이하 '실무기준')

실무기준에서는 400.2 (감정평가의 원칙)에서 시장가치기준 원칙을 명시하고 있으나, ① 700 (목적별 감정평가)에서 담보평가, 경매평가, 도시정비평가를 별도로 규정하고 ② 740 (재무보고평가), 750 (감정평가와 관련된 상담 및 자문 등), 800 (보상평가) 등 평가목적별 실무기준을 별도로 설시하고 있으므로, 평가목적에 따른 감정평가방법 및 결과의 차이를 <인정>하고 있다고 판단된다.

2) 외국의 견해

(1) 미국의 견해

미국은 USPAP(Uniform Standards of Prodessional Appraisal Practice)에서 시장가치 외에도 투자가치, 합병가치, 특별가치 등을 규정하고 있어 가격다원론을 <인정>하고 있는 것으로 판단된다.

(2) 일본의 견해

일본은 부동산 감정평가기준에서 기준가치를 정상가격(시장가치) 외에도 한정가격, 특정가격, 특수가격 등을 규정하고 있어 가격다원론을 <인정>하고 있는 것으로 판단된다.

(3) 영국의 견해

영국은 Red Book에서 기준가치를 시장가치 외에도 투자가치, 특별가치, 시너지가치 등을 규정하고 있어 가격다원론을 <인정>하고 있는 것으로 판단된다.

(4) 국제평가기준위원회의 견해

국제평가기준 IVS(International Valuation Standards)는 기준가치를 시장가치 외에도 투자가치, 특별가치, 결합가치 등을 규정하고 있어 가격다원론을 <인정>하고 있는 것으로 판단된다.

III. 결론(가격다원론의 성립 가능성)

상기와 같이 국내와 외국의 견해는 가격다원론을 인정하고 있으며, 가격(기준가치)의 세부 종류에 있어서만 차이를 나타내고 있다. 감정평가결과가 의뢰인의 의뢰목적에 부응하는 유용한 시장정보로 이용되기 위해서는, 단일한 가치기준과 평가방법에서 벗어나 목적에 적합한 결론을 제시해야 할 것이므로, 가격다원론의 법률적, 실무적 타당성을 <인정>해야 한다고 판단된다. <끝>

✳ 감정평가의 원칙 · 절차
▶기출문제 30회 3번

31 「감정평가에 관한 규칙」에서 감정평가 시 시장가치기준을 원칙으로 하되, 예외적인 경우 '시장가치 외의 가치'를 인정하고 있다. 그러나 현행 「감정평가에 관한 규칙」에서는 '시장가치 외의 가치'에 대한 유형 등의 구체적인 설명이 없어 이를 보완할 필요성이 있다. 감정평가 시 적용할 수 있는 구체적인 '시장가치 외의 가치'에 대해 설명하시오. 20점

논점분석

- **논제** : 감정평가의 기초 ▶ 감정평가의 원칙절차 ▶ 시장가치기준원칙 ▶ 시장가치 외의 가치
- **유형** : 설명형(기본)

시장가치 외의 가치에 대한 기본 설명형 문제입니다. 문제 배점이 20점이라는 점을 감안하여, 시장가치 기준원칙 및 문제점에 대한 배경을 간략하게 서술하신 후, 시장가치 외의 가치를 서술하시되, "감정평가 시 적용할 수 있는 구체적인"이라고 하였으므로, 단순히 개념만 서술하시기 보다는 구체적인 적용사례까지 서술해주세요.

출제위원 채점평

본 문제는 감정평가 시 예외적인 경우, 시장가치 외의 가치를 적용해야 할 3가지 경우의 설명과 함께 가치유형의 명확한 용어 기술과 설명 그리고 국가별로 논의가 이루어지고 있는 가치유형별 구분이 제시되어야 합니다. 대부분의 수험생들이 예외적인 3가지 경우는 잘 제시하였으나 가치유형의 용어기술과 국가별 설명이 부족하게 답을 구성하였습니다.

예시목차

Ⅰ. 서설

Ⅱ. 감정평가 시 적용 가능한 시장가치 외의 가치 (10)
  1. 시장가치 기준원칙의 의의
  2. 시장가치 기준원칙의 문제점
  3. 시장가치 외의 가치의 종류
     1) 공정가치
     2) 투자가치
     3) 결합가치

  4. 시장가치 외의 가치를 적용한 감정평가
     1) 기업보유자산에 대한 감정평가(공정가치)
     2) 투자예정자산에 대한 감정평가(투자가치)
     3) 인수합병거래에 대한 감정평가(특별가치)
  5. 시장가치와 시장가치 외의 가치의 차이점

Ⅲ. 결어

문31 **20점**

Ⅰ. 서설

감정평가는 가격이 아닌 경제적 가치를 판정하는 행위로서, 가치를 판정하기 위한 기준가치가 전제되어야 한다.「감정평가에 관한 규칙」제5조는 시장가치 기준원칙을 규정하면서 예외적으로 시장가치 외의 가치를 적용할 수 있다고 규정하고 있으나, 다양한 가치기준의 유형, 정의, 적용방법 등이 명시되어 있지 않아 이에 대한 보완이 요구된다.

Ⅱ. 감정평가 시 적용 가능한 시장가치 외의 가치

1. 시장가치 기준원칙의 의의

<시장가치 기준원칙>이란 감정평가액은 시장가치를 기준으로 결정해야 한다는 원칙을 말하며,「감정평가에 관한 규칙」제5조에 근거한다. <시장가치>란 통상적인 시장에서 충분한 기간 동안 거래를 위하여 공개된 후 그 대상물건의 내용에 정통한 당사자 사이에 신중하고 자발적인 거래가 있을 경우 성립될 가능성이 가장 높다고 인정되는 대상물건의 가액을 말한다.

2. 시장가치 기준원칙의 문제점

시장가치 기준원칙은 일정한 조건을 만족하는 경우 시장가치 외의 가치를 적용할 수 있도록 예외를 규정하고 있으나, ① 시장가치를 여러 기준가치의 하나가 아닌 원칙으로 규정한 점, ② 시장가치 외 기준가치의 유형, 정의, 적용방법이 명시되지 않은 점, ③ 가치기준과 평가목적의 관계가 명확하지 않은 점에서 실무적으로 다양한 기준가치의 활용이 제한되고 있다는 문제점이 있다.

3. 시장가치 외의 가치의 종류

1) 공정가치

<공정가치>란 합리적인 판단력과 거래의사가 있는 독립된 당사자 사이의 거래에서 자신이 교환되거나 부채가 결제될 수 있는 금액을 말한다. <u>공정가치는 미국, 영국, 국제기준 등에서 활용되고 있는 가치기준이다.</u>

2) 투자가치

<투자가치>란 개인적인 투자나 운영목적을 가진 소유자 또는 예정 소유자에 대한 자산의 가치를 말한다. 투자가치는 <u>미국, 영국, 국제기준 등</u>에서 활용되고 있는 가치기준이다.

3) 결합가치

<결합가치>란 두 가지 이상의 권리가 결합되어 발생하는 가치를 말한다. 결합가치는 <u>미국, 일본(한정가격), 국제기준(시너지가치) 등</u>에서 활용되고 있는 가치기준이다.

4. 시장가치 외의 가치를 적용한 감정평가

1) 기업보유자산에 대한 감정평가(공정가치)

기업은 영업, 재무, 투자활동을 위해 다양한 자산을 취득하고 매각하며, 해당 자산의 거래는 당사자 사이의 공정한 가격으로 이루어진다. 따라서 기업보유자산에 대한 감정평가에서 시장가치를 적용할 경우 ① 자산 및 시장의 특수성, ② 거래당사자 사이의 개별적 이익이 배제될 수 있는 한계가 있으므로, 공정가치를 기준한 감정평가를 통해 기업자산에 대한 정확한 정보제공이 가능할 것으로 판단된다.

2) 투자예정자산에 대한 감정평가(투자가치)

고유의 투자목적을 가지고 있는 투자자의 투자예정자산에 대한 감정평가에서 시장가치를 적용할 경우 ① 투자목적의 특수성, ② 투자자 고유의 개발·재무·운영능력이 배제되는 등 투자자가 의뢰한 감정평가목적을 충족시키지 못할 한계가 있다. 투자가치를 기준한 감정평가를 통해 투자의사결정을 지원할 수 있을 것으로 판단된다.

3) 인수합병거래에 대한 감정평가(결합가치)

인접 필지의 소유자가 토지를 매입하는 경우, 사업시행자가 개발사업부지 내 특정 토지를 매입하는 경우, 핵심 기술을 보유한 기업의 지식재산권을 매입하는 경우 등 특정매수자에게 특별한 이익을 발생시키는 자산에 대한 감정평가에서 시장가치를 적용할 경우 거래당사자의 특수성이 배제될 수 있는 한계가 있으므로, 결합가치를 기준한 감정평가를 통해 매입의사결정을 지원할 수 있을 것으로 판단된다.

5. 시장가치와 시장가치 외의 가치의 차이점

기준가치는 시장, 거래당사자, 거래동기, 거래기간 등에 대한 여러 가정의 집합으로 구성된다. 시장가치 외의 가치는 ① 통상적이지 않은 시장에서의 거래(공정가치), ② 고유의 거래동기(투자가치), ③ 특별한 이익을 가진 거래당사자의 거래(결합가치)를 반영할 수 있다는 점에서 시장가치와 차이점이 있다.

Ⅲ. 결어

시장가치 외 가치에 대하여 유형·정의·적용방법이 구체적으로 명시될 경우, 의뢰인의 다양한 감정평가 용도에 능동적으로 대응할 수 있을 것으로 예상된다. 다만, 감정평가의 안정성과 일관성을 유지하기 위해서 의뢰인, 평가목적에 따른 구체적인 적용사례를 제시하여 실무상 혼란을 최소화 하여야 할 것이다. <끝>

32　특정가격과 한정가격의 개념을 설명하시오.　5점

논점분석

- **논제** : 감정평가의 기초 ▶ 감정평가의 원칙절차 ▶ 시장가치기준원칙 ▶ 시장가치 외의 가치
- **유형** : 설명형(기본)
- **개념어** : 개념

(일본의) 가치기준에 대한 설명형 문제입니다. 약술 문제도 출제배경을 언급해주어야 하므로, [가격다원론 → 일본의 가격다원론 → 특정가격/한정가격]의 순서로 좁혀가며 서술해주세요.

예시목차

Ⅰ. 가격다원론

Ⅱ. 특정가격과 한정가격
　　1. 특정가격
　　2. 한정가격

문 32 5점

Ⅰ. 가격다원론

<가격다원론>이란 감정평가의 용도와 목적에 따라 감정평가결과가 상이할 수 있다는 것을 말한다. 「감정평가에 관한 규칙」 제5조는 시장가치 기준원칙을 규정하면서 예외적으로 시장가치 외의 가치를 적용할 수 있다고 규정하고 있다. 일본 부동산 감정평가기준에서도 기준가치를 정상가격으로 규정하면서, 정상가격 외 한정가격, 특수가격, 특정가격을 규정하고 있다.

Ⅱ. 특정가격과 한정가격

1. 특정가격

<특정가격>이란 정상가격의 예외로서, 시장성을 갖는 부동산이지만 법령 또는 사회적 요청 등에 따라 정상가격의 전제가 되는 제 조건을 만족하지 않는 경우의 가격을 말한다.

2. 한정가격

<한정가격>이란 정상가격의 예외로서, 부동산의 합병이나 분할 등 한정된 시장에서 특정 거래당사자 사이에서만 경제적 합리성이 인정되는 가격을 말한다.

<끝>

✱ 감정평가의 원칙·절차

▶ 기출문제 19회 1번

33 일괄평가방법과 관련하여, 다음을 논하시오. `40점`

(1) 토지·건물 일괄평가에 관한 이론적 근거와 평가방법을 논하시오. `10점`

(2) 일괄평가된 가격을 필요에 의해 토지·건물가격으로 각각 구분할 경우 합리적 배분기준을 논하시오. `10점`

(3) 표준주택가격의 평가와 관련하여,

    1) 현행 법령상 표준주택가격의 조사평가기준을 설명하시오. `10점`

    2) 표준주택가격의 일괄평가 시 평가3방식 적용의 타당성을 논하시오. `10점`

논점분석

- **논제** : 감정평가의 기초 ▶ 감정평가의 원칙절차 ▶ 개별평가원칙
- **유형** : ① 설명형(기본) ② 논술형(대립) ③ 설명형(기본) ④ 논술형(대립)
- **개념어** : 근거, 타당성

일괄감정평가에 대한 대립 논술형 문제입니다. "합리적" 배분기준을 논하라고 하였으므로, 기존 배분기준(공제법, 비율법 등)의 장·단점을 충분히 서술한 후 논리적인 결론을 제시해주세요.

예시목차

Ⅰ. 서론

Ⅱ. (물음1) 일괄평가의 근거 및 평가방법 (5)
1. 일괄평가의 의의
2. 일괄평가의 이론적 근거
    1) 일체적 효용의 반영
    2) 실질적 감가의 반영
3. 일괄평가의 방법
    1) 거래사례비교법
    2) 수익환원법

Ⅲ. (물음2) 일괄평가액의 합리적 배분기준 (5)
1. 일괄평가액 배분의 필요성
2. 일괄평가액의 배분기준
    1) 공제법
    2) 비율법
3. 일괄평가액의 합리적 배분기준
    1) 공제·비율법의 병용
    2) 용도·지역·규모별 비율 제시

Ⅳ. (물음3) 표준주택가격의 조사·산정 (10)
1. 표준주택가격의 의의
2. 조사·산정기준
    1) 적정가격 기준 산정
    2) 실제용도 기준 산정
    3) 사법상 제한상태 배제 상정 산정
    4) 공법상 제한상태 기준 산정
3. 3방식 적용의 타당성
    1) 법률적 타당성
    2) 이론적 타당성
      (1) 단독주택가치의 3면성
      (2) 비교방식의 타당성 및 한계
      (3) 수익방식의 타당성 및 한계
      (4) 원가방식의 타당성 및 한계

Ⅴ. 결론

문33 `40점`

Ⅰ. 서론

「부동산등기법」과 「지방세법」 등 등기 및 과세법령은 토지와 건물을 구분하고 있으나, 일반적으로 토지와 건물은 일체의 효용을 갖는다. 이에 「감정평가에 관한 규칙」 제7조는 개별물건기준 원칙을 규정하면서 예외적으로 일괄감정평가·구분감정평가·부분감정평가를 적용할 수 있다고 규정하고 있다.

Ⅱ. [물음1] 일괄평가의 근거 및 평가방법

1. 일괄평가의 의의

<일괄감정평가>는 개별물건기준 원칙의 예외로서 둘 이상의 대상물건이 일체로 거래되거나 대상물건 상호 간에 용도상 불가분의 관계가 있는 경우에 일괄하여 감정평가하는 것을 말하며, 「감정평가에 관한 규칙」 제7조 제2항에 근거한다.

2. 일괄평가의 이론적 근거

1) 일체적 효용의 반영

부동산은 토지 및 토지의 정착물로 구성되며, 상호 결합하여 일체적 효용을 발휘한다. 이에 따라 부동산 거래 역시 토지와 건물을 구분하지 않고 일괄로 이루어지므로, 일체적 효용을 반영하기 위해서 일괄감정평가가 필요하다.

2) 실질적 감가의 반영

<감가수정>이란 재조달원가 대비 감액요인을 공제하는 것을 말한다. 건물의 물리적·

기능적 감가 외에 토지·건물에 모두 발생하는 경제적 감가는 개별감정평가를 통한 측정이 어려우므로, 실질적 감가를 반영하기 위해서 <u>일괄감정평가가 필요하다.</u>

3. 일괄평가의 방법

1) 거래사례비교법

<거래사례비교법>이란 대상물건과 가치형성요인이 같거나 비슷한 물건의 거래사례와 비교하여 대상물건의 현황에 맞게 사정보정, 시점수정, 가치형성요인 비교 등의 과정을 거쳐 대상물건의 가액을 산정하는 감정평가방법을 말한다. 토지와 건물은 일반적으로 일체로 거래되므로 일괄 거래사례비교법의 적용이 가능하다.

2) 수익환원법

<수익환원법>이란 대상물건이 장래 산출할 것으로 기대되는 순수익이나 미래의 현금흐름을 환원하거나 할인하여 대상물건의 가액을 산정하는 감정평가방법을 말한다. 토지와 건물은 일체적 효용으로 임대수익을 발생시키므로 일괄 수익환원법의 적용이 가능하다.

III. [물음2] 일괄평가액의 합리적 배분기준

1. 일괄평가액 배분의 필요성

일괄감정평가액은 ① 토지 및 건물의 소유자가 상이하여 분쟁이 발생한 경우, ② 화재보험료 산정 등 건물만의 가액이 필요한 경우, ③ 건물의 개량을 위해 최유효이용 분석이 필요한 경우, ④ 토지 및 건물에 개별적으로 재산세 등을 과세하는 경우에 배분의 필요성이 있다.

2. 일괄평가액의 배분기준

1) 공제법

<공제법>이란 토지·건물의 일괄평가액에서 건물(토지)가액을 차감하여 토지(건물)가액을 결정하는 방법을 말한다. <토지잔여법>은 건물가액 산정이 토지 대비 용이하다는 장점이 있으나, 토지·건물이 일체로 거래되는 관행과 괴리된다는 단점이 있다. <건물잔여법>은 토지만의 거래사례를 구하기 용이한 경우에는 장점이 있으나, 도시지역에서는 토지만의 거래사례 수집이 어렵고 잔여 건물가액이 국세청 기준시가와 차이가 발생하는 등 실무상 단점이 있다.

2) 비율법

<비율법>이란 토지·건물에 대한 가격을 각각 산정한 후 그 비율에 따라 토지가액과 건물가액으로 배분하는 방법을 말한다. 통계자료를 이용한 비율법은 공제법과 같이 토지 또는 건물가액을 별도로 산정하지 않아도 되므로 실무상 간편하다는 장점이 있으나, 개별성·구체성이 부족하다는 단점이 있다.

3. 일괄평가액의 합리적 배분기준

1) 공제·비율법의 병용

실무상 간편하다는 점에서 <비율법>의 적용이 타당하나, 구체성·개별성이 부족하므로 <공제법>을 병용하여 합리성을 검토하여 한다. 공제법 적용 시

도시지역에서는 토지만의 거래사례를 수집하기 어렵고 토지가액의 비중이 높아 건물잔여법의 적용에 어려움이 있으므로 토지잔여법이 더욱 <u>합리적인 배분기준이라고 판단된다.</u>

2) 용도·지역·규모별 비율 제시

비율법의 단점을 보완하기 위해서 적용범위를 세분화할 필요성이 있다. 토지가액과 건물가액은 ① 지가수준에 따른 지역별 차이, ② 용도별 건축비에 따른 용도별 차이, ③ 규모별 건축비 및 광평수 증·감가에 따른 규모별 차이를 반영하여 <u>합리적인 배분기준을 설정해야 한다.</u>

Ⅳ. [물음3] 표준주택가격의 조사·산정

1. 표준주택가격의 의의

<표준주택가격>이란 용도지역, 건물구조 등이 일반적으로 유사하다고 인정되는 일단의 단독주택 중에서 선정한 표준주택에 대한 매년 공시기준일의 적정가격을 말하며, 「부동산 가격공시에 관한 법률」 제16조에 근거한다.

2. 조사·산정기준

1) 적정가격 기준 산정

표준주택은 해당 표준주택에 대하여 통상적인 시장에서 정상적인 거래가 이루어지는 경우 성립될 가능성이 가장 높다고 인정되는 <적정가격>으로 결정한다.

2) 실제용도 기준 산정

표준주택가격은 공부상의 용도에도 불구하고 공시기준일 현재의 실제용도를 기준으로 산정하되, 불법적이거나 일시적인 이용상황은 고려하지 아니한다.

3) 사법상 제한상태 배제 상정 산정

표준주택가격은 전세권 등 표준주택의 사용·수익을 제한하는 사법상의 권리가 설정되어 있는 경우에는 그 사법상의 권리가 설정되어 있지 아니한 상태를 상정하여 산정한다.

4) 공법상 제한상태 기준 산정

표준주택가격은 「국토계획법」 등에 따른 제한이 있는 경우에는 제한받는 상태를 기준으로 산정한다.

3. 3방식 적용의 타당성

1) 법률적 타당성

「부동산가격공시에 관한 법률」 제16조 및 「표준주택가격 조사·산정 기준」은 표준주택가격의 조사·산정 시 인근 유사 단독주택의 <u>거래가격(비교방식)</u>을 기준하되, 시장성이 없거나 주택의 용도 등이 특수하여 거래가격을 고려하는 것이 곤란한 경우, <u>임대료(수익방식) 및 건설에 필요한 비용추정액(원가방식)</u> 등을 고려하여 가격을 산정한다고 규정하고 있다. 따라서 3방식 적용의 법률적 타당성이 <인정>된다.

2) 이론적 타당성

(1) 단독주택가치의 3면성

주택은 국민의 기본적인 주거 생활에 필요한 필수 재화로서, 주택에 대한 수요와 공급에 기반한 주택시장이 활성화되어 있다. 따라서 단독주택의 가치는 신규 공급을 통한 비용성, 주택의 거래를 통한 시장성, 주택의 임대수익을 통한 수익성의 3면성이 인정된다고 판단된다.

(2) 비교방식의 타당성 및 한계

주택의 거래가격 등 시장자료를 기준으로 사정보정, 시점수정, 지역·개별요인을 비교하여 산정된 비준가격은 실증적이며 설득력 있는 평가방식으로 판단된다. 다만 신축 후 일정기간이 경과하면 건물을 제외한 토지만을 기준으로 거래되는 관행 상 일괄 거래사례비교법의 적용에 한계가 있다.

(3) 수익방식의 타당성 및 한계

주택도 임대를 통한 수익형 부동산으로 변화하고 있으므로, 임대수익에 근거하여 산정된 수익가격은 교환가치를 반영한 실증적이며 논리적인 평가방식으로 판단된다. 다만 임대가 이루어지지 않는 자가사용 주택의 경우 일괄 수익환원법의 적용에 한계가 있다.

(4) 원가방식의 타당성 및 한계

주택의 신규공급 시 토지매입비, 주택건축비 등 투입비용에 근거하여 산정된 적산가격은 실증적이며 객관적인 평가방식으로 판단된다. 다만, 토지와

건물의 가액을 산정하여 <u>합산하는 방식은 일괄평가의 취지에는 적합하지 못하다는 한계가 있다.</u>

V. 결론

단독주택은 시장성, 수익성, 비용성을 갖춘 재화이다. 표준주택가격의 산정 시 3방식의 적용은 ① 관계 법령에 의한 법률적 타당성을 갖고 있는 점, ② 신규주택, 자가사용주택, 수익형 주택 등에서 특정 평가방식의 한계가 나타나는 점 등에 비추어 볼 때 <u>병용의 타당성이 <인정>된다.</u> <끝>

34 감정평가와 관련된 다음 자료를 참고하여 물음에 답하시오. 30점

> 1. 본건은 토지와 건물로 구성된 부동산으로 「집합건물의 소유 및 관리에 관한 법률」
>   시행 이전에 소유권이전등기가 되어, 현재 '건물'은 각 호수별로 등기되어 있고,
>   '토지'의 경우도 별도로 등기되어 있음
> 2. 본건 부동산은 1층(W1호, 102호, 103호, 104호, 105호)과 2층 201호, 202호,
>   203호, 204호, 205호)이 각각 5개호로 구성된 상가로, 현재 건물소유자는 교회
>   A101호~204호)와 개인 B[205호 교회에 임대됨]임
> 3. 상가 전체가 교회로 이용 중이며, 이 중 202호, 203호, 204호는 교회의 부속
>   시설로 소예배실, 성경공부방, 교회휴게실로 이용 중이고, 용도상 불가분의 관계
>   가 있을 수 있음
> 4. 202호는 5년 전에, 203호는 3년 전에, 204호는 1년 전에 교회 앞으로 각각 소유
>   권이전등기가 되었고, 건물과 함께 토지 역시 일정 지분이 동시에 교회 앞으로
>   소유권이전등기됨
> 5. 건물은 각 호 별로 구조상 독립성과 이용상 독립성이 유지되고 있음
> 6. 토지는 각 호 별 면적에 비례하여 적정한 지분으로 각 건물소유자들이 공유하고
>   있음
> 7. 평가대상물건은 202호, 203호, 204호이며, 평가목적은 시가참고용임

1) 감정평가사 甲은 평가 대상물건을 개별로 감정평가하기로 결정하였다. 주어진 자료
   에 근거하여 감정평가사 甲이 개별평가로 결정한 이유를 설명하시오. 10점

2) 반면, 감정평가사 乙은 평가 대상물건을 일괄로 감정평가하기로 결정하였다. 주어
   진 자료에 근거하여 감정평가사 乙이 일괄평가로 결정한 이유를 설명하시오.
   10점

3) 개별평가와 일괄평가의 관점에서 대상물건에 부합하는 평가방법을 설명하시오.
   10점

논점분석

- **논제** : 감정평가의 기초 ▶ 감정평가의 원칙절차 ▶ 개별평가원칙
- **유형** : ① 설명형(사례) ② 설명형(관련)
- **개념어** : 이유

개별평가원칙에 대한 사례형 문제입니다.
물음1과 물음2는 일괄평가의 적용 근거인 일체 거래(개별 거래), 용도상 불가분의 관계(이용상 독립성)를 기준으로 서술해주세요. 물음3은 "개별평가와 일괄평가의 관점에서"라고 하였으므로, 개별평가 시 감정평가방법과 일괄평가 시 감정평가방법을 각각 고려하여 서술해주시면 됩니다.

예시목차

Ⅰ. 서설

Ⅱ. (물음1) 개별평가의 결정 이유 (5)
    1. 개별평가의 의의
    2. 개별평가의 결정 이유
       1) 구조상 이용상 독립성
       2) 위치 및 면적의 특정성
       3) 건물 등기의 독립성
       4) 개별 거래 가능성

Ⅲ. (물음2) 일괄평가의 결정 이유 (5)
    1. 일괄평가의 의의
    2. 일괄평가의 결정 이유
       1) 일체 거래 가능성
          (1) 소유 및 이용의 동일성
          (2) 평가목적의 고려
       2) 용도상 불가분성
          (1) 소유의 동일성
          (2) 이용의 동일성

Ⅳ. (물음3) 대상물건의 평가방법 (5)
    1. 대상물건의 평가방법
    2. 평가방법의 결정 이유
       1) 개별평가 원칙의 고려
       2) 일괄평가 배제의 이유
          (1) 개별 거래 가능성
          (2) 용도상 불가분의 일시성

Ⅴ. 결어

문34 30점

Ⅰ. 서설

「부동산등기법」과 「지방세법」 등 등기 및 과세법령은 토지와 건물을 구분하고 있으나, 일반적으로 토지와 건물은 일체의 효용을 갖는다. 「감정평가에 관한 규칙」 제7조는 개별물건 기준 원칙을 규정하면서 예외적으로 일괄감정평가 · 구분감정평가 · 부분감정평가를 적용할 수 있다고 규정하고 있다. 감정평가 시 개별평가와 일괄평가의 적용에 따라 감정평가 결과가 달라질 수 있으므로 적용 요건에 유의하여야 한다.

Ⅱ. (물음1) 개별평가의 결정 이유

1. 개별평가의 의의

<개별평가>란 대상물건을 개별로 감정평가하는 것을 말한다. 부동산은 토지 · 건물 일체의 효용을 갖고 일괄로 거래되는 것이 일반적이나, 토지 · 건물의 물리적 특성이 상이하고 토지 · 건물을 별도로 취급하는 등기 · 과세 제도를 고려하여 개별평가 원칙을 적용하고 있다.

2. 개별평가의 결정 이유

1) 구조상 이용상 독립성

대상물건은 "각 호 별로 구조상 독립성과 이용상 독립성이 유지"되고 있으므로, 각 호를 개별적인 구분건물로 감정평가 할 수 있는 물리적 요건이 충족된다고 판단된다.

2) 위치 및 면적의 특정성

대상물건은 "각 호수별로 등기"되어 있어 건물 등기를 통해 위치와 면적을 특정할 수 있고, 토지 역시 "별도 등기를 통해 각 호별 면적에 비례하여 적정한 지분이 배분"되어 있으므로, 각 호를 개별적인 구분건물로 감정평가할 수 있는 물리적 현황이 충족된다고 판단된다.

3) 건물 등기의 독립성

대상물건은 "각 호수별로 등기"되어 있으며, 대상 토지 역시 "별도 등기"되어 있으므로, 각 호를 개별적인 구분건물로 감정평가 할 수 있는 권리적 요건이 충족된다고 판단된다.

4) 개별 거래 가능성

대상물건은 "5년 전, 3년 전, 1년 전에 각각 소유권이전등기"되었으므로, 각 호는 개별적인 구분건물로 거래될 수 있는 권리적 요건이 충족된다고 판단된다.

III. (물음2) 일괄평가의 결정 이유

1. 일괄평가의 의의

<일괄평가>란 개별물건기준 원칙의 예외로서 둘 이상의 대상물건이 일체로 거래되거나 대상물건 상호 간에 용도상 불가분의 관계가 있는 경우에 일괄하여 감정평가하는 것을 말하며, 「감정평가에 관한 규칙」 제7조 제2항에 근거한다.

2. 일괄평가의 결정 이유

1) 일체 거래 가능성

(1) 소유 및 이용의 동일성

대상물건은 3개 호 모두 "교회 A가 소유"하고, 대상물건 3개 호 모두 "교회 부속 시설"로 이용 중이므로, 단일 소유권자에 의해 일체로 거래될 수 있는 가능성이 있다고 판단된다.

(2) 평가목적의 고려

대상물건은 "시가참고 목적으로 3개 호 모두 감정평가 의뢰"되었으므로, 의뢰인이 일괄 거래를 목적으로 시장가치에 근거하여 적정 매도가치를 파악하는 등 일체로 거래될 수 있는 가능성이 있다고 판단된다.

2) 용도상 불가분성

(1) 소유의 동일성

대상물건은 3개 호 모두 "교회 A가 소유"하고 있으므로, 대상물건 3개 호 사이에 용도상 불가분의 관계가 성립할 수 있는 권리적 기반을 갖추고 있다고 판단된다.

(2) 이용의 동일성

대상물건 3개 호는 모두 "교회의 부속 시설로 소예배실, 성경공부방, 교회휴게실로 이용 중"이므로, 현재 이용상황에 비추어 볼 때 용도상 불가분의 관계가 성립할 수 있다고 판단된다.

Ⅳ. [물음3] 대상물건의 평가방법

1. 대상물건의 평가방법

대상물건은 <구분건물 3개 호>로서, 개별평가의 예외로서 일괄평가를 적용하기 위한 일체 거래 가능성 및 용도상 불가분성의 정도가 크지 않다고 판단된다. 따라서 <개별평가>의 적용이 타당하며, <거래사례비교법>을 주된 방법으로 적용하고, 수익환원법 및 원가법으로 합리성을 검토한다.

2. 평가방법의 결정 이유

1) 개별평가 원칙의 고려

대상물건은 구분건물 3개 호로서, 「감정평가에 관한 규칙」 제7조 개별물건기준 원칙에 따라 각각 독립된 개별물건으로 감정평가하여야 한다.

2) 일괄평가 배제의 이유

(1) 개별 거래 가능성

대상물건은 과거 "5년 전, 3년 전, 1년 전에 각각 소유권이전등기"가 이루어지는 등 개별적으로 거래가 이루어진 사실이 있으므로, 일체 거래 가능성이 제약된다.

(2) 용도상 불가분의 일시성

대상물건은 현재 "교회의 부속 시설"로 동일하게 이용 중이나, 3개 호 중 일부 호를 개별로 매매 또는 임대할 수 있으므로 현재의 용도상 불가분성은 일시적이라고 판단된다.

V. 결어

대상물건은 개별평가 또는 일괄평가에 따라 위치, 면적, 형상 등 기본적 사항과 그에 따른 가치형성요인이 변화할 수 있으며, 이는 대상물건의 감정평가액에도 영향을 미칠 수 있다. 따라서 감정평가 시 일괄평가의 적용 요건을 검토하고, 일괄평가를 적용한 경우 그 사유를 감정평가서에 기재하여야 할 것이다. <끝>

✳ **감정평가의 원칙 · 절차**　　　　　▶ 기출문제 15회 3번

35 일괄감정평가, 구분감정평가, 부분감정평가 각각에 대하여 사례를 들어 설명하시오.
　　 15점

논점분석

- **논제** : 감정평가의 기초 ▶ 감정평가의 원칙절차 ▶ 개별평가원칙
- **유형** : 설명형(기본)

일괄감정평가, 구분감정평가, 부분감정평가는 개별감정평가의 예외이므로, 개별감정평가를 기준으로 목차화하면 좀 더 체계적인 논술이 될 것입니다.

예시목차

Ⅰ. 서설

Ⅱ. 일괄, 구분, 부분감정평가 (7)
　1. 개별감정평가의 의의
　2. 개별감정평가원칙의 예외
　　1) 일괄감정평가
　　　(1) 의의 및 요건
　　　(2) 적용사례
　　2) 구분감정평가
　　　(1) 의의 및 요건
　　　(2) 적용사례
　　3) 부분감정평가
　　　(1) 의의 및 요건
　　　(2) 적용사례

Ⅲ. 결어

문35 `15점`

I. 서설

「부동산등기법」과 「지방세법」 등 등기 및 과세법령은 토지와 건물을 구분하고 있으나, 일반적으로 토지와 건물은 일체의 효용을 갖는다. 그래서 「감정평가에 관한 규칙」 제7조는 개별물건기준 원칙을 규정하면서 예외적으로 일괄감정평가 · 구분감정평가 · 부분감정평가를 적용할 수 있다고 규정하고 있다.

II. 일괄, 구분, 부분감정평가

1. 개별감정평가의 의의

<개별감정평가>란 대상물건마다 개별로 감정평가하는 것을 말한다. 감정평가 시 「감정평가에 관한 규칙」 제7조 제1항에 근거하며 개별감정평가를 원칙으로 한다.

2. 개별감정평가원칙의 예외

1) 일괄감정평가

(1) 의의 및 요건

<일괄감정평가>란 개별물건기준 원칙의 예외로서 둘 이상의 대상물건이 일체로 거래되거나 대상물건 상호 간에 용도상 불가분의 관계가 있는 경우에 일괄하여 감정평가하는 것을 말하며, 「감정평가에 관한 규칙」 제7조 제2항에 근거한다.

(2) 적용사례

일괄감정평가의 사례로 ① 건물의 전유부분과 대지사용권이 일체로 거래되는 구분소유건물, ② 2필지 이상의 토지가 일단을 이루어 동일한 용도로 이용되는 일단지, ③ 산지와 입목, ④ 공장재단, ⑤ 일괄 거래되는 복합부동산 등이 있다.

2) 구분감정평가

(1) 의의 및 요건

<구분감정평가>란 개별물건기준 원칙의 예외로서 하나의 대상물건이라도 가치를 달리하는 부분을 구분하여 감정평가하는 것을 말하며, 「감정평가에 관한 규칙」 제7조 제3항에 근거한다.

(2) 적용사례

구분감정평가의 사례로 ① 둘 이상의 용도지역에 속한 토지, ② 위치에 따라 가격수준이 다른 초과토지, ③ 구조와 자재에서 차이가 있는 증축건물, ④ 선체, 기관, 의장으로 구성된 선박 등이 있다.

3) 부분감정평가

(1) 의의 및 요건

<부분감정평가>란 개별물건기준 원칙의 예외로서 특수한 목적이나 합리적인 이유가 있는 경우 일체로 이용되고 있는 대상물건의 일부분에 대하여 감정평가하는 것을 말하며, 「감정평가에 관한 규칙」 제7조 제4항에 근거한다.

(2) 적용사례

부분감정평가의 사례로 ① 공익사업에 일부 편입되는 토지 또는 건물, ② 복합부동산의 토지, ③ 공유 토지 등이 있다.

Ⅲ. 결어

현행 규정은 개별감정평가 원칙의 예외로서 일괄, 구분, 부분감정평가의 의의와 요건을 규정하고 있다. 「감정평가 실무기준」 등 하위 규정에서 각 감정평가의 구체적인 사례를 나열한다면 실무상 혼선을 줄일 수 있을 것으로 판단된다. <끝>

감정평가의 원칙·절차

36 乙은 대상물건의 일단지 성립여부를 분석하고 있다. 일단지 성립을 긍정하는 입장에서 그 근거를 논하시오. [15점]

1. 농업인인 甲은 거주 목적의 단독주택을 신축하기 위해 A광역시 B군에 소재하는 토지 2필지를 매수하고 소유권이전등기를 한 후, 건축비용 마련을 위해 금융회사에 담보대출을 신청함
2. 매매계약일: 2024.06.01, 매매대금: 2억원, 소유권이전등기일: 2025.06.01.
3. 매매대상토지의 내용은 다음과 같음 (매매계약일 기준)
   - 토지 1: 면적 200㎡, 지목 과수원, 용도지역 자연녹지지역, 수령 약 20년생 복숭아나무 15주 소재
   - 토지 2: 면적 300㎡, 지목 임야, 용도지역 자연녹지지역, 관상수로 식재한 수고 약 10m의 소나무 10주 소재
4. 매매대상토지는 서로 접한 토지로서 자연취락과 인접한 난측하향 완경사지대에 위치함
5. 매도인은 매매대상토지를 하나의 대지로 하여 2023. 12. 01. 단독주택 건축허가를 받았고, 건축공사에 착수하지는 않았음
6. 매매계약의 특약사항으로 매매대상 토지에 소재하는 나무도 매매대상물건에 포함되며, 매도인은 건축허가와 관련된 일체의 권리에 대해 매수인에게 무상으로 양도하기로 함
7. 금융회사는 매매대상토지에 대해 감정평가사 乙에게 담보목적의 감정평가를 의뢰함
8. 기준시점(2025.07.01.) 현재 甲은 B군수로부터 건축관계자명의변경신고필증을 교부받았음
9. 인근지역에 소재하는 단독주택의 표준적인 획지는 대지면적이 500㎡ 내외임

논점분석

- **논제** : 감정평가의 기초 ▶ 감정평가의 원칙절차 ▶ 개별평가원칙
- **유형** : 설명형(사례)

일단지의 성립요건(일괄평가의 성립요건)에 대한 사례 설명형 문제입니다. 일반적인 성립요건을 먼저 제시한 후, 해당 요건은 사례에 적용하여 구체적으로 연결해주세요.

예시목차

I. 서설

II. 일단지 성립여부 (7)
1. 대상물건의 개요
2. 일단지의 의의 및 성립요건
    1) 일단지의 의의
    2) 일단지의 성립요건
        (1) 사회·경제·행정적 측면의 합리성
        (2) 가치형성 측면의 타당성
3. 일단지의 성립근거
    1) 주위환경 및 주택건축 허가
    2) 표준적 획지규모
    3) 소결 : 용도상 불가분성

III. 결어

문 36 15점

I. 서설

「부동산등기법」과 「지방세법」 등 등기 및 과세법령은 토지와 건물을 구분하고 있으나, 일반적으로 토지와 건물은 일체의 효용을 갖는다. 그래서 「감정평가에 관한 규칙」 제7조는 개별물건기준 원칙을 규정하면서 예외적으로 일괄감정평가를 적용할 수 있다고 규정하고 있다. 동일한 대상물건이라도 개별·일괄감정평가에 따라 감정평가 결과가 달라질 수 있으므로, 일단지 등 일괄감정평가 적용에 유의하여야 한다.

II. 일단지 성립여부

1. 대상물건의 개요

감정평가의 대상물건은 <토지 2필지>로서 기준시점 현재 명의변경을 통해 건축허가를 승계하였다. 감정평가는 대상물건마다 개별로 하여야 하나, 둘 이상의 대상물건이 일체로 거래되거나 대상물건 상호 간에 용도상 불가분의 관계가 있는 경우에는 일괄하여 감정평가할 수 있다.

2. 일단지의 의의 및 성립요건

1) 일단지의 의의

<일단지>란 지적공부상 2필지 이상의 토지가 일단을 이루어 같은 용도로 이용되는 것이 사회·경제·행정적 측면에서 합리적이고 가치형성 측면에서 타당하다고 인정되는 등 용도상 불가분의 관계에 있는 토지를 말한다.

2) 일단지의 성립요건

(1) 사회 · 경제 · 행정적 측면의 합리성

일단지가 되기 위해서는 같은 용도로 이용되는 것이 합리적이어야 한다. 일단의 용도가 ① 사회적으로 주위 환경에 적합해야 하고 ② 경제적으로 비용 대비 수익이 확보되어야 하며 ③ 행정적으로 용도지역 · 지구에 적합해야 한다.

(2) 가치형성 측면의 타당성

일단지가 되기 위해서는 가치형성 측면에서 일단의 이용가치가 개별적 이용가치의 합계보다 높아야 한다. 일단의 이용을 통해 토지의 형상, 도로접면 등 개별적 가치형성요인이 변동하므로 개별요인에 따른 가치 증가가 예상되어야 한다.

3. 일단지의 성립근거

1) 주위환경 및 주택건축 허가

대상토지는 ① 사회적 측면에서 "자연취락과 인접"하여 일단의 주거용지(단독주택용지)로 이용할 수 있으며 ② 경제적 측면에서 일단의 토지면적이 "표준적 획지규모"와 유사하고 ③ 행정적 측면에서는 "단독주택 건축허가"를 득하였으므로 사회적 · 경제적 · 행정적 측면의 합리성이 <인정>된다.

2) 표준적 획지규모

대상토지가 속한 인근지역의 "표준적 획지규모는 대지면적 500㎡ 내외"이다.

대상토지의 개별 면적은 각각 200㎡, 300㎡로서 표준적 획지규모에 미달하나, 일단의 이용으로 500㎡의 면적을 확보한다면 표준적 획지규모에 부합하여 개별 토지 대비 토지가치가 상승할 것으로 예상되므로 가치형성 측면에서 <타당>하다.

3) 소결 : 용도상 불가분성

대상토지는 일단의 이용이 사회적·경제적·행정적 측면에서 합리적이고, 가치형성 측면에서 타당하여 용도상 불가분의 관계에 있어 일단지가 <성립>할 수 있다. 다만 건축허가를 득한 후 건축공사에 착공하기 이전이므로 담보 목적의 감정평가 시 공사 착수 여부에 유의하여야 한다.

III. 결어

대상토지의 감정평가 시 일단지의 성립여부에 따라 감정평가결과에 유의미한 변동이 발생할 수 있다. 따라서 감정평가 시 건축공사 진행상황 등 일단지 판정에 유의해야 할 것이다. <끝>

✳ 감정평가의 원칙·절차

37 「감정평가에 관한 규칙」에는 현황기준 원칙과 그 예외를 규정하고 있다. 예외 규정의 내용을 설명하고, 사례를 3개 제시하시오. `10점`

논점분석

• **논제** : 감정평가의 기초 ▶ 감정평가의 원칙절차 ▶ 현황평가원칙
• **유형** : 설명형(기본)

현황평가원칙의 예외인 조건부 감정평가에 대한 기본 설명형 문제입니다. 문제에서 제시한 대로 구체적인 사례를 서술하되, 조건부 감정평가의 적용 요건에 맞춰 각각 제시해주세요.

예시목차

Ⅰ. 서설

Ⅱ. 현황 기준 감정평가의 예외 (5)
  1. 현황 기준 감정평가의 의의
  2. 현황 기준 원칙의 예외로서 조건부 감정평가
    1) 조건부 감정평가의 의의 및 요건
    2) 조건부 감정평가의 사례
      (1) 보상평가 시 개발이익 배제
      (2) 도시정비평가 시 종후자산 감정평가
      (3) 도시정비평가 시 처분목적 국공유지 감정평가

문 37 `10점`

I. 서설

「감정평가에 관한 규칙」 제6조는 현황기준 원칙을 규정하면서 예외적으로 조건부 감정평가를 적용할 수 있다고 규정하고 있다. 조건부 감정평가는 부동산 의사결정의 복합성 따른 의뢰인의 다양한 요구를 지원하여 감정평가의 경제적 기능 확대에 기여할 수 있다. 다만, 조건에 따른 감정평가결과의 차이, 감정평가사의 책임범위 등에 영향을 미치므로 적용 요건 및 검토사항을 준수하여 제한적으로 활용해야 할 것이다.

II. 현황 기준 감정평가의 예외

1. 현황 기준 감정평가의 의의

<현황 기준 감정평가>란 기준시점에서 대상물건의 이용상황 및 공법상 제한을 받는 상태를 기준으로 감정평가하는 것을 말하며, 「감정평가에 관한 규칙」 제6조 제1항에 근거한다.

2. 현황 기준 원칙의 예외로서 조건부 감정평가

1) 조건부 감정평가의 의의 및 요건

<조건부 감정평가>란 기준시점의 가치형성요인 등을 실제와 다르게 가정하거나 특수한 경우로 한정하는 조건을 붙여 감정평가하는 것을 말한다. 감정평가조건을 붙이기 위해서는 ① 법령에 다른 규정이 있거나 ② 의뢰인의 요청이 존재하거나 ③ 감정평가의 목적이나 대상물건의 특성에 비추어 사회통념상 필요하다고 인정되어야 한다.

2) 조건부 감정평가의 사례

(1) 보상평가 시 개발이익 배제

보상평가는 「공익사업을 위한 토지 등의 취득 및 보상에 관한 법률」 제70조 제5항 등 법령의 규정에 근거하여, 기준시점 현재 공익사업의 계획 또는 시행으로 인한 개발이익을 배제하는 조건부 감정평가에 해당한다.

(2) 도시정비평가 시 종후자산 감정평가

도시정비평가 시 종후자산 감정평가는 분양신청기간 만료일 등을 기준으로 분양예정 물건을 감정평가하는 것으로, 재개발조합 등 의뢰인의 요청에 의해 기준시점 당시 이용상황이 아닌 준공 후 가치로 감정평가하는 조건부 감정평가에 해당한다.

(3) 도시정비평가 시 처분목적 국공유지 감정평가

도시정비평가 시 처분목적 국공유지 감정평가는 정비구역 내 국공유자산을 감정평가하는 것으로, 기반시설로 제공되었던 국공유자산의 특성을 감안하여 기준시점의 이용상황을 대지로 감정평가하는 조건부 감정평가에 해당한다. <끝>

✱ 감정평가의 원칙·절차　　　　　▶기출문제 26회 1번

38 A법인은 토지 200㎡ 및 위 지상에 건축된 연면적 100㎡ 1층 업무용 건물(집합건물이
아님)을 소유하고 있다. 건물은 101호 및 102호로 구획되어 있으며, 101호는 A법인이
사무실로 사용하고 있고 102호는 B에게 임대하고 있다. 다음 물음에 답하시오.
`40점`

1) A법인이 소유한 위 부동산(토지 및 건물)을 감정평가할 경우 감정평가규칙에 따른
원칙적인 감정평가방법 및 근거, 해당 방법의 적정성을 논하시오. `15점`

2) 임차인 C가 101호를 전세로 임차하기로 하였다. C는 전세금액 및 전세권 설정에
참고하기 위하여 101호 건물 50㎡만을 감정평가 의뢰하였다. 본건 평가의 타당성
에 관해 설명하시오. `10점`

3) A법인은 토지에 저당권을 설정한 이후 건물을 신축하였으나 건물에 대해서는 저당
권을 설정하지 않았다. A법인이 이자지급을 연체하자 저당권자가 본건 토지의 임의
경매를 신청하였다. 이 경우 토지의 감정평가 방법에 관해 설명하시오. `5점`

4) 해당 토지의 용적률은 50%이나 주변토지의 용적률은 100%이다. A법인이 용적률
100%를 조건으로 하는 감정평가를 의뢰하였다. 조건부평가에 관해 설명하고 본건
의 평가 가능 여부를 검토하시오. `10점`

논점분석

- **논제** : 감정평가의 기초 ▶ 감정평가의 원칙절차 ▶ 개별평가원칙, 현황평가원칙
- **유형** : ① 논술형(사례) ② 설명형(사례)
- **개념어** : 근거, 적정성, 타당성

감정평가의 원칙과 예외에 대한 사례형 문제입니다. 사례형 문제는 ① 일반 이론에 대해 체계적으로
충분히 서술한 후 ② 해당 사례의 조건을 전술한 이론적 체계로 해석하여 ③ 사례에 대한 명확한 결론
을 제시하는 것이 중요합니다.

출제위원 채점평

본 문제는 토지와 건물을 별개의 부동산을 채택하고 있는 우리나라의 법제도하에서 부동산의 평가와 관련된 기본적인 문제들을 묻고 있습니다. 우선 집합건물이 아닌 토지 및 건물로 구성된 부동산의 평가와 관련하여 감정평가에 관한 규칙에서 규정하고 있는 원칙적인 평가방법, 근거 및 그 정당성에 대해서 묻고 있습니다.

원칙적인 평가방법에 대해서는 대다수 수험생들이 제대로 썼지만, 그 근거 및 정당성에 대해서는 제대로 논하지 않은 수험생들이 많았습니다. 전세금 설정을 위한 부분평가에 대해서도 부분평가 개념을 제시하지 못한 수험생들이 많았고, 특정 감정방법을 채택할 경우 발생할 수 있는 문제에 대해서 검토하지 못하는 수험생들이 많았습니다. 토지에 대한 조건부평가 및 해당 사항의 판단과 관련하여 조건부평가에 대한 이론적 내용은 대다수 수험생들이 기술하였습니다. 그러나 해당 사안을 구체적으로 판단하는 것과 관련하여서는 제대로 판단하지 못한 사람이 많았습니다.

결과적으로 수험생들이 교과서나 수험서의 내용을 그대로 외워 적는 것에는 익숙하지만, 해당 제도의 목적이나 취지에 대한 깊은 이해가 부족하다고 판단됩니다.

예시목차

Ⅰ. 서설

Ⅱ. (물음1) 개별감정평가와 일괄감정평가 (7)
  1. 개설
  2. 원칙적 감정평가방법(개별감정평가)
    1) 개별물건기준 원칙의 의의
    2) 구체적 감정평가방법
  3. 개별 감정평가의 근거
    1) 법적 근거
    2) 이론적 근거
  4. 개별 감정평가의 적정성
    1) 일괄 감정평가의 적용 가능성
    2) 개별 감정평가의 적정성 검토

Ⅲ. (물음2) 개별감정평가와 부분감정평가 (5)
  1. 개설
  2. 부분 감정평가의 의의
  3. 부분 감정평가의 적용 요건
  4. 부분 감정평가의 적용 여부 검토

Ⅳ. (물음3) 제시외 건물이 있는 토지의 감정
    평가 (3)
  1. 개설
  2. 제시외 건물이 있는 토지의 감정평가방법
  3. 사례 토지의 감정평가방법 검토

Ⅴ. (물음4) 현황 감정평가와 조건부 감정평가
    (5)
  1. 개설
  2. 조건부 감정평가
    1) 조건부 감정평가의 의의
    2) 조건부 감정평가의 적용 요건
    3) 감정평가조건의 판단 및 유의사항
  3. 조건부 감정평가의 적용 여부 검토

Ⅵ. 결어

문 38 <u>40점</u>

Ⅰ. 서설

「감정평가에 관한 규칙」은 감정평가의 원칙으로서 ① 현황기준 원칙(제6조), ② 개별물건기준 원칙(제7조)을 규정하고 있으며, 각각 그 예외로서 ① 조건부 감정평가, ② 일괄·구분·부분평가를 규정하고 있다. 조건부 감정평가 등은 감정평가 일반 원칙의 예외로서, 의뢰인의 요청, 관련 법령의 규정, 대상물건의 특성 등을 종합적으로 판단하여 적용 여부를 결정하여야 한다.

Ⅱ. [물음1] 개별감정평가와 일괄감정평가

1. 개설

대상물건은 <토지와 건물로 구성된 복합부동산>이며 구분소유 부동산이 아니므로 토지·건물 각각에 대하여 개별 감정평가하여야 하나, 예외적 규정으로서 일괄 감정평가의 적용 가능성을 고려하여 개별 감정평가의 적정성을 논한다.

2. 원칙적 감정평가방법(개별감정평가)

1) 개별물건기준 원칙의 의의

<개별물건기준 원칙>이란 감정평가는 대상물건마다 개별로 하여야 한다는 것을 말하며, 「감정평가에 관한 규칙」 제7조 제1항에 근거한다.

2) 구체적 감정평가방법

<토지>는 「감정평가에 관한 규칙」 제14조에 근거하여 공시지가기준법으로 평가하되, 그 외에 적정한 실거래가를 기준한 거래사례비교법을 적용하거나, 임대료, 조성

비용을 고려하여 감정평가할 수 있다. <건물>은 「감정평가에 관한 규칙」 제15조에 근거하여 원가법으로 평가한다.

3. 개별 감정평가의 근거

1) 법적 근거

「민법」에서는 부동산을 토지와 정착물로 구분하고 있고, 「부동산등기법」과 「지방세법」 등 등기 및 과세 법령에서도 토지와 건물을 구분하고 있다. 「감정평가에 관한 규칙」 역시 개별물건기준 원칙을 규정하여 일관성 있는 법 체계를 유지하고 있다.

2) 이론적 근거

토지는 영속적인 자산이나 건물은 내용연수가 한정되어 있어 자산의 특성이 상이하다. 건물은 시간의 경과에 따른 마모 및 파손에 의해 가치가 감소하므로 토지와 달리 자본회수를 고려하여 가치가 형성된다.

4. 개별 감정평가의 적정성

1) 일괄 감정평가의 적용 가능성

<일괄 감정평가>란 개별물건기준 원칙의 예외로서 둘 이상의 대상물건이 일체로 거래되거나 대상물건 상호 간에 용도상 불가분의 관계가 있는 경우에 일괄하여 감정평가하는 것을 말하며, 「감정평가에 관한 규칙」 제7조 제2항에 근거한다. 대상물건은 토지·건물의 소유권이 동일하고 일체의 업무용 건물로 이용하고 있으므로 일괄감정평가의 적용이 <가능>할 것으로 판단된다.

2) 개별 감정평가의 적정성 검토

대상물건은 복합부동산으로 개별 감정평가의 법적·이론적 적정성이 <인정>되나, 거래의 일체성, 용도상 불가분성을 고려하여 일괄 감정평가의 적용 또한 가능하다고 판단된다. 따라서 「감정평가에 관한 규칙」 제12조에 의거하여 각 방법에 의한 시산가액을 비교하고 합리성을 검토하여 최종 감정평가액을 결정하여야 한다.

III. [물음2] 개별감정평가와 부분감정평가

1. 개설

대상건물은 <연면적 100㎡의 1층 업무용 건물>이나, 건물의 일부분인 50㎡만이 감정평가 의뢰되었다. 개별물건기준 원칙의 예외로서 부분 감정평가의 적용 가능성을 검토한다.

2. 부분 감정평가의 의의

<부분 감정평가>란 개별물건기준 원칙의 예외로서 특수한 목적이나 합리적인 이유가 있는 경우 일체로 이용되고 있는 대상물건의 일부분에 대하여 감정평가하는 것을 말하며, 「감정평가에 관한 규칙」 제7조 제4항에 근거한다. 부분 감정평가는 대상물건의 형식적·실질적 단위와 별개로, 목적에 적합한 정보를 제공하기 위한 것이다.

3. 부분 감정평가의 적용 요건

부분 감정평가를 적용하기 위해서는 일부분에 대하여 감정평가하여야 할 ① 특수한 목적 또는 ② 합리적인 이유가 존재해야 한다.

4. 부분 감정평가의 적용 여부 검토

대상물건의 감정평가는 ① 전세금액 및 전세권 설정에 참고하기 위한 특수한 목적을 가지고 있고 ② 전세권 설정 대상이 대상건물의 일부분인 101호 건물 50㎡에 해당하여 합리적인 이유가 존재하는 것으로 판단된다. 「부동산등기법」 에서도 건물 일부에 대한 전세권 등기를 인정하고 있으므로, 부분 감정평가의 적용이 <가능>하다.

Ⅳ. [물음3] 제시외 건물이 있는 토지의 감정평가

1. 개설

대상물건은 <토지와 건물로 구성된 복합부동산>이나, 저당권자에 의해 토지만 의 감정평가가 의뢰되었다. 이 경우 의뢰인이 제시하지 않은 지상 정착물은 제 시외 건물에 해당하므로, 토지의 감정평가방법이 문제된다.

2. 제시외 건물이 있는 토지의 감정평가방법

「감정평가 실무기준」은 제시외 건물이 있는 토지의 경우, 소유자의 동일성 여부 와 관계없이 지상 정착물과 소유자가 다른 것으로 하여 정착물이 토지에 미치 는 영향을 고려하여 감정평가하도록 규정하고 있다.

3. 사례 토지의 감정평가방법 검토

사례의 경우 저당권 설정자가 건물을 신축하였으므로, 건물의 소유권은 토지의 소유권과 동일하다. 그러나 경매 목적의 토지 감정평가 시, 토지와 제시외 건물은 개별 감정평가한다. 또한, 토지는 제시외 건물에 의한 토지 소유권 행사의 제한을 별도로 감안하여 감정평가한다.

V. (물음4) 현황 감정평가와 조건부 감정평가

1. 개설

대상 <토지>의 용적률은 50%이나 주변 토지의 용적률은 100%이다. 감정평가 시 기준시점의 이용상황 및 가격형성요인을 기준하여 평가하여야 하나, 예외적으로 현황과 다른 용적률 100%를 적용한 조건부 감정평가의 가능 여부를 검토한다.

2. 조건부 감정평가

1) 조건부 감정평가의 의의

<조건부 감정평가>란 기준시점의 가치형성요인 등을 실제와 다르게 가정하거나 특수한 경우로 한정하는 조건을 붙여 감정평가하는 것을 말하며, 「감정평가에 관한 규칙」 제6조 제2항에 근거한다.

2) 조건부 감정평가의 적용 요건

감정평가조건을 붙이기 위해서는 ① 법령에 다른 규정이 있거나 ② 의뢰인의 요청이 존재하거나 ③ 감정평가의 목적이나 대상물건의 특성에 비추어 사회통념상 필요하다고 인정되어야 한다.

3) 감정평가조건의 판단 및 유의사항

조건부 감정평가 시 감정평가조건의 ① 합리성, ② 적법성, ③ 실현가능성 등을 검토하여야 하며, 감정평가조건의 합리성, 적법성이 결여되거나 사실상 실현불가능하다고 판단될 경우에는 의뢰를 거부하거나 수임을 철회할 수 있다.

3. 조건부 감정평가의 적용 여부 검토

해당 조건부 감정평가는 의뢰인 A법인의 의뢰에 근거하였으므로 조건부 감정평가의 <적용 요건>은 충족된다고 판단되며, 주변 토지의 용적률이 100% 이므로 대상 토지에 추가적인 공법상 제한 등이 없다면 감정평가조건의 <적법성>도 충족된다고 판단된다. 따라서 증축 등을 위한 대상물건의 물리적 조건인 <실현가능성>과 증축 후 증분가치와 증축비용을 비교한 <합리성>이 충족된다면 조건부 평가가 <가능>할 것으로 판단된다.

VI. 결어

감정평가조건은 조건의 범위 등에 따라 감정평가액의 차이가 발생할 수 있으며, 사회적·경제적으로 미치는 영향이 크다. 또한, 조건의 타당성에 따라 감정평가사의 책임범위 등에 영향을 미치므로 의뢰인의 활용목적 충족 및 감정평가 업무영역 확대라는 순기능에도도 불구하고 제한적으로 활용하는 등 감정평가조건 확정 시 유의하여야 한다. <끝>

감정평가의 원칙·절차

39 감정평가 시 가격시점의 필요성을 설명하시오. **10점**

논점분석

- **논제** : 감정평가의 기초 ▶ 감정평가의 원칙절차 ▶ 현행평가원칙
- **유형** : 설명형(기본)
- **개념어** : 필요성

현행평가원칙에 대한 기본 설명형 문제입니다. 기준시점의 기본적 내용을 서술하신 후, "**필요성**"에 대해서는 "감정평가 시"라고 전제하였으므로 감정평가의 절차 등을 기준으로 설명해주세요.

예시목차

Ⅰ. 서설

Ⅱ. 감정평가 시 기준시점의 필요성 (5)

　1. 기준시점의 의의

　　1) 기준시점의 정의

　　2) 기준시점의 확정방법

　2. 감정평가 시 기준시점의 필요성

　　1) 기본적 사항 확정 시 필요성

　　2) 자료 검토 및 가치형성요인 분석 시 필요성

　　3) 감정평가의 책임성 확보를 위한 필요성

I. 서설

「감정평가에 관한 규칙」 제9조는 감정평가의 기준시점을 가격조사 완료일로 규정하면서 예외적으로 기준시점을 사전에 정할 수 있다고 규정하고 있다. 부동산은 영속적 재화로서 이용상황 및 가격형성요인이 변화할 수 있으므로, 감정평가 결과는 특정 기준시점을 전제하여 성립한다.

II. 감정평가 시 기준시점의 필요성

1. 기준시점의 의의

1) 기준시점의 정의

<기준시점>이란 대상물건의 감정평가액을 결정하는 기준이 되는 날짜를 말한다. 감정평가는 현황기준 원칙으로서 기준시점에서의 대상물건의 이용상황 및 공법상 제한을 고려하여 평가하여야 한다(「감정평가에 관한 규칙」 제6조).

2) 기준시점의 확정방법

감정평가를 의뢰받았을 때에는 의뢰인과 기준시점을 협의하여 확정하여야 하며, 대상물건의 가격조사를 완료한 날짜로 하는 것을 원칙으로 하되, 가격조사가 가능한 경우에는 기준시점을 미리 정하는 것이 가능하다(「감정평가에 관한 규칙」 제9조 제2항).

2. 감정평가 시 기준시점의 필요성

1) 기본적 사항 확정 시 필요성

<기본적 사항>이란 감정평가업무 수임 시 의뢰인과 협의하여 결정해야 하는 사항을 말한다. 부동산은 시간에 따라 대상물건의 이용상황 및 가치형성요인이 변화할 수 있으므로, 감정평가의 기본적 사항을 확정하기 위해 기준시점이 필요하다.

2) 자료 검토 및 가치형성요인 분석 시 필요성

<가치형성요인>이란 대상물건의 경제적 가치에 영향을 미치는 일반요인, 지역요인 및 개별요인 등을 말한다. 가치형성요인은 부단히 변화하므로 요인·사례·가격자료의 수집기간을 정하기 위해 기준시점이 필요하다.

3) 감정평가의 책임성 확보를 위한 필요성

감정평가는 정책적·경제적 기능을 통해 국민의 재산권과 부동산시장에 직·간접적인 영향을 미치므로, 평가결과에 대한 행정적·형사적·민사적 책임이 수반된다. 감정평가 결과를 특정 시점에 국한시켜 책임범위를 제한하기 위해 기준시점이 필요하다. <끝>

✱ 감정평가의 원칙·절차

40 부동산가격과 가격시점 간의 관계에 대해 설명하시오. 10점

논점분석

- **논제** : 감정평가의 기초 ▶ 감정평가의 원칙절차 ▶ 현행평가원칙
- **유형** : 설명형(관계)

부동산가격과 감정평가(기준시점)에 대한 관계를 묻는 설명형 문제입니다. 배점상 양자의 관계를 상술하여야 하므로, 부동산가격형성과정을 서술한 후 기준시점이 부동산가격에 미치는 영향을 서술해주세요.

예시목차

Ⅰ. 서설

Ⅱ. 부동산가격과 기준시점의 관계 (5)

  1. 부동산가격의 의의

  2. 기준시점의 의의

  3. 부동산가격과 기준시점의 관계

    1) 부동산가격의 형성원리

    2) 기준시점에 따른 가격수준 변동

    3) 부동산가격의 기준이 되는 관계

문40 10점

Ⅰ. 서설

「감정평가에 관한 규칙」 제9조는 감정평가의 기준시점을 가격조사 완료일로 규정하면서 예외적으로 기준시점을 사전에 정할 수 있다고 규정하고 있다. 부동산은 영속적 재화로서 이용상황 및 가격형성요인이 변화할 수 있으므로, 부동산가격 역시 기준시점에 따라 달라질 수 있다.

Ⅱ. 부동산가격과 기준시점의 관계

1. 부동산가격의 의의

<부동산가격>이란 거래당사자가 대상물건에 대해 매매계약의 체결을 통해 결정한 실제 매매가격을 말한다. 부동산가격은 일반 재화와 다른 물리적, 인문적 특성에 의해 고유의 가격형성원리를 갖는다.

2. 기준시점의 의의

<기준시점>이란 대상물건의 감정평가액을 결정하는 기준이 되는 날짜를 말한다. 「감정평가에 관한 규칙」 제9조는 감정평가의 기준시점을 가격조사 완료일로 규정하면서 예외적으로 기준시점을 사전에 정할 수 있다고 규정하고 있다.

3. 부동산가격과 기준시점의 관계

1) 부동산가격의 형성원리

부동산가격은 지역과 종별과 따라 <지역적 차원의 가격수준>을 형성한 후, 대상 부동산의 유형과 개별적 특성에 따라 <구체적 가격>으로 귀결된다.

2) 기준시점에 따른 가격수준 변동

부동산의 가격수준은 인근지역 내 자연적, 사회적, 경제적, 행정적 가격형성 요인의 영향을 받아 형성된다. 인근지역은 생애주기에 따라 성장-성숙-쇠퇴-천이의 순서로 변화하므로, 기준시점에 따라 지역의 가격수준도 다르게 나타난다.

3) 부동산가격의 기준이 되는 관계

부동산가격은 특정 기준시점을 전제로 성립하므로, 기준시점은 <부동산가격의 기준이 되는 관계>에 해당한다. 따라서 감정평가 시 부동산 가격자료의 수집 및 분석 역시 기준시점을 전제로 이루어져야 한다. <끝>

＊ 감정평가의 원칙 · 절차

▶ 기출문제 22회 1번

41 수익형 부동산의 평가방법에 대해 설명하시오. `10점`

논점분석

• **논제** : 감정평가의 기초 ▶ 감정평가의 원칙절차 ▶ 감정평가 3방식
• **유형** : 설명형(기본)

감정평가방법에 대한 기본 설명형 문제입니다. 수익형 부동산은 종별 · 유형을 막론하고 임대수익을 발생시키는 모든 종류의 부동산입니다. 구체적인 유형이 제시되지 않았기 때문에, 구체적인 감정평가 방법 대신 상위 개념인 3방식을 기준으로 서술해주세요.

예시목차

Ⅰ. 서설

Ⅱ. 수익형 부동산의 감정평가방법 (5)

　1. 수익형 부동산의 의의 및 종류

　2. 수익형 부동산의 감정평가방법

　　1) 수익환원법

　　　(1) 순수익(현금흐름)의 추정

　　　(2) 환원율(할인율)의 결정

　　2) 거래사례비교법

　　3) 원가법

문 41 10점

Ⅰ. 서설

「감정평가에 관한 규칙」 제12조는 대상물건별 감정평가방법으로 주된 방법과 부 방법을 규정하고, 시산가액 간 합리성 검토 및 조정 절차를 규정하고 있다. 최근 부동산시장의 침체 및 저금리 기조로 인해 수익형 부동산이 주목받고 있으므로, 수익방식 등 수익형 부동산의 감정평가방법에 대한 이해와 활용이 필요하다.

Ⅱ. 수익형 부동산의 감정평가방법

1. 수익형 부동산의 의의 및 종류

<수익형 부동산>이란 임대를 통해 임대수익을 창출할 수 있는 부동산을 말한다. 수익형 부동산은 용도에 따라 ① 주거용(소형 아파트, 오피스텔, 도시형생활주택 등)과 ② 상업용(근린상가, 고시원, 모텔 등) 등으로 분류할 수 있다.

2. 수익형 부동산의 감정평가방법

1) 수익환원법

(1) 순수익(현금흐름)의 추정

<수익환원법>이란 대상물건이 장래 산출할 것으로 기대되는 순수익(현금흐름)을 환원(할인)하여 대상물건의 가액을 산정하는 감정평가방법을 말한다. <순수익(현금흐름)> 추정 시 ① 임대료, 보증금운용이익, 기타 수입에 기초하여 가능총수익을 산정하고 ② 공실률 및 대손충당금을 공제하여 유효총수익을 산정한다. 이에 ③ 운영경비를 공제하여 순수익을 추정하며, 추가로 ④ 저당서비스액, 세금 등을 고려하여 세전지분수익, 세후지분수익을

산정한다.

(2) 환원율(할인율)의 결정

<환원율>이란 순수익을 기준시점의 경제적 가치로 환산하기 위하여 적용하는 이율을 말한다. 환원율은 ① 시장추출법, ② 요소구성법, ③ 투자결합법 등을 활용하여 결정할 수 있다. <할인율>이란 미래의 현금흐름을 현재가치로 환산하기 위하여 적용하는 이율을 말한다. 할인율은 ① 투자자조사법, ② 투자결합법 등을 활용하여 결정한다.

2) 거래사례비교법

<거래사례비교법>이란 대상물건과 가치형성요인이 같거나 비슷한 물건의 거래사례와 비교하여 대상물건의 현황에 맞게 사정보정, 시점수정, 가치형성요인 비교 등의 과정을 거쳐 대상물건의 가액을 산정하는 감정평가방법을 말한다. 거래사례비교법은 임대 수요 증가 등 경기 상승국면에서 수익형 부동산의 가치를 반영할 수 있다.

3) 원가법

<원가법>이란 토지·건물의 가치를 공시지가기준법과 원가법에 의해 각각 산정하여 합산하거나, 이를 층별·위치별 효용비율로 배분하여 대상물건의 가액을 산정하는 감정평가방법을 말한다. 원가법은 비용성에 근거하여 수익성에 기반한 수익형 부동산의 가치를 파악하는 데 한계가 있으나, 투자비용의 최소가치를 판단하는 데 있어 참고적으로 활용될 수 있다. <끝>

✱ 감정평가의 원칙·절차

42 리모델링된 부동산에 대해 감정평가 3방식을 적용하여 감정평가할 때 유의할 사항을 설명하시오. 10점

논점분석

- **논제** : 감정평가의 기초 ▶ 감정평가의 원칙절차 ▶ 감정평가 3방식
- **유형** : 설명형(기본)
- **개념어** : 유의사항

감정평가방법에 대한 기본 설명형 문제입니다. 감정평가방법의 기본 목차를 활용하시되, 리모델링 부동산에 특화시켜 각 방법의 적용절차별 유의사항을 강조해주세요.

출제위원 채점평

부동산 리모델링의 경우 리모델링의 개념을 명확히 알고 유의사항도 3방식별로 핵심적인 내용을 파악하여 기술하는 것이 필요하였는데 대다수 수험생들이 비교적 무난하게 답한 것으로 보인다. 하지만 일부 수험생들은 <u>단순히 3방식만을 열거하고 리모델링과는 연결시키지 못한 채 일반적인 내용의 기술에 그친 경우도 있었다.</u>

예시목차

Ⅰ. 서설

Ⅱ. 리모델링 부동산 감정평가 시 유의사항 (5)
    1. 리모델링 부동산의 의의
    2. 리모델링 부동산 감정평가 시 유의사항
        1) 원가방식 적용 시 유의사항
        2) 비교방식 적용 시 유의사항
        3) 수익방식 적용 시 유의사항
        4) 시산가액 조정 시 유의사항

문42 **10점**

I. 서설

재화의 가치는 비용성, 시장성, 수익성에 근거하며, 감정평가 3방식은 가치의 3면성에 근거하여 시산가액을 산정한다. 최근 재건축·재개발 등 철거 후 신축 개발 방식의 대안으로 리모델링 수요가 증가하고 있으므로, 리모델링 부동산에 대한 감정평가 3방식 적용 시 핵심적인 사항들에 대한 이해와 검토가 필요하다.

II. 리모델링 부동산 감정평가 시 유의사항

1. 리모델링 부동산의 의의

<리모델링>이란 기존 건축물에 대한 증축, 개축, 대수선 등을 통하여 건축물의 기능을 향상시키고 수명을 연장시키는 것을 말한다. 리모델링은 신축 대비 공사비용이 저렴하고 공사기간이 짧아 거주민의 부담을 최소화하면서 건물의 물리적 상태 및 기능을 최신화할 수 있다는 장점이 있다.

2. 리모델링 부동산 감정평가 시 유의사항

1) 원가방식 적용 시 유의사항

① 재조달원가 산정 시 용도적, 기능적 측면의 대체원가로 산정하며 ② 감가요인에 있어 기존 부분의 물리적 감가와 리모델링 부분의 기능적 감가를 구분하여야 한다. ③ 감가수정 시 내용연수는 물리적 내용연수가 아닌 유효연수법, 미래수명법을 활용한 관찰 감가에 유의하여야 한다.

2) 비교방식 적용 시 유의사항

① <u>사례 선정</u> 시 대상물건과 동일하게 리모델링되었거나, 용도적, 기능적으로 동일 또는 유사한 사례를 선정하여야 하며 ② <u>가치형성요인 비교</u> 시 건물의 잔가율은 물리적 내용연수가 아닌 경제적 내용연수의 비교에 <u>유의하여야 한다.</u>

3) 수익방식 적용 시 유의사항

① <u>총소득</u> 산정 시 간접법에 의해 대상물건과 동일하게 리모델링되었거나, 용도·기능적으로 동일 또는 유사한 사례를 기준하여야 하며 ② <u>영업경비</u> 산정 시 리모델링 비용은 대체충당금과 중복 계상하지 않도록 <u>유의하여야 한다.</u>

4) 시산가액 조정 시 유의사항

<시산가액 조정>이란 감정평가방법의 적용을 통하여 산정된 시산가액을 합리적으로 조정하여 최종 감정평가액을 결정하는 것을 말한다. 리모델링 부동산의 경우 투입된 비용(비용성) 대비 경제적 효과(시장성·수익성)에 <u>유의하여야 한다.</u>

<끝>

✱ 감정평가의 원칙·절차

▶ 기출문제 30회 1번

43 공기업 A는 소지를 신규취득하고 직접 조성비용을 투입하여 택지를 조성한 후, 선분양방식에 의해 주택공급을 진행하려고 하였다. 그러나 「주택공급에 관한 규칙」의 변경에 따라 후분양방식으로 주택을 공급하려고 한다. 40점

1) 선분양방식으로 진행하려는 시점에서 A사가 조성한 택지의 감정평가방법을 설명하시오. 10점

2) 상기 개발사업을 후분양방식으로 진행하면서 택지에 대한 감정평가를 실시한다고 할 경우, 최유효이용의 관점에서 감정평가방법을 제안하시오. 10점

3) '예상되는 분양대금에서 개발비용을 공제하여 대상획지의 가치를 평가하는 방법'에서 분양대금의 현재가치 산정과 개발비용의 현재가치 산정 시 고려할 점을 설명하시오. 20점

논점분석

- **논제** : 감정평가의 기초 ▶ 감정평가의 원칙절차 ▶ 주된 방법 원칙
- **유형** : ① 설명형(사례) ② 설명형(사례/관련) ③ 설명형(사례)
- **개념어** : 고려사항

토지(택지)의 감정평가방법에 대한 문제입니다. 선분양·후분양을 통해 토지의 유형(나지·건부지)에 대한 정보를 제시하고 있으므로, 물음1은 나지의 감정평가, 물음2는 건부지의 감정평가가 됩니다. 건부지의 감정평가에서는 토지의 건물의 관계(최유효이용) 여부를 판단해야 할 것입니다.

물음1) 토지(택지)에 대한 3방식 감정평가방법을 서술하시되, 토지 종별이 후보지라는 점을 감안하여 원가방식(조성원가법, 분양개발법)을 강조해주시면 좋을 것 같습니다.

물음2) "최유효이용의 관점에서" 감정평가방법을 설명해야 하므로, 최유효이용의 의의, 판단기준, 판정방법을 우선적으로 설명하시고, 판정결과(최유효·비최유효)에 따른 각각의 감정평가방법을 구분해서 서술해주시면 됩니다. 설명이 아닌 "제안"이라고 한 점을 감안하여, 토지·건물 일괄평가액의 배분, 토지잔여법 등을 풍부하게 서술해주시면 좋을 것 같습니다.

물음3) 문제에서 주어진 대로 "분양대금의 현재가치 산정", "개발비용의 현재가치 산정"으로 목차를 구분하여 서술하시되, "고려할 점"이라고 한 점을 감안하여 분양개발법 적용 시 유의사항까지 풍부하게 서술해주시면 좋을 것 같습니다.

본 문제는 후분양제 도입이 논의되는 사회적 이슈를 다루면서도 주어진 정보와 최유효이용의 관점을 고려하여 감정평가사가 객관적이고 과학적이며 논리적으로도 타당하게 토지의 가치를 평가하는 자세와 태도를 가져야 함을 강조하는 문제입니다.

따라서 소지, 조성된 택지, 건축공사가 진행되는 사업부지 등 토지에 집중하여 문제가 요구하는 논점을 충분히 파악하고 핵심적인 내용을 논리적으로 정리하여 설명하는 기술이 요구됩니다. 일부 수험생들은 지나치게 주택분양방식 자체를 설명하는 데 많은 답안분량을 할애한 점은 다소 아쉬움으로 남습니다.

예시목차

Ⅰ. 서설

Ⅱ. (물음1) 조성 택지의 감정평가방법 (5)

1. 선분양방식의 택지 유형
2. 주된 방법(공시지가기준법)
3. 부방법
   1) 조성원가법
   2) 분양개발법
   3) 거래사례비교법 및 수익환원법

Ⅲ. (물음2) 건부지의 감정평가방법 (5)

1. 후분양방식의 택지 유형
2. 최유효이용의 의의 및 판정
   1) 의의 및 판단기준
   2) 구체적 판정방법
3. 감정평가방법의 제안
   1) 최유효이용인 경우
   2) 비최유효이용인 경우

Ⅳ. (물음3) 분양개발법의 적용 및 고려사항 (10)

1. 분양개발법의 개요
2. 분양대금의 현재가치 산정
   1) 법적, 물리적, 경제적 세대수(필지수) 산정
   2) 분양예정가격 산정
   3) 흡수율 분석
   4) 기준시점으로의 할인
3. 개발비용의 현재가치 산정
   1) 개발비용의 종류
   2) 사업자 이윤의 고려
   3) 기준시점으로의 할인

Ⅴ. 결어

문43 **40점**

Ⅰ. 서설

「감정평가에 관한 규칙」 제12조는 대상물건별 감정평가방법으로 주된 방법과 부 방법을 규정하고, 시산가액 간 합리성 검토 및 조정 절차를 규정하고 있다. 토지의 감정평가는 공시지가기준법을 주된 방법으로 적용하되, 거래사례비교법 또는 원가법을 부방법으로 적용하여 감정평가할 수 있다. 대상 토지는 조성완료된 주거용 택지로서, 개발방식에 유의하여 감정평가방법을 적용하여야 한다.

Ⅱ. [물음1] 조성 택지의 감정평가방법

1. 선분양방식의 택지 유형

<선분양방식>이란 주택이 완공되기 전에 분양이 이루어지는 제도를 말한다.

선분양방식의 개발사업에서 토지는 지상에 건축물이 없는 <나지>에 해당하므로 최유효이용을 기준으로 감정평가하여야 한다.

2. 주된 방법(공시지가기준법)

<공시지가기준법>이란 대상토지와 가치형성요인이 같거나 유사한 표준지의 공시지가를 기준으로 시점수정, 지역요인 및 개별요인 비교, 그 밖의 요인의 보정을 거쳐 대상 토지의 가액을 산정하는 감정평가방법을 말한다. 대상 토지는 "조성완료된 주거용 택지"로서, 인근지역의 주거용 비교표준지를 선정하여 감정평가한다.

3. 부방법

1) 조성원가법

<조성원가법>이란 택지 조성시점을 기준으로 소지의 취득가액을 구한 다음에 조성공사비, 부대비용 및 개발업자 이윤을 가산한 후 이를 유효택지면적으로 나누어 대상토지의 가액을 산정하는 감정평가방법을 말한다. <u>대상 토지</u>에 대한 조성원가법 적용 시, 토지면적은 총 사업면적이 아닌 분양가능면적(유효택지면적)을 기준하여야 한다.

2) 분양개발법

<분양개발법>이란 대상 토지를 개발했을 경우 예상되는 분양가격의 현재가치에서 개발비용의 현재가치를 공제하여 대상토지의 가액을 산정하는 감정평가방법을 말한다. <u>대상 토지</u>에 대한 분양개발법 적용 시, 주택 공급계획에 기초하여 분양가격 및 개발비용의 현재가치를 산정하여야 한다.

3) 거래사례비교법 및 수익환원법

<거래사례비교법>은 가치형성요인이 같거나 비슷한 거래사례와 비교하여 사정보정, 시점수정, 가치형성요인 비교 등을 통해 가액을 산정하며, <수익환원법>은 장래 기대되는 순수익(현금흐름)을 환원(할인)하여 가액을 산정하는 감정평가방법을 말한다. <u>대상 토지</u>에 적용 시, 주거용 택지만의 거래사례가 존재하거나, 택지를 임대하는 등 토지귀속순수익을 산정할 수 있는 경우에 활용될 수 있다.

Ⅲ. [물음2] 건부지의 감정평가방법

1. 후분양방식의 택지 유형

<후분양방식>이란 주택 건설이 일정 정도 진행된 후 수요자가 직접 주택을 확인하고 분양받는 제도를 말한다. 후분양방식 개발사업에서 토지는 지상에 건축물이 존재하는 <건부지>이므로, 택지의 가치는 지상 건축물의 최유효이용 여부에 영향을 받는다.

2. 최유효이용의 의의 및 판정

1) 의의 및 판단기준

<최유효이용>이란 객관적으로 보아 양식과 통상의 이용능력을 가진 사람이 부동산을 합리적이며 최고·최선의 방법으로 이용하는 것을 말한다. 최유효이용에 대한 <판단기준>으로 ① 물리적 타당성, ② 법률적 타당성, ③ 경제적 타당성 및 ④ 최고의 수익성이 있다.

2) 구체적 판정방법

지상 개량물이 존재하는 경우, ① 나지 상정 최유효이용과 ② 개량물 하 최유효이용 용도를 각각 파악한 후, 양 자를 상호 비교하여 최유효이용 여부를 판정한다. 양 자의 최유효이용 용도가 일치하는 경우 최유효이용으로 판정하나, 그렇지 않은 경우 비최유효이용으로서 건부감가가 발생할 수 있다.

3. 감정평가방법의 제안

1) 최유효이용인 경우

대상 토지가 최유효이용 상태인 경우, 일체 효용을 발휘하는 주택의 가치를 기준으로 건물의 가치를 공제하거나 토지 가치를 배분하여 감정평가할 수 있다.

2) 비최유효이용인 경우

대상 토지가 비최유효이용인 경우, 최유효이용의 토지가치를 기준으로 건부감가를 반영하여야 한다. 건부감가는 나지 상정 최유효이용 토지가치에서 개량물 하 최유효이용 토지가치를 공제하여 산정하며, 구체적으로 개량물 하 최유효이용 상태의 가치손실분에서 건물가액의 차이를 공제하여 토지만의 가치손실분으로 산정할 수 있다.

Ⅳ. (물음3) 분양개발법의 적용 및 고려사항

1. 분양개발법의 개요

<분양개발법>이란 대상 토지를 개발했을 경우 예상되는 분양가격의 현재가치에서 개발비용의 현재가치를 공제하여 대상토지의 가액을 산정하는 감정평가방법을 말한다. 분양개발법은 토지 개발의 완료시점이 가까울수록 적용의 타당성이 있다.

2. 분양대금의 현재가치 산정

1) 법적, 물리적, 경제적 세대수(필지수) 산정

분양대금은 단위당 분양가에 세대수를 곱하여 산정한다. 세대수는 ①「주택법」등 관련 법규에서 규정한 법적 요건, ② 세대수에 따른 주차장 등 부대시설에 대한 물리적 요건, ③ 인근지역의 수요 등 경제적 요건을 고려하여 산정한다.

2) 분양예정가격 산정

분양예정가격은 분양예정시점에서 분양예정주택과 동일 또는 유사한 주택의 거래사례 또는 수익사례를 기준으로 산정하여야 하며, 기준시점과 분양예정시점 사이의 시장상황 및 가격변동을 고려하여야 한다.

3) 흡수율 분석

<흡수율>이란 특정 부동산이 일정한 시간 동안 매도되거나 임대되는 비율을 말한다. 흡수율은 인근지역 내 주택 수요량과 공급량에 기초하여 분석하되, 현재 공급된 주택 외에 공급예정인 주택을 고려하여야 한다.

4) 기준시점으로의 할인

분양대금의 유입은 공급주택의 종류, 규모에 따라 시기를 달리하여 발생한다. 따라서 예상되는 분양예정기간을 설정하고 매기 현금흐름의 발생 가능성을 고려하여 적용 할인율을 산정하여야 한다. 또한, 분양예정기간 내 금리의 변동 등 경제상황의 변화를 고려하여야 한다.

3. 개발비용의 현재가치 산정

1) 개발비용의 종류

개발비용은 ① 건축공사비, ② 공공시설부담금(상하수도 · 교통시설 · 학교시설 등), ③ 판매관리비, ④ 일반관리비, ⑤ 업자이윤 등으로 구성된다. 개발비용 산정 시 전체 공정 중 기준시점의 공사 진행정도를 고려하여야 한다.

2) 사업자 이윤의 고려

개발비용에는 개발사업을 시행하는 사업자의 적정 이윤이 포함되어 있다. 개발비용의 구성항목인 건축공사비에도 수급인의 이윤이 반영되어 있으며, 사업시행의 주체인 도급인의 적정 이윤을 별도로 고려하여야 한다.

3) 기준시점으로의 할인

개발비용의 현재가치 산정 시 비용의 투입(예상)시점에 따라 적정한 할증률(할인율)을 적용해야 한다. 이미 투입된 비용에 대해서는 투하자본이자율을 고려하고, 투입 예정인 비용에 대해서는 금융비용 등을 고려한 할인율을 적용한다.

V. 결어

부동산은 용도의 다양성 및 이용주체의 합리성에 의해 최유효이용에 할당되나, 부동산시장의 불완전성 및 이용의 비가역성으로 인해 최유효이용에 미달하는 경우도 있다. 따라서 부동산 감정평가 시 대상물건의 최유효이용 여부에 대한 판정이 선행되어야 하며, 개발 중인 부동산의 경우 개발방식 및 성숙도에 따른 적절한 감정평가방법 적용에 유의하여야 할 것이다. <끝>

✱ 감정평가의 원칙 · 절차

▶ 기출문제 25회 2번

44 근린형 쇼핑센터 내 구분점포(「집합건물의 소유 및 관리에 관한 법률」에 의한 상가건물의 구분소유 부분)의 시장가치를 감정평가하려 한다. 인근에 경쟁적인 초대형 쇼핑센터가 입지하여, 대상점포가 소재한 근린형 쇼핑센터의 고객흡인력이 급격히 감소하고 상권이 위축되어 구분점포 거래가 희소하게 된 시장동향을 고려하여 다음 물음에 답하시오. 35점

1) 대상 구분점포의 감정평가에 거래사례비교법을 적용할 경우 감정평가방법의 개요, 적용상 한계 및 수집된 거래사례의 거래조건보정에 대하여 설명하고, 그 밖에 적용 가능한 다른 감정평가방법의 개요 및 적용 시 유의할 사항에 대하여 설명하시오. 25점

2) 적용된 각 감정평가방법에 의한 시산가액 간에 괴리가 발생되었을 경우 시산가액 조정의 의미, 기준 및 재검토할 사항에 대하여 설명하시오. 10점

논점분석

- **논제** : 감정평가의 기초 ▶ 감정평가의 원칙절차 ▶ 주된 방법 원칙, 시산가액 조정
- **유형** : 설명형(사례)
- **개념어** : 개요, 의미, 유의사항, 검토사항

감정평가방법의 적용 및 시산가액 조정에 대한 사례형 문제입니다. 사례형 문제는 ① 일반 이론에 대해 체계적으로 충분히 서술한 후 ② 해당 사례의 조건을 전술한 이론적 체계로 해석하여 ③ 사례에 대한 명확한 결론을 제시하는 것이 중요합니다.

출제위원 채점평

구분점포의 감정평가에 임하여 기본적인 이해를 묻는 문제와 각 시산가액에 괴리가 생겼을 때 재검토해야 할 사항에 대해 물었다. 시장동향의 변화로 구분점포의 거래가 희소해졌기 때문에 이론적으로 가치를 판단하는 감정평가사의 존재 이유가 있다.

촉박한 시간에도 실제 구분점포에 대한 감정평가 업무를 수행하듯 고민 어린 깊은 이야기를 들려준 수험생들에게 감사드린다.

문 44 35점

I. 서설

「감정평가에 관한 규칙」 제12조는 대상물건별 감정평가방법으로 주된 방법과 부 방법을 규정하고, 시산가액 간 합리성 검토 및 조정 절차를 규정하고 있다. 그러나 시장상황 및 대상물건의 특성으로 인하여 주된 방법을 적용하는 것이 곤란하거나 부적절한 경우에는 다른 감정평가방법을 주된 방법으로 적용할 수 있고, 최종 감정평가액은 각 시산가액에 대한 검토와 조정을 통해 결정한다. 사안의 대상물건은 구분점포로서 거래사례비교법에 의한 평가가 주된 평가방법이나, 상권의 위축에 따라 거래사례가 희소하므로 감정평가방법의 적용 및 시산가액 조정이 문제된다.

II. [물음1] 구분점포의 감정평가 개요

1. 구분점포의 의의

<구분점포>란 판매시설 및 운수시설로서 여러 개의 부분으로 이용상 구분된 건물을 말한다. 구분점포는 상업용 부동산의 특성을 감안하여 구분소유권의 성립조건이 다소 완화된 형태로 적용되는데, 「집합건물의 소유 및 관리에 관한 법률」은 ① 「건축법」상 판매시설 및 운수시설일 것, ② 경계를 명확하게 알아볼 수 있는 표지를 설치할 것, ③ 구분점포별로 건물번호표지를 부착할 것 등을 조건으로 하고 있다.

2. 구분점포의 감정평가방법

1) 일괄감정평가

<일괄감정평가>란 개별물건기준 원칙의 예외로서 둘 이상의 대상물건이 일

체로 거래되거나 대상물건 상호 간에 용도상 불가분의 관계가 있는 경우에 일괄하여 감정평가하는 것을 말한다. 토지와 건물을 일괄하여 감정평가할 때에는 거래사례비교법을 적용하여야 한다(「감정평가에 관한 규칙」 제16조).

2) 거래사례비교법의 개요

<거래사례비교법>이란 대상물건과 가치형성요인이 같거나 비슷한 물건의 거래사례와 비교하여 대상물건의 현황에 맞게 사정보정, 시점수정, 가치형성요인 비교 등의 과정을 거쳐 대상물건의 가액을 산정하는 감정평가방법을 말한다.

3) 거래사례비교법의 적용상 한계

(1) 거래사례 포착의 어려움

대상 구분점포는 상권의 위축 등으로 거래가 희소하게 된 바, 적절한 거래사례의 포착이 어려워 거래사례비교법 적용에 한계가 있다.

(2) 사정개입 보정의 어려움

대상 구분점포는 일부 거래사례가 포착되더라도 ① 상권 위축 등으로 인해 할인·급매 등 개별적 동기가 반영되거나 투기적 거래가 일어날 가능성이 있다. 또한 ② 구분점포의 특성상 시설물·권리금 등 비부동산 요소가 포함되어 거래될 수 있으므로 거래가격 보정 등 거래사례비교법 적용에 한계가 있다.

(3) 그 외 한계점

시점수정 시 지역, 용도, 규모에 따른 평균적인 가치변동률을 활용하나 대상물건이 소재한 근린형 쇼핑센터의 개별적 시장상황이 반영되어 있지 않아 적절성이 떨어질 수 있다. 또한, 사례의 수집범위를 유사지역으로 확장한 경우 적정한 지역요인 보정이 어려우므로 거래사례비교법 적용에 한계가 있다.

4) 거래사례의 거래조건보정

(1) 거래사례보정의 유형

<사정보정>이란 거래사례에 특수한 사정이나 개별적 동기가 반영되어 있거나 거래 당사자가 시장에 정통하지 않은 등 수집된 거래사례의 가격이 적절하지 못한 경우 그러한 사정이 없었을 경우의 적절한 가격수준으로 정상화하는 것을 말한다. 사정보정의 유형으로는 ① 특수한 사정이나 개별적 동기가 반영된 경우(할인, 급매, 경·공매, 청산, 보상 등) ② 거래 당사자가 시장에 정통하지 않은 경우(특수관계인·이해관계인 간 매매, 투기적 매매 등)가 있다.

(2) 거래사례보정의 방법

거래사례의 보정은 적정 실거래가 대비 ① 보정률, ② 보정치, ③ 보정액으로 산정할 수 있다. 보정률은 [(거래가격 – 적정 실거래가) / 적정 실거래가]로 산정하며, 보정치는 [적정 실거래가 / 거래가격], 보정액은 [적정 실거래가 – 거래가격]으로 산정한다.

5) 다른 감정평가방법의 적용

(1) 수익환원법의 적용

<수익환원법>이란 대상물건이 장래 산출할 것으로 기대되는 순수익이나 미래의 현금흐름을 환원하거나 할인하여 대상물건의 가액을 산정하는 감정평가방법을 말한다. 순수익(현금흐름) 산정 시 대상 구분점포의 수익과 동일 건물 내 수익사례를 검토하여야 하며, 환원이율(할인율) 산정 시 시장추출법, 조성법, 투자결합법 등을 활용한다.

(2) 원가법의 적용

<원가법>이란 토지·건물의 가치를 공시지가기준법과 원가법에 의해 각각 산정하여 합산하거나, 이를 층별·위치별 효용비율로 배분하여 대상물건의 가액을 산정하는 감정평가방법을 말한다. 효용비율은 효용비와 전유면적에 의한 효용적수를 기준하여 산정한다. 효용비는 대상 상가의 층별·위치별 분양가 및 통계자료 등을 참고하여 결정할 수 있다.

6) 다른 감정평가방법 적용 시 유의사항

(1) 수익환원법 적용 시 유의사항

① 총수익 산정 시 임대사례의 계약시점에 유의하여야 하며 ② 공실률 및 대손충당금은 최근의 임대상황을 반영하여야 한다. ③ 영업경비 산정 시 고정비용의 지출을 고려하고 ④ 환원이율(할인율) 산정 시 위험할증률 상향조정에 유의하여야 한다.

(2) 원가법 적용 시 유의사항

대상물건은 신축 후 상당기간이 경과하여 적산가액과 시장가치의 괴리가 발생할 수 있다. 적산가액 배분 시 상권의 위축으로 구분점포의 거래가 감소하고 임대료의 변동이 발생하면 구분점포의 <u>층·위치별 효용비</u> 파악에 <u>유의하여야 한다.</u>

III. [물음2] 시산가액의 조정

1. 시산가액 조정의 의의

<시산가액>이란 대상물건의 감정평가액을 결정하기 위하여 각각의 감정평가 방법을 적용하여 산정한 가액을 말한다. 부동산시장은 불완전 경쟁시장으로 삼면등가의 법칙이 성립하지 않으므로, 각각의 시산가액이 일치하지 않을 수 있다. 따라서 각 평가방법의 특성과 장·단점을 이해하고 대상물건의 성격, 평가목적, 수집된 자료의 관련성과 적절성을 재검토하여 시산가액 간 격차를 해소해야 한다(「감정평가에 관한 규칙」 제12조).

2. 시산가액 조정기준

시산가액을 조정하기 위해서는 우선 다양한 평가방법의 적용을 통해서 산정된 시산가액을 ① 적절성, ② 정확성, ③ 증거의 양, ④ 시장상황, ⑤ 평가목적에 따라 검토하여야 한다. 검토결과에 따라 최종 감정평가액과의 적합성에 대한 가중치를 부여한다.

3. 시산가액 조정방법

시산가액 조정방법으로는 ① 주된 평가방법에 의한 방법, ② 가중평균에 의한 방법, ③ 종합적인 판단에 의한 방법, ④ 통계적 방법 등이 있다. <가중평균 및 주된 평가방법에 의한 방법>은 시산가액 조정기준에 의한 검토결과에 따른 가중치를 부여하여 최종 감정평가액을 조정하는 방법이며, <종합적인 판단에 의한 방법>은 수학적인 계산 없이 평가자의 판단에 의해 결정하는 방법이다.

4. 시산가액 조정 시 재검토사항

재검토란 시산가액 조정에 앞서 자료의 유용성과 분석기법의 적절성, 판단의 논리성 등을 전체적으로 검토하는 과정을 말한다. 사안에서는 ① 거래사례비교법 적용 시 자료의 양과 질, ② 원가법 적용 시 평가목적 및 대상특성 등을 재검토해야 한다.

5. 사안의 시산가액 조정

사안의 경우 주된 방식인 거래사례비교법의 합리성이 결여되므로 타 방법에 의한 시산가액과 조정이 필요하다. 시산가액 조정 시 거래사례비교법의 증거량과 신뢰성이 의문시되어 낮은 가중치를 부여하거나 배제해야 할 것으로 판단된다. 따라서 수익가액과 적산가액을 기준하되, 수익가액은 상권의 위축정도를 감안하여 수익자료의 적절성과 신뢰성에 유의하여야 할 것이다.

Ⅳ. 결어

「감정평가에 관한 규칙」은 대상물건별로 주된 방법을 규정하면서도, 대상특성 및 시장상황에 따라 주된 방법을 배제하거나 타 방법에 의한 시산가액으로 조정할 수 있도록 하고 있다. 따라서 감정평가 3방법의 장·단점을 이해하고, 시장상황에 따라 적절한 평가방법을 적용하여야 할 것이다. <끝>

✽ 감정평가의 원칙 · 절차

45 최근 투자의사결정과 관련된 판단기준 중 지속가능한 성장을 판단하는 종합적 개념으로 ESG가 있으며, 부동산가치의 평가에도 영향을 미치고 있다. ESG는 환경요인, 사회요인 및 지배구조의 약칭이다. ESG의 각각에 해당하는 구성요소를 설명하고, 친환경 인증을 받은 건축물의 감정평가 시 고려해야 할 내용을 설명하시오. **10점**

논점분석

- **논제** : 감정평가의 기초 ▶ 감정평가의 원칙절차 ▶ 감정평가의 절차
- **유형** : 설명형(기본)
- **개념어** : 고려사항

2016년 감정평가 실무기준의 개정으로 도입된 녹색건축물(친환경 인증을 받은 건축물)에 대한 설명형 문제입니다. "감정평가 시 고려해야 할 내용"을 물었으므로, 감정평가의 절차를 기준하되 감정평가방법의 적용을 중심으로 목차를 구성해주세요.

예시목차

Ⅰ. 서설

Ⅱ. ESG와 친환경 건축물의 감정평가 (5)

    1. ESG의 의의 및 구성요소

    2. 친환경 인증 건축물의 감정평가 시 고려사항

        1) 건축물의 감정평가방법

        2) 원가방식 적용 시 친환경 설비의 고려

        3) 비교방식 적용 시 친환경 인증등급의 고려

        4) 수익방식 적용 시 영업경비 감소의 고려

문 45 10점

I. 서설

재화의 가치는 비용성, 시장성, 수익성에 근거하며, 감정평가 3방식은 가치의 3면성에 근거하여 시산가액을 산정한다. 국토교통부는 2016년 「감정평가 실무기준」을 개정하여 친환경 인증을 받은 건축물(녹색건축물)의 감정평가 기준을 규정하였다. 향후 친환경 인증 유무에 따라 감정평가액에도 직접적인 영향을 미칠 것으로 예상되므로, 감정평가방법 적용 시 핵심적인 사항들에 대한 이해와 검토가 필요하다.

II. ESG와 친환경 건축물의 감정평가

1. ESG의 의의 및 구성요소

<ESG>란 환경, 사회, 지배구조의 약칭을 말한다. 환경요인으로는 기후변화, 환경오염을 방지하기 위한 규제가 있으며, 사회요인으로는 인종·성별의 평등, 개인정보보호를 위한 규제가 있다. 지배구조요인으로는 반부패, 윤리를 확보하기 위한 제도적 장치가 포함된다.

2. 친환경 인증 건축물의 감정평가 시 고려사항

1) 건축물의 감정평가방법

건물을 감정평가할 때에는 원가법을 적용하여야 한다. <원가법>이란 대상물건의 재조달원가에 감가수정을 하여 대상물건의 가액을 산정하는 감정평가방법을 말한다. 원가법 외에 거래사례비교법, 수익환원법을 활용할 수 있다.

2) 원가방식 적용 시 친환경 설비의 고려

친환경 인증 건축물은 친환경 자재 및 설비를 활용한 건축물이므로, 재조달원가 ① 온실가스 배출량 감축설비, ② 신·재생에너지 활용설비 등 친환경 설비, ③ 단열재 등 에너지효율화 설비의 증액 보정을 고려하여야 한다.

3) 비교방식 적용 시 친환경 인증등급의 고려

친환경 인증 건축물은 거래사례 선정 시 ① 쾌적성, ② 에너지 효율성 등 친환경인증등급이 유사한 사례를 선정하고, 등급에 따른 가격 격차를 고려하여야 한다.

4) 수익방식 적용 시 영업경비 감소의 고려

친환경 인증 건축물은 수익환원법 적용 시 ① 쾌적성 증가에 따른 수익 증가, ② 에너지 효율화에 의한 영업경비 감소, ③ 세제 혜택에 의한 세후현금수지 증가 등을 고려하여야 한다. <끝>

감정평가의 원칙 · 절차

▶ 기출문제 28회 2번

46 시산가액 조정에 관한 다음 물음에 답하시오. 30점

1) 시산가액 조정의 법적 근거에 관하여 설명하시오. 5점

2) 시산가액 조정의 전제와 「감정평가에 관한 규칙」상 물건별 감정평가방법의 규정방식과의 관련성을 논하시오. 15점

3) 시산가액 조정 과정에서 도출된 감정평가액을 표시하는 이론적 방법에 관하여 설명하시오. 10점

논점분석

- **논제** : 감정평가의 기초 ▶ 감정평가의 원칙절차 ▶ 시산가액 조정
- **유형** : ① 설명형(기본) ② 논술형(기본) ③ 설명형(기본)
- **개념어** : 근거

시산가액 조정에 대한 기본 설명형 문제입니다. 문제에서 제시한 논제를 순서대로, 빠짐없이 충실하게 서술해 주세요.

출제위원 채점평

이 문제는 시산가액 조정과 관련하여 법적 근거, 감정평가에 관한 규칙상 물건별 평가방법의 규정방식과 조정의 전제 등의 해석, 최종적으로 시산가액의 결과로 도출된 감정평가가액을 표시하는 방법 등에 대하여 물었습니다. 대부분의 수험생은 규칙 및 실무기준 등에 기초하여 시산가액 조정의 정의는 대체로 잘 기술하였습니다. 마지막으로 살펴보면 <u>전반적으로 문제에 대한 종합적이고 논리적인 접근보다는 암기사항을 기술하는 데에 그친 수험생들이 있어 아쉬움</u>이 있습니다.

문 46　30점

I. 서설

재화의 가치는 비용성, 시장성, 수익성에 근거하며, 감정평가 3방식은 가치의 3면성에 근거하여 시산가액을 산정한다. 그러나 감정평가 3방식은 대상물건의 성격에 따라 적용상 한계가 존재하며, 3면 등가원칙이 성립하지 않는다. 이에 따라, 「감정평가에 관한 규칙」은 물건별 주된 감정평가방법을 규정함과 동시에, 부방법에 의한 3방식 병용 및 시산가액 조정을 통해 최종 감정평가액을 결정하도록 하고 있다.

II. [물음1] 시산가액 조정의 법적 근거

1. 시산가액 조정의 의의

<시산가액>이란 대상물건의 감정평가액을 결정하기 위하여 각각의 감정평가방법을 적용하여 산정한 가액을 말한다. 각 시산가액은 감정평가방법의 특징에 따라 결과가 상이할 수 있으므로, <시산가액 조정>을 통해 각 평가방식의 특성, 대상물건의 성격, 평가목적 등을 검토하여 시산가액 간 격차를 조정한다.

2. 시산가액 조정의 법적 근거

1) 「감정평가에 관한 규칙」(이하 '감칙')

감칙 제12조는 어느 하나의 감정평가방법을 적용하여 산정한 시산가액을 다른 감정평가방식에 속하는 하나 이상의 감정평가방법으로 산출한 시산가액과 비교하여 합리성을 검토하고, 합리성이 없다고 판단되는 경우에는 이를 조정하도록 하고 있다.

2) 그 외 법적 근거

① 「부동산 가격공시에 관한 법률」에서는 표준지공시지가 평가 시 거래가격, 임대료, 토지조성에 필요한 비용추정액 등을 종합적으로 참작하도록 규정하고 있으며, ② 「공익사업을 위한 토지 등의 취득 및 보상에 관한 법률」도 토지 평가 시 공시지가기준법을 기준하되 투자비용, 예상수익, 거래가격 등을 고려하도록 규정한다.

III. [물음2] 물건별 감정평가방법과의 관련성

1. 시산가액 조정의 전제

1) 3방식 적용의 한계

감정평가 3방식은 평가대상의 성격에 따라 한계를 가진다. 비교방식은 비시장재화, 수익방식은 비수익성 자산의 가치를 측정하는 데 한계가 있다. 대상물건의 특징에 따라 적용 가능한 평가방식이 제한되므로, 모든 물건에 일률적으로 감정평가 3방식을 적용할 수 없다.

2) 3면 등가원칙의 불성립

A. Marshall은 완전경쟁시장하에서 가치의 3면 등가성을 주장하였으나, 불완전하고 동적인 현실 시장에서는 3면 등가가 성립하기 어렵다. 따라서 한 가지 평가방식만으로는 가치의 본질을 파악할 수 없다.

3) 가치의 3면성과 상관·조정의 원리

가치는 비용성, 시장성, 수익성에 근거하여 측정할 수 있다. 대상물건의 최종

가치는 독립적으로 성립하는 것이 아니라 상호 유기적으로 결합되어 성립하므로, 복수의 시산가액을 종합적으로 고려하여야 한다.

2. 물건별 평가방법 규정방식과의 관련성

1) 3방식 적용의 한계와 주된 방법 적용

「감정평가에 관한 규칙」 제12조는 감정평가방법의 적용 시 제14조부터 제26조에 규정된 물건별 감정평가방법을 주된 방법으로 적용하도록 하고 있다. 대상물건의 특징에 따라 3방식 적용의 한계가 있을 수 있으므로 대상물건의 특징을 고려하여 주된 방법을 규정하고 있다.

2) 3면 등가원칙 불성립과 부방법 적용

동조 제2항은 감정평가액을 결정하기 위하여 주된 방법 외 다른 감정평가방식에 속하는 다른 감정평가방법을 적용하여 합리성을 검토할 것을 규정하고 있다. 가치의 3면성이 존재하고, 3면 등가원칙이 성립하지 않으므로 주된 평가방법 외에 다른 평가방법을 적용하는 것이 필요하다.

3) 상관·조정의 원리와 시산가액 조정

동조 제3항은 시산가액 조정의 근거조항으로서, 주된 방법에 의한 시산가액의 합리성이 없는 경우에 시산가액을 조정하여 최종 감정평가액을 결정할 수 있다고 규정하고 있다. 가치의 3면성에 근거하여 상관·조정의 원리가 성립하므로 시산가액 간 합리성 검토 및 조정이 가능하다.

Ⅳ. [물음3] 감정평가액의 이론적 표시방법

1. 시산가액 조정기준

시산가액을 조정하기 위해서는 우선 각 평가방법의 적용을 통해서 산정된 시산가액을 검토하여야 한다. 시산가액 조정기준으로는 ① 평가방법 적용의 적절성, ② 자료 및 계산의 정확성, ③ 투입된 증거자료의 양, ④ 시장상황 및 평가목적을 활용할 수 있다.

2. 시산가액 조정방법

시산가액 조정방법으로는 ① 주된 평가방법에 의한 방법, ② 가중평균에 의한 방법, ③ 종합적인 판단에 의한 방법, ④ 통계적 방법 등이 있다. <가중평균 및 주된 평가방법에 의한 방법>은 시산가액 조정기준에 의한 검토결과에 따른 가중치를 부여하여 최종감정평가액을 조정하는 방법이며, <종합적인 판단에 의한 방법>은 수학적인 계산 없이 평가자의 판단에 의해 결정하는 방법이다.

3. 감정평가액의 이론적 표시방법

1) 점추정

시산가액 조정이 이루어진 최종 감정평가액은 점 또는 구간으로 표현될 수 있다. 점추정이란 시장가치의 정의인 "성립될 가능성이 가장 높다고 인정되는 대상물건의 가액"에 근거하여 감정평가액을 대푯값의 형식으로 표현하는 방법이다.

2) 구간추정

구간추정이란 감정평가액을 구간 또는 범위의 형식으로 표현하는 방법이다.

구간추정은 확률의 개념에 근거하여 신뢰구간 등을 활용하여 감정평가액이

성립할 수 있는 범위를 나타낼 수 있다.

V. 결어

「감정평가에 관한 규칙」은 시산가액 조정의 근거규정을 마련하고 있으나, 조정의 구체적

인 기준 및 방법에 대해서는 명시하고 있지 않다. 시산가액 조정은 대상물건의 가치 본질

에 대한 해석이자 결과로서, 최종 감정평가액을 결정하기 위한 필수적인 절차이므로, 조정

과정에 대한 의뢰인의 이해와 평가결과의 신뢰성 확보를 위해 순위평정 등 조정기준에 대

한 구체화, 정량화가 필요할 것으로 판단된다. <끝>

47 감정평가법인등은 감정평가관계법규 및 감정평가 실무기준에서 정하는 감정평가의 절차 및 윤리규정을 준수하여 업무를 행하여야 한다. 감정평가 실무기준상 감정평가의 절차를 설명하시오. 10점

논점분석

- **논제** : 감정평가의 기초 ▶ 감정평가의 원칙절차 ▶ 감정평가의 절차
- **유형** : 설명형(기본)

감정평가의 절차에 대한 기본 설명형 문제입니다. 7단계의 절차를 배점에 맞춰 배분하여 서술해 주세요.

예시목차

Ⅰ. 서설

Ⅱ. 감정평가의 절차 (5)
　1. 기본적 사항의 확정
　2. 처리계획의 수립 및 대상물건의 확인
　3. 자료의 수집 및 가치형성요인의 분석
　4. 감정평가방법의 선정 및 적용
　5. 감정평가액의 결정 및 표시

문 47 `10점`

I. 서설

<감정평가>란 토지 등의 경제적 가치를 판정하여 그 결과를 가액으로 표시하는 것을 말한다. 「감정평가에 관한 규칙」 제8조에서는 합리적이고 능률적인 감정평가를 위하여 감정평가의 절차를 규정하고 있다.

II. 감정평가의 절차

1. 기본적 사항의 확정

<기본적 사항의 확정>이란 감정평가의 기본적 사항 등을 의뢰인과 협의하여 결정하는 절차를 말한다. 기본적 사항으로 ① 의뢰인, ② 대상물건, ③ 감정평가 목적, ④ 기준시점, ⑤ 감정평가 조건, ⑥ 기준가치, ⑦ 관련 전문가에 대한 자문 또는 용역, ⑧ 감정평가 수수료 및 실비의 청구와 지급에 관한 사항이 있다.

2. 처리계획의 수립 및 대상물건의 확인

<처리계획의 수립>이란 대상물건의 확인에서 감정평가액의 결정 및 표시에 이르기까지 일련의 작업과정에 대한 계획을 수립하는 절차를 말한다. <대상물건의 확인>이란 사전조사 및 실지조사 절차로서 ① 대상물건의 존재여부, ② 동일성 여부, ③ 물건의 상태 및 권리관계를 조사한다.

3. 자료의 수집 및 가치형성요인의 분석

<자료의 수집>이란 대상물건의 물적사항·권리관계·이용상황에 대한 분석 및 감정평가액 산정으로 위해 필요한 확인자료·요인자료·사례자료 등을 수집하고 정리하는

절차를 말한다. <가치형성요인의 분석>이란 자료의 신뢰성·충실성 등을 검증하고 일

반요인, 지역요인, 개별요인을 분석하는 절차를 말한다.

4. 감정평가방법의 선정 및 적용

<감정평가방법의 선정 및 적용>이란 대상물건의 특성이나 감정평가 목적 등에

따라 적절한 하나 이상의 감정평가방법을 선정하고, 그 방법에 따라 가치형성요

인 분석 결과 등을 토대로 시산가액을 산정하는 절차를 말한다.

5. 감정평가액의 결정 및 표시

<감정평가의 결정 및 표시>란 감정평가방법의 적용을 통하여 산정된 시산가액

을 합리적으로 조정하여 대상물건이 갖는 구체적인 가치를 최종적으로 결정하

고 감정평가서에 그 가액을 표시하는 절차를 말한다. 도출된 감정평가액은 ①

점추정치 또는 ② 구간추정치로 감정평가서에 표시할 수 있다. <끝>

✱ 감정평가의 제도

▶ 기출문제 25회 3번

48 감정평가서의 정확성을 점검하고 부실감정평가 등의 도덕적 위험을 예방하기 위해서 평가검토(Appraisal review)가 필요할 수 있다. 평가검토에 대해 설명하시오.
`15점`

논점분석

- **논제** : 감정평가의 기초 ▶ 감정평가의 제도 ▶ 평가검토
- **유형** : 설명형(기본)

감정평가제도 중 하나인 평가검토에 대한 기본 설명형 문제입니다. 평가검토에 대한 기본적인 내용을 충분히 목차화하되, 기존 평가제도의 한계와 개선점에 초점을 맞춰주세요.

출제위원 채점평

수험생의 답안은 개념, 목적, 현행 제도와 비교, 유의사항, 정책적 제안 및 윤리 측면의 강조까지 정말 나무랄 데 없는 논문 한편의 요약을 보는 듯 했다. 대다수 수험생의 바람 또는 제안처럼 평가업계의 양적·질적 성숙도를 고려할 때, 평가검토업무의 본격적 도입을 위한 관련 법령 및 규정 등 체계정비를 시작해야 할 때라고 생각한다.

예시목차

Ⅰ. 서설

Ⅱ. 평가검토 (7)
   1. 평가검토의 의의
   2. 평가검토의 종류
   3. 평가검토의 목적
      1) 정확성 제고 및 위험 예방
      2) 금융기관 등의 위험관리 강화

   4. 평가검토의 절차 및 내용
   5. 평가검토의 한계
      1) 감정평가서의 수정
      2) 감정평가결론의 제시

Ⅲ. 결어

문 48　15점

Ⅰ. 서설

감정평가는 경제적 기능과 정책적 기능을 통해 국가경제와 국민 재산권에 영향을 미치므로 공정성과 신뢰성이 요구된다. 최근 담보대출 등 일부 분야에서 부실감정평가로 인한 경제·사회적 문제가 발생하여 제도적 보완이 요구되고 있다. 평가검토는 감정평가 결과를 사후적으로 검토하여 공정성과 신뢰성을 확보하기 위한 조치로서 제도 도입의 사회적 필요성이 있다.

Ⅱ. 평가검토

1. 평가검토의 의의

<평가검토>란 발급된 감정평가서의 적정성을 별도의 감정평가법인 등에서 검토하는 것으로서, 감정평가의 자료의 적절성, 추론의 합리성, 감정평가규정에의 일치여부 등을 확인하는 활동이다.

2. 평가검토의 종류

평가검토는 ① 현장조사를 수반하지 않고 서류검토방식으로 이루어지는 <탁상검토>, ② 현장조사를 통하여 이루어지는 <현장검토>, ③ 원 감정평가와 동일한 수준의 감정평가가 이루어지는 <총괄검토>로 분류할 수 있다.

3. 평가검토의 목적

1) 정확성 제고 및 위험 예방

평가검토는 감정평가 내용의 논리적 일관성, 수학적 정확성을 검토하여 감정

평가의 정확성을 제고하고, 수임경쟁으로 인한 선심성·과다평가 등 부실감
정평가의 위험을 예방하기 위한 목적으로 수행된다.

2) 금융기관 등의 위험관리 강화

평가검토는 담보평가의 수요자인 금융기관 등이 감정평가서의 적절성을 자
체 검토하여, 부실감정평가에 의한 채권회수 위험을 방지하고 자체 위험관리
역량을 강화하기 위한 목적으로 수행된다.

4. 평가검토의 절차 및 내용

평가검토는 정형화된 체크리스트를 통해 ① 조사자료 및 채택자료의 합리성, ②
평가방법의 적절성, ③ 평가내용의 상호 연관성, ④ 계산상의 오류, ⑤ 감정평가
규정 및 협약내용 등의 준수여부를 확인한다.

5. 평가검토의 한계

1) 감정평가서의 수정

평가검토 시 검토 감정평가사는 임의로 원본 감정평가서를 수정하거나 변경
할 수 없다. 계산상의 오류와 같은 경미한 내용이라 할지라도 원 감정평가사
의 확인과 검증을 통해 감정평가서를 수정 또는 변경하여야 한다.

2) 감정평가결론의 제시

평가검토 시 검토 감정평가사는 별도의 감정평가결론을 제시할 수 없다. 검
토 감정평가사는 주어진 권한 내에서 제시자료, 평가방법, 계산상의 오류에

대한 수정·보완의 의견을 제시할 수 있다.

Ⅲ. 결어

평가검토는 미국 등에서 일반화되어 있는 제도이나, 한국에서는 일부 금융기관의 검토 감정평가사 또는 감정평가서 심사를 통해 이루어지고 있다. 2021년 「감정평가 및 감정평가사에 관한 법률」의 개정으로 평가검토에 대한 근거 법령이 제정되었으므로, 조속히 검토절차 및 기준을 마련하여 시행될 수 있도록 하여야 할 것이다. <끝>

✱ 감정평가의 제도

49 감정평가법인이 담보목적의 감정평가서를 심사함에 있어 심사하는 감정평가사의 역할에 대하여 설명하시오. `10점`

논점분석

- **논제** : 감정평가의 기초 ▶ 감정평가의 제도 ▶ 평가심사
- **유형** : 설명형(기본)
- **개념어** : 역할

감정평가제도 중 하나인 평가심사에 대한 기본 설명형 문제입니다. '역할'이라는 개념어를 고려해, 심사 감정평가사의 활동을 구체적으로 서술한 후 감정평가 심사제도를 시행하는 목적을 추상적으로 서술해 주세요.

예시목차

Ⅰ. 서설

Ⅱ. 담보평가에서 심사 감정평가사의 역할(5)

　1. 담보평가의 의의

　2. 감정평가심사의 의의

　3. 담보평가에서 심사 감정평가사의 역할

　　1) 감정평가방법의 적절성

　　2) 감정평가자료의 정확성

　　3) 감정평가결과의 신뢰성 및 품질 향상

문 49 10점

Ⅰ. 서설

감정평가는 경제적 기능과 정책적 기능을 통해 국민 경제와 재산권에 영향을 미치므로 공정성과 신뢰성이 요구된다. 최근 담보대출 등 일부 분야에서 부실감정평가로 인한 경제·사회적 문제가 발생하여 제도적 보완이 요구되고 있다. 감정평가 심사는 감정평가의 신뢰성을 확보하고 감정평가서의 품질을 향상하기 위한 내부적 통제절차에 해당한다.

Ⅱ. 담보평가에서 심사 감정평가사의 역할

1. 담보평가의 의의

<담보평가>란 담보를 제공받고 대출 등을 하는 금융기관 등이 대출을 하거나 채무자가 대출을 받기 위하여 의뢰하는 담보물건에 대한 감정평가를 말한다. 담보평가는 준칙주의, 보수주의에 따라 감정평가절차와 감정평가방법에 있어 일반적인 감정평가업무와 일부 차이점을 나타낸다.

2. 감정평가심사의 의의

<감정평가심사>란 감정평가서를 의뢰인에게 발급하기 전에 감정평가의 적정성을 같은 법인 소속의 다른 감정평가사가 심사하고 서명과 날인을 하는 것을 말하며, 「감정평가 및 감정평가사에 관한 법률」 제7조 1항에 근거한다.

3. 담보평가에서 심사 감정평가사의 역할

1) 감정평가방법의 적절성

<u>심사 감정평가사의 역할</u>은 감정평가서상 대상물건에 대하여 감정평가원칙 및 금융 기관과의 업무협약이 규정하고 있는 적절한 감정평가방법의 적용 여부 등을 심사하는 것으로, 이에 대한 보완 의견을 제시할 수 있다.

2) 감정평가자료의 정확성

<u>심사 감정평가사의 역할</u>은 감정평가서상 감정평가자료의 진위·적부, 적용된 산식의 위산·오기 등을 심사하는 것으로, 이에 대한 수정 또는 보완 의견을 제시할 수 있다.

3) 감정평가결과의 신뢰성 및 품질 향상

<u>심사 감정평가사의 역할</u>은 시산가액 조정 및 감정평가액이 채권회수 등 담보평가의 목적에 부합하는지 적정성을 심사하는 것으로, 이는 감정평가결과에 대한 신뢰성 및 전체적인 품질 향상에 기여할 수 있다. <끝>

＊ 감정평가의 제도

50 감정평가심사와 감정평가검토에 대해 비교·설명하시오. 10점

논점분석

- **논제** : 감정평가의 기초 ▶ 감정평가의 제도 ▶ 평가검토
- **유형** : 설명형(비교)

감정평가제도 중 하나인 평가심사와 평가검토에 대한 비교·설명형 문제입니다. 공통점과 차이점으로 구분하되, 차이점에 초점을 맞추어 서술해주세요.

예시목차

Ⅰ. 서설

Ⅱ. 감정평가심사와 검토의 비교 (5)

  1. 감정평가심사 및 검토의 의의

  2. 양자의 비교

    1) 공통점

    2) 차이점

      (1) 수행주체의 차이

      (2) 수행방법의 차이

      (3) 수행목적의 차이

문 50 10점

I. 서설

감정평가는 경제적 기능과 정책적 기능을 통해 국민 경제와 재산권에 영향을 미치므로 공정성과 신뢰성이 요구된다. 감정평가에 대한 내·외부적 통제절차로서 감정평가검토와 감정평가심사는 감정평가 결과의 공정성과 신뢰성을 확보하기 위한 제도로서, 양자의 공통점과 차이점을 인식하고 각 제도의 운용 시 유의하여야 한다.

II. 감정평가심사와 검토의 비교

1. 감정평가심사 및 검토의 의의

<감정평가심사>란 감정평가서를 의뢰인에게 발급하기 전에 감정평가의 적정성을 같은 법인 소속의 다른 감정평가사가 심사하고 서명과 날인을 하는 것을 말하며, <감정평가검토>란 발급된 감정평가서의 적정성을 별도의 감정평가법인 등에서 검토하는 것을 말한다. 양자는 각각 「감정평가 및 감정평가사에 관한 법률」 제7조 제1항 및 제3항에 근거한다.

2. 양자의 비교

1) 공통점

감정평가심사와 감정평가검토는 대상 감정평가서에 대하여 감정평가 원칙 및 기준의 준수 여부, 감정평가 내용의 논리적 일관성, 수학적 정확성 등을 검토하여 감정평가의 정확성을 확인하는 제도로서, 내용 및 목적상 공통점이 있다.

2) 차이점

(1) 수행주체의 차이

<감정평가심사>는 감정평가법인 등 내부의 감정평가사가 수행하지만, <감정평가검토>는 외부의 감정평가사에 의해 수행되는 차이점이 있다.

(2) 수행방법의 차이

<감정평가심사>는 감정평가서 발급 전에 수행해야 하는 의무적 절차이나, <감정평가검토>는 감정평가서 발급 후에 이루어지는 임의적 절차로 차이점이 있다.

(3) 수행목적의 차이

<감정평가심사>는 내부적 통제절차로서 감정평가의 신뢰성을 확인하기 위한 목적으로 수행하며, <감정평가검토>는 외부적 통제절차로서 감정평가의 공정성 및 위험관리 목적으로 수행되는 차이점이 있다. <끝>

✱ 감정평가의 제도

▶ 기출문제 35회 3번

51 탁상자문과 관련한 다음 물음에 답하시오. `20점`

1) 탁상자문의 개념 및 방식에 대하여 설명하시오. `10점`

2) 탁상자문과 정식 감정평가와의 차이를 설명하시오. `10점`

논점분석

- **논제** : 감정평가의 기초 ▶ 감정평가의 제도 ▶ 탁상감정
- **유형** : ① 설명형(기본) ② 설명형(비교)
- **개념어** : 개념

감정평가제도의 하나인 탁상자문에 대한 설명형 문제입니다. 물음1의 "방식", 물음2의 "차이"는 감정평가의 방식을 기준으로, 근거, 의뢰인, 절차, 결과, 목적, 한계 등으로 다양한 목차를 구성할 수 있습니다.

예시목차

Ⅰ. 서설

Ⅱ. (물음1) 탁상자문의 개념 및 방식 (5)

  1. 탁상자문의 개념

  2. 탁상자문의 방식

    1) 탁상자문의 의뢰 및 용도

    2) 탁상자문의 수행주체

    3) 탁상자문의 수행방식

    4) 탁상자문의 수행결과

Ⅲ. (물음2) 탁상자문과 감정평가 (5)

  1. 감정평가의 의의

  2. 탁상자문과 감정평가의 차이점

    1) 수행주체 및 서명 유무의 차이

    2) 수행시간 및 방식의 차이

    3) 수행결과 및 형식의 차이

    4) 수행목적 및 책임의 차이

Ⅳ. 결어

문51 10점

Ⅰ. 서설

기술과 경제 발전에 따라 감정평가 서비스에 대한 요청이 다양해지고 있으며 감정평가 업무영역에도 컨설팅 등 업무범위의 확대가 필요하다. 탁상자문은 담보 감정평가의 사전단계로 활용되고 있는 상담 및 자문 서비스이나, 용역 수수료의 미지급, 자문 결과의 악용 등 부작용이 발생하고 있어 문제가 되고 있다. 탁상자문과 감정평가의 차이점을 인식하고 업무영역 확대로 인한 혼란이 최소화 될 수 있도록 하여야 할 것이다.

Ⅱ. [물음1] 탁상자문의 개념 및 방식

1. 탁상자문의 개념

<탁상자문>이란 감정평가 활동 사전단계에서 금융기관의 원활한 대출 업무를 돕기 위해 실지조사 없이 진행되는 개략적인 시가 추정행위를 말한다. 탁상자문은 명확한 법률적 근거가 미비하나, 「감정평가 및 감정평가사에 관한 법률」 제10조 제6호 "감정평가와 관련된 상담 및 자문"으로 해석할 여지가 있다.

2. 탁상자문의 방식

1) 탁상자문의 의뢰 및 용도

탁상자문은 금융기관의 등의 의뢰에 의해 제공되며, 용도는 담보대출의 사전단계에서 담보 감정평가액을 추정하여 대출금 및 금리 등을 개략적으로 확인하기 위한 것이다.

2) 탁상자문의 수행주체

탁상자문은 수행주체에 대한 명시적인 규정이 미비하며, 실무적으로 감정평가사 및 감정평가 직무의 수행을 보조하기 위한 사무직원에 의해 수행될 수 있다.

3) 탁상자문의 수행방식

탁상자문은 수행방식에 대한 명시적인 규정이 미비하여, 실무적으로 문서 또는 구두로 수행되며 업무수행에 단기간이 소요된다.

4) 탁상자문의 수행결과

탁상자문은 수행결과에 대한 명시적인 규정이 미비하여, 실무적으로 문서 또는 구두로 대상물건의 내역, 예상되는 담보 감정평가액, 기타 참고사항에 대한 정보 등을 제공한다.

III. [물음2] 탁상자문과 감정평가

1. 감정평가의 의의

<감정평가>란 토지 등의 경제적 가치를 판정하여 그 결과를 가액으로 표시하는 것을 말한다. 감정평가는 「감정평가 및 감정평가사에 관한 법률」에 근거하여 감정평가사의 성명과 날인을 포함한 감정평가서의 발급을 통해 수행된다.

2. 탁상자문과 감정평가의 차이점

1) 수행주체 및 서명 유무의 차이

<탁상자문>은 실무적으로 감정평가사 외 사무직원이 수행하고 있으며 수행 주체의 서명이 없으나, <감정평가>는 감정평가사에 의해 수행되며 서명과 날인이 포함된다는 차이점이 있다.

2) 수행시간 및 방식의 차이

<탁상자문>은 실지조사가 수반되지 않으므로 업무수행에 많은 시간이 소요되지 않으나, <감정평가>는 실지조사를 포함해 감정평가의 절차를 통해 수행되므로 상대적으로 업무수행에 장기간이 소요된다는 차이점이 있다.

3) 수행결과 및 형식의 차이

<탁상자문>은 별도의 형식이 없어 문서 또는 구두의 형태로 이루어지고 있으나, <감정평가>는 「감정평가에 관한 규칙」에서 정하고 있는 감정평가서의 발급을 통해 이루어진다는 차이점이 있다.

4) 수행목적 및 책임의 차이

<탁상자문>은 담보 감정평가에 대한 사전단계로서 상담 및 자문 목적으로 수행되며 업무결과에 대한 법적 책임이 없으나, <감정평가>는 「감정평가 및 감정평가사에 관한 법률」에 따른 민사, 형사, 행정적 책임과 의미가 수반된다는 차이점이 있다.

IV. 결어

탁상자문은 감정평가와 업무수행의 주체, 방식, 결과 및 책임에서 차이가 있다. 따라서 탁상자문 결과는 해당 범위 내에서 제한적으로 활용되어야 하며, 유사 감정평가행위로 악용되어서는 안 될 것이다. 또한 제도 차원에서 탁상자문의 형식과 수수료 등에 정비와 규정 마련이 요구된다. <끝>

★ 감정평가의 제도

52 감정평가사의 직업윤리가 요구되는 이론적·법률적 근거를 설명하고, 「공익사업을 위한 토지 등의 취득 및 보상에 관한 법률(이하 '토지보상법')」 제68조 제2항의 토지소유자 추천제와 관련하여 동업자 간 지켜야 할 직업윤리의 중요성에 대해 논하시오.
30점

1) 직업윤리가 강조되는 이론적 근거

2) 직업윤리가 강조되는 법률적 근거

3) 공인·전문인으로서의 직업윤리

4) 토지소유자 추천제의 의의 및 지켜야 할 직업윤리

논점분석

- **논제** : 감정평가의 기초 ▶ 감정평가의 제도 ▶ 평가윤리
- **유형** : 논술형(관련)
- **개념어** : 근거

직업윤리의 근거 및 내용에 대한 기본 설명형 문제입니다. 물음4는 토지소유자 추천제와 관련하여 설명해야 하므로, 토지소유자 추천제에 대해 전술한 후 이와 관련된 직업윤리(공인·동업자 간 윤리)에 대해 강조해주세요.

예시목차

Ⅰ. 서론

Ⅱ. (물음1) 직업윤리가 강조되는 이론적 근거 (4)
  1. 직업윤리의 의의 및 분류
  2. 부동산 특성에 따른 직업윤리
  3. 감정평가 기능에 따른 직업윤리
    1) 감정평가의 기능
    2) 감정평가의 기능에 따른 직업윤리

Ⅲ. (물음2) 직업윤리가 강조되는 법률적 근거 (5)
  1. 「감정평가 및 감정평가사에 관한 법률」
    1) 민사적 책임
    2) 행정적 책임
    3) 형사적 책임

  2. 「감정평가에 관한 규칙」
  3. 「감정평가 실무기준」

Ⅳ. (물음3) 공인, 전문인으로서의 직업윤리 (2)
  1. 공인으로서의 직업윤리
  2. 전문인으로서의 직업윤리

Ⅴ. (물음4) 토지소유자 추천제 및 직업윤리 (4)
  1. 토지소유자 추천제의 의의
  2. 토지소유자 추천제의 도입취지 및 부작용
  3. 토지소유자 추천제 관련 직업윤리
    1) 공인·전문인으로서의 직업윤리
    2) 동업자로서의 직업윤리

Ⅵ. 결론

문 52　30점

Ⅰ. 서론

<u>감정평가활동은 사적 부동산시장뿐만 아니라 공적 부동산활동 등 다양한 영역에서</u> <u>수행되므로 다양한 층위의 행위규범이 요구된다.</u> <보상평가>란 「공익사업을 위한 토지 등의 취득 및 보상에 관한 법률」 등에 따라 공익사업을 목적으로 취득하는 토지에 대한 손실보상을 위한 감정평가를 말한다. <u>보상평가</u>는 국민의 재산권 보호와 공익사업의 효율적 시행을 조율하기 위한 것으로, <u>공인·전문인으로서의 직업윤리</u>를 준수하여야 한다.

Ⅱ. [물음1] 직업윤리가 강조되는 이론적 근거

1. 직업윤리의 의의 및 분류

<직업윤리>란 직업활동을 수행할 때 준수하여야 할 관계 법령에 의한 제 규정과 자율적으로 준수해야 할 행위규범을 말한다. 직업윤리는 ① <u>내용에 따라</u> 일반윤리와 업무윤리, ② <u>근거에 따라</u> 이론적 규범과 법률적 규정, ③ <u>활동영역에 따라</u> 공인의 윤리와 전문인의 윤리 등으로 분류할 수 있다.

2. 부동산 특성에 따른 직업윤리

부동산은 고정성, 부증성, 영속성, 개별성 등 고유의 물리적 특성과 용도의 다양성, 병합·분할의 가능성, 사회적·경제적·행정적 위치의 가변성 등의 인문적 특성을 갖고, 이러한 부동산의 특성으로 인해 부동산시장은 불완전경쟁시장으로서 균형가격의 성립이 어렵다. 시장의 균형가격에 대한 지적은 전문적인 지식에 기반하여 공정하고 객관적으로 이루어져야 하므로, 높은 수준의 직업윤리가 요구된다.

3. 감정평가 기능에 따른 직업윤리

1) 감정평가의 기능

감정평가의 기능이란 감정평가가 수행하는 역할을 말하며, 정책적 기능과 경제적 기능으로 나누어 볼 수 있다. <정책적 기능>은 과세, 손실보상 등 공적 부동산 활동을 지원하고 나아가 부동산시장의 적정한 가격형성을 유도하고 부동산의 효율적 이용에 기여하는 것이다. <경제적 기능>이란 부동산시장의 기능을 보완하여 의사결정의 기준을 제시하고 자원의 효율적 배분과 거래질서 확립에 기여하는 것이다.

2) 감정평가의 기능에 따른 직업윤리

감정평가의 <정책적 기능>은 공적 부동산 활동과 관련되어 있으므로 공정성, 객관성 독립성, 불편부당성 등 공인으로서의 직업윤리가 요구된다. 또한 <경제적 기능>은 부동산시장의 기능을 보완하는 것이므로 전문인으로서의 직업윤리가 요구된다.

Ⅲ. [물음2] 직업윤리가 강조되는 법률적 근거

1. 「감정평가 및 감정평가사에 관한 법률」(이하 '감정평가법')

1) 민사적 책임

감정평가법 <제28조>에서는 고의 또는 과실로 적정가격과 현저한 차이가 있게 감정평가를 하거나 감정평가 서류에 거짓을 기록함으로써 감정평가 의뢰인이나 선의의 제3자에게 손해를 발생하게 하였을 때에는 손해를 배상할 책임이 있다고 규정하고 있다.

2) 행정적 책임

감정평가법 <제25조>에서는 ① 품위 유지, 신의·성실의무, ② 자기 또는 친족 소유 토지 등의 감정평가금지, ③ 토지 등의 매매업 영위 금지, ④ 수수료와 실비 외 금품 수수 금지, ⑤ 중복 소속의 금지 등을 규정하고 있으며, 그 외 <제26조 및 제27조>는 비밀엄수와 명의대여를 규정하고 있다. 감정평가법 <제39조>에서는 행정적 책임으로 ① 자격취소, ② 등록취소, ③ 업무정지, ④ 견책을 규정하고 있다.

3) 형사적 책임

감정평가법 <제49조 및 제50조>에서는 ① 관련 법령을 위반하여 자격취득, 업무수행, 등록 및 갱신등록을 한 경우, ② 고의로 잘못된 평가를 한 경우, ③ 업무 외 금품을 수수한 경우, ④ 토지 등의 매매업 영위, ⑤ 중복 소속, ⑥ 비밀 누설, ⑦ 명의대여 등에 대하여 징역 및 벌금을 규정하고 있다.

2. 「감정평가에 관한 규칙」(이하 '감칙')

감칙 제3조는 ① 자신의 능력으로 업무수행이 불가능하거나 매우 곤란한 경우, ② 이해관계 등의 이유로 자기가 감정평가하는 것이 타당하지 아니하다고 인정되는 경우에는 감정평가를 하여서는 안 된다고 규정하고 있다.

3. 「감정평가 실무기준」(이하 '실무기준')

실무기준에서는 직업윤리를 기본윤리와 업무윤리로 구분하여 규정하고 있다. 기본윤리는 ① 품위유지, ② 신의성실, ③ 청렴, ④ 보수기준 준수를 규정하고 있으며, 업무윤리로는 ① 의뢰인에 대한 설명, ② 불공정한 감정평가 회피, ③ 비밀준수 등 타인의 권리

보호를 규정하고 있다.

Ⅳ. [물음3] 공인, 전문인으로서의 직업윤리

1. 공인으로서의 직업윤리

<공인>이란 공적인 일에 종사하는 사람을 말한다. 감정평가사는 표준지평가, 보상평가 등 국가·지방자치단체 및 공공기관의 필요에 의한 감정평가업무를 수행하며 국민의 재산권과 관련된 과세행정 및 공익사업에 영향을 미친다. 따라서 공인으로서 공적, 사회적 책임과 높은 수준의 윤리의식이 요구된다.

2. 전문인으로서의 직업윤리

<전문직>이란 고도의 전문적 교육을 통하여 일정한 자격이나 면허를 취득함으로써 독점적으로 전문지식이나 기술을 사용할 수 있는 사회적으로 공인되는 직업을 말한다. 감정평가사는 지식과 기술의 전문성, 업무의 독점성 및 사회적 영향력을 고려하여, 다른 직업보다 높은 수준의 윤리의식이 요구된다.

Ⅴ. [물음4] 토지소유자 추천제 및 직업윤리

1. 토지소유자 추천제의 의의

<토지소유자 추천제>란 공익사업의 시행으로 인해 토지 등에 대한 보상액을 산정하려는 경우, 사업시행자가 선정한 감정평가법인 등 외에 해당 토지를 관할하는 시·도지사와 토지소유자가 추천한 감정평가법인 등을 선정하는 제도이며, 「공익사업을 위한 토지 등의 취득 및 보상에 관한 법률」 제68조에 근거한다.

2. 토지소유자 추천제의 도입취지 및 부작용

토지소유자 추천제는 보상평가 시 사업시행자와 토지소유자의 이해관계를 조율하여 국민 재산권을 보호하고 원활한 사업추진을 도모한다는 취지로 도입되었다. 그러나 업무수임을 위한 경쟁 과정에서 의뢰주체에 따라 감정평가결과의 차이가 발생하는 등 감정평가의 신뢰성 문제가 발생하였다.

3. 토지소유자 추천제 관련 직업윤리

1) 공인·전문인으로서의 직업윤리

보상평가는 국가·지방자치단체에 의한 공적평가로서 국민의 재산권에 영향을 미치므로, 공정성, 독립성, 전문성 등 공인·전문인으로서의 직업윤리가 요구된다.

2) 동업자로서의 직업윤리

토지소유자 추천제에 의한 복수평가는 보상평가의 공정성과 객관성 확보를 위한 제도이므로, 선심성 평가, 과다평가로 감정평가의 신뢰성을 저하시켜서는 안 되며 동업자로서의 직업윤리가 요구된다.

VI. 결론

보상평가는 국민 재산권을 보호하기 위한 감정평가의 정책적 기능에 해당하며, 업무수임 경쟁으로 감정평가의 신뢰성이 훼손되지 않도록 직업윤리의 준수가 요구된다. 동시에 제도적 개선방안으로 제3기관에 의한 감정평가법인 등의 추천 및 선정 등을 검토해 볼 수 있다. <끝>

⁂ 감정평가의 제도

▶ 기출문제 32회 2번

53 감정평가법인등은 감정평가관계법규 및 감정평가 실무기준에서 정하는 감정평가의 절차 및 윤리규정을 준수하여 업무를 행하여야 한다. 감정평가 실무기준상 감정평가법인 등의 윤리를 기본윤리와 업무윤리로 구분하고, 각각의 세부내용에 대해 설명하시오. 20점

논점분석

- **논제** : 감정평가의 기초 ▶ 감정평가의 제도 ▶ 평가윤리
- **유형** : 설명형(기본)

직업윤리의 세부 내용에 대한 기본 설명형 문제입니다. 문제에서 제시한 대로 목차를 구성해 최대한 충실하게 서술해주시면 됩니다.

예시목차

Ⅰ. 서론

Ⅱ. 감정평가의 윤리 (10)

  1. 감정평가윤리의 의의

    1) 의의 및 필요성

    2) 분류 및 구분

  2. 감정평가윤리의 내용

    1) 기본윤리

      (1) 품위유지

      (2) 신의성실

      (3) 청렴

      (4) 보수기준 준수

    2) 업무윤리

      (1) 의뢰인에 대한 설명

      (2) 불공정한 감정평가 회피

      (3) 비밀준수 등 타인의 권리보호

Ⅲ. 결어

문53 `20점`

I. 서설

감정평가활동은 사적 부동산 시장뿐만 아니라 공적 부동산 활동 등 다양한 영역에서 수행되므로 다양한 층위의 행위규범이 요구된다. 2013년 제정된 「감정평가 실무기준」은 감정평가윤리를 기본윤리와 업무윤리로 구분하여, 감정평가업무 수행 시 요구되는 윤리 사항을 구체적으로 규정하였다. 따라서 업무윤리의 세부 내용을 숙지하고 업무 수행 시 이를 준수하여야 한다.

II. 감정평가의 윤리

1. 감정평가윤리의 의의

1) 의의 및 필요성

<감정평가윤리>란 감정평가 업무를 수행할 때 준수하여야 할 관계 법령에 의한 제 규정과 자율적으로 준수해야 할 규범을 말한다. 감정평가 결과는 경제주체의 재산권과 국가 행정에 직접적인 영향을 미치므로, 감정평가 시 높은 윤리성이 요구된다.

2) 분류 및 구분

감정평가윤리는 ① 내용에 따라 기본윤리와 직무윤리로 구분하고 ② 근거에 따라 규범적 윤리와 법률적 윤리로 구분할 수 있다. 법률적 윤리는 ① 민사적 책임, ② 행정적 책임, ③ 형사적 책임으로 분류할 수 있다.

2. 감정평가윤리의 내용

1) 기본윤리

(1) 품위유지

<품위유지>란 감정평가업무를 수행할 때 사회에서 요구하는 신뢰에 부응하여 도덕적 수준과 교양을 갖추며, 전문자격사로서 합당한 언행과 품위를 유지하여야 한다는 것을 말한다.

(2) 신의성실

<신의성실>이란 감정평가업무를 수행할 때 의뢰인과의 신뢰관계가 유지되도록 성실한 자세로 업무에 임하여야 하며, 고의나 중대한 과실로 부당한 감정평가를 해서는 안 된다는 것을 말한다.

(3) 청렴

<청렴>이란 감정평가업무를 수행할 때 수수료와 실비 외에 어떠한 항목으로도 업무와 관련된 대가를 받아서는 안 된다는 것을 말한다. 감정평가사는 감정평가 의뢰의 대가로 금품, 향응, 보수의 부당한 할인, 그 밖의 이익을 제공해서는 안 된다.

(4) 보수기준 준수

<보수기준 준수>는 감정평가업무를 수행할 때 과도한 경쟁에서 발생하는 수수료 할인을 방지하기 위해 수수료 요율 및 실비에 관한 기준을 준수하여야 한다는 것을 말한다.

2) 업무윤리

(1) 의뢰인에 대한 설명

<의뢰인에 대한 설명>이란 감정평가 업무를 수임하기 전에 기본적 사항에 대한 의뢰인의 의견을 충분히 듣고 감정평가의 절차 및 수수료에 대한 사항을 설명하여야 하며, 감정평가업무 수행에 있어서 의뢰인이 제시한 사항과 다른 내용이 발견된 경우에도 이를 설명해야 한다는 것을 말한다.

(2) 불공정한 감정평가 회피

<불공정한 감정평가 회피>란 ① 대상물건이 담당 감정평가사 또는 친족의 소유이거나 그 밖에 불공정한 감정평가를 할 우려가 있는 경우, ② 이해관계 등의 이유로 자신이 감정평가하는 것이 타당하지 않은 경우에는 감정평가업무를 수임해서는 안 된다는 것을 말한다.

(3) 비밀준수 등 타인의 권리보호

<비밀준수 등 타인의 권리보호>란 감정평가업무를 수행하면서 알게 된 의뢰인과 제3자의 정보를 보호하고 비밀을 엄수함으로써 타인의 권리를 보호해야 한다는 것을 말한다. 비밀준수 의무는 감정평가업무가 진행되는 과정뿐만 아니라 업무가 종료된 이후에도 적용된다.

III. 결어

「감정평가 실무기준」은 감정평가윤리를 규정하며 감정평가사 스스로 부여된 책임과 역할을 인식하고 행동을 스스로 규율하여야 한다고 규정하고 있다. 감정평가사는 관련 법령에 의한 법률적 윤리뿐만 아니라 업무상 발생하는 문제에 대한 규범적 윤리를 준수하여 주어진 권한을 올바르게 활용하여야 할 것이다. <끝>

박문각 감정평가사

각론

Chapter 04

감정평가 3방식

❋ 원가방식

▶ 기출문제 35회 1번

01 원가법에 대한 다음 물음에 답하시오. 40점

1) 비용성의 원리에 기초한 원가법은 비용과 가치 간의 상관관계를 파악하는 것으로 가치의 본질을 원가의 집합으로 보고 있다. 이에 맞춰 재조달원가를 정의하고, 재생산원가 측면에서 재조달원가의 구성요소 및 산정방법에 대하여 설명하시오. 15점

2) 평가목적의 감가수정과 회계목적의 감가상각을 비교하여 설명하시오. 10점

3) 건물은 취득 또는 준공으로부터 시간의 경과나 사용 등에 따라 경제적 가치와 유용성이 감소된다. 이에 대한 감가요인을 설명하시오. 15점

논점분석

- **논제** : 감정평가 3방식 ▶ 원가방식 ▶ 재조달원가, 감가수정
- **유형** : ① 설명형(관련) ② 설명형(비교) ③ 설명형(기본)

원가방식 전반에 대한 서술형 문제입니다.

물음1은 "재생산원가 측면에서" 설명하라고 하였으므로, 재생산원가(복제원가 또는 대체원가)의 개념을 활용해서 서술해주세요.

물음2는 비교·설명형 문제이므로 공통점과 차이점을 각각 서술하되, 차이점을 서술하기 위한 기준은 감가수정의 개념체계를 활용하여 대상(토지 등), 기준가액(재조달원가), 감가요인(물기경), 감가방법(내관분시임) 등을 활용하실 수 있습니다.

물음3은 감가요인을 물리적, 기능적, 경제적 요인으로 분설하여 각각 서술하되, 정의, 종류, 유의사항 등으로 세부 목차를 구성하실 수 있습니다.

예시목차

Ⅰ. 서설

Ⅱ. **(물음1) 재조달원가의 구성 및 산정 (7)**
　1. 원가법의 의의
　2. 재조달원가의 정의
　3. 재조달원가의 구성요소 및 산정방법
　　1) 재조달원가의 성격
　　2) 재조달원가의 구성요소
　　　(1) 재생산원가 측면의 건설비
　　　(2) 부대비용 및 개발이윤
　　3) 재조달원가의 산정방법
　　　(1) 복제원가 측면의 직접법
　　　(2) 대체원가 측면의 간접법

Ⅲ. **(물음2) 감가수정과 감가상각의 비교 (5)**
　1. 감가수정 및 감가상각의 의의
　2. 양자의 비교
　1) 공통점
　2) 차이점
　　(1) 대상 및 기준가액의 차이
　　(2) 감가요인 및 감가방법의 차이
　　(3) 내용연수의 차이

Ⅳ. **(물음3) 감가요인의 종류 (7)**
　1. 감가수정의 의의
　2. 감가요인의 종류
　　1) 물리적 감가요인
　　　(1) 시간의 경과에 따른 마모
　　　(2) 사용에 따른 마모 또는 파손
　　2) 기능적 감가요인
　　　(1) 시간의 경과에 따른 구식화
　　　(2) 사용에 따른 설계불량 또는 설비부족
　　3) 경제적 감가요인
　　　(1) 시간의 경과에 따른 인근지역 쇠퇴
　　　(2) 사용에 따른 주위환경 부적합

Ⅴ. 결어

문 1 `40점`

I. 서설

<원가방식>이란 공급 측면에서 비용과 가치의 상호관계를 파악하여 대상물건의 가치를 산정하는 방식을 말한다. 원가방식의 감정평가방법에는 원가법과 적산법이 있으며, 원가법은 재조달원가와 감가수정으로 구성된다.

II. [물음1] 재조달원가의 구성 및 산정

1. 원가법의 의의

<원가법>이란 대상물건의 재조달원가에 감가수정을 하여 대상물건의 가액을 산정하는 감정평가방법을 말한다. 원가법은 고전학파의 생산비가치설에 근거하여 공급자의 생산비용의 관점에서 대상물건의 가치를 추계하기 위한 감정평가방법이다.

2. 재조달원가의 정의

<재조달원가>란 대상물건을 기준시점에 재생산하거나 재취득하는 데 필요한 적정 원가의 총액을 말한다. 재조달원가는 실제 취득에 소요된 과거 비용이 아닌 재생산 또는 재취득에 필요한 예상 비용을 의미한다.

3. 재조달원가의 구성요소 및 산정방법

1) 재조달원가의 성격

재조달원가는 성격에 따라 재생산원가와 재취득원가로 구분한다. <재생산원가>란 건물과 같이 직접 생산할 수 있는 경우에 적용하며, 물리적 동일성을 기준한 <u>복제원가</u>와 기능적 동일성을 기준한 <u>대체원가</u>로 구분할 수 있다. 반면 <재취득원가>란 생산이 아닌 구매를 통해 취득하는 경우에 적용한다.

2) 재조달원가의 구성요소

(1) 재생산원가 측면의 건설비

재조달원가는 건설비, 부대비용, 개발이윤으로 구성된다. 건설비는 <u>재생산원</u><u>가 측면에서</u> 도급 방식에 따른 일반적인 건설공사 도급계약금액을 기준하며, 도급공사 수급인의 직접·간접공사비, 부대비용 및 수급인 이윤이 포함된다.

(2) 부대비용 및 개발이윤

<부대비용>이란 표준적인 건설비 외에 대상 물건을 사용 가능한 상태로 만들기 위해 추가적으로 소요되는 비용을 말한다. 도급인은 수급인에게 지불하는 건설비 외에 ① 설계·감리비, ② 일반관리비, ③ 조세공과금, ④ 마케팅비, ⑤ 금융비 등의 부대비용이 필요하다. <개발이윤>은 건설공사를 통해 도급인에게 귀속되어야 할 적정 이윤을 말한다.

3) 재조달원가의 산정방법

(1) 복제원가 측면의 직접법

<복제원가>란 대상물건과 구조, 형식 등이 동일한 복제품에 대한 재생산원가를 말한다. 직접법은 대상물건의 건축사례로부터 재조달원가를 구하는 방법으로, 공정별로 재료비·노무비·경비를 집계하는 총량조사법, 구성단위

법이 활용될 수 있다.

(2) 대체원가 측면의 간접법

<대체원가>란 대상물건과 기능적 효용이 유사한 물건에 대한 재생산원가를 말한다. 간접법은 대상물건과 유사한 건축사례로부터 재조달원가를 구하는 방법으로, 표준 건축비 단가를 기준하는 단위비교법, 유사 건축비용에 건축비지수를 적용하는 비용지수법이 활용될 수 있다.

III. (물음2) 감가수정과 감각상각의 비교

1. 감가수정 및 감가상각의 의의

<감가수정>이란 재조달원가를 감액하여야 할 요인이 있는 경우 그에 해당하는 금액을 공제하여 기준시점에서 대상물건의 가액을 적정화하는 작업을 말한다. <감가상각>은 기업회계상 자산의 취득가액을 일정 기간의 비용으로 배분하는 작업을 말한다.

2. 양자의 비교

1) 공통점

부동산을 비롯해 일정 기간 이상의 내구연한을 가진 상각자산은 취득 이후 시간의 경과에 따라 가치가 감소하는 것이 일반적이다. 감가수정과 감가상각은 취득 이후 시간의 경과나 사용 등에 따른 경제적 가치의 변화 또는 감소를 반영하는 작업이라는 공통점이 있다.

2) 차이점

(1) 대상 및 기준가액의 차이

<감가수정>은 토지를 포함하여 유무형자산에 적용하며 기준시점의 재조달원가를 기준한다. <감가상각>은 토지를 제외한 유무형자산에 적용하며 취득시점의 역사적 원가 또는 공정가치를 기준한다는 차이점이 있다.

(2) 감가요인 및 감가방법의 차이

<감가수정>은 물리적·기능적·경제적 감가요인을 고려하며, 정액법·정률법 외에도 관찰감가법이 활용된다. <감가상각>은 물리적·기능적 감가요인만을 고려하며, 원칙적으로 정액법·체감잔액법·생산량비례법 외 관찰감가법은 활용할 수 없다는 차이점이 있다.

(3) 내용연수의 차이

<감가수정>은 대상물건별로 개별적인 내용연수를 적용한다. <감가상각>은 「법인세법 시행규칙」 등 관련 법령에 따라 물건별로 동일한 내용연수를 적용한다는 차이점이 있다.

Ⅳ. [물음3] 감가요인의 종류

1. 감가수정의 의의

<감가수정>이란 재조달원가를 감액하여야 할 요인이 있는 경우 그에 해당하는 금액을 공제하여 기준시점에서 대상물건의 가액을 적정화하는 작업을 말한다. 감가요인에는 물리적·기능적·경제적 감가요인으로 구분한다.

2. 감가요인의 종류

1) 물리적 감가요인

(1) 시간의 경과에 따른 마모

물리적 감가요인으로 시간의 경과에 따른 마모를 들 수 있다. 자산은 시간의 경과에 따라 자연스럽게 마모되며, 이에 따라 자산의 성능과 경제적 가치가 감소할 수 있다.

(2) 사용에 따른 마모 또는 파손

물리적 감가요인으로 사용에 따른 마모 또는 파손을 들 수 있다. 자산은 사용 빈도와 강도에 따라 마모의 정도가 달라지거나 심지어 파손될 수 있으며, 이에 따라 자산의 경제적 가치가 감소할 수 있다.

2) 기능적 감가요인

(1) 시간의 경과에 따른 구식화

기능적 감가요인으로 시간의 경과에 따른 구식화를 들 수 있다. 자산은 시간의 경과에 따라 기술이 발전하고 시장이 변화하면서 형식 또는 성능이 구식화될 수 있으며, 이에 따라 자산의 경제적 가치가 감소할 수 있다.

(2) 사용에 따른 설계불량 또는 설비부족

기능적 감가요인으로 사용에 따른 설계불량 또는 설비부족을 들 수 있다. 자산은 사용에 따라 설계 시 발생한 불량이나 설비의 부족으로 기능성이 저하될 수 있으며, 이에 따라 사용의 효율성이 감소하거나 유지·보수비용이 증가하여 <u>경제적 가치가 감소할 수 있다</u>.

3) 경제적 감가요인

(1) 시간의 경과에 따른 인근지역 쇠퇴

경제적 감가요인으로 <u>시간의 경과에 따른</u> 인근지역 쇠퇴를 들 수 있다. 자산은 시간의 경과에 따라 인구가 감소하거나 경제활동이 위축되는 등 인근지역이 쇠퇴할 수 있으며, 이에 따라 <u>경제적 가치가 감소할 수 있다</u>.

(2) 사용에 따른 주위환경 부적합

경제적 감가요인으로 <u>사용에 따른</u> 주위환경 부적합을 들 수 있다. 자산은 사용에 따라 주거-상업 간 이행지 내에서 주거용으로 이용하는 등 주위환경에 부적합해질 수 있으며, 이에 따라 <u>경제적 가치가 감소할 수 있다</u>.

V. 결어

감정평가의 감가수정은 기업회계의 감가상각과 달리 경제적 감가요인을 고려하고 관찰감가법을 활용하여 기준시점의 시장가치를 추계한다. 인근지역 쇠퇴 또는 주위 환경 부적합과 같은 경제적 감가요인을 반영하기 위해서 시장추출법, 분해법 등 논리적이고 계량적인 감가수정방법을 적극적으로 활용하여야 할 것이다. <끝>

* 원가방식

02 경제적 감가수정에 대해 설명하시오. `10점`

논점분석

- **논제** : 감정평가 3방식 ▶ 원가방식 ▶ 건물 ▶ 감가수정
- **유형** : 설명형(기본)

감가수정에 대한 기본 서술형 문제입니다. 원가방식 내에서 해당 개념의 위치를 지적하며 설명의 범위를 좁힌 후, 구체적으로 서술해주세요.

예시목차

Ⅰ. 서설

Ⅱ. 경제적 감가수정 (5)

  1. 감가수정
    1) 의의 및 감가요인
    2) 감가수정방법

  2. 경제적 감가수정
    1) 경제적 감가요인
    2) 구체적 감가수정방법

문2 10점

I. 서설

<원가법>이란 대상물건의 재조달원가에 감가수정을 하여 대상물건의 가액을 산정하는 감정평가방법을 말한다. 감가수정이란 대상물건에 대한 재조달원가를 감액하여야 할 요인이 있는 경우 감가요인을 공제하는 것을 말하며, 감가요인에는 ① 물리적, ② 기능적, ③ 경제적 감가요인이 있다.

II. 경제적 감가수정

1. 감가수정

1) 의의 및 감가요인

<감가수정>이란 재조달원가를 감액하여야 할 요인이 있는 경우 그에 해당하는 금액을 공제하여 기준시점에서 대상물건의 가액을 적정화하는 작업을 말한다. 감가요인은 발생원인과 형태에 따라 ① 물리적, ② 기능적, ③ 경제적 요인으로 구분할 수 있다.

2) 감가수정방법

<감가수정방법>은 대상물건으로부터 직접적으로 감가액을 산정하는 ① 내용연수법, ② 관찰감가법, ③ 분해법, 유사부동산의 시장자료로부터 감가액을 산정하는 ④ 시장추출법, ⑤ 임대료손실환원법을 적용할 수 있다.

2. 경제적 감가수정

1) 경제적 감가요인

<경제적 감가요인>으로는 ① 주위환경과의 부적합, ② 인근지역의 쇠퇴, ③ 시장성의 감퇴 등이 있으며, 대표적인 사례로서 쓰레기매립장과 같은 혐오시설이나 원자력발전소와 같은 위험시설 등에 의한 가치하락을 들 수 있다.

2) 구체적 감가수정방법

경제적 감가요인은 외부적 요인에 의한 가치손실이므로, 주로 시장자료에 근거한 간접법을 활용하여 감가수정을 하게 된다.

① <시장추출법>은 시장에서 수집한 유사부동산의 거래사례로부터 추정한 감가율을 기초로 대상 부동산의 감가액을 산정하는 방법으로, 외부적 요인이 발생하기 전·후의 유사부동산 거래사례를 활용한 감가수정방법이다.

② <임대료 손실환원법>은 감가요인으로부터 발생한 임료손실분을 할인 또는 환원하여 감가액을 산정하는 방법이다. 간접법은 시장자료에 근거하여 실증적·구체적인 감가수정방법이나, 임대료가 발생하지 않는 비수익형 부동산이나 시장상황이 침체한 경우에는 적용하기 곤란하다는 단점이 있다. <끝>

✦ 원가방식

03 건물의 치유불가능한 기능적 감가의 개념과 사례를 기술하고, 이 경우 감정평가 시 고려해야 할 사항에 대하여 설명하시오. `10점`

논점분석

- **논제** : 감정평가 3방식 ▶ 원가방식 ▶ 건물 ▶ 감가수정
- **유형** : 설명형(기본)
- **개념어** : 고려사항

감가수정에 대한 기본 설명형 문제입니다. 원가방식 내에서 해당 개념의 위치를 지적하며 설명의 범위를 좁힌 후, 구체적으로 서술해주세요. 감정평가 시 고려해야 할 사항은 감정평가절차를 기준으로 다양한 고려사항을 목차화 하는 것이 관건입니다.

예시목차

Ⅰ. 서설

Ⅱ. 치유불가능한 기능적 감가 (2)
1. 기능적 감가의 개념
2. 기능적 감가의 사례

Ⅲ. 감정평가 시 고려할 사항 (3)
1. 지역분석 시 건물의 표준적 개량형태 파악
2. 재조달원가 산정 시 이중감가 유의
3. 감가수정 시 경제적 타당성 판단

문3 [10점]

I. 서설

원가법이란 대상물건의 재조달원가에 감가수정을 하여 대상물건의 가액을 산정하는 감정평가방법을 말한다. <감가수정>이란 대상물건에 대한 재조달원가를 감액하여야 할 요인이 있는 경우 감가요인을 공제하는 것을 말하며, 감가요인에는 ① 물리적, ② 기능적, ③ 경제적 감가요인이 있다.

II. 치유불가능한 기능적 감가

1. 기능적 감가의 개념

<기능적 감가>란 대상물건의 기능적 효용 변화에 따른 감가요인을 말한다. 기능적 감가를 결정하기 위해서는 치유가능성에 대한 판단이 선행되어야 하며, 물리적, 경제적 타당성에 근거한다. 물리적으로 치유 가능하다 하더라도, 경제적으로 타당하지 않을 경우에는 <치유불가능한 감가>가 된다.

2. 기능적 감가의 사례

건물은 골조, 설비, 내·외장 마감재 등으로 구분할 수 있는데, 이 중 골조 및 설비에 대한 과대·과소개량의 경우에는 물리적으로 치유가 불가능하거나, 치유의 경제적 타당성이 부족하게 된다. 구체적 사례로는 ① 층고의 과대, ② 엘리베이터의 미설치, ③ 주차설비 등 기타 부대설비의 과소 등을 들 수 있다.

Ⅲ. 감정평가 시 고려할 사항

1. 지역분석 시 건물의 표준적 개량형태 파악

<지역분석>이란 대상 부동산이 속하는 지역의 범위를 획정하고 지역요인을 분석하여 표준적 이용과 가격수준을 판정하는 것을 말한다. 기능적 효용의 구식화 여부는 지역 내 표준적 이용을 기준하여 판단하므로, 인근지역 내 동일 또는 유사용도 건물의 표준적 개량형태를 고려하여야 한다.

2. 재조달원가 산정 시 이중감가 유의

<재조달원가>란 대상물건을 기준시점에 재생산하거나 재취득하는 데 필요한 적정원가의 총액을 말한다. 재조달원가는 물리적 측면의 복제원가 및 기능적 측면의 대체원가로 산정한다. 대체원가로 산정한 재조달원가에는 기능적 측면이 반영되어 있으므로 감가수정 시 이중감가 되지 않도록 고려하여야 한다.

3. 감가수정 시 경제적 타당성 판단

<감가수정>이란 재조달원가를 감액하여야 할 요인이 있는 경우 그에 해당하는 금액을 공제하여 기준시점에서 대상물건의 가액을 적정화하는 작업을 말한다. 기능적 감가는 치유 가능성에 따라 감가액이 달라지므로, 물리적 타당성과 함께 치유에 따른 비용과 효용을 비교하여 경제적 타당성을 고려하여야 한다. <끝>

* 비교방식

▶ 기출문제 34회 4번

04 다세대주택을 거래사례비교법으로 감정평가하기 위하여 거래사례를 수집하는 경우 거래사례의 요건과 각 요건별 고려사항에 대하여 약술하시오. 10점

논점분석

- **논제** : 감정평가 3방식 ▶ 비교방식 ▶ 거래사례비교법 ▶ 사례선정
- **유형** : 설명형(기본)
- **개념어** : 고려사항

거래사례비교법 적용 시 거래사례의 수집 요건에 대한 기본 설명형 문제입니다. 문제에서 제시한 대로 기본적인 거래사례 수집 요건을 기준으로 목차를 구성하시되, '고려사항'이라는 개념어에 유의해 일반적인 사항이 아닌 다세대주택 거래사례와 관련된 유의사항 위주로 서술하시는 것이 관건입니다.

예시목차

Ⅰ. 서설

Ⅱ. 다세대주택 거래사례의 수집 (5)

   1. 다세대주택의 거래사례비교법 적용 개요

   2. 거래사례의 수집 요건 및 고려사항

      1) 정상적인 거래사례

      2) 사정보정 가능한 거래사례

      3) 시점수정 가능한 거래사례

      4) 가치형성요인 비교가 가능한 거래사례

문4 `10점`

I. 서설

<거래사례비교법>이란 대상물건과 가치형성요인이 같거나 비슷한 물건의 거래사례와 비교하여 대상물건의 현황에 맞게 사정보정, 시점수정, 가치형성요인 비교 등의 과정을 거쳐 대상물건의 가액을 산정하는 감정평가방법을 말한다. 다세대주택은 아파트와 달리 물리적 개별성이 강하고 거래량이 많지 않으므로 거래사례의 수집에 유의하여야 한다.

II. 다세대주택 거래사례의 수집

1. 다세대주택의 거래사례비교법 적용 개요

<다세대주택>이란 바닥면적 합계가 660㎡ 이하인 4층 이하의 공동주택을 말한다. 다세대주택은 구분소유부동산으로 「감정평가에 관한 규칙」 제16조에 따라 일괄 거래사례비교법을 주된 감정평가방법으로 적용하여야 한다.

2. 거래사례의 수집 요건 및 고려사항

1) 정상적인 거래사례

거래사례는 거래사정이 정상이라고 인정되는 사례를 수집하고 적정성 여부를 검토하여 하나 또는 둘 이상의 사례를 선택해야 한다. 다세대주택은 아파트와 달리 시장 규모가 작고 거래량이 적으며 물리적 개별성이 강하므로 거래사례의 수집에 있어 정상적인 거래 여부를 고려하여야 한다.

2) 사정보정 가능한 거래사례

거래사례는 특수한 사정이나 개별적 동기가 반영되어 있거나 거래 당사자가 시장에 정통하지 않은 등 사정이 개입된 경우 이를 정상적인 것으로 보정할 수 있는 사례를 수집하여야 한다. 다세대주택은 시장 정보의 비대칭에 따라 전세금을 활용한 무자본 거래, 고가 거래 등의 사정이 개입되므로 거래사례의 수집에 있어 사정보정 가능성을 고려하여야 한다.

3) 시점수정 가능한 거래사례

거래사례는 거래시점과 기준시점의 가격수준 변동을 보정할 수 있는 사례를 수집하여야 한다. 다세대주택은 아파트와 달리 공급량 및 거래량이 많지 않아 지역별로 세분화 된 매매가격지수의 산정에 어려움이 있으므로 거래사례의 수집에 있어 시점수정 가능성을 고려하여야 한다.

4) 가치형성요인 비교가 가능한 거래사례

거래사례는 대상물건과 위치적 · 물적 유사성이 있어 지역 · 개별요인 등 가치형성요인의 비교가 가능한 사례를 수집하여야 한다. 다세대주택은 물리적 개별성이 강하므로 거래사례의 수집에 있어 위치 · 접근성 · 편의시설 등 외부요인, 경과연수 · 엘리베이터 등 건물요인, 층 · 전유면적 · 대지권 · 발코니 등 개별요인 비교 가능성을 고려하여야 한다. <끝>

※ 비교방식

▶ 기출문제 12회 3번

05 토지시장에서 발생하는 불합리한 거래사례는 감정평가 시 이를 적정하게 보정하여야한다. 현실적으로 보정을 요하는 요인은 어떠한 것이 있으며 이에 대한 의의와 그 보정의 타당성 여부를 논하시오. 20점

논점분석

- **논제** : 감정평가 3방식 ▶ 비교방식 ▶ 거래사례비교법 ▶ 사정보정
- **유형** : 논술형(기본)
- **개념어** : 의의, 타당성

사정보정에 대한 논술형 문제입니다. 보정의 "타당성"을 논하라고 하였으므로, 보정의 필요성과 한계점을 다양하게 서술한 후 타당성 여부에 대한 결론을 제시해주세요.

예시목차

I. 서론

II. 거래사례의 보정요인 (5)

  1. 거래사례비교법의 의의 및 절차

  2. 거래사례의 수집 및 보정요인

    1) 거래사례의 수집

    2) 거래사례의 보정요인

      (1) 시장참여가 자유롭지 못한 경우

      (2) 거래당사자가 특수관계인 경우

      (3) 거래동기나 조건이 특수한 경우

III. 거래사례 보정의 타당성 (5)

  1. 사정보정의 필요성

    1) 부동산 특성 및 가치기준에 부합

    2) 사례 수집범위의 확장

  2. 사정보정의 한계점

    1) 거래정보의 비공개성

    2) 보정방법의 객관성 미흡

  3. 소결 : 사정보정의 타당성

IV. 결론

문5 20점

I. 서론

<비교방식>이란 거래사례비교법, 임대사례비교법 등 시장성의 원리에 기초한 감정평가방식 및 공시지가기준법을 말한다. 부동산은 개별성으로 인하여 물리적 대체성과 정보의 공개성이 낮으며, 이로 인해 부동산 거래 시 개별적 동기 또는 특수한 사정이 개입될 수 있다. 부동산 거래사례는 비교방식에 의한 비준가액의 적절성에 영향을 미치므로 적정성에 대한 판단과 사정보정이 요구되나, 실무적으로 보정에 어려움이 있으므로 내용적 타당성이 문제 된다.

II. 거래사례의 보정요인

1. 거래사례비교법의 의의 및 절차

<거래사례비교법>이란 대상물건과 가치형성요인이 같거나 비슷한 물건의 거래사례와 비교하여 대상물건의 현황에 맞게 사정보정, 시점수정, 가치형성요인 비교 등의 과정을 거쳐 대상물건의 가액을 산정하는 감정평가방법을 말한다.

2. 거래사례의 수집 및 보정요인

1) 거래사례의 수집

거래사례비교법으로 감정평가할 때에는 ① 거래사정이 정상적이라고 인정되는 사례 또는 정상적인 것으로 보정이 가능한 사례, ② 기준시점으로 시점수정이 가능한 사례, ③ 대상물건과 위치적·물적 유사성이 있어 지역·개별요인 등 가치형성요인의 비교가 가능한 사례를 수집하여야 한다.

2) 거래사례의 보정요인

(1) 시장참여가 자유롭지 못한 경우

경매, 공매시장의 거래사례(낙찰사례)는 시장 참여가 제한적이고 방매기간 및 가격협상이 한정적이므로 정상적인 거래가격과 차이가 있을 수 있다. 따라서 통상적인 시장에서 충분한 방매기간 및 당사자 사이의 신중하고 자발적인 거래를 반영하여 보정이 필요하다.

(2) 거래당사자가 특수관계인 경우

친·인척, 특수관계인, 계열사 사이의 거래사례는 거래당사자의 독립성이 결여되어 있다는 점에서 정상적인 거래가격과 차이가 있을 수 있다. 따라서 거래당사자의 독립성을 반영하여 보정이 필요하다.

(3) 거래동기나 조건이 특수한 경우

급매, 청산, 보상에 의한 거래사례는 충분한 기간 동안 거래를 위해 공개되지 않았거나 특수한 사정이 반영되어 있고 자발적인 거래가 아니라는 점에서 정상적인 거래가격과 차이가 있을 수 있다. 따라서 충분한 방매기간 및 거래행위의 자발성을 반영하여 보정이 필요하다.

III. 거래사례 보정의 타당성

1. 사정보정의 필요성

1) 부동산의 특성 및 가치기준에 부합

부동산은 개별성 및 정보의 비공개성으로 인하여 거래에 사정이 개입될 수

있으나, 감정평가는 통상적인 시장에서 충분한 거래기간 동안 대상물건의 내

용에 정통한 거래당사자 사이에서 신중하고 자발적인 거래를 통해 성립될 가

능성이 높은 시장가치를 기준해야 하므로 거래사례를 보정할 필요성이 있다.

2) 사례 수집범위의 확장

감정평가 결과의 정확성과 신뢰성은 자료의 양과 질에 기초하므로, 거래사례

비교법 적용 시 다수의 거래사례의 선정하고 적정한 거래사례를 선택하여야

한다. 다수의 거래사례를 수집하기 위해서는 사정이 개입된 거래사례를 배제

하는 것이 아니라, 그러한 사정이 없었을 경우의 적절한 가격수준으로 보정

할 필요성이 있다.

2. 사정보정의 한계점

1) 거래정보의 비공개성

사정보정을 위해서는 거래상황, 거래당사자, 거래조건 등에 대한 정보가 필수적이

다. 그러나 현행 제도상으로는 해당 정보에 대한 접근이 제한적이므로, 사정보정의

객관적 근거를 확보하기 어렵다는 한계가 있다.

2) 보정방법의 객관성 미흡

사정보정방법에는 ① 보정률, ② 보정치, ③ 보정액 등을 활용할 수 있으나, 개별적

인 거래상황을 반영할 수 있는 일관적이고 정량화된 수치를 적용하기 어려워 보정

방법의 객관성이 미흡하다는 한계가 있다.

3. 소결 : 사정보정의 타당성

사정보정은 거래정보의 비공개성, 보정방법의 객관성 등 <u>한계에도 불구하고</u>, 비준가액의 객관성을 제고하고 시장가치에 부합하는 감정평가액을 도출하기 위한 최선의 방법으로서 <타당>하다고 판단된다. 특정 거래사례에 의한 비준가액의 왜곡을 방지하기 위해서 사정보정을 활용하여 다수의 거래사례를 수집하고 활용할 필요성이 있다.

Ⅳ. 결론

사정보정에서 보정방법의 객관성을 확보하기 위해서는, <u>특성가격함수모형 등 통계적 기법을 활용하여 다수의 거래사례에 기반한 이상치 제거 등을 활용</u>할 수 있다. 또한 「부동산 거래신고 등에 관한 법률」에서 수집하고 있는 <u>거래정보의 신고항목을 보다 세분화·구체화하는 등 제도적 개선</u>도 필요하다. <끝>

＊ 비교방식

06 부동산시장 침체기의 감정평가에서 거래사례비교법을 적용할 때 발생할 수 있는 문제점과 대응방안에 대해 논하시오. 10점

논점분석

- **논제** : 감정평가 3방식 ▶ 비교방식 ▶ 거래사례비교법
- **유형** : 설명형(기본)
- **개념어** : 문제점

거래사례비교법에 대한 기본 설명형 문제입니다. 부동산시장 침체기의 문제점과 대응방안을 대칭적으로 서술해주시면 좋습니다.

예시목차

Ⅰ. 서설
Ⅱ. 시장 침체기의 거래사례비교법 (5)
    1. 부동산 경기변동 및 침체기의 의의
    2. 침체기의 거래사례비교법 적용의 문제점
        1) 사례 수집의 어려움
        2) 사정 개입 및 보정의 어려움
    3. 거래사례비교법 적용 시 대응방안
        1) 사례 수집의 공간·시간적 범위 확장
        2) 다른 감정평가방법에 의한 합리성 검토

문6 `10점`

I. 서설

<거래사례비교법>이란 대상물건과 가치형성요인이 같거나 비슷한 물건의 거래사례와 비교하여 대상물건의 현황에 맞게 사정보정, 시점수정, 가치형성요인 비교 등의 과정을 거쳐 대상물건의 가액을 산정하는 감정평가방법을 말한다. 부동산 시장 침체기에는 일반적으로 수요가 위축되고 거래량이 감소하므로 거래사례에 기초한 거래사례비교법의 적용에 어려움이 따른다.

II. 시장 침체기의 거래사례비교법

1. 부동산 경기변동 및 침체기의 의의

<부동산 경기변동>이란 부동산시장의 가격 및 거래량이 변동하여 시장의 확장국면과 수축국면이 반복되어 나타나는 것을 말한다. 부동산 경기변동은 확장, 후퇴, 수축, 회복의 국면이 순환적으로 나타나는데, <침체기>란 경기변동 국면 중 후퇴 및 수축기를 말한다.

2. 침체기의 거래사례비교법 적용의 문제점

1) 사례 수집의 어려움

거래사례비교법에 의한 비준가액의 적정성은 적정한 사례의 수집 및 선택이 전제되어야 한다. 그러나 부동산 시장 침체 시 수요 및 거래량이 감소하므로, 다양한 거래사례의 수집에 어려움이 있다.

2) 사정 개입 및 보정의 어려움

부동산 시장 침체 시 전체적인 가격수준이 하락하므로, 시장참여자의 심리적 요인에 따라 급매 등 사정이 개입된 거래사례가 발생할 수 있다. 또한 시장 침체로 거래량이 감소하므로 적정 가격수준의 파악이 어렵고 사정 개입여부에 대한 판단 및 객관적인 보정 기준을 마련하는데 어려움이 있다.

3. 거래사례비교법 적용 시 대응방안

1) 사례 수집의 공간·시간적 범위 확장

거래사례의 수집이 어려운 경우, 거래사례 수집의 공간적 범위를 동일수급권 내 유사지역으로 확장하거나 거래시점을 과거로 확장하여 수집할 수 있다. 유사지역 사례 선정 시 지역요인 비교가 필요하며, 거래시점 확장 시 시점수정 등 시장 상황의 보정에 유의해야 한다.

2) 다른 감정평가방법에 의한 합리성 검토

사정보정 등 증거의 질적 측면에서 비준가액의 객관성 및 정확성이 확보되지 못한 경우, 원가법 또는 수익환원법 등 다른 감정평가 방법을 병용하여 합리성을 검토하고 시산가액을 조정하여 최종 감정평가액을 결정할 수 있다. 적산가액은 시장 침체 시 가치의 하한선이 될 수 있으나, 수익가액은 임료의 지행성에 유의해야 한다. <끝>

* 비교방식

07 공시지가기준법을 적용하여 산정된 가액이 기준가치에 도달하지 못하였다고 가정할 경우 공시지가기준법에 따라 실무적으로 보정할 수 있는 방법에 관해 설명하시오.

> 5점

논점분석

- **논제** : 감정평가 3방식 ▶ 비교방식 ▶ 공시지가기준법
- **유형** : 설명형(기본)

공시지가기준법에 대한 약술형 문제입니다. 논제에 대해 단답형으로 서술하기 보다, 논제의 배경에 대해 사전적으로 서술하면 좀 더 좋은 답안이 될 것입니다.

출제위원 채점평

설문 3에서는 대부분의 수험생들은 그 밖의 요인 보정 방법에 대해서는 잘 기술한 편이었으나, 일부 수험생들만이 거래사례비교법 등 다른 평가방법과의 합리성 검토를 통한 시산가액 조정까지 설명하였습니다.

예시목차

I. 공시지가기준법의 의의 및 문제점

II. 공시지가기준법의 실무적 보정방법
    1. 그 밖의 요인 보정
    2. 타 방법에 의한 합리성 검토

문7 `5점`

I. 공시지가기준법의 의의 및 문제점

<u><공시지가기준법>이란 대상토지와 가치형성요인이 같거나 유사한 표준지의 공시지가를 기준으로 대상토지의 현황에 맞게 시점수정, 지역요인 및 개별요인 비교, 그 밖의 요인의 보정을 거쳐 대상토지의 가액을 산정하는 감정평가방법을 말한다.</u> 공시지가기준법에서 표준지공시지가가 기준가치인 시장가치에 도달하지 못할 경우, 평가결과 역시 시장가치에 미달할 수 있어 <u>실무적인 보정</u>이 요구된다.

II. 공시지가기준법의 실무적 보정방법

1. 그 밖의 요인 보정

<그 밖의 요인 보정>이란 시점수정, 지역요인 및 개별요인의 비교 외에 대상토지의 가치에 영향을 미치는 사항을 보정하는 것을 말하며, 「감정평가에 관한 규칙」 제14조 제2항에 근거한다. 대상 토지의 인근(유사)지역의 가치형성요인이 유사한 정상적인 거래(평가)사례 등을 고려하여 아래의 산식으로 산정한다.

$$\text{그 밖의 요인} = \frac{\text{거래(평가)사례} \times \text{사정보정} \times \text{시점수정} \times \text{지역요인} \times \text{개별요인}}{\text{표준지공시지가} \times \text{시점수정}}$$

2. 타 방법에 의한 합리성 검토

공시지가기준법 외 거래사례비교법, 원가법, 수익환원법과 같은 부방법에 의한 시산가액으로 합리성을 검토하고, 합리성이 없다고 판단되는 경우에는 시산가액을 조정하여 최종 감정평가액을 결정할 수 있다. <끝>

✱ 비교방식

08 부동산가격공시 및 감정평가에 관한 법률 제21조 제1항에는 "토지의 평가는 유사한 이용가치를 지닌다고 인정되는 표준지공시지가를 기준으로 하여야 한다"라고 규정되어 있으나, 표준지공시지가와 정상거래가격과의 격차가 있는 경우 기타요인으로 보정하고 있다. 기타요인 보정의 개념을 기술하고, 관련 법규 및 판례 등을 중심으로 그 타당성을 설명하시오. `20점`

논점분석

- **논제** : 감정평가 3방식 ▶ 비교방식 ▶ 공시지가기준법 ▶ 그 밖의 요인 보정
- **유형** : 설명형(관련)
- **개념어** : 개념, 타당성

그 밖의 요인 보정에 대한 관련 설명형 문제입니다. 타당성을 설명하라고 하였으므로, 타당한 측면(보정의 타당성)과 그렇지 않은 측면(보정의 한계)을 균형 있게 설명하시되, 법규 및 판례를 활용하셔야 하며, 반드시 결론(타당성)을 맺어주세요.

예시목차

I. 서설

II. 그 밖의 요인 보정 (5)
   1. 공시지가기준법의 의의
   2. 그 밖의 요인 보정의 의의
   3. 그 밖의 요인 보정의 내용
   4. 그 밖의 요인 보정의 방법

III. 그 밖의 요인 보정의 타당성 (5)
   1. 그 밖의 요인 보정의 법률적 근거
     1)「감정평가에 관한 규칙」
     2) 판례의 태도
     3) 국토교통부 유권해석
   2. 그 밖의 요인 보정의 문제점
   3. 소결 : 그 밖의 요인 보정의 타당성

IV. 결어

문8 `20점`

Ⅰ. 서설

비교방식이란 거래사례비교법, 임대사례비교법 등 시장성의 원리에 기초한 감정평가방식 및 공시지가기준법을 말한다. 토지의 감정평가는 「감정평가에 관한 규칙」제14조에 따라 공시지가기준법을 주된 방법으로 적용하여야 하나, 표준지공시지가와 시장가치의 격차를 보정하기 위한 그 밖의 요인(기타요인) 보정에 있어 법률적 타당성이 문제된다.

Ⅱ. 그 밖의 요인 보정

1. 공시지가기준법의 의의

<공시지가기준법>이란 대상토지와 가치형성요인이 같거나 유사한 표준지의 공시지가를 기준으로 대상토지의 현황에 맞게 시점수정, 지역요인 및 개별요인 비교, 그 밖의 요인의 보정을 거쳐 대상토지의 가액을 산정하는 감정평가방법을 말한다.

2. 그 밖의 요인 보정의 의의

공시지가기준법의 적용은 ① 비교표준지 선정, ② 시점수정, ③ 지역요인 비교, ④ 개별요인 비교, ⑤ 그 밖의 요인 보정의 순서로 이루어진다. <그 밖의 요인 보정>이란 시점수정, 지역요인 및 개별요인의 비교 외에 대상토지의 가치에 영향을 미치는 사항을 보정하는 것을 말한다.

3. 그 밖의 요인 보정의 내용

그 밖의 요인으로는 ① 관계 법령에 따른 토지의 사용·처분 등의 제한(해제), ② 도시·군관리계획의 결정·시행, ③ 공익사업의 시행, ④ 토지의 형질변경, ⑤금융기관의 이자율 변동 등이 있다.

4. 그 밖의 요인 보정의 방법

그 밖의 요인 보정을 위해서는 ① 용도지역 등 공법상 제한사항, ② 이용상황, ③ 주변 환경, ④ 지리적 위치가 동일 또는 유사한 거래사례나 평가사례 등을 기준하고, 비교표준지공시지가 또는 거래(평가)사례를 기준으로 보정치를 산정한다.

$$\text{그 밖의 요인} = \frac{\text{거래(평가)사례} \times \text{사정보정} \times \text{시점수정} \times \text{지역요인} \times \text{개별요인}}{\text{표준지공시지가} \times \text{시점수정}}$$

Ⅲ. 그 밖의 요인 보정의 타당성

1. 그 밖의 요인 보정의 법률적 근거

1) 「감정평가에 관한 규칙」

「감정평가에 관한 규칙」 제14조는 토지의 감정평가방법으로 공시지가기준법을 규정하고, 인근지역 또는 동일수급권 내 가치형성요인이 유사한 정상적인 거래사례 또는 평가사례를 고려하여 그 밖의 요인으로 보정하도록 규정하고 있다.

2) 판례의 태도

판례(대판 2001.3.27, 99두7968)에 따르면, 인근지역에 유사한 토지가 거래된 사례나 평가된 사례가 있고, 그 가격이 정상적인 것으로서 적정한 감정평가액에 영향을 미칠 수 있는 것임이 입증된 경우에는 이를 참작하여 적정가격을 감정평가 할 수 있다.

3) 국토교통부 유권해석

국토교통부 유권해석(1991.12.28, 건설부토정 30241-36538)에 따르면, 토지의 보상평가에 있어 대상토지와 유사한 이용가치를 지닌다고 인정되는 인근 유사토지의 보상선례 등은 감안하여 감정평가 할 수 있다.

2. 그 밖의 요인 보정의 문제점

그 밖의 요인 보정에 대한 비판적 견해로서 ① 「감정평가에 관한 규칙」 외 타 법령에 법률적 근거가 없다는 점, ② 표준지공시지가와 시장가치와의 격차가 그 밖의 요인에 해당하는지 보정 사유에 대한 규정이 미비한 점, ③ 그 밖의 요인 보정이 과다할 경우 표준지공시지가보다 감정평가액에 미치는 영향력이 더 클 수 있는 점, ④ 표준지공시지가 선정과 그 밖의 요인 보정을 위한 사례 선정이 절차적으로 중복된다는 점이 있다.

3. 소결 : 그 밖의 요인 보정의 타당성

그 밖의 요인의 보정은 시장가치 기준원칙 및 관계 법령 및 판례에 근거하여 법률적 타당성은 <인정>된다. 그러나 현실적으로 표준지공시지가와 시장가치와의 괴리에 의해 그 밖의 요인이 과다하게 산정되며 보정 사유에 대한 법률적 근거가 미비한 점 등에 대하여 제도적 보완이 요구된다.

IV. 결어

그 밖의 요인은 「부동산 가격공시에 관한 법률」 및 「공익사업을 위한 토지 등의 취득 및 보상에 관한 법률」 등 감정평가 관련 법령에 법률적 규정을 명시하고, 보정의 사유 및 내용을 구체적으로 명시하여 법적 논란을 해결해야 할 것으로 판단된다. 또한 장기적으로 공시가격의 현실화를 통해서 공시지가기준법 적용의 정확성과 효율성을 높여야 할 것이다. <끝>

＊ 비교방식

09 감정평가사 甲은 한국감정평가사협회가 설치 운영하는 감정평가심사사위원회의 심사위원으로서 택지비 목적의 감정평가서를 심사하고 있다. 감정평가서에 기재된 공시지가기준법상 그 밖의 요인 보정에 관한 내용은 다음의 표와 같으며, 甲은 심사결과 감정평가서의 보완이 필요하다고 판단하고 있다. 甲의 입장에서 공시지가기준법상 그 밖의 요인 보정에 있어 지역요인 비교 내용의 적정성에 대하여 세부 심사의견을 기술하시오.

15점

1) 그 밖의 요인 보정치 산정 방법 : 인근지역 또는 동일수급권 내 유사지역의 가치형성요인이 유사한 감정평가사례 중 적정한 비교사례를 선정하여 비교사례기준 비교표준지의 감정평가액과 비교표준지공시지가에 시점수정을 한 가액의 비율을 기준으로 산정함

2) 인근지역 또는 동일수급권 내 유사지역의 택지비 감정평가사례

기호	소재지 및 지번	용도 지역	이용 상황	도로 조건	면적(㎡)	감정평가단가 (원/㎡)	기준시점
㉮	서울특별시 A구 ㄱ동 65	3종 일주	아파트	광대 소각	234,000	18,900,000	22.08.20.
㉯	서울특별시 B구 ㄹ동 10	3종 일주	아파트	광대 소각	150,000	21,000,000	22.09.20.

3) 비교사례의 선정 : 감정평가사례 중 비교표준지(A구 ㄱ동 5)와 지리적으로 근접하고(A구와 B구는 서로 인접함), 토지이용계획 및 감정평가목적이 동일하거나 유사하여 비교가능성이 높은 기호 ㉯를 비교사례로 선정하였음

4) 시점수정치의 산정 : 감정평가서에 기재되어 있으나 생략함

5) 지역요인의 비교

조건	항목	세항목	격차율 사례	격차율 표준지	비교 내용
가로조건	가로의 폭, 구조 등의 상태	폭, 포장, 보도	1.00	1.00	유사함
		계통 및 연속성			
접근조건	도심과의 거리 및 교통시설의 상태	인근교통시설의 편의성, 도시중심 접근성	1.00	1.20	표준지는 사례 대비 도시철도와의 거리 및 편익시설 배치 상태에서 우세함
	상가의 배치상태	인근상가의 편의성, 품격			
	공공·편익시설의 배치상태	학교, 공원, 병원, 관공서			

가로조건	가로의 폭, 구조 등의 상태	폭, 포장, 보도	1.00	1.00	유사함
		계통 및 연속성			
접근조건	도심과의 거리 및 교통시설의 상태	인근교통시설의 편의성, 도시중심 접근성	1.00	1.20	표준지는 사례 대비 도시철도와의 거리 및 편익시설 배치 상태에서 우세함
	상가의 배치상태	인근상가의 편의성, 품격			
	공공·편익시설의 배치상태	학교, 공원, 병원, 관공서			
환경조건	기상조건, 자연환경	일조, 온도, 조망, 지반, 지질	1.00	1.20	표준지는 사례 대비 조망 및 획지의 상태에서 우세함
	사회환경	거주자의 직업, 학군			
	획지의 상태	획지의 표준적인 면적, 정연성, 주변의 이용상황			
	공급·처리시설의 상태	상수도, 하수도, 도시가스			
	위험 및 혐오시설	변전소, 특별고압선			
	재해발생 위험성	홍수, 소음, 대기오염			
행정조건	행정상의 규제정도	용도지역, 지구, 구역 등	1.00	1.00	유사함
		기타 규제			
기타조건	기타	장래의 동향, 기타	1.00	1.00	유사함
합계			1.00	1.44	

6) 개별요인의 비교 : 감정평가서에 기재되어 있으나 생략함

7) 그 밖의 요인 보정치의 산정 : 감정평가서에 기재되어 있으나 생략함

논점분석

- **논제** : 감정평가 3방식 ▶ 비교방식 ▶ 공시지가기준법 ▶ 그 밖의 요인 보정
- **유형** : 논술형(사례)
- **개념어** : 적정성

그 밖의 요인 보정에 대한 사례 논술형 문제입니다. 사례형 문제는 사례를 풀이하기 위한 '일반이론'을 우선 서술하신 후, 해당 이론을 '사례에 대입'하고 '결론을 제시'하는 3단계로 내용을 구성하시면 됩니다. 문제에서 "적정성에 대한 의견"을 요구하였으므로 적정·부적정에 대한 의견과 근거를 명확하게 기재하시되, "보완이 필요하다"라는 문맥상 부적정에 무게를 두시기 바랍니다.

예시목차

Ⅰ. 서론

Ⅱ. 공시지가기준법의 적정성 (7)
　　1. 논의의 개요
　　　　1) 택지비 감정평가방법의 개요
　　　　2) 그 밖의 요인 보정 시 사례선정 원칙
　　　　3) 그 밖의 요인 보정 시 지역요인 비교
　　2. 지역요인 비교 적정성에 대한 심사의견
　　　　1) 비교사례 선정의 적정성
　　　　2) 비교 내용의 적정성
　　　　　　(1) 지역적 접근조건 미제시
　　　　　　(2) 표준적 획지면적 미제시
　　　　3) 그 밖의 요인 적정성 검토 결여

Ⅲ. 결론

문9 **15점**

I. 서론

<공시지가기준법>이란 대상토지와 가치형성요인이 같거나 유사한 표준지의 공시지가를 기준으로 대상토지의 현황에 맞게 시점수정, 지역요인 및 개별요인 비교, 그 밖의 요인의 보정을 거쳐 대상토지의 가액을 산정하는 감정평가방법을 말한다. 공시지가기준법 적용 절차 중 그 밖의 요인은 시산가액에 미치는 영향이 중대하므로 산정 과정 및 결과의 적정성에 유의하여야 한다.

II. 공시지가기준법의 적정성

1. 논의의 개요

1) 택지비 감정평가방법의 개요

<택지비 감정평가>란 공공택지 외에서 공급하는 공동주택의 상한 분양가를 산정하기 위해 사업주체의 신청과 시·군·구청장의 의뢰에 따라 토지를 감정평가하는 것이다. 공시지가기준법을 주된 방법으로 적용하며, 택지조성 완료 상태를 조건으로 적용한다.

2) 그 밖의 요인 보정 시 사례선정 원칙

<그 밖의 요인 보정>이란 시점수정, 지역요인 및 개별요인의 비교 외에 대상토지의 가치에 영향을 미치는 사항을 보정하는 것을 말한다. 그 밖의 요인을 보정하는 경우에는 대상토지 인근지역 또는 유사지역의 정상적인 거래사례나 평가사례 등을 참작할 수 있으며, 평가사례는 감정평가 목적, 감정평가조건 또는 기준가치 등이 유사한 사례를 선정하여야 한다.

3) 그 밖의 요인 보정 시 지역요인 비교

<지역요인 비교>란 사례 토지가 있는 지역의 표준적인 획지의 최유효이용과 대상토지가 있는 지역의 표준적인 획지의 최유효이용을 판정·비교하여 격차율을 산정하는 것을 말한다. 인근지역에서 사례를 선정한 경우 지역요인의 비교가 필요하지 않으나, 유사지역에서 사례를 선정한 경우에는 지역요인을 보정하여야 한다.

2. 지역요인 비교 적정성에 대한 심사의견

1) 비교사례 선정의 적정성

사례에서는 그 밖의 요인 보정을 위한 평가사례로 표준지가 속한 인근지역 A구의 사례가 아닌 유사지역 B구의 평가사례 ㉯를 선정하였다. 그러나 수집된 평가사례는 감정평가 목적이 동일하고 기준시점이 상호 유사하며, 용도지역·이용상황도 상호 동일함에도 인근지역에 위치하여 지리적으로 가능한 가까이 있는 사례를 배제하여 부적정한 것으로 판단된다.

2) 비교 내용의 적정성

(1) 지역적 접근조건 미제시

사례에서는 지역요인 중 표준지의 접근조건이 우세하다고 판단하며 표준지와 사례의 접근성을 비교하였다. 그러나 교통환경 등 지역적 차원의 접근성이 아닌 개별 필지의 분석내용을 제시하고 있으므로 비교 내용이 부적절하며 개별요인과 이중비교 가능성이 있어 부적정한 것으로 판단된다.

(2) 표준적 획지면적 미제시

사례에서는 지역요인 중 표준지의 환경조건이 우세하다고 판단하며 표준지와 사례의 조망 및 획지상태를 비교하였다. 그러나 표준적 획지면적 등 지역적 차원의 환경조건이 제시되고 있지 않아 비교 내용이 부적정한 것으로 판단된다.

3) 그 밖의 요인 적정성 검토 결여

사례에서는 유사지역 평가사례 ㉯(21,000,000원/㎡)를 기준으로 지역요인을 상향 보정(1.44)하여 그 밖의 요인 보정치를 산정하였으므로, 공시지가기준법에 의한 시산가액은 인근지역 평가사례 ㉮(18,900,000원/㎡) 대비 상당히 높을 것으로 예상된다. 그러나 인근지역 내 감정평가사례 간 격차에 대한 적정성 검토가 결여되어 있어 부적정한 것으로 판단된다.

Ⅲ. 결론

그 밖의 요인 보정은 공시가격과 시장가치의 격차를 보완하기 위한 실무적 절차로서, 공시지가기준법 시산가액의 적정성에 영향을 미친다. 또한 택지비 감정평가와 같이 택지 거래사례를 활용한 거래사례비교법을 적용하기 곤란한 경우 그 영향력이 크다고 판단된다. 따라서 공시지가기준법 적용 시 그 밖의 요인 참작사례의 선정 및 가치형성요인 비교에 있어 논리적이고 객관적인 근거를 제시하고 산정 결과의 적정성을 검토하여야 할 것이다. <끝>

✳ 비교방식

10 감정평가이론상 토지평가 방법에는 감정평가 3방식이 있으나, 감정평가 관련 법령은 토지의 경우 표준지공시지가를 기준으로 평가하도록 규정하고 있다. 다음의 물음에 답하시오. 20점

1) 토지평가 시 감정평가 3방식을 적용하여 평가한 가격과 표준지공시지가를 기준으로 평가한 가격과의 관계를 설명하시오. 10점

2) 표준지공시지가가 시장가치를 반영하지 못하는 경우, 표준지공시지가를 기준으로 해야 하는 감정평가에서 발생가능한 문제와 대책을 기술하시오. 10점

논점분석

- **논제** : 감정평가 3방식 ▶ 비교방식 ▶ 공시지가기준법
- **유형** : ① 설명형(관계) ② 설명형(기본)
- **개념어** : 문제점

공시지가기준법에 대한 설명형 문제입니다. 한국의 감정평가제도는 전통적 감정평가 3방식 외에 추가적으로 공시지가기준법을 규정하고 있습니다. 따라서 공시지가기준법이 도입된 배경과 전통적 3방식과의 관계를 충분히 이해하고, 제도의 장·단점을 인식하고 있어야 합니다.

출제위원 채점평

이론적으로 감정평가 3방식에 의한 시산가격과 공시지가를 기준으로 한 감정평가액의 본질적인 관계에 대한 이해가 필요한 문제이다. 또한 시장가치를 적정하게 반영하지 못하는 표준지공시지가를 기준으로 한 감정평가의 문제점에 대한 이해와 함께 표준지공시지가를 기준으로 한 토지의 평가에 대한 한계를 묻는 문제이다. 또한 감정평가 이론에 의한 감정평가 3방식을 적용하는 감정평가 등에 대한 언급이 필요한 문제로서 공시지가 기준으로 한 감정평가에 대한 기본적 이해와 고찰이 있다면 어렵지 않은 문제이다.

문10 20점

Ⅰ. 서설

비교방식이란 거래사례비교법, 임대사례비교법 등 시장성의 원리에 기초한 감정평가 방식 및 공시지가기준법을 말한다. 토지의 감정평가는 「감정평가에 관한 규칙」 제14조에 따라 공시지가기준법을 주된 방법으로 적용하나, 거래사례비교법·수익환원법·원가법 등 감정평가 3방식으로 그 합리성을 검토하고 최종 감정평가액을 결정하여야 한다.

Ⅱ. [물음1] 공시지가기준법과 감정평가 3방식의 관계

1. 공시지가기준법의 의의

<공시지가기준법>이란 대상토지와 가치형성요인이 같거나 유사한 표준지의 공시지가를 기준으로 대상토지의 현황에 맞게 시점수정, 지역요인 및 개별요인 비교, 그 밖의 요인의 보정을 거쳐 대상토지의 가액을 산정하는 감정평가방법을 말한다.

2. 감정평가 3방식의 의의

① <원가방식>이란 비용성의 원리에 기초한 감정평가방식으로, 원가법과 적산법으로 분류할 수 있다. ② <비교방식>이란 시장성의 원리에 기초한 감정평가방식으로, 거래사례비교법과 임대사례비교법으로 분류할 수 있다. ③ <수익방식>이란 수익성의 원리에 기초한 감정평가방법으로, 수익환원법과 수익분석법으로 분류할 수 있다.

3. 각 가격의 관계

1) 주된 방법과 부 방법의 관계

토지 감정평가방법 적용 시 공시지가기준법을 주된 방법으로 적용하나, 부 방법으로 적정한 실거래가에 의한 거래사례비교법, 조성비용에 의한 원가법, 임대료에 의한 수익환원법을 적용할 수 있으므로, <주된 방법과 부 방법의 관계>에 있다.

2) 상호 보완관계

토지 감정평가액 결정 시 공시지가기준법을 주된 방법으로 하나, 다른 감정평가방식에 속하는 감정평가방법으로 산출한 시산가액과 비교하여 합리성을 검토하여야 하며, 합리성이 없다고 판단되는 경우에는 각 시산가액을 조정하여 최종 감정평가액을 결정하므로 <상호 보완적인 관계>에 있다.

Ⅲ. (물음2) 공시지가기준법의 문제와 대책

1. 공시지가기준법의 문제점

1) 시장가치와의 괴리

표준지공시지가는 시장가치와 유사한 개념인 적정가격을 기준으로 평가하여야 한다. 그러나 제도 시행 당시 기존의 지가체계를 일원화하는 과정에서 시장가치와 괴리되었고, 현재까지 시장가치를 제대로 반영하지 못하는 문제점이 있다.

2) 감정평가절차의 비효율성

표준지공시지가와 시장가치의 괴리에 따라 공시지가기준법 적용 시 그 밖의 요인을 통해 별도로 시장가치와의 격차를 보정해 주어야 한다. 이 경우 거래사례비교법에 의해 평가된 표준지공시지가를 재차 거래(평가)사례로 보정하여 절차의 중복이 발생하는 문제점이 있다.

2. 공시지가기준법의 문제에 대한 대책

1) 그 밖의 요인 보정

<그 밖의 요인 보정>이란 시점수정, 지역요인 및 개별요인의 비교 외에 대상토지의 가치에 영향을 미치는 사항을 보정하는 것으로, 「감정평가에 관한 규칙」 제14조 제2항에 근거한다. 그 밖의 요인 보정치는 인근(유사)지역 내 가치형성요인이 유사한 정상적인 거래(평가)사례를 이용하여 산정한다.

2) 공시지가 현실화 재고

표준지공시지가를 기준하여 감정평가하면서 시장가치와의 격차를 별도로 보정하는 것은 감정평가절차의 비효율성을 야기하므로, 표준지공시지가의 가격수준을 시장가치 수준으로 재고하여야 절차의 중복을 해소하여야 한다.

IV. 결어

표준지공시지가는 토지 감정평가의 기준이자 과세행정의 기초로 폭넓게 활용되고 있다.

따라서 표준지공시지가를 시장가치에 근접하도록 현실화하여 과세행정의 형평성과 감정평가절차의 능률성을 도모해야 할 것이다. <끝>

＊ 수익방식

11 최근 상업용부동산의 가치평가에서 수익방식의 적용이 중시되고 있는 바 수익방식에 대한 다음 사항을 설명하시오. 40점

1. 수익방식의 성립근거와 유용성

2. 환원이율과 할인율의 차이점 및 양자의 관계

3. 할인현금흐름분석법(DCF)의 적용 시 재매도가격의 개념 및 구체적 산정방법

4. 수익방식을 적용하기 위한 조사자료 항목을 열거하고 우리나라에서의 수익방식의 적용의 문제점

논점분석

- **논제** : 감정평가 3방식 ▶ 수익방식
- **유형** : ① 설명형(기본) ② 설명형(비교/관계) ③ 설명형(기본) ④ 논술형(기본)
- **개념어** : 근거, 개념, 문제점

수익방식 전반에 대한 문제입니다. 주어진 논제를 빠짐없이 순서대로 서술해주세요. 할인율과 환원이율에 대해서는 비교, 관계를 물었습니다. 비교는 '기준'을 가지고 서술하시고, 관계는 관계에 대한 '정의'를 내려주셔야 합니다.

예시목차

Ⅰ. 서설

Ⅱ. (물음1) 수익방식의 성립근거와 유용성 (3)
  1. 수익방식의 의의
  2. 수익방식의 성립근거
  3. 수익방식의 유용성

Ⅲ. (물음2) 환원이율과 할인율 (7)
  1. 환원이율의 의의 및 종류
  2. 할인율의 의의 및 종류
  3. 양자의 차이점
    1) 대상소득 및 자본회수가정의 차이
    2) 산정방법의 차이
  4. 양자의 관계
    1) 복귀가치 변동 시 반비례관계
    2) 복귀가치 불변 시 일치관계

Ⅳ. (물음3) 재매도가격의 개념과 구체적 산정방법 (7)

  1. 재매도가격의 개념

  2. 재매도가격의 산정방법

    1) 외부추계법

      (1) 직접추계법

      (2) 연장추계법

    2) 내부추계법

    3) 양자의 비교

Ⅴ. (물음4) 수익방식 조사자료 및 적용상 문제점 (7)

  1. 수익방식 조사자료

    1) 수익자료

    2) 비용자료

    3) 이율자료

    4) 저당지불액 및 세금

  2. 수익방식 적용상 문제점

    1) 시장통계자료의 부족 및 산정기준 상이

    2) 부동산 투자 및 금융제도의 미비

Ⅵ. 결어

문11 <u>40점</u>

I. 서설

<u>수익방식은 수요 측면에서 수익과 가치의 상호관계를 파악하여 대상물건의 가치를 산정하는 방식이다.</u> 수익방식은 부동산의 임대수익에 기초하여 가치를 측정하므로, 주거용·업무용 대비 생산성이 높고 임대시장이 활성화되어 있는 <u>상업용 부동산</u>에 적합하다. 최근 상업용 부동산 시장에 대한 투자도 활성화되고 있으므로, 경제적 의사결정을 지원하기 위한 <u>수익방식의 활용</u>이 필요하다.

II. [물음1] 수익방식의 성립근거와 유용성

1. 수익방식의 의의

<수익방식>이란 수익환원법, 수익분석법 등 수익성의 원리에 기초한 감정평가방식을 말하며, <수익환원법>이란 대상물건이 장래 산출할 것으로 기대되는 순수익이나 미래의 현금흐름을 환원하거나 할인하여 대상물건의 가액을 산정하는 감정평가방법을 말한다.

2. 수익방식의 성립근거

수익방식은 재화의 가치는 수요자의 주관적 효용에 의하여 결정된다는 한계효용학파의 '<u>한계효용가치설</u>'에 근거하고 있다. 수익방식은 수요의 측면에서 효용수익과 가격의 상호 관계를 파악하는 수요자 가격의 성격을 갖는다.

3. 수익방식의 유용성

수익방식은 수익이 발생하는 부동산의 평가에 <u>유용하며</u>, 부동산시장 상승국면에서는 비준가격을 검증하는 수단으로 간접적으로 활용될 수 있다. 그러나 수익이 발생하지 않는 주거용 부동산 또는 공공용도의 부동산에는 적용상 한계가 있다.

Ⅲ. [물음2] 환원이율과 할인율

1. 환원이율의 의의 및 종류

<환원이율>이란 순수익을 기준시점의 경제적 가치로 환산하기 위하여 적용하는 이율을 말한다. 환원이율은 직접환원법에 활용되며, 전체 내용연수 기간 동안의 장기적 활동에 대한 이율이자 대체·경쟁관계에 있는 다른 투자자산 대비 상대적 수익률을 나타낸다. 환원이율의 종류에는 개별·종합환원이율, 상각전·후환원이율, 세전·후 환원이율 등이 있다.

2. 할인율의 의의 및 종류

<할인율>이란 미래의 현금흐름을 현재가치로 환산하기 위하여 적용하는 이율을 말한다. 할인율은 할인현금흐름분석법에 활용되며, 미래의 현금흐름과 현재가치를 같게 만드는 기회비용의 성격을 갖는다. 할인율의 종류에는 이자율, 물가상승률, 내부수익률, 지분수익률, 종합수익률 등이 있다.

3. 양자의 차이점

1) 대상소득 및 자본회수가정의 차이

<환원이율>은 소득률(income rate)로서 안정화된 단일 소득에 적용되는 이율이며 자본회수율을 포함한다. 그러나 <할인율>은 수익률(yield rate)로서

미래 특정시점의 소득에 적용되는 이율이며, 자본회수율을 포함하지 않는다
는 차이점이 있다.

2) 산정방법의 차이

<환원이율>은 시장추출법으로 구하는 것을 원칙으로 하나, 요소구성법(조성법), 투자결합법, 유효총수익승수법, 시장 통계자료 등을 활용한다. <할인율>은 투자자조사법, 투자결합법, 시장 통계자료 등을 활용하여 산정한다는 차이점이 있다.

4. 양자의 관계

1) 복귀가치 변동 시 반비례관계

직접환원법은 감가상각 또는 자본회수율을 활용하여 자본을 회수하나, 할인현금흐름분석법은 복귀가액으로 자본을 회수한다. 보유기간 · 말 복귀가액 상승은 음의 자본회수율을 의미하므로 환원이율이 할인율보다 낮아지는 <반비례관계>를 형성한다.

2) 복귀가치 불변 시 일치관계

보유기간 동안 대상물건의 가치가 변동하지 않을 경우, 별도의 자본회수가 불필요하므로 환원이율과 할인율은 <일치>한다.

Ⅳ. [물음3] 재매도가격의 개념과 구체적 산정방법

1. 재매도가격의 개념

<재매도가격>이란 대상물건의 보유기간 말 대상물건의 매도를 통해 얻을 수 있는 가치를 말한다. 할인현금흐름분석법의 미래 현금흐름은 ① 보유기간 동안의 현금흐름(운영수익)과 ② 보유기간 말 현금흐름(매각수익)으로 구분할 수 있으며, 재매도가격은 보유기간 말 현금흐름에 해당한다.

2. 재매도가격의 산정방법

1) 외부추계법

(1) 직접추계법

직접추계법은 보유기간 말 부동산 매각이 예정된 경우, 사전에 예정된 매각조건에 근거하여 직접 재매도가격을 산정하는 방법이다. 대상물건의 개별적·구체적·거래조건을 반영할 수 있다는 장점이 있다.

(2) 연장추계법

연장추계법은 기초 매입가격과 보유기간 동안 가치변동률에 근거하여 보유기간 말 성립 가능한 재매도가격을 추정하는 방법이다. 부동산시장의 경기국면이 안정적일 때 활용할 수 있다.

2) 내부추계법

내부추계법은 보유기간 말 순영업소득을 기출환원율로 나누어 재매도가격을 산정하는 방법이다. 기출환원율은 매입 당시 기입환원율을 기준으로 가치변동률과 변동성을 감안하여 결정한다. 대상물건의 개별적·구체적 상황을 반영할 수 있다는 장점이 있다.

3) 양자의 비교

<외부추계법>은 보유기간 말 매각조건이 예정된 경우에 설득력이 있으며, <내부추계법>은 보유기간 동안의 시장상황이 안정적일 경우에 적용이 용이하다. 따라서 양 방법을 병용하여 적정한 재매도가격을 추정하여야 한다.

V. [물음4] 수익방식 조사자료 및 적용상 문제점

1. 수익방식 조사자료

1) 수익자료

수익 산정 시 ① 보증금운용수익, ② 연간 임대료, ③ 연간 관리비, ④ 기타 주차수입, 광고수입을 조사한다. 또한 공실로 인하여 발생할 수 있는 ⑤ 공실손실상당액, 임차인이 임대료를 지급하지 아니할 경우를 대비한 ⑥ 대손충당금을 조사한다.

2) 비용자료

<운영경비>란 부동산의 유지 또는 가능총수익의 창출을 위하여 정기적으로 지출되는 경비를 말한다. 비용 산정 시 ① 인건비, ② 제세공과금, ③ 보험료, ④ 대체충당금 등 고정경비와, 점유 수준에 따라 변동적으로 지출되는 ⑤ 수도광열비, ⑥ 수선유지비, ⑦ 광고선전비 등 변동경비를 조사한다.

3) 이율자료

환원이율·할인율 등 이율 산정 시 ① 국·공채금리, 정기예금금리와 같은 <u>화폐시</u>장 자료, ② 유사 부동산의 환원이율과 같은 <u>자산시장</u> 자료, ③ 유효총수익승수, 투자수익률과 같은 통계자료, ④ 기대수익률과 같은 투자자 조사자료 등을 조사한다.

4) 저당지불액 및 세금

투자자에게 실질적으로 귀속되는 현금흐름을 추정하기 위해, 대상 부동산의타인자본에 대한 상환금인 <u>저당지불액</u>, 보유 및 양도에 부과되는 <u>소득세·법인세</u> 등 세금을 조사한다.

2. 수익방식 적용상 문제점

1) 시장통계자료의 부족 및 산정기준 상이

수익가액을 정확하게 산정하기 위해서는 부동산시장자료, 통계자료 및 투자자 조사자료 등이 축적되어야 한다. 그러나 현재 자료의 축적 및 데이터베이스 구축이 미비하여 환원이율 산정 등에 어려움이 있다. 또한, 자료를 제공하는 기관마다 자료의 산정기준이 상이하므로 활용에 유의하여야 한다.

2) 부동산 투자 및 금융제도의 미비

공모형 리츠(REITs) 등 부동산 투자 및 금융 제도의 정비가 미비하여 상업용 부동산에 대한 수요가 제한적이고, 수익방식 적용에 한계가 있다. 투자 및 금융 제도의 정비를 통해서 상업용 부동산에 대한 건전한 투자를 활성화시키고 공시자료 등을 축적해야 한다.

VI. 결어

수익방식은 상업용 부동산시장을 활성화하기 위한 제도적 기반으로서, 수익방식 적용 시 필요한 <u>조사자료를 정비하고 감정평가방법을</u> 체계화하여 감정평가액의 정확성을 향상시키고 부동산시장 활성화에 기여하여야 한다. <끝>

＊ 수익방식　　　　　　　　　　　▶ 기출문제 34회 1번

12 직접환원법과 할인현금흐름분석법의 개념 및 가정에 대하여 비교·설명하시오.

15점

논점분석

- **논제** : 감정평가 3방식 ▶ 수익방식
- **유형** : 설명형(비교)
- **개념어** : 개념

수익환원법에 대한 비교·설명형 문제입니다. 비교·설명형은 공통점과 차이점으로 구분할 수 있으나, 차이점에 비중을 두고 수익환원법의 공통요소인 보유기간, 현금흐름, 이율 등을 기준으로 서술해주세요. '개념'은 배점상 간략하게 서술해주시면 됩니다.

예시목차

Ⅰ. 서설

Ⅱ. 직접환원법과 할인현금흐름분석법의
　　개념 및 가정 (7)
　　1. 직접환원법과 할인현금흐름분석법의
　　　개념
　　　1) 수익환원법의 의의 및 종류
　　　2) 직접환원법과 할인현금흐름분석법의
　　　　개념

　　2. 직접환원법과 할인현금흐름분석법의
　　　가정
　　　1) 보유기간의 가정
　　　2) 현금흐름의 가정
　　　　(1) 현금흐름 발생의 가정
　　　　(2) 저당 및 세금효과의 가정
　　　　(3) 투하자본 회수의 가정
　　　3) 적용이율의 가정

Ⅲ. 결어

문12 15점

I. 서설

<수익방식>이란 수익환원법, 수익분석법 등 수익성의 원리에 기초한 감정평가방식을 말한다. 수익환원법은 보유기간, 현금흐름, 적용이율 등에 대한 가정을 구체화하면서 직접환원법과 할인현금흐름분석법으로 발전해왔다. 수익환원법 적용 시 감정평가방법별 특징과 차이점에 유의하여야 한다.

II. 직접환원법과 할인현금흐름분석법의 개념 및 가정

1. 직접환원법과 할인현금흐름분석법의 개념

1) 수익환원법의 의의 및 종류

<수익환원법>이란 대상물건이 장래 산출할 것으로 기대되는 순수익이나 미래의 현금흐름을 환원하거나 할인하여 대상물건의 가액을 산정하는 감정평가방법을 말한다. 수익환원법의 종류에는 직접환원법과 할인현금흐름분석법이 있다.

2) 직접환원법과 할인현금흐름분석법의 개념

<직접환원법>이란 단일기간의 순수익을 적절한 환원율로 환원하여 대상물건의 가액을 산정하는 방법을 말하며, <할인현금흐름분석법>은 대상물건의 보유기간에 발생하는 복수기간의 순수익과 보유기간 말의 복귀가액에 적절한 할인율을 적용하여 현재가치로 할인한 후 더하여 대상물건의 가액을 산정하는 방법을 말한다.

2. 직접환원법과 할인현금흐름분석법의 가정

1) 보유기간의 가정

직접환원법은 대상물건을 영구히 보유한다고 가정하나, 할인현금흐름분석법은 일정 기간 보유 후 매각하는 것을 가정한다.

2) 현금흐름의 가정

(1) 현금흐름 발생의 가정

직접환원법은 보유기간 동안 현금흐름이 안정적으로 발생할 것을 가정하여 안정화된 단일한 수익을 산정하나, 할인현금흐름분석법은 보유기간 동안 현금흐름이 변동할 것을 가정하여 보유기간 동안 매기 현금흐름과 보유기간 말 복귀가액을 각각 산정한다.

(2) 저당 및 세금효과의 가정

직접환원법은 대상물건을 통해서 획득할 수 있는 총수익에서 그 수익을 발생시키는 데 소요되는 경비를 공제한 순수익(net income)을 산정하나, 할인현금흐름분석법은 순수익에서 저당지불액(debt service)과 세금을 공제한 세전·세후현금흐름을 산정한다.

(3) 투하자본 회수의 가정

직접환원법은 자본회수율을 통해 순수익의 일정액으로 투하자본을 매기 회수한다고 가정하나, 할인현금흐름분석법은 보유기간 말 복귀가액을 통해 투하자본을 일시에 회수하는 것을 가정한다.

3) 적용이율의 가정

직접환원법에 적용하는 환원율은 보유기간 동안 투하자본의 회수와 대상물건의 가치 변동이 반영된 이율이나, 할인현금흐름분석법에 적용하는 할인율은 투하자본 회수 및 가치 변동이 고려되지 않은 이율이다.

Ⅲ. 결어

직접환원법은 순수익 및 가격 변동이 안정적인 부동산시장에서 대상물건의 가치를 간편하게 측정할 수 있는 장점이 있으나, 매기 순수익의 변동을 적절하게 반영하지 못하고 저당대부 및 세금효과 등 투자자의 거래관행에 부합하지 못하는 단점이 있다. 따라서 수익환원법 적용 시 평가목적, 시장상황을 고려하여 적절한 감정평가방법을 선정하여야 할 것이다.

<끝>

✳ 수익방식

13 직접환원법과 할인현금흐름분석법으로 구한 부동산의 담보가치를 비교하여 설명하시오. 10점

논점분석

- **논제** : 감정평가 3방식 ▶ 수익방식 ▶ 환원방법
- **유형** : 설명형(비교)

수익방식의 대표적 감정평가방법인 직접환원법과 할인현금흐름분석법에 대한 비교·설명형 문제입니다. 기준을 가지고 비교하시되, 담보가치의 변화와 연결시켜 서술해주세요.

예시목차

Ⅰ. 서설

Ⅱ. 직접환원법과 할인현금흐름분석법에 의한
   담보가치 (5)
   1. 수익환원법의 의의 및 종류
   2. 담보가치의 의의
   3. 양 방법에 의한 담보가치 비교
       1) 대상 소득 및 추정 기간의 차이점
       2) 자본회수 가정의 차이점
   4. 소결 : 할인현금흐름분석법의 우수성

문13 `10점`

Ⅰ. 서설

<수익환원법>이란 대상물건이 장래 산출할 것으로 기대되는 순수익이나 미래의 현금흐름을 환원하거나 할인하여 대상물건의 가액을 산정하는 감정평가방법을 말한다. 수익환원법은 대상 소득, 추정 기간 및 자본회수가정에 따라 직접환원법과 할인현금흐름분석법으로 분류할 수 있다.

Ⅱ. 직접환원법과 할인현금흐름분석법에 의한 담보가치

1. 수익환원법의 의의 및 종류

<직접환원법>이란 단일기간의 순수익을 적절한 환원이율로 환원하여 대상물건의 가액을 산정하는 방법이며, <할인현금흐름분석법>이란 대상물건의 보유기간에 발생하는 복수기간의 순수익과 보유기간 말의 복귀가액에 적절한 할인율을 적용하여 대상물건의 가액을 산정하는 방법을 말한다.

2. 담보가치의 의의

<담보가치>란 담보를 제공받고 대출 등을 하는 금융기관이 대출을 하거나 채무자가 대출을 받기 위하여 의뢰하는 담보물건의 가치를 말한다. 담보가치는 담보물건의 처분과정 및 채권 회수의 안정성을 고려하여 보수적으로 접근하여야 한다.

3. 양 방법에 의한 담보가치 비교

1) 대상 소득 및 추정 기간의 차이점

대상 소득 및 추정 기간 측면에서, <직접환원법>은 안정화된 단일 수익에 기초하나, <할인현금흐름분석법>은 보유기간의 현금흐름 및 보유기간 말 복귀가액을 대상으로 한다는 차이점이 있다. 할인현금흐름분석법은 ① 담보대출에 따른 저당지불액 및 세금을 고려하고 ② 보유기간 중 수익 변동을 구체적으로 반영할 수 있으므로 담보가치 추정에 장점이 있다.

2) 자본회수 가정의 적합성

자본회수 가정 측면에서, <직접환원법>은 감가상각 또는 자본회수율을 통해 매기 자본회수가 이루어지나, <할인현금흐름분석법>은 보유기간 말 복귀가액을 통해 일시에 자본회수가 이루어진다는 차이점이 있다. 할인현금흐름분석법은 복귀가액 추정을 통해 보유기간 동안의 가치 변동을 반영할 수 있으므로, 담보가치 추정에 장점이 있다.

4. 소결 : 할인현금흐름분석법의 우수성

부동산은 부증성·고가성으로 인해 담보대출이 발달하였다. 담보평가 시 할인현금흐름분석법은 ① 담보대출에 대한 매기 저당지불액, ② 담보대출 기간 내 임대수익 및 부동산가치 변동, ③ 대출기간을 고려할 수 있으므로, 금융기관의 채권 회수 목적에 부합하는 정확하고 구체적인 담보가치를 추정할 수 있다. <끝>

14 최근 수익성 부동산의 임대차시장에서는 보증부월세가 주된 임대차 계약형태로 자리를 잡고 있다. 이 수익성 부동산을 수익환원법으로 평가하고자 할 때, 다음 사항에 대하여 답하시오. 20점

　　1) 이 수익성 부동산의 평가절차에 대해서 설명하시오. 10점

　　2) 수익성 부동산의 평가 시 보증금의 처리 방법과 문제점에 대해서 논하시오. 10점

논점분석

- **논제** : 감정평가 3방식 ▶ 수익방식 ▶ 수익
- **유형** : ① 설명형(기본) ② 논술형(기본)
- **개념어** : 문제점

수익환원법에 의한 수익성 부동산의 평가에 대한 기본 설명형 및 논술형 혼합 문제입니다. 설문의 전제로 '수익성 부동산', '수익환원법'이 주어졌으므로 제한적인 범위 내에서 서술해야 하며, 논술형 문제는 다양한 보증금 처리방법이 가지고 있는 의의와 한계를 충분히 서술한 후 종합적인 '결론'을 제시해 주세요.

출제위원 채점평

문제2는 현재 부동산시장의 주요 변화 중의 하나인 전세에서 보증부 월세로의 임대 방식의 변화를 통하여 수익성 부동산의 일반적인 평가방법을 이해하고 있는지, 또 우리나라 부동산시장의 특성이라고 할 수 있는 보증금에 대한 이론적 실무적 성격 및 처리방법 등을 알고 있는지를 파악하기 위한 것이다.

문제2의 소문항1)은 수익성 부동산의 평가절차에 대한 질문으로 그 핵심은 수익성부동산 평가의 일반적인 과정인 순수익의 파악, 환원이율의 결정 및 환원방법의 선정에 대해서 기본적인 사항을 알고 있나 하는 것이다. 그런데 다수의 수험생이 일반적인 평가절차의 문제와 혼동하고 있었다. 즉, 감정평가에 관한 규칙에서 규정하고 있는 <u>일반적인 감정평가절차에 대해서 주로 서술하고 부차적으로 수익성 부동산의 평가에 대해서 서술하는 수험생이 다수 있었다.</u>

문제2의 소문항2)는 우리나라 부동산시장의 특성인 보증금을 수익성 부동산 평가 시에 어떻게 처리해야 하는가 하는 문제이다. 이는 <u>실무적으로는 일반적인 처리 방법이 있지만 학술적으로는 그 성격 등에 대해서 아직 논의가 진행 중인 사안</u>이다. 다수의 수험생이 일반적인 처리 방법인 보증금운용이율을 적용한다는 데에 대해 잘 알고 서술하였지만 <u>그 외의 다른 처리방법이 있을 수도 있다는 점은 다소 간과</u>하고 있었다.

전체적으로는 다수의 수험생이 원론적인 수익성 부동산의 평가방법 및 절차에 대해서는 잘 알고 있었지만, <u>이를 구체적인 현실에 적용했을 때 보다 다양한 방법으로 이해하는 점에서 다소 부족했던 것</u>으로 판단된다.

예시목차

I. 서론

II. (물음1) 수익성 부동산의 평가절차 (5)
  1. 수익성 부동산의 의의 및 특징
  2. 수익환원법의 의의 및 종류
  3. 수익환원법 적용절차
    1) 수익의 산정
    2) 비용의 산정
    3) 이율의 산정

III. (물음2) 보증금의 처리방법과 문제점 (5)
  1. 개요
  2. 보증금의 처리방법
    1) 운용소득 추구가설
    2) 레버리지효과 추구가설
    3) 정보비대칭가설
  3. 보증금 처리방법의 문제점

IV. 결론

Ⅰ. 서론

<u>수익방식은 수요 측면에서 수익과 가치의 상호관계를 파악하여 대상물건의 가치를 산정하는 방식이다.</u> 부동산경기 위축으로 자본수익이 감소하고 저금리로 부동산시장으로 자금이 유입되면서 수익성 부동산이 주목받고 있으므로, 수익성에 기초한 <u>수익환원법 적용 절차 및 임대료의 처리 방법</u>에 유의하여야 한다.

Ⅱ. [물음1] 수익성 부동산의 평가절차

1. 수익성 부동산의 의의 및 특징

<수익성 부동산>이란 임대를 통해 임대수익을 창출할 수 있는 부동산을 말하며, 오피스텔, 상가 등을 말한다. <u>수익성 부동산의 특징</u>은 토지·아파트 등 비수익성 부동산 대비 운영수익의 비중이 높고, 경기변동에 대한 민감도가 낮다는 점이 있다.

2. 수익환원법의 의의 및 종류

<수익환원법>이란 대상물건이 장래 산출할 것으로 기대되는 순수익이나 미래의 현금흐름을 환원하거나 할인하여 대상물건의 가액을 산정하는 감정평가방법을 말한다. <u>수익환원법의 종류</u>에는 직접환원법과 할인현금흐름분석법이 있다.

3. 수익환원법 적용절차

1) 수익의 산정

수익은 ① 보증금운용이익, ② 월임대료, ③ 관리비, ④ 기타 수입을 고려하여 산정한다. <u>직접환원법</u>은 가능총수익에서 공실 및 대손충당금, 영업경비를 공제한

안정화된 단일 순수익을 기준하며, <u>할인현금흐름분석법</u>은 저당지불액 및 세금을 추가적으로 고려하여 보유기간의 현금흐름과 보유기간 말 복귀가액을 기준한다.

2) 비용의 산정

<운영경비>란 부동산의 유지 또는 가능총수익의 창출을 위하여 정기적으로 지출되는 경비를 말한다. 비용은 ① 인건비, ② 제세공과금, ③ 보험료, ④ 대체충당금 등 <u>고정경비</u>와, 점유 수준에 따라 변동적으로 지출되는 ⑤ 수도광열비, ⑥ 수선유지비, ⑦ 광고선전비 등 <u>변동경비</u>로 구분하여 산정한다.

3) 이율의 산정

<u>직접환원법</u>은 안정화된 단일 순수익에 대응하여 환원이율을 적용하며, <u>할인현금흐름분석법</u>은 보유기간의 세전·세후현금흐름에 대응하는 할인율과 보유기간 말 복귀가액에 대응하는 환원이율을 적용한다.

Ⅲ. [물음2] 보증금의 처리방법과 문제점

1. 개요

<보증금운용이익>이란 임대차기간 동안 보증금을 이용한 사용이익을 말한다. 보증금운용이익은 보증금에 적정 이율을 곱하여 산정하나, 적용 이율에 대한 기준이 구체적으로 마련되어 있지 않아 혼란이 있다.

2. 보증금의 처리방법

1) 운용소득 추구가설

운용소득 추구가설은 임대인이 보증금을 시장이자율로 운용하여 운용소득을 추구하면서 한다는 가설이다. 보증금운용이율은 정기예금이자율, 투자수익률, 전월세전환율 등 <시장이자율>을 적용할 수 있다.

2) 레버리지효과 추구가설

<레버리지효과 추구가설>은 임대인이 보증금을 부동산 담보대출에 준하는 재무레버리지 수단으로 활용한다는 가설이다. 보증금운용이율은 담보대출 이자율 등 <차입이자율>을 적용할 수 있다.

3) 정보비대칭가설

<정보비대칭가설>은 임대차 계약에 있어 임대인과 임차인 간 정보 비대칭이 발생하는 것에 착안하여, 임대인이 보증금을 임차인의 임대료 연체 등 신용 위험에 대비한 보증 수단으로 활용한다는 가설이다. 보증금운용이율은 <시장수익률 + 위험할증률>을 적용할 수 있다.

3. 보증금 처리방법의 문제점

① 정기예금이자율 등 안전율 적용 시 장기 임대차에서는 보증금운용이익이 과소 계상될 수 있으며, 전월세전환율 적용 시 과대 계상 될 수 있다. ② 차입이자율을 적용 시 상업용 부동산 등 보증금 비중이 낮은 임대차에서는 적합성이 떨어질 수 있다. ③ 신용위험에 대한 위험할증률 적용 시 은 임차인의 개별적 위험을 표

준화·계량화하기 어렵다는 문제점이 있다.

Ⅳ. 결론

보증금의 처리방법은 임대인의 보증금 운용에 대한 가정에 따라 달라질 수 있다.

그러나 보증금 처리방법에 따라 순수익 및 수익가액 산정 시 격차가 발생할 수 있으므로,

대상 부동산의 용도·규모 등 세분화된 분류에 따라 표준화된 처리방법을 마련해야 할 것

으로 판단된다. <끝>

수익방식

15 자본회수율과 자본회수방법에 대해 설명하시오. 10점

논점분석

- **논제** : 감정평가 3방식 ▶ 수익방식 ▶ 환원방법
- **유형** : 설명형(기본)

환원방법에 대한 기본 설명형 문제입니다. 수익방식 내에서 해당 개념의 위치를 지적하며 설명의 범위를 좁힌 후, 구체적으로 서술해주세요.

예시목차

Ⅰ. 서설

Ⅱ. 자본회수율과 자본회수방법 (5)

1. 자본회수율

  1) 감가상각률

  2) 감채기금계수

  3) 저당상수

2. 자본회수방법

  1) 보유기간 중 매기 회수하는 방법

  2) 보유기간 말 일시에 회수하는 방법

문 15 10점

I. 서설

수익환원법이란 대상물건이 장래 산출할 것으로 기대되는 순수익이나 미래의 현금흐름을 환원하거나 할인하여 대상물건의 가액을 산정하는 감정평가방법을 말한다. 부동산을 구성하는 건물은 상각자산으로서, 수익률 산정 시 감가상각에 대응하는 자본회수율을 고려하여야 하며, 자본회수율은 자본회수방법에 따라 달라질 수 있다.

II. 자본회수율과 자본회수방법

1. 자본회수율

1) 감가상각률

<감가상각률>은 내용연수 경과에 따라 순수익이 감소하는 경우 자본회수액을 재투자하지 않는다는 가정하여 적용하는 자본회수율로서, 정액법 등에 의한 감가상각률로 산정한다.

2) 감채기금계수

<감채기금계수>는 순수익이 일정하게 유지되는 경우 자본회수액을 보수적으로 재투자하는 것을 가정하여 적용하는 자본회수율로서, 잔여 내용연수와 안전율에 따라 감채기금계수로 산정한다.

3) 저당상수

<저당상수>는 순수익이 일정하게 유지되는 경우 자본회수액을 당해 자산에 재투자하는 것을 가정하여 적용하는 자본회수율로서, 잔여 내용연수와 투자

수익률에 따라 감채기금계수로 산정한다. 연금법(Inwood법)은 자본회수율을 별도로 산정하지 않고, 저당상수를 활용하여 투자수익률과 자본회수율을 일체로 구하는 방법이다.

[MC(n, Re) = Re + SFF(n, Re)]

2. 자본회수방법

1) 보유기간 중 매기 회수하는 방법

보유기간 중 매기 회수하는 방법으로 ① 감가상각률에 기초한 <직선법>, ② 감채기금계수에 기초한 <상환기금법>, ③ 저당상수에 기초한 <연금법>으로 분류할 수 있으며, 직접환원법에서 활용된다. <직접환원법>이란 단일기간의 순수익을 적절한 환원율로 환원하여 대상물건의 가액을 산정하는 방법을 말한다.

2) 보유기간 말 일시에 회수하는 방법

보유기간 말 일시에 회수하는 방법으로, 할인현금흐름분석법에서 활용된다. <할인현금흐름분석법>이란 대상물건의 보유기간에 발생하는 복수기간의 순수익과 보유기간 말의 복귀가액에 적절한 할인율을 적용하여 현재가치로 할인한 후 더하여 대상물건의 가액을 산정하는 방법을 말한다. <끝>

＊ 수익방식

16 직접환원법과 할인현금흐름분석법의 투하자본 회수의 인식 및 처리방법에 대하여 비교·설명하시오. **15점**

논점분석

- **논제** : 감정평가 3방식 ▶ 수익방식 ▶ 환원방법
- **유형** : 설명형(비교)

수익환원법에 대한 비교·설명형 문제입니다. 비교·설명형은 공통점과 차이점으로 구분할 수 있으나, 차이점에 비중을 두고 서술해주세요.

예시목차

Ⅰ. 서설

Ⅱ. 직접환원법과 할인현금흐름분석법의 투하 자본 회수 (7)

   1. 투하자본 회수의 인식

     1) 직접환원법 : 보유기간 중 일정액 회수

     2) 할인현금흐름분석법 : 보유기간 말 전액 회수

2. 투하자본 회수의 처리방법

   1) 직접환원법 : 자본회수율

     (1) 직선법

     (2) 상환기금법

     (3) 연금법

   2) 할인현금흐름분석법 : 재매도가치

     (1) 내부추계법

     (2) 외부추계법

Ⅲ. 결어

문16 15점

I. 서설

수익방식이란 수익환원법, 수익분석법 등 수익성의 원리에 기초한 감정평가방식을 말한다. 수익환원법은 보유기간, 현금흐름, 적용이율 등에 대한 가정을 구체화하면서 직접환원법과 할인현금흐름분석법으로 발전해왔다. 양 자는 투하자본 회수의 인식 및 처리방법에서 차이점이 있다.

II. 직접환원법과 할인현금흐름분석법의 투하자본 회수

1. 투하자본 회수의 인식

1) 직접환원법 : 보유기간 중 일정액 회수

<직접환원법>이란 단일기간의 순수익을 적절한 환원율로 환원하여 대상물건의 가액을 산정하는 방법을 말한다. 직접환원법은 대상물건을 영구히 보유하는 것을 가정하므로 투하자본은 보유기간 중 매기 일정액을 회수하는 것으로 인식한다.

2) 할인현금흐름분석법 : 보유기간 말 전액 회수

<할인현금흐름분석법>은 대상물건의 보유기간에 발생하는 복수기간의 순수익과 보유 기간 말의 복귀가액에 적절한 할인율을 적용하여 현재가치로 할인한 후 더하여 대상물건의 가액을 산정하는 방법을 말한다. 할인현금흐름분석법은 보유기간 말 대상물건을 매각하여 투하자본을 일시에 전액 회수하는 것으로 인식한다.

2. 투하자본 회수의 처리방법

1) 직접환원법 : 자본회수율

(1) 직선법

<직선법>이란 내용연수 경과에 따라 순수익이 감소하는 경우 자본회수액을 재투자 할 수 없다는 가정 하에 정액법에 의한 감가상각률로 자본회수율을 산정하는 처리방법이다.

(2) 상환기금법

<상환기금법>이란 순수익이 일정하게 유지되는 경우 자본회수액을 보수적으로 재투자 한다는 가정하에 잔여내용연수와 안전율에 의한 감채기금계수로 자본회수율을 산정하는 처리방법이다.

(3) 연금법

<연금법>이란 순수익이 일정하게 유지되며 자본회수액을 당해 자산에 재투자 할 수 있다는 가정 하에 잔여내용연수와 투자수익률에 의한 감채기금계수로 자본회수율을 산정한다. 연금법은 자본회수율을 별도로 산정하지 않고 저당상수를 활용하여 투자수익률과 자본수익률을 일체로 구하는 처리방법이다.

2) 할인현금흐름분석법 : 재매도가치

(1) 내부추계법

<내부추계법>이란 보유기간 말 순수익을 환원율로 나누어 재매도가치를 산정하는 방법을 말한다. 적용 환원율은 매입 당시의 환원율을 기준으로 대상물건의 가치 변동 및 변동성을 고려하여 산정한다.

(2) 외부추계법

<외부추계법>에는 보유기간 말 예정된 매각조건에 근거하여 직접 재매도가치를 추정하는 직접추계법과 매입가격과 가치변동률에 기초하여 재매도가치를 추정하는 연장추계법이 있다.

III. 결어

직접환원법은 순수익 및 가격 변동이 안정적인 부동산시장에서 대상물건의 가치를 간편하게 측정할 수 있는 장점이 있으나, 투하자본 회수에 있어 투자자의 거래관행에 부합하지 못하는 단점이 있다. 따라서 수익환원법 적용 시 평가목적, 시장상황을 고려하여 적절한 감정평가방법을 선정하여야 할 것이다. <끝>

＊ 수익방식

17 할인율과 최종환원율을 설명하고, 업무용 부동산시장의 경기변동과 관련하여 양자의 관계를 설명하시오. `15점`

논점분석

- **논제** : 감정평가 3방식 ▶ 수익방식 ▶ 환원방법
- **유형** : 설명형(관련/관계)

할인율과 최종환원율에 대한 관계 설명형 문제입니다. 다만, 업무용 부동산시장의 경기변동과 '관련하여' 설명하여야 하므로, 업무용 부동산의 범위 내에서 서술해야 하며, 경기 사이클별로 각각 관계를 설명해야 합니다.

출제위원 채점평

대부분의 수험생은 관계 법령 및 실무기준, 감정평가이론 등에 기초하여 각각의 용어 정의는 대체로 잘 기술하였으나, 이들을 관계 지어 설명하는 데에는 혼동과 어려움을 겪은 수험생들이 다수 있었습니다. 경기변동에 따른 할인율과 최종환원율 변화의 인과관계를 논리적으로 설명하지 못한 수험생들이 많아 아쉬웠습니다.

예시목차

Ⅰ. 서설

Ⅱ. 할인율과 최종환원율 (2)
   1. 할인율의 의의 및 산정방법
   2. 최종환원율의 의의 및 산정방법

Ⅲ. 업무용 부동산 경기변동 시 양자의 관계 (5)
   1. 업무용 부동산의 의의 및 특징

   2. 업무용 부동산의 경기변동
   3. 부동산 경기변동 시 양자의 관계
     1) 경기안정 시 양자의 관계
     2) 경기하락 시 양자의 관계
     3) 경기상승 시 양자의 관계

Ⅳ. 결어

문 17 15점

Ⅰ. 서설

할인현금흐름분석법이란 대상물건의 보유기간에 발생하는 복수기간의 순수익과 보유기간 말의 복귀가액에 적절한 할인율을 적용하여 현재가치로 할인한 후 더하여 대상물건의 가액을 산정하는 방법을 말한다. 보유기간의 현금흐름은 할인율을 활용하여 현재가치화하며, 보유기간말 현금흐름은 최종환원율을 활용하여 산정한다. 할인율과 최종환원율의 관계는 고정되어 있는 것이 아니라, 경기변동에 따라 달라질 수 있다.

Ⅱ. 할인율과 최종환원율

1. 할인율의 의의 및 산정방법

<할인율>이란 미래 현금흐름의 현재가치를 구하기 위해 적용하는 이율을 말하며, 미래 시점의 현금흐름과 현재 시점의 현재가치를 동일하게 만드는 기회비용의 성격이 있다. 할인율 산정방법은 ① 투자자조사법, ② 투자결합법, ③ 시장통계자료 등이 있다.

2. 최종환원율의 의의 및 산정방법

<최종환원율>이란 보유기간 말 순수익을 경제적 가치로 환산하기 위하여 적용하는 이율을 말한다. 환원율은 전체 내용연수 동안의 장기적 이율로서 할인율과 달리 자본회수율을 고려하여 산정한다. 환원율 산정방법은 ① 시장추출법, ② 요소구성법(조성법), ③ 투자결합법, ④ 유효총수익승수법, ⑤ 시장 통계자료 등이 있으며, 최종환원율은 기입환원율 대비 일반적으로 높게 형성된다.

III. 업무용 부동산 경기변동 시 양자의 관계

1. 업무용 부동산의 의의 및 특징

<업무용 부동산>이란 기업의 업무 목적으로 사용되는 부동산을 말하며, 업무시설(오피스) 등이 있다. 업무용 부동산은 임대수익이 발생하는 수익형 부동산으로서, 할인현금흐름분석법 등 수익환원법에 의한 평가방법이 적합하다.

2. 업무용 부동산의 경기변동

<부동산 경기변동>이란 부동산시장의 가격 및 거래량이 변동하여 시장의 확장국면과 수축국면이 반복되어 나타나는 것을 말한다. 부동산 경기변동은 부동산의 용도 및 지역에 따라 다르게 나타나며, 업무용 부동산시장은 기업의 투자 및 고용 등 경제적 요인의 영향을 받는다.

3. 부동산 경기변동 시 양자의 관계

1) 경기안정 시 양자의 관계

부동산 경기 안정 시 순수익 및 부동산 가치가 일정하게 유지되므로, 최종환원율은 할인율과 <동일>하다. 그러나 최종환원율의 적용시점이 할인율 대비 미래이므로 예측에 따르는 위험성을 고려하여 다소 높게 산정할 수 있다.

2) 경기하락 시 양자의 관계

부동산 경기 하락 시 순수익 및 부동산 가치가 하락하여 자본회수율이 높아지므로, 최종환원율은 할인율보다 <높다>. 환원율은 전체 내용연수 동안의 장기적 이율로서, 물리적 감가상각 및 가치 하락에 대응하는 자본회수를 고려하여 추가적인 이율을 가산한다.

3) 경기상승 시 양자의 관계

부동산 경기 상승 시 순수익 및 부동산 가치가 상승하여 음의 자본회수가 이루어지므로, 최종환원율은 할인율보다 <낮다>. 그러나 최종환원율의 적용시점이 할인율 대비 미래이므로 예측에 따르는 위험성을 고려하여 격차가 줄어들 수 있다.

IV. 결어

할인율과 최종환원율은 할인현금흐름분석법 내에서 적용시점 및 고려요소가 상이하나, 가정 및 분석의 일관성이 확보되어야 한다. 환원율은 할인율과 달리 전체 내용연수 동안의 장기적 이율로서 경기 전망이 필수적이므로, 수요 측면에서는 투자·고용, 공급 측면에서는 공실률·신규 공급량을 조사하고, 임대료·환원율 등 가격 지표의 추이에 유의하여야 한다. <끝>

✳ 수익방식 ▶기출문제 33회 2번

18 소득접근법에서 자본환원율을 결정하는 방법이다. 다음 물음에 답하시오. 30점

  1) 투자결합법의 2가지 유형을 구분하여 쓰고, 엘우드법을 비교·설명하시오. 20점

  2) 자본환원율의 조정이 필요한 이유와 조정 방법을 설명하시오. 10점

논점분석

- **논제** : 감정평가 3방식 ▶ 수익방식 ▶ 환원방법
- **유형** : 설명형(비교/기본)
- **개념어** : 이유

직접환원법에서 환원이율을 결정하는 방법에 대한 비교·설명형 문제와 환원이율을 조정하는 방법에 대한 기본 설명형 문제입니다. 물음1)은 비교·설명형이니 공통점과 차이점을 각각 서술하여 환원이율 산정방법의 진화과정을 보여주시고, 물음2)는 기본 설명형이나 이유와 조정방법을 대쌍으로 서술해주세요.

예시목차

Ⅰ. 서설

Ⅱ. (물음1) 자본환원율 산정방법 (10)
  1. 자본환원율의 의의 및 산정방법
  2. 투자결합법의 개념 및 유형
    1) 투자결합법의 의의
    2) 물리적 투자결합법
    3) 금융적 투자결합법
  3. 투자결합법과 엘우드법의 비교
    1) 엘우드법의 의의
    2) 양자의 공통점
    3) 양자의 차이점
      (1) 보유기간의 고려 여부
      (2) 가치변동의 고려 여부
      (3) 지분형성분의 고려 여부

Ⅲ. (물음2) 자본환원율의 조정 (5)
  1. 자본환원율의 조정이유
    1) 수익에 따른 조정
    2) 위험에 따른 조정
    3) 물가에 따른 조정
  2. 자본환원율의 조정방법
    1) 자본환원율의 하향조정
    2) 자본환원율의 상향조정

Ⅳ. 결어

문18 [30점]

Ⅰ. 서설

<u>수익환원법이란 대상물건이 장래 산출할 것으로 기대되는 순수익이나 미래의 현금흐름을 환원하거나 할인하여 대상물건의 가액을 산정하는 감정평가방법을 말한다</u>. 이 중 직접환원법(소득접근법)은 단일기간의 순수익을 적절한 환원율로 환원하여 대상물건의 가액을 산정하는 방법으로, 순수익에 대응하는 적절한 <u>자본환원율</u>의 결정이 중요하다. 자본환원율은 단일기간의 순수익에 적용하는 장기적 성격의 이율이므로 보유기간 중 <u>수익의 변동을 고려하여 조정</u>이 필요하다.

Ⅱ. [물음1] 자본환원율 산정방법

1. 자본환원율의 의의 및 산정방법

<자본환원율>이란 순수익을 기준시점의 경제적 가치로 환산하기 위하여 적용하는 이율을 말한다. <u>자본환원율의 산정방법</u>으로는 ① 시장추출법, ② 요소구성법, ③ 투자결합법, ④ 유효총수익승수법, ⑤ 시장에서 발표된 통계자료 등이 있다.

2. 투자결합법의 개념 및 유형

1) 투자결합법의 의의

<투자결합법>이란 대상 부동산에 대한 투자자본과 구성비율을 결합하여 자본환원율을 구하는 방법을 말한다. 투자결합법은 시장추출법, 요소구성법과 달리 <u>부동산을 구성요소별로 구분하여 구체적으로 환원율을 산정할 수 있다는 장점</u>이 있다.

2) 물리적 투자결합법

<물리적 투자결합법>은 부동산을 토지와 건물이라는 물리적 요소로 구분하고, 구성 비율에 따라 각각 토지환원율과 건물환원율을 곱하여 자본환원율을 산정하는 방법을 말한다. 물리적 투자결합법은 토지·건물 각각의 물리적 특성을 반영할 수 있다는 장점이 있다.

3) 금융적 투자결합법

<금융적 투자결합법>은 부동산을 지분투자액과 저당투자액으로 구분하고, 구성비율에 따라 각각 지분수익률과 저당수익률(이자율)을 곱하여 자본환원율을 산정하는 방법을 말한다. 금융적 투자결합법은 저당대부 등 투자자의 전형적인 투자 형식을 반영할 수 있다는 장점이 있다.

3. 투자결합법과 엘우드법의 비교

1) 엘우드법의 의의

<엘우드법>이란 기존의 금융적 투자결합법을 개선한 자본환원율 산정 방법으로, ① 원금 상환에 따른 지분비율의 증가, ② 보유기간 말 부동산 가치의 상승(하락)을 추가적으로 고려하여 자본환원율을 산정한다.

2) 양자의 공통점

투자결합법과 엘우드법은 ① 부동산을 구성요소별로 구분하여 구체적인 자본환원율을 산정하며 ② 투자자의 관점에서 지분투자액의 가치를 분석하고자 하였다는 공통점이 있다.

3) 양자의 차이점

(1) 보유기간의 고려 여부

엘우드법은 금융적 투자결합법과 달리 대상 부동산의 구체적인 보유기간을 반영하여 자본환원율을 산정한다는 차이점이 있다.

(2) 가치변동의 고려 여부

엘우드법은 금융적 투자결합법과 달리 보유기간 말의 부동산 가치 증감분을 반영하여 자본환원율을 산정한다는 차이점이 있다.

(3) 지분형성분의 고려 여부

엘우드법은 금융적 투자결합법과 달리 보유기간 원금 상환에 따른 지분가치의 증가분을 반영하여 자본환원율을 산정한다는 차이점이 있다.

Ⅲ. (물음2) 자본환원율의 조정

1. 자본환원율의 조정이유

1) 수익에 따른 조정

자본환원율은 ① 순수익·세전현금흐름·세후현금흐름 등 수익의 종류에 따라 조정하여야 하며 ② 보유기간 동안 순수익이 지속적으로 증가 또는 감소할 것으로 예상되거나 ③ 보유기간 말 재매도가치의 증감을 반영하기 위해 조정하여야 한다.

2) 위험에 따른 조정

<위험>이란 미래에 발생할 것으로 예측한 순수익의 변동성을 말한다. 순수익은 점 추정치로 산정되지만 변동 가능성이 있으므로, 변동성의 크기에 따라 적정한 이율을 가산하여 자본환원율을 <u>조정하여야 한다</u>.

3) 물가에 따른 조정

<물가>는 재화의 전반적인 가격수준이자 화폐의 구매력을 의미한다. 물가의 상승에 따라 화폐 가치가 하락하고 명목 수익률이 높아지므로, 물가 상승에 따라 적정한 이율을 가산하여 자본환원율을 <u>조정하여야 한다</u>.

2. 자본환원율의 조정방법

1) 자본환원율의 하향조정

① 보유기간 동안 순수익이 지속적으로 증가하거나 ② 보유기간 말 재매도가치가 상승할 것으로 예상되는 경우에는 자본환원율을 <u>하향조정한다</u>. 순수익이 정액 또는 정률로 증감하는 경우에는 J계수, K계수 등을 활용할 수 있다.

2) 자본환원율의 상향조정

① 예측한 순수익의 변동성이 높아지거나 ② 물가가 일정 수준 이상으로 상승하는 경우에는 자본환원율을 <u>상향조정한다</u>.

IV. 결어

자본환원율은 순수익을 가치로 전환시키는 승수(multiple)로서, 시산가액 및 감정평가액 결정에 미치는 영향력이 크다. 따라서 감정평가 시 대상물건의 특성 및 시장 상황에 따라 자본환원율의 산정 및 조정에 유의해야 할 것이다. <끝>

▶ 기출문제 18회 1번

✱ 기타 평가방법

19 개별부동산을 평가함에 있어 통계적 평가방법에 의한 가격이 전통적인 감정평가 3방식에 의한 가격보다 정상가격과의 차이가 크게 나타날 가능성이 있다. 그 이유를 설명하시오. `25점`

논점분석

- **논제** : 감정평가 3방식 ▶ 기타 평가방법
- **유형** : 설명형(기본)
- **개념어** : 이유

전통적 감정평가 3방식과 통계적 평가방법의 차이점을 충분히 서술하는 것이 관건입니다. 문제에서 "통계적 평가방법에 의한 가격이 정상가격(시장가치)와의 차이가 크다"라고 하였으므로 비판적인 시각에서 서술하되, 수험자로서의 균형적 사고를 보여야 할 것입니다.

예시목차

Ⅰ. 서설

Ⅱ. 감정평가 3방식과 통계적 평가방법 (7)
  1. 감정평가 3방식
    1) 원가방식
    2) 비교방식
    3) 수익방식
  2. 통계적 평가방법
    1) 통계적 평가방법의 의의
    2) 통계적 평가방법의 절차
    3) 통계적 평가결과의 분석

Ⅲ. 통계적 평가방법과 시장가치와의 차이 발생 이유 (6)
  1. 시장가치의 의의
  2. 시장가치와의 차이 발생 이유
    1) 비교사례의 질적 차이
    2) 비교사례의 정상화 절차 부재
    3) 비용·수익적 측면의 고려 부재
    4) 시산가액 조정절차의 부재
    5) 그 외 통계적 평가방법의 한계점

Ⅳ. 결어

문19 25점

Ⅰ. 서설

감정평가업계에서는 전통적인 감정평가 3방식이 널리 활용되고 있으나, 2006년 도입된 실거래 신고제도에 의해 거래사례가 축적되면서 통계적 평가방법에 대한 수요가 증가하고 있다. 감정평가 시 전통적 감정평가 3방식의 한계를 인식하고, 통계적 평가방법을 활용하여 시장가치 추계의 실증성과 객관성을 향상시켜야 할 것이다.

Ⅱ. 감정평가 3방식과 통계적 평가방법

1. 감정평가 3방식

1) 원가방식

<원가방식>이란 원가법, 적산법 등 비용성의 원리에 기초한 감정평가방식을 말한다. <원가법>이란 대상물건의 재조달원가에 감가수정을 하여 대상물건의 가액을 산정하는 감정평가방법을 말한다.

2) 비교방식

<비교방식>이란 거래사례비교법, 임대사례비교법 등 시장성의 원리에 기초한 감정평가방식 및 공시지가기준법을 말한다. <거래사례비교법>이란 대상물건과 가치형성요인이 같거나 비슷한 물건의 거래사례와 비교하여 사정보정, 시점수정, 가치형성요인 비교 등의 과정을 거쳐 대상물건의 가액을 산정하는 감정평가방법을 말한다.

3) 수익방식

<수익방식>이란 수익환원법, 수익분석법 등 수익성의 원리에 기초한 감정 평가방식을 말한다. <수익환원법>이란 대상물건이 장래 산출할 것으로 기대되는 순수익이나 미래의 현금흐름을 환원하거나 할인하여 대상물건의 가액을 산정하는 감정평가방법을 말한다.

2. 통계적 평가방법

1) 통계적 평가방법의 의의

<통계적 평가방법>이란 통계적 추정에 의해 부동산가격을 평가하는 방법을 말한다. 통계적 평가방법은 다수의 매매(임대)사례를 통계적으로 분석하여 시장가치를 추계하므로, 평가주체의 주관적 판단에 따른 오류 가능성을 보완할 수 있다. 이하에서는 대표적인 통계적 평가방법인 특성가격함수모형을 기준으로 설명한다.

2) 통계적 평가방법의 절차

통계적 평가방법은 ① 매매사례표본의 선정, ② 특성변수의 설정, ③ 특성변수의 코드화, ④ 통계결과의 분석 및 투입자료에 대한 검토의 절차로 수행된다. 통계적 평가모형은 유사매매사례 중에서 표본에 포함되지 않은 사례를 활용하여 최종적으로 검증한 후 적용한다.

3) 통계적 평가결과의 분석

통계적 평가결과의 분석은 통계치에 대한 검증을 통해 평가모형의 활용 여부를 판단하는 것으로서 ① t-검증, ② 결정계수, ③ 다공선성, ④ 평균잔차 등을 통해 검증한다. t-검증은 회귀계수의 통계적 유의미성을 확인하는 것이며, 결정계수는 평가모형의 정확도를, 다공선성은 특성변수 간의 상관관계를 검증하는 분석절차이다.

Ⅲ. 통계적 평가방법과 시장가치와의 차이 발생 이유

1. 시장가치의 의의

<시장가치>란 통상적인 시장에서 충분한 기간 동안 거래를 위하여 공개된 후 그 대상물건의 내용에 정통한 당사자 사이에 신중하고 자발적인 거래가 있을 경우 성립될 가능성이 가장 높다고 인정되는 대상물건의 가액을 말한다.

2. 시장가치와의 차이 발생 이유

1) 비교사례의 질적 차이

<감정평가 3방식>의 하나인 비교방식은 대상 부동산과 가치형성요인이 같거나 비슷한 부동산의 거래사례 중 가장 비교 가능성이 높은 사례를 선정하여 적용하나, <통계적 평가방법>은 다수의 매매사례를 적용한다는 차이점이 있다. 비준가액은 매매사례의 선정에 큰 영향을 받으나, 통계적 평가방법은 특정 사례에 의한 영향력이 낮다.

2) 비교사례의 정상화 절차 부재

<감정평가 3방식>의 하나인 비교방식은 매매사례에 특수한 사정이나 개별적 동기가 반영되어 있거나 매매 당사자가 시장에 정통하지 않은 경우 그러

한 사정이 없었을 경우의 적절한 가격수준으로 정상화하여 적용하나, <통계

적 평가방법>에는 별도의 사정보정 절차가 없으며 매매사례의 수집범위를

조정하거나 이상치를 제거하는 간접적인 방식을 활용한다는 차이점이 있다.

3) 비용·수익적 측면의 고려 부재

<감정평가 3방식>은 대상 부동산의 시장성 외에도 비용성과 수익성을 고려하여 원

가·수익방식을 활용할 수 있으나, <통계적 평가방법>은 다수의 매매 사례를 통해

평가하는 방법으로 비용성과 수익성에 대한 고려가 미흡하다는 차이점이 있다.

4) 시산가액 조정절차의 부재

<시산가액>이란 각각의 감정평가방법을 적용하여 산정한 가액을 말하며,

<시산가액 조정>이란 각 시산가액을 합리적으로 조정하여 최종 감정평가액

을 결정하는 것을 말한다. <감정평가 3방식>은 시산가액 조정을 통해 대상

부동산의 비용성과 수익성을 평가결과에 반영하나, <통계적 평가방법>은

비용성, 수익성에 대한 고려 및 별도의 시산가액 조정절차가 부재하다는 차

이점이 있다.

5) 그 외 통계적 평가방법의 한계점

통계적 평가방법을 적용하기 위해서는 매매사례의 수가 충분해야 하므로 매

매가 빈번하지 않은 물건에는 적용이 곤란하며, 수집된 매매사례가 정규분포

에서 벗어나거나 가격 차이가 심할 경우 평가결과의 정확성이 낮아질 수 있

다는 한계점이 있다.

IV. 결어

통계적 평가방법은 비용성, 수익성을 고려하지 않고, 시산가액 조정절차가 부재하여 시장가치와 괴리가 발생할 가능성이 있으나, 시장성 측면에서는 비교방식의 단점을 보완할 수 있는 실증적, 객관적 평가방법이다. 따라서 <u>통계적 지식을 갖추고 통계적 평가방법에 대한 연구를 통해, 감정평가의 신뢰성과 전문성을 향상시켜야 할 것이다.</u> <끝>

✳ 기타 평가방법

▶ 기출문제 22회 2번

20 감정평가에 사용될 수 있는 계량적 방법인 특성가격함수모형에 대해 설명하고, 감정평가사의 주관적 평가와 비교하여 그 장, 단점을 논하시오. 10점

논점분석

- **논제** : 감정평가 3방식 ▶ 기타 평가방법 ▶ 비교방식 ▶ 특성가격함수모형
- **유형** : 논술형(비교)

전통적 3방식 외 기타 평가방법인 특성가격함수모형에 대한 비교 논술형 문제입니다. 특성가격함수모형과 감정평가 3방식의 일반적 내용에 대해 서술하신 후, 기준을 가지고 양자를 나란히 대조하되 장·단점의 형식으로 표현해주세요.

예시목차

Ⅰ. 서설

Ⅱ. 특성가격함수모형의 의의 및 내용 (2)
    1. 특성가격함수모형의 의의
    2. 특성가격함수모형의 내용

Ⅲ. 감정평가사의 주관적 평가와의 비교 (3)
    1. 비교방식으로서의 공통점
    2. 시장증거력의 우수성 및 대량평가에의 활용성
    3. 시산가액 조정과정의 부재

문 20 　10점

Ⅰ. 서설

감정평가는 가치의 3면성에 기반하여 재화의 가치를 추계한다. 이 중 시장성에 근거한 비교방식의 감정평가는 부동산 정보의 축적과 정보기술의 발전에 의한 계량적 평가기법에 의해 더욱 발전하고 있으므로, 양자의 장·단점을 이해하고 병용하여야 한다.

Ⅱ. 특성가격함수모형의 의의 및 내용

1. 특성가격함수모형의 의의

<특성가격함수모형>이란 가치가 재화의 특성에 의해 결정된다는 가정하에 특성변수와 종속변수(가격)와의 관계를 분석하는 다중회귀분석모형을 말한다. 특성가격함수모형은 부동산 데이터의 축적과 컴퓨터 기술의 발전에 의해 적용범위가 확대되고 있다.

2. 특성가격함수모형의 내용

특성가격함수모형은 ① 사례표본의 설정, ② 특성변수의 설정, ③ 특성의 코딩(coding), ④ 다중회귀통계치의 분석의 절차를 통해 수행된다. 특성가격함수모형은 ① t-검증을 통한 회귀계수의 통계적 유의성 검증, ② 결정계수에 의한 모형의 설명력 검증, ③ 다공선성, 추정의 표준오차 등에 대한 검증을 거친 후 활용된다.

Ⅲ. 감정평가사의 주관적 평가와의 비교

1. 비교방식으로서의 공통점

<감정평가 3방식> 중 거래사례비교법은 거래사례와 대상물건의 비교를 통해 가치를 추계한다는 점에서 <특성가격함수모형>과 공통점이 있다. 양 자 모두 대상과 사례의 비교항목(가격형성요인 또는 특성변수)의 결정에 있어 평가주체의 주관이 개입될 수 있다.

2. 시장증거력의 우수성 및 대량평가에의 활용성

<감정평가 3방식> 중 거래사례비교법은 인근지역 내 거래사례 중 비교 가능성이 가장 높다고 판단되는 대표적인 거래사례를 선정하는 반면, <특성가격함수모형>은 다수의 매매사례를 통계적으로 분석한다는 차이점이 있다. 특성가격함수모형은 시장 증거력에서 우수하며, 대량평가 시 시간과 비용을 절감할 수 있다는 장점이 있다.

3. 시산가액 조정과정의 부재

<감정평가 3방식>은 대상물건의 비용성, 시장성, 수익성의 가치 3면성을 고려하고 이를 조정하여 최종 결론을 도출하는 반면, <특성가격함수모형>은 비용성 또는 수익성에 대한 고려가 미흡하다는 차이점이 있다. 특성가격함수모형은 시장자료의 수집이 곤란한 경우에는 적용이 불가능하다는 한계가 있다. <끝>

▶기출문제 18회 4번

21 동적 DCF와 정적 DCF를 비교하라. 10점

PART 02

논점분석

- **논제** : 감정평가 3방식 ▶ 기타 평가방법 ▶ 수익방식 ▶ 동적 DCF
- **유형** : 설명형(비교)

동적 DCF에 대한 비교·설명형 문제입니다. 비교형 문제이므로 평가방법의 구성요소를 기준으로 양 방법을 병렬적으로 서술해주시되, 새로운 평가방법이 등장하게 된 배경, 기존 평가방법의 한계점에 대해 전술해주시면 더 좋은 답안이 될 것입니다.

예시목차

Ⅰ. 서설

Ⅱ. 정적 DCF와 동적 DCF의 비교 (5)
   1. 정적 DCF의 의의 및 한계
   2. 동적 DCF의 의의
   3. 양자의 비교
      1) 현금흐름의 추정방법
      2) 할인율의 추정방법
      3) 수익가액의 표현방법

문21 [10점]

Ⅰ. 서설

수익방식이란 수익환원법, 수익분석법 등 수익성의 원리에 기초한 감정평가방식을 말하며, 수익환원법에는 직접환원법과 할인현금흐름분석법이 있다. 전통적인 할인현금흐름분석법 (이하 "정적 DCF")은 보유기간의 순수익에 대한 예측에 기초하고 있으나, 현금흐름의 변동성을 반영하기 어렵다는 한계가 있어 이에 대한 대안으로서 <u>동적 DCF</u>가 주목받고 있다.

Ⅱ. 정적 DCF와 동적 DCF의 비교

1. 정적 DCF의 의의 및 한계

<정적 DCF>란 보유기간에 발생하는 복수기간의 순수익과 보유기간 말의 복귀가액에 적절한 할인율을 적용하여 현재가치로 할인한 후 더하여 대상물건의 가액을 산정하는 방법을 말한다. 정적 DCF는 ① 현금흐름 추정에 있어 변동성이 반영되지 않으며 ② 할인율에 의한 변동성 반영 시 음의 변동성만 부각되는 <u>한계</u>가 있다.

2. 동적 DCF의 의의

<동적 DCF>란 미래 환경의 변동성을 감안한 할인현금흐름분석법을 말한다. 동적 DCF는 ① 현금흐름 추정 시 임대수입, 기타수입, 공실률, 영업경비 등 구성항목을 확률변수로 인식해 범위로 추정하며, ② 현재가치 산정 시 무위험율로 할인하여 ③ 수익가액을 일정 구간으로 제시할 수 있어, 부동산 투자ㆍ개발 의사결정에서 다양하게 활용될 수 있다.

3. 양자의 비교

1) 현금흐름의 추정방법

<정적 DCF>는 한 가지 가정에 근거하여 단일한 현금흐름을 추정하나, <동적 DCF>는 임대수입, 기타수입, 공실률, 영업경비 등 각 구성항목의 확률분포에 근거하여 현금흐름의 발생범위를 추정한다는 차이점이 있다.

2) 할인율의 추정방법

<정적 DCF>는 할인율 결정 시 무위험이자율에 일정한 위험률을 가산하여 예측한 현금흐름이 실현될 변동성을 반영하나, <동적 DCF>는 현금흐름 추정 시 변동성을 반영하고 할인율은 무위험이자율을 적용한다는 차이점이 있다.

3) 수익가액의 표현방법

<정적 DCF>는 수익가액을 단일가액으로 결정하나, <동적 DCF>는 이를 일정 구간으로 제시한다는 차이점이 있다. 감정평가의 기준가치인 시장가치는 "성립될 가능성이 가장 높다고 인정되는 가액"으로서, 구간추정치로 제시된 동적 DCF의 평가결과도 기준가치의 통계적 의미에 부합한다. <끝>

✱ 기타 평가방법

▶ 기출문제 34회 1번

22 할인현금흐름분석법의 한계에 대하여 설명하고, 이를 극복하는 측면에서 확률적 할인 현금흐름분석법에 대하여 설명하시오. 10점

논점분석

- **논제** : 감정평가 3방식 ▶ 기타 평가방법 ▶ 수익방식 ▶ 동적 DCF
- **유형** : 설명형(기본)
- **개념어** : 한계

동적 DCF에 대한 기본 설명형 문제입니다. 동적 DCF의 적용방법에 대해 설명하되, 정적 DCF의 한계 와 대칭적으로 서술해주세요.

예시목차

Ⅰ. 서설

Ⅱ. 할인현금흐름분석법의 한계 및 확률적 할인현금

흐름분석법 (5)

    1. 할인현금흐름분석법의 한계

        1) 현금흐름의 변동성 미반영

        2) 할인율 결정의 주관성 및 점추정의 부정확성

    2. 확률적 할인현금흐름분석법의 개요

        1) 확률적 현금흐름의 추정

        2) 무위험 할인율의 적용

        3) 구간추정에 의한 수익가액 표시

문 22 `10점`

Ⅰ. 서설

<u><할인현금흐름분석법>이란 대상물건의 보유기간에 발생하는 복수기간의 순수익과 보유기간 말의 복귀가액에 적절한 할인율을 적용하여 현재가치로 할인한 후 더하여 대상물건의 가액을 산정하는 방법을 말한다.</u> 할인현금흐름분석법은 미래의 현금흐름을 예측함에 있어 변동성을 반영하지 못하는 한계가 <u>있으므로 확률적 할인현금흐름분석법의 활용이 요구된다.</u>

Ⅱ. 할인현금흐름분석법의 한계 및 확률적 할인현금흐름분석법

1. 할인현금흐름분석법의 한계

1) 현금흐름의 변동성 미반영

할인현금흐름분석법은 미래 현금흐름의 예측에 기초한 감정평가방법이나, 미래 현금흐름의 변동성(위험성)을 반영하지 못하여 예측 결과의 정확성에 <u>한계가 있다.</u>

2) 할인율 결정의 주관성 및 점추정의 부정확성

할인현금흐름분석법은 미래 현금흐름의 변동성을 할인율에 반영하고 있으나, 할인율 산정 시 주관이 개입되며 개별성 반영이 미흡하다. 또한 할인(discount) 과정의 보수성으로 인해 점추정의 정확성이 낮아지고 과소 산정된다는 <u>한계가 있다.</u>

2. 확률적 할인현금흐름분석법의 개요

1) 확률적 현금흐름의 추정

확률적 할인현금흐름분석법은 <u>전통적 할인현금흐름분석법과 달리</u> 현금흐름 추정 시 대상물건의 과거 자료에 기초해 확률적 범위값으로 추정한다는 <u>차이점이 있다</u>.

2) 무위험 할인율의 적용

확률적 할인현금흐름분석법은 <u>전통적 할인현금흐름분석법과 달리</u> 할인율 적용 시 주관 개입이 배제된 무위험률을 적용한다는 <u>차이점이 있다</u>. 무위험률은 위험률이 가산된 할인율과 달리 금리, 물가 등 체계적 위험만을 반영한다.

3) 구간추정에 의한 수익가액 표시

확률적 할인현금흐름분석법은 <u>전통적 할인현금흐름분석법과 달리</u> 확률적 범위값으로 추정된 현금흐름을 무위험률로 할인하므로, 수익가액이 구간추정치로 표시되며 추정결과의 정확성을 높일 수 있다는 <u>장점이 있다</u>. <끝>

* 기타 평가방법

23 실물옵션에 대해 설명하시오. 10점

논점분석

- **논제** : 감정평가 3방식 ▶ 기타 평가방법 ▶ 수익방식 ▶ 실물옵션법
- **유형** : 설명형(기본)

실물옵션에 대한 기본 설명형 문제입니다. 기본 설명형 문제일수록 출제의 배경, 즉 대상과 기존 감정 평가이론과의 연관성을 언급하신 후, 대상에 대해 다양한 목차로 서술해 주세요.

출제위원 채점평

실물옵션에 대한 문제이다. 이는 재무관리이론이 감정평가에 적용된 것으로 <u>문제의 취지는 재무 관리이론으로서의 옵션에 대해서 묻는 것이 아니라 옵션이론이 부동산과 결합되었을 때, 어떻게 적용되느냐 하는 것이다.</u> 그런데 다수의 수험생이 일반 옵션이론에 대해서는 잘 이해하여 서술 하였지만, 이를 부동산평가와 접목시키는 데는 다소 부족해 보인다. 즉, 핵심은 부동산투자와 관련한 옵션의 정의 및 평가방법 또는 유의사항 등이 주요 내용인데, 부차적인 내용으로 대부분 의 지면을 채운 답안이 다수 있었다.

예시목차

I . 서설

II. 실물옵션 (5)

    1. 실물옵션의 의의 및 종류

    2. 실물옵션의 활용분야

3. 실물옵션의 평가방법

    1) 실물옵션평가법의 의의

    2) 실물옵션평가법의 절차

    3) 실물옵션평가법의 분류

문23 10점

I. 서설

전통적 수익방식인 할인현금흐름분석법은 미래의 현금흐름을 고정적인 것으로 간주하여 추정한다. 그러나 부동산 경기가 침체되고 다양한 개발·투자안이 활용되면서, 고정적 현금흐름이 아닌 다양한 상황의 현금흐름을 반영할 수 있는 실물옵션평가법에 대한 수요가 증가하고 있다.

II. 실물옵션

1. 실물옵션의 의의 및 종류

<실물옵션>이란 부동산과 같은 실물자산의 개발, 투자 의사결정과 관련된 선택권을 말한다. 실물옵션은 사업의 ① 연기, ② 축소, ③ 전환, ④ 포기, ⑤ 확대 등 개발(투자)과정의 단계별 위험에 따라 다양한 종류가 있으며, 한 가지 선택권이 아닌 복수의 선택권을 부여할 수 있다.

2. 실물옵션의 활용분야

실물옵션은 ① 에너지·자원, ② 연구·개발, ③ 사회기반시설, ④ 기업가치 등에서 활용되고 있으며, 부동산과 관련하여 ① 대규모 부동산개발, ② 프로젝트 파이낸싱, 담보유동화증권 등 부동산금융, ③ 그 외 투자 및 컨설팅 영역에서 다양하게 활용되고 있다.

3. 실물옵션의 평가방법

1) 실물옵션평가법의 의의

<실물옵션평가법>이란 부동산과 같은 실물자산의 개발, 투자 의사결정과 관련된 선택권의 가치에 대한 평가방법을 말한다. 실물옵션을 통한 선택권이 부여된 경우 개발안(투자안)의 가치는 증가될 수 있으므로, 실물옵션의 가치는 옵션을 고려한 개발안(투자안)의 가치에서 전통적 3방식에 의한 개발안(투자안)의 가치를 공제하여 산정할 수 있다.

2) 실물옵션평가법의 절차

실물옵션평가법을 적용하기 위해서는 ① 전통적 감정평가 3방식(할인현금흐름분석법 등)에 의해 대상사업의 가치를 추정하고 ② 사업의 변동성 및 실물옵션의 내용을 반영하여 추정한 옵션을 고려한 대상사업의 가치에서 공제하여 ③ 실물옵션의 가치를 평가한다.

3) 실물옵션평가법의 분류

옵션평가법에는 자료의 특성에 따라 블랙-숄즈모형(연속모형)과 이항모형(이산모형) 등이 활용될 수 있다. 실물옵션의 대상은 부동산·사회기반시설 등으로 고정성·개별성이 강하고 거래가 빈번하지 않아 시장자료가 제한되므로 일반적으로 이항모형이 활용되고 있다. <끝>

✱ 기타 평가방법　　　　　　　　▶ 기출문제 15회 2번

24 시장가격이 없는 부동산 혹은 재화의 가치를 감정평가하는 방법에 대하여 설명하시오.
[20점]

논점분석

- **논제** : 감정평가 3방식 ▶ 기타 평가방법
- **유형** : 설명형(기본)

비시장부동산·재화에 대한 기본 설명형 문제입니다. 비시장부동산·재화에 대해 우선적으로 설명한 후, 감정평가방법에 대해 설명해주세요.

예시목차

I. 서설

II. 비시장부동산 및 비시장재화의 감정평가방법 (10)
　1. 비시장부동산의 의의 및 종류
　2. 비시장재화의 의의 및 종류
　3. 비시장재화의 가치이론
　4. 비시장재화의 감정평가방법
　　1) 원가방식 및 수익방식
　　2) 그 외 적용 가능한 평가방법
　　　(1) 조건부가치측정법
　　　(2) 특성가격함수모형
　　　(3) 여행비용법
　　　(4) 보상가격평가법

III. 결어

문24 20점

Ⅰ. 서설

재화의 가치는 일반적으로 가치의 3면성에 근거하여 비용성, 시장성, 수익성에 근거하여 측정할 수 있다. 그러나 시장성이 없는 비시장재화 또는 비시장부동산의 가치는 시장성에 근거한 비교방식으로 가치측정에 한계가 있어, 전통적인 감정평가 3방식 외에 다양한 감정평가방법의 활용이 필요하다.

Ⅱ. 비시장부동산 및 비시장재화의 감정평가방법

1. 비시장부동산의 의의 및 종류

<비시장부동산>이란 부동산시장에서 매매가 이루어지지 못하는 부동산을 말한다. 비시장부동산의 종류에는 ① 공공시설, ② 문화·체육시설, ③ 보건위생시설, ④ 교통시설 등이 있다.

2. 비시장재화의 의의 및 종류

<비시장재화>란 시장에서 매매가 이루어지지 못하는 재화를 말한다. 재화는 효용을 가진 물체 또는 물질로서, 배제성·경합성이 없어 시장에서 매매될 수 없는 경우 비시장재화로 분류한다. 비시장재화에는 배제성 또는 경합성이 존재하지 않는 ① 무형의 재화, ② 자연자원, 배제성과 경합성이 모두 존재하지 않는 ③ 공공재화 등이 있다.

3. 비시장재화의 가치이론

비시장재화는 배제성 또는 경합성에 제한이 있으므로, 그 가치는 개인의 만족도

(소비자잉여)나 후생의 증대분(후생변화)에 근거하여 측정할 수 있다. <소비자잉여>란 소비자가 재화를 소유하기 위한 지불의사금액과 실제지불금액과의 차이를 말하며, <후생변화>는 소비자가 후생수준을 변화시키지 않기 위해 지불하는 대가 또는 재화의 감소에 따른 보상을 말한다.

4. 비시장재화의 감정평가방법

1) 원가방식 및 수익방식

비시장재화의 경우 시장성이 제약되므로 비용성에 근거한 원가방식과 수익성에 근거한 수익방식을 적용할 수 있다. <원가법>이란 대상물건의 재조달원가에 감가수정을 하여 대상물건의 가액을 산정하는 감정평가방법을 말하며, <수익환원법>이란 대상물건이 장래 산출할 것으로 기대되는 순수익이나 미래의 현금흐름을 환원하거나 할인하여 대상물건의 가액을 산정하는 감정평가방법을 말한다.

2) 그 외 적용 가능한 평가방법

(1) 조건부가치측정법(CVM, contingent value method)

<조건부가치측정법>이란 가상의 시장을 설정하고 잠재 소비자들의 지불용의액을 설문하여 비시장재화 등의 경제적 가치를 평가하는 방법을 말한다. 조건부가치측정법은 자연자원, 관광자원, 역사자원, 생태자원 등의 가치평가에 이용되고 있다.

(2) 특성가격함수모형(HPM, hedonic price model)

<특성가격함수모형>이란 가치가 재화의 특성에 의해 결정된다는 가정 하에 특성변수와 종속변수(가격)와의 관계를 분석하는 다중회귀분석모형을 말한다. 비시장재화는 시장에서 독립적으로 거래되기 어려우나, 다른 시장재화와 함께 거래가 이루어지는 경우에는 특성가격함수모형을 적용할 수 있다.

(3) 여행비용법(TCM, travel cost method)

<여행비용법>이란 여행 거리와 비용에 따른 지역별 이용자 수에 기초하여 비시장재화 등의 경제적 가치를 평가하는 방법을 말한다. 여행비용법은 자연자원, 관광자원, 역사자원 등의 가치평가에 활용되고 있다.

(4) 보상가격평가법

<보상가격평가법>이란 자연자원 등이 훼손된 경우 이를 원래의 효용 수준으로 회복하기 위해 보상받아야 할 보상지불용의액에 기초하여 비시장재화 등의 경제적 가치를 평가하는 방법을 말한다. 보상가격평가법은 자연자원, 손해배상 영역이 가치평가에 활용되고 있다.

III. 결어

비시장재화의 가치평가는 ① 공공투자의 타당성 분석, ② 공공서비스의 가격 산정, ③ 환경 관련 분쟁의 해결을 위해 필요한 분야로서, 전통적 3방식과 더불어 이론적 평가 방법을 활용하여 평가수요에 대응할 필요가 있다. <끝>

Chapter 05

물건별 감정평가

✱ 토지특성

▶ 기출문제 16회 2번

01 감정평가에 관한 규칙 제25조(소음 등으로 인한 대상물건의 가치하락분에 대한 감정평가)에 환경오염이 발생한 경우의 평가에 대한 기준을 제시하고 있다. 토양오염이 부동산의 가치에 미치는 영향과 평가 시 유의사항에 대하여 설명하시오. 20점

논점분석

- **논제** : 물건별 평가 ▶ 특수토지 ▶ 토지특성 ▶ 오염토지
- **유형** : ① 설명형(영향) ② 설명형(기본)
- **개념어** : 유의사항

특수토지 중 하나인 오염토지에 대한 설명형 문제입니다. '영향'은 가치손실에 미치는 단계적 과정에 대한 서술이 필요하며, '유의사항'은 일반적인 사항 외의 사항에 초점을 맞춰주세요.

예시목차

I. 서설

II. 토양오염이 부동산 가치에 미치는 영향 (5)

　1. 토양오염의 의의 및 특징

　2. 토양오염이 부동산 가치에 미치는 영향

　　1) 토양오염에 의한 가치손실

　　2) 가치손실의 단계적 영향

　　　(1) 토양오염 발생단계의 손실

　　　(2) 토양오염 치유단계의 손실

　　　(3) 토양오염 치유 이후의 손실

III. 오염토지의 감정평가 시 유의사항 (5)

　1. 오염토지의 감정평가방법

　2. 오염토지의 감정평가 시 유의사항

　　1) 자료수집 시 유의사항

　　2) 감정평가방법 선정 시 유의사항

　　3) 무형적 손실 측정 시 유의사항

　　4) 시간 경과에 따른 가치변동 고려

IV. 결어

문1 20점

Ⅰ. 서설

환경권의 신장에 따라 토양오염 관련 분쟁이 증가하고 있으며, 침해받은 권리에 대한 감정 평가 수요도 증가하고 있다. 감정평가업계도 「감정평가에 관한 규칙」의 개정을 통해 이에 대응하고 있으나, 환경오염의 유형적·직접적 가치손실과 더불어 무형적·간접적 가치손실의 측정에 유의해야 한다.

Ⅱ. 토양오염이 부동산 가치에 미치는 영향

1. 토양오염의 의의 및 특징

<토양오염>이란 쓰레기, 연소재, 오니, 폐유, 폐산, 폐알카리 등의 토양오염원이 대상 토지에 매립되거나, 인근 토지에 매립되어 대상 토지로 유입되는 경우에 발생한다. 토양오염의 영향력은 부동산의 고정성과 외부성에 의해 대상 토지 내외부에 미친다.

2. 토양오염이 부동산 가치에 미치는 영향

1) 토양오염에 의한 가치손실

토양오염에 의한 가치손실은 유형적 손실과 무형적 손실로 구분할 수 있다. 유형적 손실은 대상 토지의 원상회복에 소요되는 비용 또는 오염으로 인한 가치하락분을 의미하며, 무형적 손실은 시장참여자에 의한 불리한 인식, 즉 스티그마 효과를 말한다.

2) 가치손실의 단계적 영향

(1) 토양오염 발생단계의 손실

토양오염이 부동산 가치에 미치는 영향은 3단계로 구분할 수 있다. <1단계>는 토양오염이 발생한 단계로서 유형적 손실을 정확하게 측정하기 어렵고, 오염 치유의 불확실성으로 인해 무형적 손실이 가장 크다.

(2) 토양오염 치유단계의 손실

<2단계>는 오염의 원인을 파악하고 오염을 치유하는 단계이다. 유형적 손실은 오염의 원인 및 정도, 치유 비용 및 기간에 따라 구체화되고, 무형적 손실은 오염의 치유 가능성에 따라 감소한다.

(3) 토양오염의 치유 이후의 손실

<3단계>는 오염이 치유된 이후의 단계이다. 유형적 손실은 오염의 치유로 인해 사라지나, 무형적 손실은 오염 발생에 대한 부정적 인식에 의해 지속된다. 무형적 손실은 시간의 경과에 의해 점차 감소한다.

Ⅲ. 오염토지의 감정평가 시 유의사항

1. 오염토지의 감정평가방법

「감정평가에 관한 규칙」 제25조는 원가방식에 의한 감정평가를 규정하고 있다. <원가방식>은 오염이 발생하기 전의 토지의 가액에서 원상회복비용과 스티그마 효과를 공제하여 오염토지의 가치를 평가한다. <비교방식>은 대상 토지와 유사한 원인에 의해 가치가 하락된 상태로 거래된 거래사례를 기준으로 비교하여 평가한다. <수익방식>은 오염이 발생한 이후의 순수익을 위험이 반영된 환원율로 환원하여 오염토지의 가치를 평가한다. 그 외에 통계적 기법으로 <특성가격함수모형> 또는 <조건부가치측정법>을 적용할 수 있다.

2. 오염토지의 감정평가 시 유의사항

1) 자료수집 시 유의사항

오염토지에 대한 자료수집 시, 오염의 실태와 원인, 오염 관련 법령, 오염 복구에 소요되는 비용과 책임, 대상 토지에 대한 오염 전후의 시장인식 등을 조사하고, 필요시 관련 전문가 또는 전문기관의 자문이나 용역을 활용해야 한다는 점에 유의해야 한다.

2) 감정평가방법 선정 시 유의사항

감정평가방법 선정 시, 원가법을 기준하되 거래사례비교법과 수익환원법을 통해 합리성을 검토해야 한다. 원가법 적용 시 무형적 가치손실의 측정, 거래사례비교법 적용 시 거래사례 수집에 유의해야 한다.

3) 무형적 손실 측정 시 유의사항

무형적 손실 측정 시, 거래사례비교법과 수익환원법은 시장자료를 우선적으로 조사하되, 오염으로 인해 시장자료의 수집이 어려운 경우 조건부가치측정법 등 이론적 평가방법을 활용하여 객관적 근거를 확보해야 한다는 점에 유의해야 한다.

4) 시간 경과에 따른 가치변동 고려

오염에 따른 무형적 가치손실은 시장참여자의 부정적 인식 등 심리적 측면이 강하므로, 시간 경과에 따라 감소하고 소멸하게 된다. 따라서 시산가액 조정 시 각 방법에 적용한 자료의 시간적 측면에 유의해야 한다.

Ⅳ. 결어

토양오염으로 인한 피해는 직접적, 유형적 피해로부터 간접적, 무형적 피해로 확산되고 있다. 간접적, 무형적 피해에 대한 측정은 피해의 종류와 범위에 대한 구체적인 규정으로부터 시작할 수 있으므로, <u>토양오염의 피해사례에 대한 실증적 연구가 필요하다.</u>

<끝>

＊ 토지특성

02 토양오염이 의심되는 토지에 대한 감정평가안건의 처리방법을 설명하시오. 15점

논점분석

- **논제** : 물건별 평가 ▶ 특수토지 ▶ 토지특성 ▶ 오염토지
- **유형** : 설명형(기본)

오염토지에 대한 기본 설명형 문제입니다. 감정평가방법이 아니라 "감정평가안건의 처리방법"이라고 하였으므로 감정평가의 절차 측면에서 폭넓은 서술이 필요합니다.

출제위원 채점평

오염된 토지에 대한 평가 관련 지문은 전문가의 조언, 감정평가조건의 설정, 그리고 객관적 추정 등을 논리적으로 전개하는 것이 필요한데 다수의 수험생들이 체계를 잡지 못하고 단순히 추정방법만을 기술하는 데 그치고 있었다.

예시목차

Ⅰ. 서설

Ⅱ. 토양오염이 의심되는 토지 (2)
　　1. 오염토지의 정의
　　2. 오염토지의 가치하락분

Ⅲ. 오염토지의 감정평가안건 처리방법 (5)
　　1. 기본적 사항의 확정
　　2. 대상물건 확인 및 자료수집
　　3. 감정평가방법의 적용
　　　　1) 원가법
　　　　2) 거래사례비교법 및 수익환원법
　　　　3) 기타 감정평가방법

Ⅳ. 결어

문2 `15점`

I. 서설

환경권의 신장에 따라 토양오염 관련 분쟁이 증가하고 있으며, 침해받은 권리에 대한 감정평가 수요도 증가하고 있다. 감정평가업계도 「감정평가에 관한 규칙」의 개정을 통해 이에 대응하고 있으나, 토양오염 등 환경오염의 유형적·직접적 가치손실과 더불어 무형적·간접적 가치손실의 측정에 유의해야 한다.

II. 토양오염이 의심되는 토지

1. 오염토지의 정의

<토양오염>이란 쓰레기, 연소재, 오니, 폐유, 폐산, 폐알카리 등의 토양오염원이 대상토지에 매립되거나, 인근 토지에 매립되어 대상 토지로 유입되는 경우에 발생한다. 토양오염의 영향력은 부동산의 고정성과 외부성에 의해 대상 토지 내외부에 미친다.

2. 오염토지의 가치하락분

<오염토지의 가치하락분>이란 오염 등이 발생하기 이전과 이후의 차이로서, 객관적인 가치하락분을 대상으로 한다. 포합요소로서 ① 원상회복비용, ② 무형적 가치감소(스티그마), ③ 가축이나 생명체에 발생한 피해 등이 포함된다. 제외요소로는 일시적·정신적 피해 등 주관적인 가치하락분이 있다.

III. 오염토지의 감정평가안건 처리방법

1. 기본적 사항의 확정

<기본적 사항의 확정>이란 감정평가업무 수임 시 의뢰인고 협의하여 결정해야

하는 사항을 말한다. <u>오염토지는</u> 무형적·간접적 손실을 동반하고 시간에 따라
피해정도가 변화할 수 있으므로, 기준시점과 평가조건을 명확하게 확정하여야
한다.

2. 대상물건 확인 및 자료수집

<u>오염토지</u>에 대한 자료수집 시 오염의 실태와 원인, 오염 관련 법령, 오염 복구에
소요되는 비용과 책임, 대상 토지에 대한 오염 전후의 시장인식 등을 파악하여
야 하며, 필요시 관련 전문가 또는 전문기관의 자문이나 용역을 수행한다.

3. 감정평가방법의 적용

1) 원가법

<원가법>은 비용성의 원리에 기초한 감정평가방법으로서, <u>오염토지는</u> 오염 발
생 전 대상물건의 가액(비준가액 또는 수익가액)에서 원상회복비용, 관리비용
및 원상회복이 불가능한 가치하락분(스티그마 효과)을 공제하여 감정평가할 수
있다.

2) 거래사례비교법 및 수익환원법

<거래사례비교법>과 <수익환원법>은 각각 시장성, 수익성 등 시장자료에 근거한
감정평가방법으로서, <u>오염토지</u>는 ① 동일 또는 유사한 원인에 의해 가치가 하락된
상태로 거래된 사례를 기준으로 비교하거나 ② 오염이 발생한 이후의 순수익을 위
험이 반영된 환원율로 환원하여 감정평가할 수 있다.

3) 기타 감정평가방법

① <특성가격함수모형>이란 가치가 재화의 특성에 의해 결정된다는 가정 하에 특성변수와 종속변수(가격)와의 관계를 분석하는 다중회귀분석모형을 말한다. <u>오염토지</u>는 오염의 실태와 원인 등을 특성변수로 고려할 수 있다. ② <조건부가치측정법>이란 가상의 시장을 설정하고 잠재 소비자들의 지불용의액을 설문하여 비시장재화 등의 경제적 가치를 평가하는 방법을 말한다. <u>오염토지</u>는 오염이 발생한 이후의 지불용의액을 설문하여 적용할 수 있다.

Ⅳ. 결어

토양오염에 따른 무형적 가치손실은 시장참여자의 부정적 인식 등 심리적 측면이 강하므로, 시간 경과에 따라 감소하고 소멸하게 된다. 따라서 <u>감정평가 시 적용한 자료의 시간적 측면에 유의하여 판단한다.</u> <끝>

✱ 토지특성

▶ 기출문제 27회 3번

03 사회가 발전하면서 부동산의 가치가 주위의 여러 요인에 따라 변동하게 되었는 바, 소음, 환경오염 등으로 인한 토지 등의 가치하락분에 대한 감정평가와 관련하여 다음 물음에 답하시오. 20점

    1) 가치하락분 산정의 일반적인 원리와 가치하락분의 제외요인 및 포함요인에 관해 설명하고, 부동산가격제원칙과의 연관성에 관해 논하시오. 15점

    2) 스티그마 효과의 개념 및 특징에 관해 설명하시오. 5점

논점분석

- **논제** : 물건별 평가 ▶ 특수토지 ▶ 토지특성 ▶ 오염토지
- **유형** : ① 설명형(기본)·논술형(기본) ② 설명형(기본)
- **개념어** : 개념, 특징

오염토지의 다양한 세부 논점에 대한 기본 설명형 문제입니다. 문제에서 제시하고 있는 논제를 순서대로 목차화하시되, 원리·연관성·특징 등 개념어에 유의해주세요.

출제위원 채점평

본 문제에서는 소음 등으로 인한 토지 등의 가치하락분과 관련한 내용과 스티그마 효과에 대하여 물었습니다. 최근 많은 이슈가 되고 있는 분야인 만큼 대부분의 수험생들은 그 내용들을 빠짐없이 잘 기술한 편이었습니다. 다만, 본 문제의 내용이 감정평가실무기준 해설서나 수험서적 등에서 다루고 있는 내용이었던 만큼, 대부분의 수험생들은 암기한 내용을 기억해 내어 쓰고자 하는 노력이 강했던 것으로 여겨집니다. 상대적으로 좋은 점수를 얻기 위해서는 논리적이고 차별화된 답안의 구성이 필요할 것으로 보입니다.

예시목차

I. 서설

II. (물음1) 오염토지의 가치하락과 부동산가격제원칙 (7)

  1. 오염토지의 가치하락
    1) 가치하락분의 의의
    2) 가치하락분 산정원리
    3) 가치하락분 제외·포함요인

  2. 부동산가격제원칙의 의의 및 종류

  3. 오염토지 가치하락분 관련 제원칙
    1) 최유효이용의 원칙
    2) 외부성의 원칙
    3) 예측·변동의 원칙

III. (물음2) 스티그마 효과 (3)

  1. 스티그마 효과의 개념
  2. 스티그마 효과의 특징

IV. 결어

문3 20점

Ⅰ. 서설

환경권의 신장에 따라 소음·오염 관련 분쟁이 증가하고 있으며, 침해받은 권리에 대한 감정평가 수요도 증가하고 있다. 감정평가업계도 「감정평가에 관한 규칙」의 개정을 통해 이에 대응하고 있으나, 오염토지 등 환경피해의 유형적·직접적 가치손실과 더불어 무형적·간접적 가치손실의 측정에 유의해야 한다.

Ⅱ. [물음1] 오염토지의 가치하락과 부동산가격제원칙

1. 오염토지의 가치하락

1) 가치하락분의 의의

<오염토지의 가치하락분>이란 오염 등이 발생하기 이전과 이후의 차이를 의미한다. 오염 등이 발생하기 전 대상물건의 가치와 오염 등이 발생한 후 대상물건의 가치의 차이를 의미한다.

2) 가치하락분 산정원리

가치하락분의 산정원리는 ① 원상회복의 관점에서 오염 등을 복구하는 비용과 원상회복이 불가능한 가치하락분을 공제하여 산정할 수도 있고, ② 가치손실의 관점에서 오염 등 발생 전·후 대상물건의 가액을 기준으로 오염 발생 후 가치를 차감하여 산정할 수도 있다.

3) 가치하락분 제외·포함요인

오염토지의 가치하락분은 객관적인 가치하락분을 대상으로 한다. 가치하락분의 제외요인에는 일시적・정신적 피해 등 주관적인 가치하락분이 있으며, 가치하락분의 포함요인에는 ① 관련 법령 등의 허용기준에 따른 원상회복비용, ② 오염토지에 대한 무형적 가치감소분(스티그마), ③ 소음 등으로 인하여 가축이나 생명체에 발생한 피해 등이 있다.

2. 부동산가격제원칙의 의의 및 종류

<부동산가격제원칙>이란 부동산의 가치가 시장에서 어떻게 형성되는가에 대하여 일정한 법칙을 도출한 것을 말한다. 부동산 역시 시장재화로서 일반 경제원칙의 영향을 받아 가격이 형성되므로 일반 경제원칙도 적용되나, 부동산 고유의 원칙으로는 최유효이용의 원칙, 적합의 원칙, 외부성의 원칙이 있다.

3. 오염토지 가치하락분 관련 제원칙

1) 최유효이용의 원칙

<최유효이용의 원칙>이란 부동산 가격은 최유효이용을 전제로 형성된다는 원칙을 말한다. 오염토지는 오염의 발생으로 인해 최유효이용을 유지 또는 달성하기 어려울 것으로 예상되므로 가치가 하락한다.

2) 외부성의 원칙

<외부성의 원칙>이란 부동산 가격은 외부 요인에 의한 영향을 받아 형성된다는 원칙을 말한다. 오염토지는 대상 토지 외부 환경의 부정적 변화(외부불경제)에 의해 가치가 하락한다.

3) 예측·변동의 원칙

<예측·변동의 원칙>이란 재화의 가격은 변화에 대한 예측을 반영하여 결정된다는 원칙을 말한다. <u>오염토지</u>는 오염의 정화가 이루어진 이후에도 상당기간 시장참여자의 부정적 인식에 의해 가치가 하락한다.

III. [물음2] 스티그마 효과

1. 스티그마 효과의 개념

<스티그마 효과>란 오염이 발생한 부동산에 대한 무형의 불리한 인식을 말한다. 스티그마는 무형적이고 심리적 측면이 강하며, 오염정화 이후에도 감가요인으로 작용한다.

2. 스티그마 효과의 특징

① 스티그마는 알려지지 않은 오염피해, 건강상의 피해 등에 대한 대중의 염려·공포에 기반하여 무형성과 심리성이 강하다. ② 스티그마는 대상 토지의 용도(주거·상업·공업 등)에 따라 상이하며 ③ 오염원으로부터 거리에 따라 감소하는 경향을 보인다. ④ 스티그마는 오염정화가 완료된 이후에도 존재하나, 시간의 경과에 따라 지속적으로 감소하고 소멸하게 된다.

IV. 결어

오염 등에 따른 무형적 가치손실은 시장참여자의 부정적 인식 등 심리적 측면이 강하므로, 시간 경과에 따라 감소하고 소멸하게 된다. 따라서 <u>감정평가 시 적용한 자료의 시간적 측면에 유의하여 판단해야 한다</u>. <끝>

✻ 토지특성

04 초과토지와 잉여토지의 개념을 쓰고, 판정 시 유의사항에 대하여 설명하시오.
10점

논점분석

- **논제** : 물건별 평가 ▶ 특수토지 ▶ 토지특성 ▶ 과대·과소토지
- **유형** : 설명형(기본)
- **개념어** : 개념, 유의사항

초과토지, 잉여토지에 대한 기본 설명형 문제입니다. 판정 시 유의사항은 판정방법을 우선 서술하신 후 유의사항을 부기하는 방식으로 서술해주세요.

예시목차

Ⅰ. 서설

Ⅱ. 초과토지와 잉여토지의 판정 (5)

1. 초과토지와 잉여토지의 개념
2. 초과토지와 잉여토지의 판정방법
   1) 최유효이용 규모의 판단
   2) 초과 면적의 독립적 이용 가능성 판단
3. 초과토지와 잉여토지의 판정 시 유의사항
   1) 부대시설 여부에 유의
   2) 건폐율 및 도로 진입 가능성에 유의

문4 10점

Ⅰ. 서설

부동산의 가치는 다양한 가격형성요인의 복합적인 상호 작용에 의해 결정된다. 면적은 토지의 자연적·개별적 가격형성요인으로서, 개량물의 규모와 토지의 효용에 직접적인 영향을 미친다. 따라서 면적이 과대한 토지는 최유효이용 규모를 기준으로 감정평가하여야 한다.

Ⅱ. 초과토지와 잉여토지의 판정

1. 초과토지와 잉여토지의 개념

<초과토지>란 지상 개량물에 필요한 적정면적 이상의 토지로, 건부지와 분리되어 독립적으로 이용될 수 있는 것을 말한다. 반면, <잉여토지>는 기본 부지와 독립적으로 분리되어 이용될 수 없는 토지를 말한다.

2. 초과토지와 잉여토지의 판정방법

1) 최유효이용 규모의 판단

<최유효이용>이란 객관적으로 보아 양식과 통상의 이용능력을 가진 사람이 부동산을 합법적이고 합리적이며 최고·최선의 방법으로 이용하는 것을 말한다. 초과·잉여토지를 판정하기 위해서는 지역·개별분석을 통한 최유효이용 규모가 전제되어야 한다.

2) 초과 면적의 독립적 이용 가능성 판단

대상 토지가 최유효이용 규모 대비 과대하다면, 초과 면적에 대한 독립적 이용 가능성을 판단하여야 한다. 초과 면적의 독립적 이용가능성이 있는 경우에는 초과토지, 독립적 이용가능성이 없는 경우에는 잉여토지에 해당된다.

3. 초과토지와 잉여토지의 판정 시 유의사항

1) 부대시설 여부에 유의

최유효이용 규모 대비 초과 면적을 독립적으로 이용할 수 있는 가능성이 있다 하더라도, 대형할인점의 주차장, 교육시설의 운동장과 같이 해당 부분이 기존 부지의 이용목적에 부속된 경우라면 초과토지에 해당되지 않음에 <u>유의해야 한다</u>.

2) 건폐율 및 도로 진입 가능성에 유의

과대 토지의 독립적 이용가능성을 판단하기 위해서는 건폐율 및 도로 진입 가능성을 파악하여야 한다. 이미 법정 건폐율을 충족하고 있거나 건물의 위치 및 형태 등에 따라 도로 개설 가능성이 없는 경우, 잉여토지에 해당할 수 있음에 <u>유의해야 한다</u>. <끝>

✱ 토지유형

▶ 기출문제 20회 1번

05 지상권이 설정된 토지가 시장에서 거래되고 있다. 이와 관련된 다음 물음에 답하시오.
`25점`

> 1) 위 토지의 담보평가 시 유의할 점과 감가 또는 증가요인을 설명하시오. `15점`
>
> 2) 위 토지의 보상평가 시 검토되어야 할 주요사항을 설명하시오. `10점`

논점분석

- **논제** : 물건별 평가 ▶ 특수토지 ▶ 토지유형 ▶ 지상권설정토지
- **유형** : 설명형(기본)
- **개념어** : 유의사항, 검토사항

지상권 설정 토지에 대한 기본 설명형 문제입니다. 소문항으로 각각 담보평가와 보상평가가 주어졌으므로, 목적별 평가의 일반적 원칙을 기준으로 설명해주세요.

예시목차

Ⅰ. 서설

Ⅱ. (물음1) 지상권 설정 토지의 담보평가 (7)

　1. 담보평가의 의의

　2. 지상권 설정 토지의 담보평가방법

　　1) 지상권에 따른 제한을 감하는 방법

　　2) 지상권 설정 토지를 기준하는 방법

　3. 지상권 설정 토지의 담보평가 시 유의할 점

　　1) 환가성에 유의

　　2) 지상권 설정 목적에 유의

　4. 지상권 설정 토지의 증·감가요인

　　1) 증가요인

　　2) 감가요인

Ⅲ. (물음2) 지상권 설정 토지의 보상평가 (6)

　1. 보상평가의 의의

　2. 지상권 설정 토지의 보상평가방법

　　1) 나지상정평가

　　2) 지상권 가치의 차감

　3. 지상권 설정 토지의 보상평가 시 주요 검토사항

　　1) 보상평가의 일반적 검토사항

　　2) 개별평가 여부의 검토

Ⅳ. 결어

문5 25점

I. 서설

<지상권>이란 타인의 토지에 건물, 기타 공작물이나 수목을 소유하기 위하여 그 토지를 사용할 수 있는 물권을 말한다. 통상적으로 지상권이 설정되면 토지의 사용 및 수익이 제한되므로 감정평가 시 이를 반영하여야 하나, 담보평가·보상평가 등 평가목적에 따라 반영방법에 차이가 있다.

II. [물음1] 지상권 설정 토지의 담보평가

1. 담보평가의 의의

<담보평가>란 담보를 제공받고 대출 등을 하는 금융기관 등이 대출을 하거나 채무자가 대출을 받기 위하여 의뢰하는 담보물건에 대한 감정평가를 말한다. 담보평가는 담보물건의 가치를 파악해 금융기관 등이 회수 가능한 적정 대출금을 결정할 수 있는 정보를 제공한다.

2. 지상권 설정 토지의 담보평가방법

1) 지상권에 따른 제한을 감하는 방법

지상권이 설정된 토지는 지상권이 설정되지 않은 상태의 토지가액에서 해당 지상권에 따른 제한을 고려하여 감정평가한다. ① 지상권 가치를 직접 구하여 차감하는 방법(공제법), ② 제한에 따른 적정 비율을 결정하여 곱하는 방법(비율법)이 있다.

2) 지상권 설정 토지를 기준하는 방법

지상권이 설정되어 있는 상태대로 거래되는 토지가격을 알 수 있는 경우에는, 거래사례를 기준하여 사정보정, 시점수정, 지역요인, 개별요인 등 가치형성요인을 비교하여 평가할 수 있다.

3. 지상권 설정 토지의 담보평가 시 유의할 점

1) 환가성에 유의

담보평가는 채권 회수를 감안하여 처분주의, 보수주의에 입각하여 평가한다. 처분주의에 따라 지상권 설정에 따른 환가성 제약을 고려하고, 보수주의에 따라 공제법·비율법·거래사례비교법에 따른 시산가액 중 낮은 금액을 채택해야 하는 점에 <u>유의해야 한다</u>.

2) 지상권 설정 목적에 유의

기존 저당권자가 채권의 확보를 위하여 지상권을 설정한 경우, 저당권자가 해당 토지의 사용·수익을 목적으로 지상권을 설정한 것이 아니므로 이에 구애되지 않고 정상적으로 평가해야 한다는 점에 <u>유의해야 한다</u>.

4. 지상권 설정 토지의 증·감가요인

1) 증가요인

지상권 설정자(토지소유자)와 지상권자가 사이의 계약임료가 통상적인 시장임료를 상회하는 경우, 지상권 계약에 따른 초과수익은 해당 토지에 대한 증가요인이 된다.

2) 감가요인

지상권자는 지상권의 행사를 위하여 지상권 설정자(토지소유자)로 하여금 토지의 사용을 제한할 수 있다. 사용상의 제한은 해당 토지에 대한 감가요인이 된다.

Ⅲ. (물음2) 지상권 설정 토지의 보상평가

1. 보상평가의 의의

<보상평가>란 「공익사업을 위한 토지 등의 취득 및 보상에 관한 법률」 등에 따라 공익사업을 목적으로 취득하는 토지에 대한 손실보상을 위한 감정평가를 말한다. 보상평가는 공익사업의 시행으로 인한 토지 등 소유자의 손실보상액을 결정하여, 국민의 재산권을 보호하고 공익사업의 시행을 지원하는 기능을 수행한다.

2. 지상권 설정 토지의 보상평가방법

1) 나지상정평가

지상권 설정 토지는 지상권이 설정되지 않은 것으로 하여 평가한 금액(나지상정평가)에서 지상권의 가치를 차감하여 감정평가한다(「공익사업을 위한 토지 등의 취득 및 보상에 관한 법률 시행규칙」 제29조).

2) 지상권 가치의 차감

지상권의 평가는 지상권의 존속기간, 기대이익 등을 종합적으로 고려하여 평가한다. 거래사례비교법을 적용하여 평가함을 원칙으로 하되, 양도성이 없다

고 판단될 경우에는 지상권 유무에 따른 토지의 가격차액 또는 권리설정계약

을 기준으로 평가한다(동법 시행규칙 제28조).

3. 지상권 설정 토지의 보상평가 시 주요 검토사항

1) 보상평가의 일반적 검토사항

보상평가는 ① 기준시점에서의 일반적 이용방법에 따른 객관적 상황과 ② 현실

적인 이용상황을 기준하며 ③ 대상 토지 및 소유권 외의 권리마다 개별로 감정

평가한다. 또한 ④ 건축물 등이 없는 상태를 상정하여 평가하며 ⑤ 해당 공익사

업으로 인한 가격의 변동은 배제하여 평가함을 원칙으로 한다.

2) 개별평가 여부의 검토

보상평가는 토지 및 권리를 개별로 평가하는 것이 원칙이므로, 사업시행자

등의 요청에 따라 개별로 평가하는 경우에는 지상권 설정토지를 사법상 권리

가 설정되지 않은 나지 상태로 평가한 가격에서 지상권의 가치를 직접 차감

하여 평가한다. 다만, 사업시행자가 개별로 평가 의뢰하지 않은 경우에는 일

반적인 평가기준에 따라 토지의 사용·수익에 따른 제한 정도를 감안하여 평

가한다.

IV. 결어

감정평가 시 대상물건의 특성, 평가목적에 따라 기준가치와 평가방법이 상이할 수

있다. 지상권 설정 토지는 ① 담보평가 시 공제법, 비율법, 거래사례비교법 등을 활

용하고 처분주의 및 보수주의에 입각하여 감정평가액을 결정하나 ② 보상평가 시

에는 개별평가원칙에 따라 지상권의 가치를 별도로 평가하는 공제법을 적용하므로, 평가목적에 유의하여야 한다. <끝>

✳ 토지유형

▶ 기출문제 20회 3번

06 일단지 평가에 관한 다음 물음에 답하시오. `20점`

1) 일단지의 개념과 판단 시 고려할 사항에 대하여 설명하시오. `10점`

2) 일단지 평가가 당해 토지가격에 미치는 영향을 설명하고, 일단지 평가의 사례 3가지를 서술하시오. `10점`

논점분석

- **논제** : 물건별 평가 ▶ 특수토지 ▶ 토지유형 ▶ 일단지
- **유형** : ① 설명형(기본) ② 설명형(영향/기본)
- **개념어** : 개념, 고려사항

일단지 평가에 대한 복합 설명형 문제입니다. 물음2 영향 설명형 문제는 일단지의 확정이 감정평가액에 미치는 중간 과정을 빠짐없이 서술해주세요.

예시목차

I. 서설

II. (물음1) 일단지의 개념 및 판단 시 고려사항 (5)

1. 일단지의 개념
2. 일단지의 판단 시 고려사항
   1) 용도상 불가분성
   2) 토지소유자의 동일성
   3) 지목의 동일성
   4) 일시적인 이용상황
   5) 건축물의 존재 여부

III. (물음2) 일단지 평가의 영향 및 사례 (5)

1. 일단지 평가가 토지가격에 미치는 영향
   1) 평가방법의 적용
   2) 가치형성요인 비교
2. 일단지 평가의 사례
   1) 주거용지 사례
   2) 상업용지 사례
   3) 구분소유건물 사례

IV. 결어

문 6 **20점**

I. 서설

「감정평가에 관한 규칙」 제7조는 감정평가 시 대상물건마다 개별로 하여야 한다고 규정하고 있다. 그러나 두 필지 이상의 토지가 용도상 불가분의 관계가 있는 경우, 일단지로서 둘 이상의 대상물건을 일괄하여 감정평가하며 일단지 여부에 따라 토지가격이 달라질 수 있다.

II. [물음1] 일단지의 개념 및 판단 시 고려사항

1. 일단지의 개념

<일단지>란 지적공부상 2필지 이상의 토지가 일단을 이루어 같은 용도로 이용되는 것이 사회적·경제적·행정적 측면에서 합리적이고 대상 토지의 가치형성 측면에서 타당하다고 인정되는 등 용도상 불가분의 관계에 있는 토지를 말한다.

2. 일단지의 판단 시 고려사항

1) 용도상 불가분성

일단지가 되기 위해서는 2필지 이상의 토지에 대하여 용도상 불가분의 관계가 인정되어야 한다. 용도상 불가분성이란 사회적·경제적·행정적 측면에서 합리적이고 대상 토지의 가치형성 측면에서 타당하다고 인정되는 관계를 말한다.

2) 토지소유자의 동일성

토지소유자의 동일성은 일단지의 판단과 직접적인 관련이 없으므로, 2필지 이상의 토지가 용도상 불가분의 관계에 있다고 인정되는 경우에는 토지소유자가 상이한 경우에도 일단지에 해당된다.

3) 지목의 동일성

지목의 동일성은 일단지의 판단과 직접적인 관련이 없으므로, 2필지 이상의 토지가 용도상 불가분의 관계에 있다고 인정되는 경우에는 지목이 상이한 경우에도 일단지에 해당된다.

4) 일시적인 이용상황

2필지 이상의 토지가 일단을 이루어 이용되고 있어도, 주위환경에 비추어 볼 때 일시적인 이용상황(가설건축물 부지, 조경수목재배지, 야적장, 간이창고 등)인 경우에는 이를 일단지로 보지 않는다.

5) 건축물의 존재 여부

2필지 이상의 토지상에 하나의 건축물 등이 있는 경우에는 용도상 불가분의 관계가 성립되어 일단지로 인정할 수 있다. 그러나 착공 이전인 경우와 건축물을 건축 중인 경우에는, 건축허가 등을 받고 공사를 착수하는 등 주위환경이나 토지상황에 따라 장래에 일단으로 이용되는 것이 확실시 될 때 일단지로 인정한다.

III. [물음2] 일단지 평가의 영향 및 사례

1. 일단지 평가가 토지가격에 미치는 영향

1) 평가방법의 적용

「감정평가에 관한 규칙」 제7조는 감정평가 시 대상물건마다 개별로 하여야 한다고 규정하고 있으나, 일단지의 경우 둘 이상의 대상물건 상호 간에 용도상 불가분의 관계가 있는 경우로서 일괄하여 감정평가하므로, 토지가격에 영향을 미친다.

2) 가치형성요인 비교

일단지는 개별요인 등 가치형성요인 비교 시 일단의 형상, 지세, 도로접면 등을 기준하므로 토지가격에 영향을 미친다.

2. 일단지 평가의 사례

1) 주거용지 사례

대단지 아파트의 시행주체가 다수의 토지를 매입한 후 합필 등의 과정을 거치지 않고 아파트를 건축하는 경우, 해당 토지는 건축물(아파트)의 존재에 의해 일단지에 속한다. 따라서 해당 토지를 일괄감정평가하며, 개별요인은 전체를 기준한다.

2) 상업용지 사례

골프장용지, 유원지와 같은 상업용지는 이용상황의 특성상 광대 면적이 필요하여 다수의 토지로 구성된다. 따라서 소유자의 동일여부, 지목의 일치여부와 무관하게 관련 법령상의 시설부지면적 전체를 일단지로 판단한다.

3) 구분소유건물 사례

구분소유 건물에 있어 소유자가 다른 둘 이상의 토지 위에 하나의 건축물을 건축하여 건물을 수평적으로 구분하여 소유·이용하고 있는 경우, 소유자의 동일 여부와 무관하게 일단지로 판단한다. 다만, 지상건물이 수직적으로 구분되어 있는 경우에는 건물의 위치, 외관상 구분식별 여부에 따라 신중하게 판단하여야 한다.

Ⅳ. 결어

「감정평가 실무기준」 및 「표준지 조사·평가 기준」은 일단지 판단의 원칙을 제시하고 있으나, 구체적인 판단기준은 규정하고 있지 않아 실무적으로 혼란이 있다. 특히, 개발단계에 있는 토지의 경우 어떤 시점을 기준으로 일단지를 인정해야 하는지가 문제된다. 일단지 인정여부에 따라 토지가격에 변동이 발생할 수 있으므로, 구체적인 판단기준을 규정하여 감정평가의 일관성을 확보해야 할 것이다. <끝>

▶ 기출문제 22회 1번

★ 토지유형

07 최근 전력난을 완화하기 위한 초고압 송전선로 설치가 빈번하게 발생하고 있으며 이를 둘러싼 이해관계자들의 갈등도 증폭되고 있는데, 이와 관련된 선하지 보상평가방법과 송전선로 설치에 따른 보상되지 않는 손실에 대해 설명하시오. **15점**

논점분석

- **논제** : 물건별 평가 ▶ 특수토지 ▶ 토지유형 ▶ 선하지
- **유형** : 설명형(기본)

선하지에 대한 기본 설명형 문제입니다. 문제에서 제시하고 있는 순서대로 서술해주세요.

예시목차

Ⅰ. 서설

Ⅱ. 선하지 보상평가방법 (2)
   1. 선하지 보상평가의 의의
   2. 선하지 보상평가방법

Ⅲ. 송전선로 설치에 따른 보상되지 않는 손실 (5)
   1. 송전선로 설치에 따른 피해
     1) 재산적 피해
     2) 신체적 피해
     3) 정신적 피해
   2. 송전선로 설치에 따른 보상되지 않는 손실
     1) 배전선로의 손실
     2) 신체적, 정신적 피해

Ⅳ. 결어

문7 15점

Ⅰ. 서설

<u>최근 송전선로 설치에 따른 사회적 갈등이 빈번하게 발생하여, 선하지에 대한 보상평가의 중요성이 커지고 있다.</u> 선하지에 대한 보상평가는「공익사업을 위한 토지 등의 취득 및 보상에 관한 법률」등 관계 법령과 실무지침에 근거하여 이루어지므로, 관련 규정의 내용을 인지하고 <u>제도의 한계점</u>을 인식할 필요가 있다.

Ⅱ. 선하지 보상평가방법

1. 선하지 보상평가의 의의

<선하지>란 토지의 지상 공간에 고압선이 통과하고 있는 토지를 말한다. <보상평가>란「공익사업을 위한 토지 등의 취득 및 보상에 관한 법률」에 따라 공익사업을 목적으로 취득하는 토지 등에 대한 손실보상을 위한 감정평가를 말한다.

2. 선하지 보상평가방법

① 고압선 설치에 따른 구분지상권이 설정되지 않은 경우에는, 고압선에 의한 제한이 없는 상태를 기준하여 평가하며 ② 구분지상권이 설정된 선하지는 나지 상태의 평가 가격에서 구분지상권에 대한 평가가격을 차감하여 결정한다. 구분지상권의 가치는 나지 상태의 가액에 기본율(입체이용저해율)과 추가보정률을 곱하여 평가한다.

Ⅲ. 송전선로 설치에 따른 보상되지 않는 손실

1. 송전선로 설치에 따른 피해

1) 재산적 피해

송전선로 설치에 따른 재산적 피해로서 ① 송전선으로부터의 건축물 이격, ② 건축의 금지 또는 제한, ③ 지표상의 높이 제한에 따른 입체이용제한, ④ 지상권 설정에 따른 행위 제한, ⑤ 금융기관의 담보 취득 기피, ⑥ 장래 기대이익의 상실 등이 발생할 수 있다.

2) 신체적 피해

송전선로 설치에 따른 신체적 피해로서 ① 송·배전 소음으로 인한 불쾌감, ② 전선의 단락이나 과전류로 인한 감전사고의 위험 등이 발생할 수 있다.

3) 정신적 피해

송전선로 설치에 따른 정신적 피해로서 ① 송전선에 의한 조망 및 경관미의 저해, ② 위험시설의 존재로 인한 심리적·정신적 고통 등이 발생할 수 있다.

2. 송전선로 설치에 따른 보상되지 않는 손실

1) 배전선로의 손실

2014년 「송변전 설비 주변지역의 보상 및 지원에 관한 법률」의 제정으로 선하지 직하 면적 외 잔여 토지와 및 주변 토지에 대한 보상 청구도 가능해졌으나, 배전선로에서 발생하는 피해에 대해서는 보상이 이루어지고 있지 않다.

2) 신체적, 정신적 피해

기존 지침은 추가보정률 중 쾌적성 저해요인을 통해 송전선로가 심리적·신체적으로 미치는 영향, 조망·경관의 저해 등을 반영하도록 하고 있으나, 산정 기준 및 보정률의 적정성에 대한 검토가 필요하다.

IV. 결어

선하지의 손실보상과 관련하여 「공익사업을 위한 토지 등의 취득 및 보상에 관한 법률」에는 구체적이고 실무적인 내용이 없으며, 한국감정평가사협회의 실무지침인 「송전선로 부지 등 보상평가지침」에 근거하여 감정평가가 이루어지고 있다. 그러나 ① 송전선로 외 배전선로의 피해, ② 신체적, 정신적 피해 등에 대한 평가지침이 미비하여 사회적 갈등을 초래할 수 있으므로 이에 대한 보완조치가 필요할 것으로 판단된다. <끝>

08 지식정보사회로의 이행 등에 따라 기업가치 중 무형자산의 비중이 상대적으로 증가하고 있다. 감정평가 실무기준에 규정하고 있는 계속기업가치의 감정평가와 관련하여 다음 물음에 답하시오. 40점

1) 기업가치의 구성요소를 설명하고, 기업가치의 감정평가 시 유의사항을 설명하시오. 10점

2) 기업가치 감정평가에 관한 이론적 배경과 감정평가방법을 설명하고, 각 평가방법의 유의사항 및 장단점을 설명하시오. 20점

3) 기업가치의 감정평가에 있어서 시산가액 조정에 대하여 설명하고, 조정된 기업가치에 대한 구성요소별 배분방법에 관해 설명하시오. 10점

논점분석

- **논제** : 물건별 평가 ▶ 부동산 외 ▶ 기업가치
- **유형** : 설명형(기본)
- **개념어** : 유의사항

기업가치 평가에 대한 기본 설명형 문제입니다. 주어진 논제를 순서대로 서술하시되, 물음3은 물음1에서 설명한 기업가치 구성요소를 기준하여 서술해주세요.

출제위원 채점평

본 문제는 지식정보사회로의 이행에 따라 기업가치 중 무형자산가치의 비중이 커지고 있어서 이에 대한 개념과 이론적 배경, 실무상 적용근거 등에 대하여 묻고 있습니다.

기업가치는 B/S상 자산과 이에 대응하는 자본 및 부채로 구성되어 있고, 자산은 유형 및 무형자산으로 나누어 볼 수 있습니다. 이러한 기본적인 기업가치의 구성요소의 이해정도와 기업가치의 평가 시 유의사항에 대한 질문이 있었는데 구체적이고 명확히 논지를 이해한 답안은 많지 않았습니다.

또한 기업가치의 감정평가에 관한 이론적 배경과 감정평가방법을 설명하고, 각 감정평가방법 적용 시 유의사항 및 장단점을 설명하라는 문제와 관련하여서는, 기업가치도 가치의 3면성에 입각하고 있음과 기업가치를 평가하는 각 방법을 유의사항과 함께 설명해야 하는데 부동산 감정평가 3방법을 그대로 기술하는 등 문제를 잘 이해하지 못한 답안도 상당수 있었습니다.

아울러 기업가치의 감정평가에 있어서 시산가액 조정 및 배분방법에 대한 질문에 대해서는 대체로 답안 구성이 심도 있는 논점보다는 일반적인 기술이 많아 아쉬웠습니다.

예시목차

Ⅰ. 서설

Ⅱ. (물음1) 기업가치 구성요소 및 감정평가 유의사항 (5)

  1. 기업가치의 의의

  2. 기업가치의 구성요소

    1) 조달자본 측면의 구성요소

    2) 보유자산 측면의 구성요소

  3. 감정평가 시 유의사항

    1) 가치전제 결정 시 유의사항

    2) 감정평가방법 결정 시 유의사항

Ⅲ. (물음2) 기업가치 감정평가방법 (10)

  1. 기업가치 감정평가의 이론적 배경

  2. 기업가치의 감정평가방법 및 장·단점

    1) 개요

    2) 수익환원법

      (1) 개요

      (2) 유의사항 및 장·단점

    3) 거래사례비교법

      (1) 개요

      (2) 유의사항 및 장·단점

    4) 원가법

      (1) 개요

      (2) 유의사항 및 장·단점

    5) 그 외 평가방법

Ⅳ. (물음3) 시산가액 조정과 구성요소별 배분 방법 (5)

  1. 기업가치 시산가액 조정

    1) 시산가액 조정의 의의

    2) 시산가액 조정기준 및 방법

  2. 조정된 시산가액의 구성요소별 배분

    1) 조달자본 측면의 배분

    2) 보유자산 측면의 배분

Ⅴ. 결어

문8 `40점`

Ⅰ. 서설

기업이란 영리를 위해 재화나 용역을 생산하고 판매하는 조직을 말한다. 국가 경제가 고도화 되면서 기업의 상장, 인수·합병 등 기업가치에 대한 감정평가 수요도 증가하고 있다. 기업은 유·무형자산의 결합체로서 업종·규모·자산에 따라 개별성이 높으므로 전문적이고 객관적인 감정평가를 통해 경제적 가치를 판단하여야 한다.

Ⅱ. [물음1] 기업가치 구성요소 및 감정평가 유의사항

1. 기업가치의 의의

<기업가치>란 기업체가 보유하고 있는 유·무형 자산의 가치를 말한다. 기업가치는 개별자산의 합계가 아닌 개별자산의 일괄가치로서, 개별자산의 가치뿐만 아니라 기업의 수익성, 시장성에 대한 종합적인 판단 속에서 결정된다.

2. 기업가치의 구성요소

1) 조달자본 측면의 구성요소

기업가치는 기업 활동에 필요한 자금의 조달원천에 따라 타인자본(이자부부채)과 자기자본(주식)으로 나눌 수 있다. 기업가치는 채권자인 타인자본에 우선적으로 할당되며, 차액은 자기자본가치(주식가치)에 할당된다.

2) 보유자산 측면의 구성요소

기업가치는 기업이 보유한 자산의 특성에 따라 유동자산, 투자자산, 유형자산, 무형자산으로 나눌 수 있다. 기업자산은 영업활동과의 관련성에 따라 영업용 자산과 비영업용 자산으로 분류할 수도 있다.

3. 감정평가 시 유의사항

1) 가치전제 결정 시 유의사항

<가치전제>란 불확실한 상황에 대한 일련의 가정을 말하며, 기업가치 감정평가 시 계속기업 또는 청산기업을 전제한다. 감정평가 목적 및 대상 기업의 특성에 상이한 가치전제를 적용할 수 있으며, 그에 따라 감정평가액에도 차이가 발생하므로 유의해야 한다.

2) 감정평가방법 결정 시 유의사항

기업가치를 적정하게 평가하기 위해서는 가치의 3가지 측면이 모두 고려되어야 한다. 계속기업을 전제한 경우 수익환원법을 주된 감정평가방법으로 적용하고 부 방법에 의해 합리성을 검토해야 하며, 청산기업 또는 비영업기업의 경우에는 예외적으로 원가법을 주된 감정평가방법으로 적용할 수 있다는 점에 유의해야 한다.

III. [물음2] 기업가치 감정평가방법

1. 기업가치 감정평가의 이론적 배경

기업가치 역시 가치의 3면성에 근거하여 평가할 수 있다. <원가방식>은 기업 자산 및 조달자본에 근거하며, <비교방식>은 기업 시장에서의 주식 거래가격에 근거한다. <수익방식>은 기업이 창출하는 영업이익에 기초하여 기업가치를 평가한다.

2. 기업가치의 감정평가방법 및 장·단점

1) 개요

기업가치는 「감정평가에 관한 규칙」 제24조에 근거하여 수익환원법을 주된 감정평가방법으로 적용하며, 부 방법으로 거래사례비교법과 원가법을 병용할 수 있다.

2) 수익환원법

(1) 개요

<할인현금흐름분석법>이란 기업의 미래 현금흐름을 기준으로 예측기간의 영업가치와 예측기간 이후의 영구영업가치를 합산하여 평가하는 방법이다. <직접환원법>이란 단일 연도의 예상이익 추정액을 환원율로 환원하여 평가하는 방법이다. <옵션평가모형>이란 기업환경 변화, 경영자의 의사결정 등을 고려하여 현금흐름을 산정하여 평가하는 방법이다.

(2) 유의사항 및 장·단점

<직접환원법>은 간편하게 기업가치를 산정할 수 있지만 단일 연도의 예상이익을 추정하기 어렵다는 단점이 있다. <옵션평가모형>은 기업 의사결정의 유연성을 반영할 수 있지만 경영주체의 의사결정에 따라 기업가치가 변동할 수 있다는 단점이 있다.

3) 거래사례비교법

(1) 개요

<유사기업이용법>은 대상 기업과 비슷한 상장기업들의 주가를 기초로 산정된 시장배수를 이용하여 대상 기업의 주식가치를 산정한 후 부채가치를 가산하여 기업가치를 평가하는 방법이다. <유사거래이용법>은 유사 기업의 주식거래가격에 기초하며, <과거거래이용법>은 대상 기업 주식의 과거 거래가격에 기초한다.

(2) 유의사항 및 장·단점

거래사례비교법은 시장증거에 근거하므로 구체적·실증적인 평가방법이지만 ① 비교대상 기업의 선정이 어렵고 ② 거래구조와 배경, 거래조건에 대한 조정 ③ 비영업용 자산에 대한 별도의 조정이 필요하다는 <u>단점이 있다</u>.

4) 원가법

(1) 개요

<원가법>이란 ① 기준시점에서 대상 기업의 유·무형 개별자산의 공정가치를 재평가하고, ② 재무상태표에 누락되어 있는 부외자산 및 부외부채의 공정가치를 산정하여 수정재무상태표를 작성한 후, ③ 개별 자산 가치의 합산으로 기업가치를 평가하는 방법이다.

(2) 유의사항 및 장·단점

원가법은 기업이 보유한 개별 자산의 가치에 근거한 평가방법으로 적용이 용이하고 실증적인 평가방법이다. 그러나 계속적 영업활동에 의한 수익성을 반영

하고 있지 못하고, 개별 자산 간 결합을 통한 무형적 가치를 배제한다는 <u>단
점이 있다.</u>

5) 그 외 평가방법

<배당금평가법>은 배당금 현금흐름과 주식 처분가격을 투자자의 요구수익률로 현
재가치화하여 기업가치를 평가하는 방법이다. <순이익평가법>은 주당순이익을 투
자자의 요구수익률로 현재가치화하며, <경제적부가가치법>은 세후영업이익에서 투
하자본비용을 차감한 경제적 부가가치를 자본비용으로 현재가치화하여 기업
가치를 평가하는 방법이다.

IV. [물음3] 시산가액 조정과 구성요소별 배분방법

1. 기업가치 시산가액 조정

1) 시산가액 조정의 의의

<시산가액>이란 감정평가 3방식에 의하여 산정된 가액을 의미한다. 기업가치를 적
정하게 평가하기 위해서는 가치의 3가지 측면, 각 평가방법의 장·단점, 대상 기업
의 성격, 가치전제 등을 종합적으로 판단하여 이를 조정하여야 한다.

2) 시산가액 조정기준 및 방법

시산가액을 조정하기 위해서는 각 시산가액을 ① 적절성, ② 정확성, ③ 증거의 양,
④ 시장상황, ⑤ 평가목적(가치전제)에 따라 검토하여야 하며, 주된 평가방
법(수익환원법)에 의한 시산가액의 합리성 여부 및 조정 여부를 판단하여야
한다. 시산가액 조정방법으로는 ① 가중평균에 의한 방법, ② 주된 평가방법

에 의한 방법, ③ 종합적인 판단에 의한 방법, ④ 통계적 분석기법 등이 있다.

2. 조정된 시산가액의 구성요소별 배분

1) 조달자본 측면의 배분

<타인자본>의 가치는 채권자에게 귀속되는 현금흐름을 적정한 할인율(시장이자율)로 할인하여 산정하며, <자기자본> 가치는 기업가치에서 타인자본가치를 차감하여 산정한다. 자기자본가치에서 순자산을 공제하여 <영업권>에 배분한다.

2) 보유자산 측면의 배분

<유동자산>은 자산의 특성별로 원가법(재생산원가법), 거래사례비교법(시장가치법) 또는 순실현가치법으로 평가한다. <유형고정자산>의 경우 「감정평가에 관한 규칙」 등 물건별 평가규정에 근거하여 평가한다. 지식재산권과 같이 권리를 특정할 수 있는 <무형자산>은 수익환원법 및 거래사례비교법, 원가법을 병용하여 평가하고, 기업가치에서 개별 유·무형자산의 가치를 공제하여 <영업권> 가치를 산정한다.

V. 결어

기업의 인수·합병 거래 시, 총 거래금액은 회계·세무처리 목적에 따라 구성요소별로 배분되어야 한다. 자기자본가치에서 주식가치를 공제한 전체 무형자산의 가치는 산업 재산권과 같이 식별 가능한 무형자산에 우선적으로 배분한 후 잔여가치를 영업권에 할당해야 하므로, 시산가액의 배분에 유의하여야 한다. <끝>

✳ 부동산外

09 비상장주식의 평가에 대해 설명하시오. `5점`

논점분석

- **논제** : 물건별 평가 ▶ 부동산 외 ▶ 주식
- **유형** : 설명형(기본)

비상장주식에 대한 기본 설명형 문제입니다.

예시목차

Ⅰ. 비상장주식의 의의

Ⅱ. 비상장주식의 감정평가방법
   1. 순자산가치법
   2. 거래사례비교법

문9 5점

Ⅰ. 비상장주식의 의의

<비상장주식>이란 증권시장에 상장되지 않은 비상장법인의 주권을 말한다. 비상장주식은 상장주식과 달리 거래소를 통한 거래가격이 존재하지 않으므로, 주식가치에 대한 객관적인 감정평가가 요청된다.

Ⅱ. 비상장주식의 감정평가방법

1. 순자산가치법

<순자산가치법>이란 해당 기업의 자산, 부채 및 자본 항목을 기준시점 현재의 가액으로 평가하여 수정 재무상태표를 작성한 후, 자산총계에서 부채총계를 공제한 순자산가치를 발행주식수로 나누어 비상장주식을 평가하는 방법으로, 「감정평가에 관한 규칙」 제24조에 근거한다. 해당 기업가치를 평가할 경우에는 수익환원법, 거래사례비교법, 원가법이 적용될 수 있다.

2. 거래사례비교법

대상 비상장주식의 거래가격이나 시세 또는 시장 배수 등을 파악할 수 있는 경우에는 둘 이상의 시장 배수를 선정하여 산정할 수 있다. <끝>

부동산外

10 향후 전자제품을 개발, 생산, 판매하기 위하여 설립된 비상장영리법인인 A기업은 설립 후 자본금 전액을 기술개발에 지출하여 당해 금액을 무형자산으로 계상하였다(다른 자산, 부채는 없음). 당해 기업의 주식가치를 평가하고자 한다. 적합한 평가방법 및 근거를 구체적으로 설명하고 장, 단점을 설명하시오. 20점

논점분석

- **논제** : 물건별 평가 ▶ 부동산 외 ▶ 주식
- **유형** : 설명형(사례)
- **개념어** : 근거

비상장주식에 관한 사례형 문제입니다. 사례형 문제는 ① 원칙을 설명하고 ② 사례를 분석한 후 ③ 원칙을 사례에 적용하는 순서로 서술하면 됩니다. 대상 기업은 무형자산 외 자산과 부채가 없는 기업이라는 점에 착안하여, 적합한 평가방법을 제시해야 합니다.

예시목차

Ⅰ. 서설

Ⅱ. 비상장주식의 일반적 감정평가방법 (5)
  1. 원가방식에 의한 감정평가(순자산가치법)
    1) 기업가치의 평가
      (1) 수익환원법
      (2) 거래사례비교법
      (3) 원가법
    2) 부채의 공제 및 주당가치 산정
  2. 비교방식에 의한 감정평가

Ⅲ. 대상 비상장주식에 적합한 평가방법 (5)
  1. 대상 기업의 특성 검토
  2. 적합한 평가방법 및 근거
  3. 각 평가방법의 장·단점 검토
    1) 원가방식의 장·단점
    2) 비교방식의 장·단점

Ⅳ. 결어

문10 20점

I. 서설

<비상장주식>이란 주권상장시장에 상장되지 않은 비상장법인의 주식을 말한다. 비상장주식은 「감정평가에 관한 규칙」 제24조에 근거하여 원가법(순자산가치법)을 주된 감정평가방법으로 적용하나, 당해 기업이 무형자산 외 별도의 자산 및 부채가 없는 점에 유의하여 적절한 감정평가방법을 선정 및 적용해야 한다.

II. 비상장주식의 일반적 감정평가방법

1. 원가방식에 의한 감정평가(순자산가치법)

1) 기업가치의 평가

(1) 수익환원법

<기업가치>란 기업체가 보유하고 있는 유·무형 자산의 가치를 말한다. 기업가치는 수익환원법을 주된 감정평가방법으로 적용하며, 구체적으로 ① 할인현금흐름분석법, ② 직접환원법, ③ 옵션평가모형 등이 있다.

(2) 거래사례비교법

거래사례비교법 적용 시, 구체적으로 ① 유사기업이용법, ② 유사거래이용법, ③ 과거거래이용법 등을 활용한다. 거래사례의 선정 시, 대상 기업과 산업 및 업종이 유사한 기업을 선정해야 한다.

(3) 원가법

원가법 적용 시, 대상 기업이 보유한 자산·부채 및 자본 항목을 평가하여 수정재무상태표를 작성한 후, 유·무형 개별자산의 가치를 합산하여 감정평가한다.

2) 부채의 공제 및 주당가치 산정

기업가치에서 기준시점 현재의 공정가치로 조정된 부채의 총계를 차감한 후, 이를 발행주식수로 나누어 주식가치를 평가한다.

2. 비교방식에 의한 감정평가

대상 비상장주식과 비슷한 주식의 거래가격이나 시세 또는 시장배수 등을 파악할 수 있는 경우에는 해당 기업의 주식 거래가격을 기준으로 산정한 시장배수를 이용하여 평가할 수 있다.

Ⅲ. 대상 비상장주식에 적합한 평가방법

1. 대상 기업의 특성 검토

대상 기업은 ① 부채를 보유하고 있지 않으므로 주식가치와 기업가치가 동일하며 ② 무형자산 외 다른 자산을 보유하고 있지 않고 ③ 영업활동을 영위하지 않으므로 무형자산과 주식·기업가치가 동일하다.

2. 적합한 평가방법 및 근거

대상 비상장주식에 대한 거래가격 또는 유사 기업의 시장배수가 존재한다면 비교방식을 적용할 수 있을 것으로 판단된다. 그러나 비교방식으로 대상 기업의 개별적 특성을 반영하기 어렵다면 <원가방식>의 적용이 적합하다. 원가방식 적용 시, 대상 기업이 영업활동을 영위하지 않은 점을 고려할 때 기업가치는 수익환원법이 아닌 원가법을 적용해야 할 것으로 판단된다.

3. 각 평가방법의 장·단점 검토

1) 원가방식의 장·단점

원가방식에 의한 감정평가는 기업이 보유한 자산의 가치에 근거하여 주식가치를 평가하므로 실증적이고 객관적이라는 장점이 있다. 그러나 원가방식에 의한 주식가치는 기업시장에서 실제 인수·합병 거래를 통해 인정되는 주식가치와 상이할 수 있다는 단점이 있다.

2) 비교방식의 장·단점

비교방식에 의한 감정평가는 거래가격, 시장배수 등 구체적이고 실증적인 시장자료에 근거하여 객관성과 설득력이 높다는 장점이 있다. 그러나 비상장주식은 거래소에 상장되지 않아 거래량이 부족하고 거래 행위에 사정이 개입될 가능성이 높으며, 단순화된 시장배수에 근거하여 기업의 개별적 특성을 반영하기 어렵다는 단점이 있다.

Ⅳ. 결어

대상 비상장기업은 무형자산 외 다른 자산을 보유하고 있지 않으므로, 원가방식에 의한 기업가치는 무형자산 가치와 동일하다. 무형자산 감정평가 시 「감정평가에 관한 규칙」 제23조에 근거하여 수익환원법을 주된 방법으로 적용하여야 하나, 기술사업화 수준을 고려하여 거래사례비교법 또는 원가법을 적용할 수 있다. <끝>

▶ 기출문제 21회 2번

11 비상장법인 A주식회사는 특허권을 가지고 전자제품을 제조, 판매하는 공장과 임대업에 사용하는 업무용 빌딩을 소유하고 있다. A주식회사는 2009년 전자제품부문에서 50억원, 임대업에서 20억원의 당기순이익을 얻었다. A주식회사의 주식을 평가하고자 한다. **30점**

1) 본건 평가와 관련하여 감정평가에 관한 규칙이 인정하는 2가지 방법 및 그 장, 단점을 논하시오. **15점**

2) 감정평가에 관한 규칙에서 규정하고 있지 않은 주식평가방법(양 방법을 혼합한 방법 포함)들을 예시하고, 평가이론의 관점에서 동 규칙 외의 방법에 의한 평가의 타당성을 논하시오. **15점**

논점분석

- **논제** : 물건별 평가 ▶ 부동산 외 ▶ 주식
- **유형** : 논술형(사례)
- **개념어** : 타당성

비상장주식에 관한 사례형 문제입니다. 사례형 문제는 ① 원칙을 설명하고 ② 사례를 분석한 후 ③ 원칙을 사례에 적용하는 순서로 서술하면 됩니다. 대상 기업은 특허권과 업무용 빌딩 두 가지 자산에 기반하여 사업을 영위하고 있다는 점에 착안하여 적합한 평가방법을 제시해야 합니다. 물음2의 경우 "타당성"을 논하라고 하였으므로, 타당성 여부에 대한 결론을 제시해주세요.

예시목차

Ⅰ. 서론

Ⅱ. (물음1) 비상장주식의 감정평가방법 (7)

1. 비상장주식의 의의 및 평가개요
2. 원가방식에 의한 감정평가(순자산가치법)
   1) 기업가치의 평가
   2) 부채의 공제 및 주당가치 산정
3. 비교방식에 의한 감정평가
4. 각 방식의 장·단점
   1) 원가방식의 장·단점
   2) 비교방식의 장·단점
5. 본건 적용 감정평가방법

Ⅲ. (물음2) 기타 비상장주식 평가방법 (7)

1. 수익방식
2. 비교방식
3. 원가·수익 병용방식
   1) 「국유재산법」
   2) 「상속세 및 증여세법」
   3) 「증권의 발행 및 공시에 관한 규정」
4. 각 방식의 이론적 타당성
   1) 수익방식의 타당성
   2) 병용방식의 타당성

Ⅳ. 결론

문11 30점

I. 서론

비상장주식은 상장주식과 달리 거래소를 통한 거래가격이 존재하지 않으므로, 주식가치에 대한 객관적인 감정평가가 요청된다. 따라서 각 평가방법의 장·단점과 기업의 특성을 고려하여 적정한 감정평가방법을 선정해야 할 것이다.

II. (물음1) 비상장주식의 감정평가방법

1. 비상장주식의 의의 및 평가개요

<비상장주식>이란 증권시장에 상장되지 않은 비상장법인의 주권을 말한다. 비상장주식은 상장주식과 달리 거래소를 통한 거래가격이 존재하지 않으므로, 원가법(순자산가치법)을 주된 감정평가방법으로 적용하나, 부방법으로 거래사례비교법을 적용할 수 있다.

2. 원가방식에 의한 감정평가(순자산가치법)

1) 기업가치의 평가

<기업가치>란 기업체가 보유하고 있는 유·무형 자산의 가치를 말한다. 기업가치는 「감정평가에 관한 규칙」 제24조에 근거하여 수익환원법을 적용하되, 부방법으로 거래사례비교법과 원가법을 병용할 수 있다.

2) 부채의 공제 및 주당가치 산정

기업가치에서 기준시점 현재의 공정가치로 조정된 부채의 총계를 차감한 후, 이를 발행주식수로 나누어 주식가치를 평가한다.

3. 비교방식에 의한 감정평가

대상 비상장주식과 비슷한 주식의 거래가격이나 시세 또는 시장배수 등을 파악할 수 있는 경우에는 해당 기업의 주식 거래가격을 기준으로 산정한 시장배수를 이용하여 평가할 수 있다.

4. 각 방식의 장ㆍ단점

1) 원가방식의 장ㆍ단점

원가방식에 의한 감정평가는 기업이 보유한 자산의 가치에 근거하여 주식가치를 평가하므로 실증적이고 객관적이라는 장점이 있다. 그러나 원가방식에 의한 주식가치는 기업시장에서 실제 인수ㆍ합병 거래를 통해 인정되는 주식가치와 상이할 수 있다는 단점이 있다.

2) 비교방식의 장ㆍ단점

비교방식에 의한 감정평가는 거래가격, 시장배수 등 구체적이고 실증적인 시장자료에 근거하여 객관성과 설득력이 높다는 장점이 있다. 그러나 비상장주식은 거래소에 상장되지 않아 거래량이 부족하고 거래 행위에 사정이 개입될 가능성이 높으며, 단순화된 시장배수에 근거하여 기업의 개별적 특성을 반영하기 어렵다는 단점이 있다.

5. 본건 적용 감정평가방법

대상 기업은 제조업과 임대업 각각 영업자산을 보유하고 영업수익이 발생하고 있다. 대상 기업이 복수의 업종을 영위하는 점을 감안할 때 유사 기업의 주식

거래사례를 포착하기 어려울 것으로 판단되므로, <원가법>을 적용하는 것이 타당하다고 판단된다. 원가법 적용 시, 각 사업 분야의 현금흐름에 따라 수익환원법으로 기업가치를 산정한 후, 부채를 차감하고 발행주식수로 나누어 주식가치를 평가한다.

Ⅲ. [물음2] 기타 비상장주식 평가방법

1. 수익방식

수익방식에 의한 주식 평가방법으로는 ① 신주인수권·스톡옵션과 같이 장래 행사할 수 있는 특정 권리가 부가된 주식가치를 평가하는 <옵션평가모형>, ② 주주에게 지급될 배당금과 처분시점의 주식가격을 투자자의 요구수익률로 할인하여 산정하는 <배당평가모형>, ③ 주당순이익을 투자자의 요구수익률로 할인하여 산정하는 <순이익평가모형> 등이 있다.

2. 비교방식

비교방식에 의한 주식 평가방법으로는 ① 대상 기업과 유사한 상장기업의 주가를 기초로 산정된 시장배수를 이용하여 평가하는 <유사기업이용법>, ② 대상 주식과 비슷한 기업의 인수·합병 거래가격과 비교하여 평가하는 <유사거래이용법>, ③ 대상 주식의 과거 거래가격을 기초로 시장배수를 산정하여 평가하는 <과거거래이용법> 등이 있다.

3. 원가 · 수익 병용방식

1) 「국유재산법」

「국유재산법」에 따르면, <상장주식>은 평가기준일 이전 30일간의 증권시장 최종 시세가액을 가중산술평균하여 산정하며, <비상장주식>은 자산가치, 수익가치 및 상대가치를 고려하여 산출한 가격 이상으로 산정한다(동법 시행령 제43조, 제44조).

2) 「상속세 및 증여세법」

「상속세 및 증여세법」에 따르면, <상장주식>은 평가기준일 전후 각 2개월의 거래소 최종 시세가액의 평균액으로 산정하며, <비상장주식>은 순손익가치와 순자산가치를 각각 3과 2의 비율로 가중평균하여 결정한다. 순손익가치는 최근 3년간의 순손익액을 가중평균 한 후 이자율로 나누어 산정하며, 순자산가치는 순자산가액을 발행주식총수로 나누어 산정한다(동법 시행령 제63조, 제54조).

3) 「증권의 발행 및 공시에 관한 규정」

「증권의 발행 및 공시에 관한 규정」에 따르면, <상장주식>은 최근 1개월, 최근 1주일 또는 최근일의 종가를 산술평균하여 산정하며, <비상장주식>은 자산가치와 수익가치를 가중산술평균하여 산정한다. 자산가치는 순자산가액을 발행주식총수로 나누어 산정하며, 수익가치는 할인현금흐름모형, 배당할인모형 등을 활용하여 산정한다.

4. 각 방식의 이론적 타당성

1) 수익방식의 타당성

수익방식은 주식의 수익성에 근거한 평가방법으로 투자자에 대한 설득력이 높으나, 기업의 배당정책(배당평가모형), 회계정책(순이익평가모형)에 따라 주식가치가 변동될 수 있다는 한계가 있다.

2) 병용방식의 타당성

원가방식은 기업이 보유한 자산의 가치에 근거하여 실증적이고 객관적이나, 자산 간 결합 효과에 대한 고려가 미흡하다는 한계가 있다. 따라서 주식가치의 감정평가는 각 평가방법의 장·단점, 적용 가능성 및 대상 기업의 특성을 종합적으로 고려하여 <3방식을 병용>하는 것이 타당하다.

Ⅳ. 결론

「감정평가에 관한 규칙」은 주식의 감정평가방법으로 원가방식과 비교방식만을 규정하고 있으나, 감정평가이론 및 타 법령에서는 수익방식 및 병용 방식을 폭넓게 규정하고 타당성이 인정되므로 관련 규정의 개선이 필요할 것으로 판단된다. <끝>

부동산外 ▶ 기출문제 24회 4번

12 부동산업을 법인형태로 영위하는 경우, 해당 법인의 주식가치 평가방법을 설명하시오.
10점

논점분석

- **논제** : 물건별 평가 ▶ 부동산 외 ▶ 주식
- **유형** : 설명형(사례)

주식에 관한 사례형 문제입니다. 사례형 문제는 ① 원칙을 설명하고 ② 사례를 분석한 후 ③ 원칙을 사례에 적용하는 순서로 서술하면 됩니다. 대상 기업은 부동산업을 영위하고 있다는 점에 착안하여 적합한 평가방법을 제시해야 하며, 상장여부가 주어지지 않았으므로 균형감 있게 서술해야 할 것입니다.

출제위원 채점평

주식가치 평가방법 중 부동산업을 법인 형태로 영위하는 경우 평가방법 설명에 대한 제시로서 준비 부족이거나 간과하여 설명하지 못한 수험생이 있고, "감칙"규정의 내용으로 대신하는 경우가 있어 아쉬움이 있다.

예시목차

I. 서설

II. 부동산법인의 주식가치 평가방법 (5)

　1. 주식의 감정평가방법

　　1) 상장주식의 평가방법

　　2) 비상장주식의 평가방법

　2. 부동산법인의 주식가치 평가방법

　　1) 부동산업의 의의 및 분류

　　2) 부동산공급업의 주식가치 평가방법

　　3) 부동산임대업의 주식가치 평가방법

문 12 10점

I. 서설

주식은 기업 활동을 영위하는 법인의 주권이므로, 주식가치의 감정평가 시 기업의 형태 및 업종을 고려하여야 한다. 부동산 공급업·임대업 등 부동산업을 영위하는 기업은 구체적인 부동산 활동에 따라 부동산의 자산 가치와 수익 가치가 상이할 수 있다. 따라서 주식가치 감정평가 시, 부동산 자산의 성격을 고려하여 적정한 평가방법을 적용해야 한다.

II. 부동산법인의 주식가치 평가방법

1. 주식의 감정평가방법

1) 상장주식의 평가방법

<상장주식>이란 관련 규정에 따라 증권시장에 상장된 주식을 말한다. 상장주식은 「감정평가에 관한 규칙」 제24조에 따라 기준시점 이전 30일간 거래가액의 합계액을 30일간 총 거래량으로 나누어 평가한다. 다만 증권거래소 등의 시세가 없는 경우 기업가치에서 부채의 가치를 빼고 산정한 자기자본가치를 발행주식수로 나누어 감정평가할 수 있다.

2) 비상장주식의 평가방법

<비상장주식>이란 주권비상장법인의 주권을 말한다. 비상장주식은 원가법 (순자산가치법)을 주된 감정평가방법으로 적용하되, 비슷한 주식의 거래가격, 시세 또는 시장배수 등이 있는 경우 이를 기준으로 감정평가할 수 있다.

2. 부동산법인의 주식가치 평가방법

1) 부동산업의 의의 및 분류

<부동산업>이란 부동산을 상품으로 취급하는 업으로서, 부동산 공급업, 부동산 임대업, 부동산 서비스업으로 분류할 수 있다. 기업이 보유한 부동산은 업종에 따라 재무상태표상 재고자산(부동산 공급업) 또는 유형자산(부동산 임대업)으로 분류할 수 있다.

2) 부동산공급업의 주식가치 평가방법

부동산공급업을 영위하는 기업은 부동산의 분양수익에 기초한다. 따라서 <원가법>에 의한 주식가치 산정 시 기업가치는 원가법(재고)을 우선 적용하되 수익환원법(분양)에 의해 합리성을 검토하여야 하며, 이에 부채의 가치를 공제하여 주식가치를 평가한다. 상장기업인 경우 <거래사례비교법>을 적용할 수 있다.

3) 부동산임대업의 주식가치 평가방법

부동산임대업을 영위하는 기업은 부동산은 임대수익에 기초한다. 따라서 <원가법>에 의한 주식가치 산정 시 기업가치는 원가법(3방식에 의한 부동산 평가)과 수익환원법(수익방식에 의한 부동산 평가)에 의한 결과가 상호 유사할 것으로 판단된다. <끝>

＊ 부동산外   ▶기출문제 33회 1번

13 최근 지식재산권에 대한 관심이 높아지면서 지식재산권에 대한 감정평가 수요도 증가하고 있다. 지식재산권 감정평가와 관련하여 다음 물음에 답하시오. **40점**

1) 감정평가 실무기준상 지식재산권의 개념 및 종류, 가격자료에 대해 설명하시오. **10점**

2) 감정평가 3방식의 성립 근거와 각 방식 간의 관계에 대해 설명하시오. **10점**

3) 감정평가 실무기준상 감정평가 3방식에 따른 지식재산권의 평가방법을 설명하고 각 방식 적용 시 유의사항에 대해 설명하시오. **20점**

논점분석

- **논제** : 물건별 평가 ▶ 부동산 외 ▶ 무형자산 ▶ 지식재산권
- **유형** : ① 설명형(기본) ② 설명형(관계) ③ 설명형(기본)
- **개념어** : 개념, 유의사항

지식재산권 감정평가에 대한 기본 설명형 문제입니다. 주어진 논제를 순서대로 서술해주세요.

예시목차

Ⅰ. 서설

Ⅱ. (물음1) 지식재산권의 개념 (5)
   1. 지식재산권의 개념
   2. 지식재산권의 종류
     1) 산업재산권
     2) 저작권
   3. 지식재산권의 가격자료
     1) 수익 및 비용자료
     2) 거래사례 및 시장자료

Ⅲ. (물음2) 감정평가 3방식 (5)
   1. 감정평가 3방식의 의의 및 성립근거
     1) 원가방식과 생산비가치설
     2) 수익방식과 한계효용가치설
     3) 비교방식과 균형이론
   2. 감정평가 3방식의 관계
     1) 상호 작용 관계
     2) 단기적 불균형, 장기적 균형 관계

Ⅳ. (물음3) 지식재산권의 감정평가방법 (10)
   1. 지식재산권의 감정평가방법
     1) 수익방식
       (1) 현금흐름 할인(환원)법
       (2) 기술기여도 산정법
     2) 비교방식
     3) 원가방식
       (1) 재취득비용 기준법
       (2) 제작·취득비용 기준법
   2. 지식재산권 감정평가 시 유의사항
     1) 수익방식 적용 시 유의사항
       (1) 경제적 내용연수에 유의
       (2) 기술사업화위험의 고려
     2) 비교방식 적용 시 유의사항
     3) 원가방식 적용 시 유의사항

Ⅴ. 결어

문13 [40점]

Ⅰ. 서설

감정평가는 대상물건의 개념과 경제적 특성에 대한 이해, 가치 3면성에 근거한 가치추계이론에 대한 이해에 기반한다. 경제사회의 발전에 따라 지식재산권 등 무형자산에 대한 감정평가 수요가 증가하고 있으므로, 지식재산권의 특성을 고려하여 적절한 감정평가방법을 활용하고 적정한 경제적 가치를 제시하여 지식재산권 시장의 활성화에 기여하여야 한다.

Ⅱ. [물음1] 지식재산권의 개념

1. 지식재산권의 개념

<지식재산권>이란 특허권, 실용신안권, 디자인권, 상표권 등 산업재산권 또는 저작권 등 지적창작물에 부여된 재산권에 준하는 권리를 말한다.

2. 지식재산권의 종류

1) 산업재산권

<산업재산권>이란 산업 및 경제활동과 관련된 지적창작물에 부여된 권리를 말한다. 산업재산권에는 ① 발명 등에 관한 독점적 권리인 특허권, ② 물품의 형상, 구조에 관한 권리인 실용신안권, ③ 상품을 식별하기 위한 기호, 도형, 문자의 결합에 대한 권리인 상표권, ④ 상품의 디자인에 대한 권리인 디자인권이 있다.

2) 저작권

<저작권>이란 사상이나 감정을 표현한 창작물에 대한 독점적인 권리를 말한다. 저작물에는 소설, 시, 논문, 음악, 사진, 컴퓨터프로그램 등이 있다.

3. 지식재산권의 가격자료

1) 수익 및 비용자료

지식재산권을 감정평가하기 위한 ① 수익자료에는 지식재산권과 관련된 상품이나 제품의 매출액 및 영업이익, 지식재산권의 실시계약에 따른 실시료율 및 실시료 수입 등이 있으며, ② 비용자료에는 지식재산권의 개발, 등록, 취득비용 등이 있다.

2) 거래사례 및 시장자료

지식재산권을 감정평가하기 위한 ① 거래사례에는 지식재산권의 매매 또는 양도 가격, ② 시장자료에는 지식재산권을 활용하는 기업이 속한 업종·산업의 동향을 비롯해 경제성장률, 물가, 금리, 환율 등의 거시경제지표 등이 있다.

Ⅲ. [물음2] 감정평가 3방식

1. 감정평가 3방식의 의의 및 성립근거

1) 원가방식과 생산비가치설

<원가방식>이란 비용성에 근거한 감정평가방식으로, 가격을 구하기 위한 원가법과 임료를 구하기 위한 적산법으로 분류할 수 있다. 원가방식은 재화의 가치가 생산에 소요된 생산요소의 비용이라는 생산비가치설에 근거한다.

2) 수익방식과 한계효용가치설

<수익방식>이란 수익성에 근거한 감정평가방식으로, 가격을 구하기 위한 수익환원법과 임료를 구하기 위한 수익분석법으로 분류할 수 있다. 수익방식은 재화의 가치가 수요자의 주관적 효용에 의해 결정된다는 한계효용가치설에 근거한다.

3) 비교방식과 균형이론

<비교방식>이란 시장성에 근거한 감정평가방식으로, 가격을 구하기 위한 거래사례비교법, 공시지가기준법, 임료를 구하기 위한 임대사례비교법으로 분류할 수 있다. 비교방식은 재화의 가치가 단기적으로는 수요자의 효용, 장기적으로는 공급자의 비용에 의해 결정된다는 균형이론에 근거한다.

2. 감정평가 3방식의 관계

1) 상호 작용 관계

재화의 가격은 시장의 수요, 공급에 의하여 결정된다. 원가방식은 재화의 공급 측면, 수익방식의 재화의 수요 측면을 반영하고 있으며, 비교방식은 공급과 수요의 균형 측면을 반영하고 있으므로, 감정평가 3방식은 <상호 작용 관계>에 있다.

2) 단기적 불균형, 장기적 균형 관계

감정평가 3방식에 의한 시산가액은 현실의 불완전한 시장에서 <단기적으로 불균형>하나, 장기적인 관점에서는 거래가격의 축적 및 시장정보에 따른 수요·공급의 자율적 조정에 따라 <장기적 균형>을 이룰 수 있다.

Ⅳ. [물음3] 지식재산권의 감정평가방법

1. 지식재산권의 감정평가방법

1) 수익방식

(1) 현금흐름 할인(환원)법

<현금흐름 할인(환원)법>이란 해당 지식재산권으로 인한 현금흐름을 현재가치로 할인하거나 환원하는 감정평가방법이다. 지식재산권의 현금흐름은 ① 절감 가능한 사용료, ② 증가된 현금흐름 등으로 산정할 수 있다.

(2) 기술기여도 산정법

<기술기여도 산정법>이란 기업 전체의 영업가치에서 해당 지식재산권의 기술기여도를 곱하는 감정평가방법이다. 기술기여도는 해당 지식재산권이 영업이익 창출에 기여한 비율로서 ① 유사 지식재산권의 기여도, ② 산업 기술요소, 개별기술 강도, 기술비중 등을 고려하여 산정할 수 있다.

2) 비교방식

비교방식(거래사례비교법)은 ① 해당 지식재산권과 유사한 지식재산권의 거래사례를 기준으로 가치형성요인을 비교하거나 ② 매출액이나 영업이익에 유사한 지식재산권의 실시료율을 곱한 현금흐름을 할인 또는 환원하여 감정평가하는 방법이다.

3) 원가방식

(1) 재취득비용 기준법

<재취득비용 기준법>은 재생산원가의 관점에서 해당 지식재산권을 기준시점에서 새로 취득하기 위해 필요한 예상비용에서 감가수정하여 결정하는 감정평가방법이다.

(2) 제작·취득비용 기준법

<제작·취득비용 기준법>은 재취득원가의 관점에서 해당 지식재산권을 제작하거나 취득하는 데 소요된 비용을 물가변동률 등에 따라 시점수정하여 결정하는 감정평가방법이다.

2. 지식재산권 감정평가 시 유의사항

1) 수익방식 적용 시 유의사항

(1) 경제적 내용연수에 유의

수익방식 적용 시 해당 지식재산권과 관련된 수익을 기준한다. 추정기간은 지식재산권의 출원·등록시점을 기준한 법적 내용연수의 범위 내에서 경제적 이익이 지속될 수 있는 경제적 내용연수로 결정해야 함에 유의해야 한다.

(2) 기술사업화위험의 고려

수익방식에서 지식재산권의 현금흐름에 적용하는 할인율 산정 시, 대상 기업의 할인율에 추가 위험률(기술사업화위험률)을 고려하여야 함에 유

<u>의해야 한다</u>. 이는 지식재산권이 제품의 제조, 판매로 이어지는 과정에서 발생할 수 있는 위험성을 반영한다.

2) 비교방식 적용 시 유의사항

지식재산권은 독창적인 지적창작물에 부여된 권리이므로, 현실적으로 동일한 지식재산권의 거래사례를 포착하는 데 어려움이 있다. 따라서 거래사례를 선정할 때 지식재산권의 권리성, 기술성, 시장성 측면에서 비교 가능성에 <u>유의해야 한다</u>.

3) 원가방식 적용 시 유의사항

지식재산권은 지적창작물의 특성상 개발 및 창작에 투입된 원가를 측정하기 어려우며, 원가와 수익이 비례하지 않는다. 또한, 물리적 감가요인 및 물가변동의 영향력이 제한적이므로 감가요인의 파악 및 적절한 시점수정에 <u>유의해야 한다</u>.

V. 결어

가격은 시장에서 거래행위의 기준이자 수요·공급의 조절장치로 기능한다. <u>지식재산권 시장이 활성화되기 위해서는 지식재산권의 적정 시장가치가 전제되어야 하므로</u>, 지적창작물의 특성을 고려하여 객관적이고 과학적인 감정평가가 이루어져야 할 것이다. <끝>

★ 부동산外

14 영업권과 상가권리금을 비교·설명하시오. 10점

논점분석

- **논제** : 물건별 평가 ▶ 부동산 외 ▶ 무형자산 ▶ 영업권, 권리금
- **유형** : 설명형(비교)

무형자산 중 영업권과 상가권리금에 대한 비교·설명형 문제입니다. 각 무형자산의 개념을 서술하신 후, 비교기준을 세워 병렬적으로 서술해주세요.

출제위원 채점평

이 문제는 영업권과 상가권리금의 개념과 상호비교 및 평가방법상의 차이를 묻는 문제입니다. 우선, 개념은 명확하고 정확하게 기술해야 합니다. 영업권의 개념과 상가권리금은 무엇이다라는 개념이 명확해야 합니다. 둘째 상호관련성의 비교인 바, 영업권과 상가권리금이 유사하면서도 서로 다른 특징을 가지고 있기 때문에 이에 대한 설명이 요구됩니다. 마지막으로 영업권과 상가권리금의 평가방법과 평가상의 한계나 어려운 점에 대한 구체적인 설명이 요구됩니다.
또한 많은 수험생들이 정확한 개념의 설명보다는 상식적인 수준에서의 개념적 설명이 많았고, 영업권과 상가권리금의 상호관계에 대한 비교에 있어서 제대로 기술하지 못하는 경우도 있었습니다.

예시목차

Ⅰ. 서설

Ⅱ. 영업권과 상가권리금의 비교 (5)
  1. 영업권의 의의
  2. 상가권리금의 의의

3. 양자의 비교
  1) 공통점
  2) 차이점
    (1) 개념적 차이
    (2) 감정평가방법의 차이

문14 10점

Ⅰ. 서설

기업은 자본을 조달하여 자산을 취득한 후 이를 영업활동에 활용하여 수익을 창출한다. 영업권과 상가권리금은 기업의 수익력에 기초한 자산이라는 점에서 동일하나, 개념적 속성과 감정평가방법 등에서 차이점이 있으므로 유의하여야 한다.

Ⅱ. 영업권과 상가권리금의 비교

1. 영업권의 의의

<영업권>이란 대상 기업이 경영상의 유리한 관계 등 배타적 영리기회를 보유하여 같은 업종의 다른 기업들에 비하여 초과수익을 확보할 수 있는 능력으로서 경제적 가치가 있다고 인정되는 권리를 말한다.

2. 상가권리금의 의의

<권리금>이란 임대차 목적물인 상가건물에서 영업을 하는 자 또는 영업을 하려는 자가 영업시설·비품, 거래처, 신용, 영업상의 노하우, 상가건물의 위치에 따른 영업상의 이점 등 유형·무형의 재산적 가치의 양도 또는 이용대가로서 임대인, 임차인에게 보증금과 차임 이외에 지급하는 금전 등의 대가를 말한다.

3. 양자의 비교

1) 공통점

영업권과 권리금은 기업 활동의 영업이익에 기초한 자산가치로서, 감정평가 시 수익방식에 의한 감정평가방법이 활용된다는 점에서 공통점이 있다.

2) 차이점

(1) 개념적 차이

① <권리금>은 영업시설, 비품, 재고자산 등 유형재산을 포함하나, <영업권>에는 유형재산의 가치가 배제되어 있다. ② <권리금>은 건물의 위치에 따른 영업상의 이점을 반영하나, <영업권>은 장소성을 반영하지 않는다. ③ <권리금>은 영업이익에 기초하나, <영업권>은 영업이익 중 초과이익에 기초한다는 차이점이 있다.

(2) 감정평가방법의 차이

① <권리금>은 원가방식에 의해 유형·무형의 재산을 개별로 감정평가하나, <영업권>은 수익방식으로 일괄 감정평가한다. ② 수익환원법 적용 시, <(무형재산) 권리금>은 「상가건물임대차보호법」상 제한된 기간의 영업이익만 반영하나 <영업권>은 계속기업을 전제하여 영구적인 영업이익을 반영한다는 차이점이 있다. <끝>

＊ 부동산外

15 토지가 국공유화되어 있는 국가에서 토지의 장기사용권이 거래되는 경우, 토지의 장기사용권 가치 산정방법을 감정평가 3방식을 이용해 설명하시오. **20점**

논점분석

- **논제** : 물건별 평가 ▶ 부동산 외 ▶ 무형자산 ▶ 임차권
- **유형** : 설명형(관련)

토지사용권에 대한 관련 설명형 문제입니다. 감정평가 3방식을 이용하여 설명하라고 하였으므로, 토지사용권 및 3방식의 기본원리를 설명한 후 이를 토지사용권에 대입하여 서술해주세요.

출제위원 채점평

토지가 국공유화되어 있는 국가에 진출하고 있는 우리 기업들과 관련된 문제로 토지의 소유권이 아닌 장기사용권의 가치를 산정하는 방법에 대해 물었다. 가액의 산정과 임대료의 산정을 혼동하는 수험생도 다수 있었으나, 권리에 대한 가치 평가를 3방식에 따라 설명하고 규정과 업무영역의 확대에 대해 이해도 높은 제안을 해 준 수험생들과 토지와 인간과의 관계에 대해 깊은 이해와 이를 표현해 준 일부 수험생들에게 고마운 인사를 드린다.

예시목차

Ⅰ. 서설

Ⅱ. 토지 장기사용권 (3)
  1. 토지 장기사용권의 의의
  2. 토지 장기사용권의 거래
    1) 취득 및 처분
    2) 이용

Ⅲ. 토지 장기사용권의 감정평가 (7)
  1. 토지 장기사용권의 감정평가목적

    1) 과세의 기준
    2) 가격·임대료의 산정
    3) 담보의 제공
  2. 토지 장기사용권의 감정평가방법
    1) 원가방식
    2) 비교방식
    3) 수익방식

Ⅳ. 결어

문15 20점

I. 서설

토지소유제도는 사용권, 수익권, 처분권을 배분하는 방법에 따라 다양한 형태가 성립할 수 있다. 중국, 북한과 같은 공산권 국가는 토지의 사적소유를 금지하고 국가가 토지를 소유하였으나, 개혁·개방정책에 따라 토지 장기사용권의 거래가 이루어지고 있다. 해당국에 대한 직접투자 및 경제협력은 토지사용권에 기반하므로 이에 대한 이해가 필요하다.

II. 토지 장기사용권

1. 토지 장기사용권의 의의

<토지 장기사용권>이란 일정기간 토지를 사용하고 수익할 수 있는 권리를 말한다. 토지 장기사용권은 사용·수익·처분을 통해 토지를 전면 지배할 수 있는 권리에서 처분권을 유보한 물권으로, 부동산의 사적 소유를 금지하고 있는 중국, 베트남, 몽고 등 일부 국가에서 채택하고 있다.

2. 토지 장기사용권의 거래

1) 취득 및 처분

토지사용권의 최초 취득은 국가 또는 지방정부로부터 토지사용료를 일시불로 지불하고 토지사용권을 분배받는 '출양방식'에 의해 이루어진다. 토지사용권자는 일정기간 내에서 토지를 직접 이용하거나 양도, 임대, 저당, 교환 등의 자유로운 거래활동을 할 수 있다. 토지사용기간이 만료될 경우, 정부는 토지사용권, 지상건축물, 부착물의 소유권을 무상으로 회수할 수 있다.

2) 이용

토지사용권의 기한은 토지 용도별로 주거용지 70년, 공업용지 50년, 교육·문화·체육용지 50년, 상업용지 40년 등으로 구분되어 있다. 사용기간이 만료된 경우 연장신청을 할 수 있으며, 정부는 공공필요가 있는 경우를 제외하고 이를 승인해야 하므로 사실상 토지소유권과 유사하다고 볼 수 있다.

III. 토지 장기사용권의 감정평가

1. 토지 장기사용권의 감정평가목적

1) 과세의 기준

토지사용권은 사용권자의 재산에 해당하므로, 보유재산에 대한 보유세 등 과세 목적의 과세표준을 산정하기 위해 토지사용권의 <u>감정평가가 필요하다</u>.

2) 가격·임대료의 산정

토지사용권은 매매·임대 등 거래의 대상이 되므로, 최초 출양 시 기준가격의 설정 또는 매매·임대의 참고가격으로 활용하기 위해 <u>감정평가가 필요하다</u>.

3) 담보의 제공

토지사용권은 법적으로 보호될 수 있는 물권으로 담보 제공이 가능하므로, 대출금액 및 담보물의 처분가치를 산정하기 위해 <u>감정평가가 필요하다</u>.

2. 토지 장기사용권의 감정평가방법

1) 원가방식

<원가방식>이란 비용성에 근거한 감정평가방법으로, 대상물건의 취득원가에 가치손실을 감안하여 대상물건의 가액을 산정한다. ① 취득원가는 토지사용권을 취득하기 위해 지불한 출양금(일시불의 토지사용료)과 취득 이후에 지출한 개발비용 등을 가산하여 산정하고, ② 가치손실은 잔존 사용기간 및 연장 가능 여부를 감안하여 산정한다.

2) 비교방식

<비교방식>이란 시장성에 근거한 감정평가방식으로, 대상물건과 유사한 물건의 거래사례와 비교하여 대상물건의 가액을 산정하는 감정평가방법을 말한다. ① 거래사례는 대상과 위치·용도의 유사성이 있는 토지사용권의 출양·양도사례를 기준하고, ② 요인비교 시 지역·개별적 가치형성요인 및 잔존사용기간을 고려한다.

3) 수익방식

<수익방식>이란 수익성에 근거한 감정평가방법으로, 대상물건이 장래 산출할 것으로 기대되는 순수익이나 미래의 현금흐름을 환원하거나 할인하여 대상물건의 가액을 산정하는 감정평가방법을 말한다. ① 순수익은 대상 토지에서 발생가능한 임대수익에서 운영경비 등을 공제하여 산정하고, ② 잔존사용기간동안 적정한 할인율로 현재가치화하여 산정한다.

Ⅳ. 결어

토지사용권의 감정평가는 중국, 북한(개성공업지구) 등에 진출해 있는 기업이 자산을 취득·매각하는 경우 또는 담보로 제공하는 경우에 필요하며, 보유자산에 대한 재산세 과세기준이 된다. 토지사용권에 대한 정확한 이해를 통해 공정한 감정평가가 이루어져야 한다.

<끝>

16 다음 자료를 참고하여 물음에 답하시오. `20점`

법원감정인인 감정평가사 甲은 손해배상(기) 사건에서 원고가 주장하는 손해액을 구하고 있다. 본 사건 부동산(제2종 일반주거지역 : 건폐율 60%, 용적률 200%) 매매 당시 매수자인 원고는 부지 내에 차량 2대의 주차가 가능하다는 피고의 주장을 믿고 소유권 이전을 완료하였으나, 부지 내의 공간(공지) 부족으로 현실적으로는 주차가 불가능함을 알게 되었다. 현장조사 결과 대상 건물(연와조)의 외벽과 인접부동산 담장 사이에 공간이 일부 있으나 협소하여 주차가 불가능한 것으로 나타났다. 기준시점 현재 대상 건물은 용적률 110%로 신축 후 50년이 경과하였으나 5년 전 단독주택에서 근린생활시설(사무소)로 용도변경 허가를 받은 후 수선을 하여 경제적 잔존내용년수는 10년인 것으로 판단되었다. 대상 부동산의 인근지역은 기존주택 지역에서 소규모 사무실로 변화하는 특성을 보이고 있고 현재 건물의 용도(이용상황)에 비추어 차량 2대의 주차공간 확보가 최유효이용에 해당한다고 조사되었다.

1) 이 사안에서 시장자료를 통하여 손해액을 구하기 위한 감정평가방법과 해당 감정평가방법의 유용성 및 한계점에 대하여 설명하시오. `10점`

2) 만일 물음1에서 시장자료를 구할 수 없는 경우, 적용 가능한 다른 감정평가방법들에 대하여 설명하고, 이러한 접근방식을 따르는 경우 손해액의 상한은 어떻게 판단하는 것이 합리적인지 설명하시오. `10점`

논점분석

- **논제** : 물건별 평가 ▶ 부동산 외 ▶ 손해액
- **유형** : 설명형(사례)
- **개념어** : 한계

손해액의 감정평가방법에 대한 사례 설명형 문제입니다. 법령에 규정되지 않은 대상물건은 "비슷한 물건이나 권리에 준하여 감정평가"하여야 합니다(제26조). 따라서 제25조(소음 등으로 인한 가치하락분)를 활용하거나, 감정평가 3방식의 원리인 비용성, 시장성, 수익성에 근거하여 목차를 구성하시면 됩니다.

예시목차

문 16 20점

Ⅰ. 서설

「감정평가에 관한 규칙」 제12조는 감정평가방법 적용의 원칙으로 물건별 주된 감정평가방법을 규정하고 있다. 그러나 손해액과 같이 주된 감정평가방법이 규정되지 않은 경우에는 동 규칙 제26조에 근거하여 이와 비슷한 물건이나 권리 등의 경우에 준하여 감정평가할 수 있다.

Ⅱ. [물음1] 손해액의 감정평가방법

1. 시장자료 기반 손해액 감정평가방법

1) 손해액의 정의

<손해액>이란 사례에서 업무용 부동산 내에 주차공간이 확보되지 않음에 따라 효용(수요) 감소로 발생하는 경제적 손실을 의미한다. 이는 적정 주차공간이 확보된 부동산의 가치에서 그렇지 않은 부동산의 가치를 차감하여 산정한다.

2) 거래사례비교법(대쌍비교법)

<거래사례비교법>이란 대상물건과 가치형성요인이 유사한 물건의 거래사례와 비교하여 대상물건의 가액을 산정하는 감정평가방법을 말한다. 사안의 경우에는 주차공간 외 다른 특성이 유사한 거래사례(대쌍자료)를 활용하여 그 차이로 주차공간에 따른 손해액을 산정할 수 있다.

3) 수익환원법(임대료손실환원법)

<수익환원법>이란 장래 기대되는 순수익(현금흐름)을 환원(할인)하여 대

상물건의 가액을 산정하는 감정평가방법을 말한다. <u>사안의 경우에는</u> 주차공간 제공에 따른 임대료 격차를 활용하여 주차공간에 따른 손해액을 산정할 수 있다.

2. 감정평가방법의 유용성

거래사례비교법과 수익환원법은 ① 시장자료에 근거하므로 객관적이고 실증적인 감정평가 결과를 도출할 수 있으며, ② 수요자가 체감하는 효용에 근거한 접근방법으로 손해배상의 취지에 적합하므로 <u>유용하다</u>.

3. 감정평가방법의 한계

주차공간이 확보되지 않은 부동산은 수요자의 효용을 감소시켜 가격 또는 임대료에 부정적인 영향을 미칠 뿐만 아니라, 시장에서 거래(임대) 가능성도 낮아질 수 있다. 그에 따라 적절한 거래사례 또는 임대사례를 포착할 수 없다면, 거래사례비교법과 수익환원법의 적용에는 <u>한계가 있다</u>.

III. [물음2] 그 외의 감정평가방법

1. 적용 가능한 다른 감정평가방법

1) 원가법에 의한 건물개량비용 산정

(1) 건물 대수선 비용의 산정

원가법은 비용성의 관점에서 적정 주차공간을 확보하기 위한 비용으로 감정평가하는 방법이다. 건물의 연면적을 유지하되 바닥면적을 축소해 주차공간을 확보할 수 있는 대수선 공사비용으로 손해액을 산정할 수 있다.

(2) 건물 철거 후 신축비용의 산정

건물의 대수선이 불가능한 경우, 철거 후 신축비용으로 손해액을 산정할 수 있다. 다만 신축 건물의 효용은 매수자에게 귀속되므로, 손해액은 철거비용 및 기존 건물의 잔존가치를 합산하여 산정한다.

(3) 외부 주차공간 확보이용의 산정

현재의 건물을 그대로 유지해야 하는 경우, 외부 주차공간을 확보하는 비용으로 손해액을 산정할 수 있다. 외부 주차공간의 임대료를 기준으로 적정한 환원율 또는 할인율을 적용하여 산정한다.

2) 조건부가치측정법에 의한 차액 산정

<조건부가치측정법>이란 가상의 시장을 설정하고 잠재 소비자들의 지불용의액을 설문하여 비시장재화 등의 경제적 가치를 평가하는 방법을 말한다. 주차공간이 확보되지 않은 부동산에 대한 시장자료를 구할 수 없는 경우, 설문조사를 통한 지불의사금액을 최유효이용 상태의 시장가치에서 차감하여 손해액을 산정할 수 있다.

2. 손해액 상한의 판단방법(기회비용의 원칙)

<기회비용의 원칙>이란 재화의 가격은 특정 투자대안의 선택으로 포기하게 되는 기회비용에 의해 형성된다는 원칙을 말한다. 손해액의 상한은 기회비용의 원칙에 따라 각 감정평가방법으로 산정한 시산가액 중 가장 큰 금액으로 결정해야 할 것으로 판단된다.

Ⅳ. 결어

「감정평가에 관한 규칙」은 3방식 병용을 기본 원칙으로 하고 있다. 그러나 대상물건 특성상 적정한 시장자료를 구할 수 없는 경우에는 부득이 원가방식 또는 기타 방법을 활용할 수 있으며, 이 경우 감정평가방법의 적용 이유를 충실히 기재해야 한다. <끝>

감정평가 응용이론

01 부동산 투자, 개발에서의 위험과 불확실성에 대하여 설명하고, 이를 검증 혹은 고려할 수 있는 방법에 대하여 설명하시오. 10점

논점분석

• **논제** : 감정평가 응용이론 ▶ 부동산 투자 ▶ 부동산 투자의 분석 ▶ 수익과 위험
• **유형** : 설명형(기본)

부동산 투자의 기본 개념인 위험과 불확실성에 대한 기본 설명형 문제입니다.

예시목차

Ⅰ. 서설

Ⅱ. 부동산 투자, 개발의 위험 및 불확실성 (2)
   1. 위험의 의의 및 분류
   2. 불확실성의 의의 및 위험과의 차이점

Ⅲ. 위험 및 불확실성의 검증 및 고려방법 (3)
   1. 위험의 산정방법
   2. 위험의 고려방법
   3. 불확실성의 고려방법

문1 **10점**

Ⅰ. 서설

부동산 투자와 개발의 본질은 장래의 불확실한 수익과 현재의 확실한 수익을 교환하는 행위라 할 수 있다. 합리적인 시장참가자라면 저비용 고수익의 투자, 개발안을 선택해야 하며, 투자(개발)안에 내재된 다양한 위험 또는 불확실성을 검증하고 고려해야 한다.

Ⅱ. 부동산 투자, 개발의 위험 및 불확실성

1. 위험의 의의 및 분류

<위험>이란 미래 현금흐름의 변동 가능성으로서 ① 시장상황, 경기침체에 의한 시장위험, ② 부동산 현금화 과정에서 발생하는 유동성위험, ③ 이자율 변동에 의한 이자율위험, ④ 물가상승에 의한 인플레이션위험, ⑤ 부동산업 자체에 의한 사업위험이 있다.

2. 불확실성의 의의 및 위험과의 차이점

<불확실성>이란 위험과 마찬가지로 미래 현금흐름의 변동을 의미하나, 변동가능성을 예측할 수 없다는 점에서 위험과 차이점이 있다. 위험은 측정이 가능하여 관리할 수 있으나, 불확실성은 측정이 불가능하여 관리에 한계가 있다.

Ⅲ. 위험 및 불확실성의 검증 및 고려방법

1. 위험의 산정방법

위험은 기대소득에 대한 변동성, 즉 기대소득과 실현소득의 차이를 통해 측정할 수 있다. 통계적 방법을 이용한 위험의 측정지표로 기대소득과 실현소득의 차이를 이용한 분산 또는 표준편차를 활용한다.

2. 위험의 고려방법

<단수의 투자안>에서 위험을 고려하기 위해서는 ① 위험한 투자안을 투자대상에서 제외하는 방법, ② 수익을 보수적으로 예측하는 방법, ③ 소득에 적용할 할인율에 위험할증률을 고려하는 방법 등이 있다. <복수의 투자안>에서 위험을 고려하기 위해서는 평균분산결정법을 활용할 수 있다. <전체 투자안>에서 위험을 고려하기 위해서는 상관성이 낮은 포트폴리오를 활용하여 전체 투자안의 위험을 낮출 수 있다.

3. 불확실성의 고려방법

불확실성은 위험과 달리 측정이 불가능하다. 따라서 예측할 수 없는 이자율·물가 등을 전제하거나, 특정 시나리오를 가정하여 추정하는 실물옵션법, 의사결정나무모형 등의 방법으로 고려할 수 있다. <끝>

✳ 부동산 투자

02 부동산 투자에서는 부채금융(debt loan)을 이용하여 지분에 대한 수익률을 변동시킬 수 있다. 다음 질문에 답하시오. `20점`

1) 지분에 대한 수익률(rate on equity or equity yield rate)과 자본에 대한 수익률 (rate of return on capital)의 상관관계에 대하여 설명하시오. `10점`

2) 정의 지렛대효과(positive or plus leverage effect)가 나타나는 경우와 부의 지렛대 효과(negative or minus leverage effect)가 나타나는 경우를 비교하여 설명하고, 중립적 지렛대효과(neutral leverage effect)는 어떤 경우에 발생하는가를 설명하 시오. `10점`

논점분석

- **논제** : 감정평가 응용이론 ▶ 부동산 투자 ▶ 부동산 투자의 분석 ▶ 수익과 위험
- **유형** : ① 설명형(관계) ② 설명형(비교)

지렛대효과에 대한 관계, 비교・설명형 문제입니다. 물음1은 양자의 관계를 명확하게 결론지어 서술해 주시고, 물음2는 사례를 활용하여 비교해주세요.

예시목차

Ⅰ. 서설

Ⅱ. (물음1) 지분・자본수익률의 상관관계 (5)
  1. 지분・자본수익률의 개념
  2. 지분・자본수익률의 산정
  3. 지분・자본수익률의 상관관계
    1) 지분・자본수익의 관계
    2) 지분・자본수익률의 상관관계

Ⅲ. (물음2) 지렛대효과 (5)
  1. 지렛대효과의 의의
  2. 정・부 지렛대효과의 비교
    1) 양자의 사례
    2) 양자의 비교
  3. 중립적 지렛대효과
    1) 의의
    2) 사례

Ⅳ. 결어

문2 20점

I. 서설

<부동산 투자>란 이익창출을 목적으로 부동산을 취득, 운영, 처분하는 일련의 활동을 말한다. 부동산은 부증성에 의해 고가성을 나타내므로, 부채금융을 통해 유효수요를 증대시키고 지분수익률을 극대화하는 지렛대효과의 활용이 가능하다.

II. [물음1] 지분 · 자본수익률의 상관관계

1. 지분 · 자본수익률의 개념

<수익률>이란 투하자본에 대한 수익의 비율을 의미하며, 투하자본의 성격에 따라 지분수익률과 자본수익률로 구분할 수 있다. <지분수익률>이란 지분투자액에 대한 지분수익의 비율이며, <자본수익률>은 자본투자액(지분투자액 및 부채투자액)에 대한 전체수익의 비율을 말한다.

2. 지분 · 자본수익률의 산정

자본수익률은 [순영업소득 ÷ (지분투자액 + 부채투자액)]으로 산정할 수 있으며, 지분수익률은 [(순영업소득 − 부채서비스액 − 세금) ÷ 지분투자액]으로 산정할 수 있다.

3. 지분 · 자본수익률의 상관관계

1) 지분 · 자본수익의 관계

지분수익은 자본수익(순영업소득)에서 부채서비스액과 세금을 차감한 금액이므로, 지분수익은 자본수익에 종속된다고 할 수 있다. 일반적으로 자본수익이 증가할수록 지분수익도 증가한다. 동일한 자본수익에서는 부채서비스액의 크기에 따라 지분수익이 변동한다.

2) 지분·자본수익률의 상관관계

지분수익률은 일반적으로 ① 자본수익률이 높을수록 ② 부채수익률이 낮을수록 높아진다. 자본수익률과 지분수익률의 동반 상승효과는 부채투자액비중이 높을수록 극대화되며, 이를 '지렛대효과'라고 한다.

III. [물음2] 지렛대효과

1. 지렛대효과의 의의

<지렛대효과>는 부채투자에 의해 자본수익률의 증감이 극대화되는 효과를 말한다. 지렛대효과는 자본수익률과 부채수익률의 관계에 따라 지분수익률을 증가시킬 수도 있고(정의 지렛대효과), 감소시킬 수도 있으며(부의 지렛대효과), 영향을 미치지 못할 수도 있다(중립적 지렛대효과).

2. 정·부 지렛대효과의 비교

1) 양자의 사례

자본수익률 6%, 부채수익률 4%이라고 가정할 때, ① 부채비율이 50%인 경우의 지분수익률은 [(0.06 − 0.04 × 0.50) ÷ (1 − 0.50) = 8%]이나 ② 부채비율이 80%인 경우 [(0.06 − 0.04 × 0.80) ÷ (1 − 0.80) = 14%]이다. 그러나 자본수익률이 2%라면 ① 부채비율이 50%인 경우 지분수익률은 0%이나 ② 부채비율이 80%인 경우 지분수익률은 −6%이다.

2) 양자의 비교

자본수익률과 부채수익률의 우열에 따라 ① 자본수익률이 우세할 경우에는 정의 지렛대효과, ② 부채수익률이 우세할 경우에는 부의 지렛대효과가 나타난다. 이론적으로는 부채투자액의 규모가 클수록 지렛대효과가 극대화되나, 현실적으로는 ① LTV(Loan to Value)에 따라 부채투자액의 규모가 제한되며 ② 부채투자액의 규모에 따라 부채투자자의 요구수익률이 상승하여 지렛대효과가 제한된다.

3. 중립적 지렛대효과

1) 의의

<중립적 지렛대효과>란 자본수익률과 부채수익률이 동일한 경우에 발생하며, 이 경우에는 부채투자액의 규모가 변화하더라도 지분수익률에 영향을 미치지 않는다.

2) 사례

자본수익률 4%, 부채수익률 4%이라고 가정할 때, ① 부채비율이 50%인 경우의 지분수익률은 [(0.04 − 0.04 × 0.50) ÷ (1 − 0.50) = 4%]이며 ② 부채비율이 80%인 경우에도 [(0.04 − 0.04 × 0.80) ÷ (1 − 0.80) = 4%]이다.

Ⅳ. 결어

이론적으로는 부채비율에 따라 지분수익률이 비례적으로 상승해야 하나, 현실적으로는 부채비율이 높아짐에 따라 이자율이 상향조정되므로 지분수익률의 상승은 제한될 수 있음에 유의해야 한다. <끝>

❋ 부동산 투자

▶ 기출문제 11회 5번

03 포트폴리오이론의 개념을 설명하고, 포트폴리오 위험과 구성 자산수와의 상관관계를 기술하시오. `10점`

논점분석

- **논제** : 감정평가 응용이론 ▶ 부동산 투자 ▶ 부동산 투자의 분석 ▶ 포트폴리오
- **유형** : 설명형(관계)
- **개념어** : 개념

포트폴리오에 대한 관계 설명형 문제입니다. 포트폴리오 위험에 대해 서술한 후, 구성 자산수와의 관계를 명확하게 결론지어 서술해주세요.

예시목차

Ⅰ. 서설

Ⅱ. 포트폴리오 위험과 구성 자산수와의 상관관계 (5)

1. 포트폴리오이론의 개념

2. 포트폴리오 위험

　　1) 개별자산의 위험과 포트폴리오 위험

　　2) 체계적 위험과 비체계적 위험

3. 포트폴리오 위험과 구성 자산수와의 상관관계

　　1) 개별자산의 수와 반비례 관계

　　2) 개별자산 간 상관관계에 따른 차이

문3 10점

Ⅰ. 서설

<부동산 투자분석>이란 투자안의 위험·수익의 상관관계를 파악하여, 특정 투자안의 적정성과 타당성을 평가하거나 최적의 투자안을 선택하는 활동을 말한다. 포트폴리오이론은 개별 자산이 아닌 둘 이상의 자산에 대한 분산투자를 고려한 투자분석방법이다.

Ⅱ. 포트폴리오 위험과 구성 자산수와의 상관관계

1. 포트폴리오이론의 개념

<포트폴리오>란 자산의 조합을 의미하며, <포트폴리오 효과>란 여러 자산에 분산투자하여 기대수익을 유지하면서 투자위험을 감소시키는 것을 말한다.

2. 포트폴리오 위험

1) 개별자산의 위험과 포트폴리오 위험

<개별자산의 위험>은 예상되는 수익률의 확률분포를 통해 측정할 수 있으며, <포트폴리오 위험>은 개별자산의 위험, 투자비중, 공분산에 의해 측정할 수 있다. 공분산이란 개별자산 기대수익률의 편차를 서로 곱한 값의 평균으로서, 양수인 경우 정의 상관관계, 음수인 경우 부의 상관관계를 의미한다.

2) 체계적 위험과 비체계적 위험

<체계적 위험>이란 전쟁, 인플레이션, 이자율의 변동, 경기상황 등과 같은 시장으로부터 발생하는 위험으로, 포트폴리오를 구성해도 제거되지 않는 위

험이다. 분산 불가능위험, 시장위험이라고도 한다. <비체계적 위험>이란 특정 기업이나 산업에서 제품개발, 경영실적, 노동쟁의 등으로 인해 발생하는 위험으로, 포트폴리오 구성을 통해 제거될 수 있는 위험이다. 분산 가능위험, 기업 특수위험이라고도 한다.

3. 포트폴리오 위험과 구성 자산수와의 상관관계

1) 개별자산의 수와 반비례 관계

일반적으로 개별자산의 수가 증가할수록 포트폴리오 위험은 감소한다. 그러나 구성자산의 수가 어느 수준에 이르게 되면 자산수가 증가하더라도 포트폴리오 위험이 감소하지 않으며, 이때 잔존하는 포트폴리오의 위험은 체계적 위험에 해당한다.

2) 개별자산 간 상관관계에 따른 차이

개별자산의 상관관계가 낮을수록, 즉 공분산이 음수를 나타내고 상관계수(공분산을 개별자산 수익률의 표준편차로 나눈 값)가 0과 -1 사이의 값을 가질수록 포트폴리오 위험은 감소한다. <끝>

부동산 투자

04 내부수익률의 장단점에 대하여 설명하시오. 10점

논점분석

- **논제** : 감정평가 응용이론 ▶ 부동산 투자 ▶ 부동산 투자의 분석 ▶ 타당성 분석 ▶ 내부수익률
- **유형** : 설명형(기본)

내부수익률에 대한 기본 설명형 문제입니다.

예시목차

Ⅰ. 서설

Ⅱ. 내부수익률의 장·단점 (5)

1. 내부수익률의 의의 및 활용
2. 내부수익률법의 장점
3. 내부수익률법의 단점
   1) 가치가산원칙의 불성립
   2) 재투자 가정의 비현실성
   3) 시장상황 변동의 미고려
   4) 복수의 내부수익률 존재 가능성

문4 [10점]

I. 서설

<부동산 투자분석>이란 투자안의 위험·수익의 상관관계를 파악하여, 특정 투자안의 적정성과 타당성을 평가하거나 최적의 투자안을 선택하는 활동을 말한다. 투자분석 구체적인 방법으로 회수기간법, 순현재가치법, 내부수익률법, 수익성지수법이 있다.

II. 내부수익률의 장·단점

1. 내부수익률의 의의 및 활용

<내부수익률>이란 미래 현금흐름의 현재가치 합계액과 초기투자금액을 동일하게 만드는 할인율로서, 순현재가치가 0이 되게 하는 할인율을 말한다. 단수 투자안의 경우 내부수익률이 투자자의 요구수익률과 같거나 높을 때 투자 타당성이 인정되며, 복수 투자안의 경우 가장 높은 내부수익률을 나타내는 투자안을 선택해야 한다.

2. 내부수익률법의 장점

내부수익률법은 ① 화폐의 시간적 가치를 고려한 투자분석방법으로 ② 투자자의 요구수익률과 비교하여 투자안의 타당성을 분석하므로 직관적인 투자분석방법이다. 또한 실무적으로 ③ 별도의 할인율을 산정하지 않아 주관성 개입이 최소화되며 ④ 수익률 지표를 사용하여 이자율, 요구수익률과의 비교가 간편하다는 장점이 있다.

3. 내부수익률법의 단점

1) 가치가산원칙의 불성립

<가치가산원칙>이란 개별 투자안 분석결과의 합이 둘 이상의 복합 투자안의 분석결과와 일치해야 한다는 것을 말한다. 그러나 내부수익률법은 분석결과가 비율(수익률)로 표시되어 가치가산의 원칙이 성립하지 않는다는 <u>단점이 있다.</u>

2) 재투자 가정의 비현실성

내부수익률법은 미래 현금흐름이 투자수익률로 동일하게 재투자 된다고 가정하며, 초기 투자금액에 대한 자본비용을 고려하지 않아 현실성이 부족하다는 <u>단점이 있다.</u> 이를 보완하기 위한 방법으로 수정 내부수익률법(M-IRR, Modified Internal Rate of Return)이 있다.

3) 시장상황 변동의 미고려

내부수익률법의 분석결과는 단일의 수익률로 도출되므로 보유기간 중 시장상황 또는 투자자의 요구수익률이 변화하는 경우에는 이를 반영하기 어렵다는 <u>단점이 있다.</u>

4) 복수의 내부수익률 존재 가능성

내부수익률법은 초기뿐만 아니라 중기에도 자금이 투입되는 비전형적 투자사업에서는 복수의 내부수익률이 도출될 수 있어 적용이 어렵다는 <u>단점이 있다.</u> <끝>

📘 부동산 투자

▶ 기출문제 13회 4번

05 민감도 분석에 대해 설명하시오. 5점

논점분석

- **논제** : 감정평가 응용이론 ▶ 부동산 투자 ▶ 부동산 투자의 분석 ▶ 타당성 분석 ▶ 민감도 분석
- **유형** : 설명형(약술)

민감도 분석에 대한 약술 설명형 문제입니다. 단답형으로 기술하기보다는 해당 논제의 개념적 위치를
언급하면서 서술해주세요.

예시목차

Ⅰ. 부동산 투자분석

Ⅱ. 민감도 분석
   1. 민감도 분석의 의의 및 활용
   2. 민감도 분석의 적용 절차

문5 5점

I. 부동산 투자분석

<부동산 투자분석>이란 투자안의 위험·수익의 상관관계를 파악하여, 특정 투자안의 적정성과 타당성을 평가하거나 최적의 투자안을 선택하는 활동을 말한다.

II. 민감도 분석

1. 민감도 분석의 의의 및 활용

<민감도 분석>이란 투자안의 특정 요소가 변화함에 따라 투자안의 수익이 어떻게 변화하는지 분석하는 것을 말한다. 민감도 분석을 통해 투자수익률에 영향을 미치는 요소를 판별하고 발생가능한 위험을 최소화할 수 있다.

2. 민감도 분석의 적용 절차

민감도 분석은 ① 부동산 보유기간 중 임대료, 공실률, 근리 등 수익의 구성 요소 및 투자 환경의 변화를 고려하여 시나리오를 작성한 후 ② 각 시나리오에 따라 순현재가치, 내부수익률 등 투자 결과를 비교하여 ③ 특정 요소가 투자 결과에 미치는 영향력을 파악한다. <끝>

※ 부동산 금융

▶ 기출문제 12회 1번

06 최근 부동산투자회사법이 시행되었다. 부동산투자회사제도의 의의와 제도 도입이 부동산시장에 미칠 영향에 관하여 논하시오. `20점`

논점분석

- **논제** : 감정평가 응용이론 ▶ 부동산 금융 ▶ 부동산 금융의 분류 ▶ 지분/대부금융 ▶ 지분금융
- **유형** : 논술형(영향)

부동산투자회사제도에 대한 영향 논술형 문제입니다. 소문항①은 문제의 배점을 고려해서 다양한 목차로 서술해주시고, 소문항②는 특정 논점이 제시되지 않은 논술형 문제이기 때문에 최대한 다양하게 목차화하여 서술해주세요.

예시목차

I. 서설

II. 부동산투자회사제도 (5)
  1. 부동산투자회사의 의의
  2. 부동산투자회사의 도입배경
  3. 부동산투자회사의 종류
  4. 부동산투자회사의 운용
    1) 사업 및 자산의 범위
    2) 이익배당 및 정보공시

III. 제도 도입이 부동산시장에 미칠 영향 (5)
  1. 부동산시장의 의의 및 특징
  2. 부동산시장에 미치는 영향
    1) 부동산거래의 활성화
    2) 부동산정보의 개방화
    3) 자본시장과의 통합화

IV. 결어

문6 20점

Ⅰ. 서설

<u>2001년 도입된 부동산투자회사제도는 주식을 통해 부동산시장과 자본시장을 결합시켰다.</u> 부동산투자회사제도는 고정성, 고가성, 정보의 비대칭 등 부동산 시장의 수요억제요인을 개선하고, 부동산시장과 자본시장을 동시에 활성화할 것으로 기대된다.

Ⅱ. 부동산투자회사제도

1. 부동산투자회사의 의의

<부동산투자회사>는 다수의 투자자로부터 자금을 모아 부동산에 투자·운영하고 그 수익을 투자자에게 돌려주는 부동산 간접투자기구인 주식회사를 말하며, 2001년 「부동산투자회사법」 제정을 통해 도입되었다.

2. 부동산투자회사의 도입배경

부동산투자회사제도는 ① 외환위기하에서 부동산 거래를 활성화하여 기업 및 금융기관의 구조조정을 촉진하고 ② 일반인에게 주식을 이용한 부동산 간접투자의 기회를 제공하며 ③ 부동산시장의 개방을 통해 부동산가격을 안정시키고 산업을 발전시키기 위한 목적으로 도입되었다.

3. 부동산투자회사의 종류

부동산투자회사의 종류에는 ① 자산운용전문인력 등 임·직원을 상근으로 두고 자산의 투자·운용을 직접 수행하는 <자기관리 부동산투자회사>, ② 자산의 투자·운용을 위탁하는 <위탁관리 부동산투자회사>, ③ 기업구조조정용 부동산을 투자대상으로 하는 <기업구조조정부동산투자회사>, ④ 개발사업을 투자대상으로 하는 <개발전문 부동산투자회사> 등이 있다.

3. 부동산투자회사의 운용

1) 사업 및 자산의 범위

부동산투자회사의 <u>사업</u>은 ① 부동산의 취득, 운영 및 처분, ② 부동산의 개발, ③ 부동산의 임대, ④ 부동산 사용에 관한 권리의 취득 및 처분에 국한된다.

부동산투자회사의 <u>자산</u>은 총자산의 70% 이상을 부동산, 80% 이상을 부동산 및 관련 유가증권으로 구성하여야 한다. 그 외에 부동산을 취득한 이후 3년 이내에는 처분할 수 없으며(단기 차익거래 방지), 취득·처분 시 실사보고서를 작성해야 한다.

2) 이익배당 및 정보공시

부동산투자회사는 당해 연도의 이익배당한도의 90% 이상을 주주에게 배당하여야 하며, 이익준비금은 적립하지 않는다. 또한 매 분기 및 결산기에 투자보고서를 작성하여 국토교통부장관 및 금융위원회에 제출해야 한다.

III. 제도 도입이 부동산시장에 미칠 영향

1. 부동산시장의 의의 및 특징

<부동산시장>이란 부동산의 교환 및 가격 결정이 이루어지고 부동산 자산의 이용형태 및 배분이 결정되는 공간을 말한다. 부동산시장은 수급 조절이 불안정하고 균형가격의 성립이 제한되는 등 불완전 경쟁시장의 특징을 나타낸다.

2. 부동산시장에 미치는 영향

1) 부동산거래의 활성화

부동산투자회사제도를 통해서 ① 주식을 통한 일반인들의 부동산 간접투자가 활성화되고 ② 금융기관이 아닌 주식시장의 직접금융을 통한 자금조달이 가능해지므로 부동산거래가 활성화 될 것으로 예상된다. ③ 부동산가격 상승으로 인한 자본차익도 배당을 통해 분배되므로 소득재분배 효과도 기대된다.

2) 부동산정보의 개방화

부동산투자회사는 매분기 및 결산기에 투자보고서를 공시하여야 하므로, 부동산의 취득, 운영, 처분과 관련된 신뢰성 있는 정보가 시장에 공개될 것으로 예상된다. 부동산정보의 개방을 통해 부동산시장의 투명성이 향상될 것이다.

3) 자본시장과의 통합화

부동산투자회사는 주식의 상장을 통해 자본시장의 규모를 증대시키며, 주식을 통해 자금을 조달하게 될 것이다. 부동산투자회사의 주식은 부동산시장의 경기변동뿐만 아니라 자본시장 경기변동의 영향을 받게 될 것이다.

Ⅳ. 결어

<u>부동산투자회사 관련한 감정평가 업무로서</u> ① 영업인가 시 사업대상 부동산에 대한 감정평가, ② 현물출자 부동산에 대한 감정평가, ③ 부동산투자회사 주식가치의 감정평가 등이 있다. 감정평가 시 해당 제도에 대한 이해를 바탕으로 관련 업무를 수행하여야 할 것이다.

<끝>

✱ 부동산 금융

07 프로젝트 파이낸싱에 대해 설명하시오. 5점

논점분석

- **논제** : 감정평가 응용이론 ▶ 부동산 금융 ▶ 부동산 금융의 분류 ▶ 지분/대부금융 ▶ 대부금융
- **유형** : 설명형(약술)

프로젝트 파이낸싱에 대한 약술 설명형 문제입니다. 약술형 문제는 단답형으로 서술하시기보다는, 부동산 금융 또는 감정평가에서의 개념적 위치를 활용하여 서술해주세요.

예시목차

I. 부동산 금융의 의의

II. 프로젝트 파이낸싱의 의의 및 특징

1. 의의 및 특징
2. 장·단점

문7 5점

I. 부동산 금융의 의의

<부동산 금융>이란 부동산 활동에 필요한 자금을 조달 또는 운용하는 활동을 말한다. 한국의 부동산 금융은 기성 부동산에 대한 담보금융의 형태로 발전해 왔으나, 사업부지만 확보된 개발 예정 부동산의 경우 담보금융의 대안으로 프로젝트 파이낸싱 등 개발금융이 활용되고 있다.

II. 프로젝트 파이낸싱의 의의 및 특징

1. 의의 및 특징

<프로젝트 파이낸싱>은 개발사업의 미래 현금흐름에 기초하여 자금을 조달하는 것을 말한다. 프로젝트 파이낸싱은 ① 기성 부동산이 아닌 개발 예정인 부동산에 활용되며, ② 차입자는 소유자가 아닌 특수목적회사로서 소구권 행사가 제한적이다. ③ 상환 재원 및 채권 회수는 담보물이 아닌 개발사업의 현금흐름과 사업권으로서 담보금융과 다른 특징을 나타낸다.

2. 장·단점

프로젝트 파이낸싱의 장점은 ① 사업주체의 자산상태, 신용상태와 개발사업을 구분하고 ② 담보물이 아닌 미래 현금흐름을 통해 채권을 회수하므로 사업성 있는 개발사업의 자금 조달에 대한 제약이 완화된다는 점이 있다. 단점으로는 ① 사업위험에 따라 채권회수 위험과 자금조달 비용이 증가할 수 있고 ② 미래 불확실성에 의해 사업타당성의 판단이 어려울 수 있다는 점이 있다. <끝>

부동산 금융

▶ 기출문제 36회 3번

08 부동산 프로젝트 파이낸싱(Project Financing, PF)의 개념과 특징을 설명하고, 부동산 시장 침체기에서 PF사업의 부실위험이 중가하는 요인을 쓰시오. 10점

논점분석

- **논제** : 감정평가 응용이론 ▶ 부동산 금융 ▶ 부동산 금융의 분류 ▶ 지분금융
- **유형** : 설명형(기본)
- **개념어** : 개념, 특징

프로젝트 파이낸싱에 대한 기본 설명형 문제입니다. 특징은 담보금융과의 차이점을 중심으로 서술해주시고, 부실 위험이 증가하는 요인은 위험의 종류를 기준으로 나열해주세요.

예시목차

Ⅰ. 서설

Ⅱ. 프로젝트 파이낸싱 (5)

  1. 프로젝트 파이낸싱의 개념

  2. 프로젝트 파이낸싱의 특징

    1) 차입대상 및 주체

    2) 금융위험 및 채권회수

  3. 시장 침체 시 PF 부실위험의 증가요인

    1) 수요 위축에 따른 사업위험

    2) 금리위험 및 물가위험

문8 [10점]

I. 서설

부동산 시장은 일정한 주기로 확장과 수축을 반복한다. 부동산 시장의 침체기에는 일반적으로 금리가 높은 수준을 유지하므로 부동산 거래 및 개발 활동이 위축된다. 프로젝트 파이낸싱은 대표적인 부동산 개발금융으로서 시장 침체기에 부실위험이 증가할 수 있으므로 위험요인에 대한 파악이 필요하다.

II. 프로젝트 파이낸싱

1. 프로젝트 파이낸싱의 개념

<프로젝트 파이낸싱>은 개발사업의 미래 현금흐름에 기초하여 자금을 조달하는 것을 말한다. 프로젝트 파이낸싱은 도로·철도·항만·공항 등 사회기반시설 조성 및 대규모 부동산 개발사업에 활용된다.

2. 프로젝트 파이낸싱의 특징

1) 차입대상 및 주체

프로젝트 파이낸싱의 <차입대상>은 실물 부동산이 아닌 개발 예정 부동산의 미래 현금흐름이며, <차입주체>는 부동산 소유자가 아닌 부동산 개발을 수행하는 프로젝트회사(SPC, Special Purpose Company)로서 소구권 행사가 제한된다는 특징이 있다.

2) 금융위험 및 채권회수

프로젝트 파이낸싱은 <금융위험> 측면에서 일반적인 경제위험 외에도 개발사업에 수반되는 물가위험·사업위험에 노출되므로 담보 금융 대비 위험성이 높다. <채권회수> 역시 담보물의 처분이 아닌 개발사업권의 인수 등을 통해 이루어지므로 회수의 불확실성이 높다는 특징이 있다.

3. 시장 침체 시 PF 부실위험의 증가요인

1) 수요 위축에 따른 사업위험

부동산 시장의 침체기에는 공급 대비 수요가 위축된다. 매매·임대 수요의 위축으로 개발 부동산의 분양·임대 등 사업위험이 증가할 수 있으며, 분양수익·임대수익 등 현금유입의 감소로 채무 상환이 부실화될 수 있다.

2) 금리위험 및 물가위험

부동산 시장의 침체기는 고물가에 대응하기 위한 고금리 정책으로 발생할 수 있으며, 금리는 물가가 안정될 때까지 높은 수준을 유지한다. 프로젝트 파이낸싱은 고금리에 따른 금융비용이 증가, 건축비 등 고물가에 따른 개발비용 증가로 인해 채무 상환이 부실화될 수 있다. <끝>

✳ 부동산 금융　　　　　　　　　　　　　▶ 기출문제 17회 5번

09　사모주식투자펀드　5점

논점분석

- **논제** : 감정평가 응용이론 ▶ 부동산 금융 ▶ 부동산 금융의 분류 ▶ 직접/간접금융 ▶ 간접금융
- **유형** : 설명형(약술)

사모주식투자펀드에 대한 약술 설명형 문제입니다. 약술형 문제는 단답형으로 서술하시기보다는, 부동산 금융 또는 감정평가에서의 개념적 위치를 활용하여 서술해주세요.

예시목차

Ⅰ. 금융의 의의

Ⅱ. 사모주식투자펀드
　　1. 의의 및 도입배경
　　2. 특징

문9 5점

I. 금융의 의의

<금융>이란 경제 활동에 필요한 자금을 조달 또는 운용하는 활동을 말한다. 금융은 자금의 모집에 따라 직접·간접금융, 공모·사모금융, 목적에 따라 대부금융, 투자금융 등으로 분류할 수 있다. 투자금융은 투자대상에 따라 주식, 채권, 부동산으로 분류할 수 있다.

II. 사모주식투자펀드

1. 의의 및 도입배경

<사모주식투자펀드>란 전문적인 투자관리자가 소수의 투자자로부터 자금을 모집하여 유가증권 등 투자자산에 운용하고 그 수익을 투자자에게 배분하는 투자기구를 말하며, 「자본시장과 금융투자업에 관한 법률」에 근거한다.

2. 특징

사모펀드는 소수의 투자자를 대상으로 하므로, 증권의 발행 비용 및 사무처리 절차가 간단하고 투자자의 신분과 같은 비밀이 보호되는 등 자금모집에 장점이 있다. 또한, 운용회사와의 위·수탁계약을 통해 전문적인 투자관리자에 의해 운용되므로 고수익·고위험성을 보이는 특징이 있다. <끝>

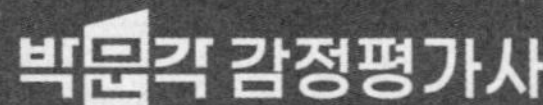
박문각 감정평가사

부록

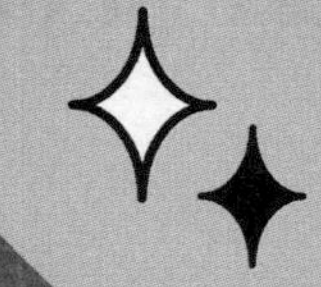

출제위원 강평 모음

모든 국가자격시험은 주관처(국토교통부), 시행처(한국산업인력공단) 그리고 출제위원이 결정한 규칙에 따라 출제됩니다. 감정평가이론 시험은 부동산학 박사 학위를 가진 교수 또는 감정평가사가 출제하고 있으며, 출제위원 강평(講評)이란 그 해 시험을 출제하고 채점한 위원들의 채점평을 말합니다.

수험 기간을 최소화하기 위해서는 시험의 규칙을 정확하게 이해해야 하며, 시험 규칙에 대한 가장 정확하고 상세한 가이드는 바로 출제위원 강평입니다. 최근에는 강평이 공개되지 않는 경우도 있으나, 30회 이상의 시험이 실시되면서 상당히 많은 내용이 축적되었습니다. 학습 방향이 흔들릴 때마다 반복해서 읽어보시면, 수험 공부의 명확한 지침이 될 것입니다.

1. 감정평가이론의 의의

- 부동산학 입장에서는 감정평가사 시험이 사법시험이나 행정고시의 성격과 역할을 맡고 있다.
- 감정평가 질서를 유지하기 위하여 입법화한 것이 감정평가법규이고, 그 입법기준이 감정평가이론이다.
- 근본적인 철학 없이 감정평가사가 되고, 감정평가 활동을 한다는 것은 참으로 두려운 일이다.
- 감정평가이론 과목의 주된 목표는 평가전반에 대한 명확한 용어사용, 평가방식의 적용, 부동산시장변화에 대한 분석능력, 감정평가사로서 펼쳐진 사상에 대한 정리와 논리적인 기술능력 등을 평가하는 데 있다. 기본적인 용어의 개념적 이해부터 현상을 분석하고 기술할 수 있는 능력을 갖추고 있는가를 물어보는데 초점을 두었다. (24회 총평)
- 부동산감정평가분야는 부동산학의 응용제분야의 한 측면이다. 부동산학의 기초분야를 총론 분야라 한다면, 응용제분야는 각론 분야라 할 수 있다. 기초분야에는 학문의 정의, 학문적 요건, 연구방법과 지도이념, 부동산의 문제, 부동산의 의의와 분류, 부동산학의 연구대상인 부동산현상과 부동산활동 등의 내용으로 구성되어 있다. 부동산 감정평가는 연혁적이나 이론적으로 부동산학의 기초분야와 매우 밀접한 관계에 있다. 서로 독립적인 관계에 있는 것이 아니라, 마치 수레의 양바퀴 모양으로 긴밀한 관계에 있다. 그러므로 감정평가론을 공부하기 전에 부동산학개론에 대한 충분한 숙지가 필요하다. (이창석 교수님, '94)
- 이론의 연구나 접근방법에 관한 신사고가 필요하고, 산학의 연계성, 학제성의 조화가 잘 이루어져야 한다.

2. 감정평가이론 출제방향

- 총론적 입장의 문제를 큰 문제로 출제하고, 종래 기출된 문제와 중복성을 가지는 문제는 가급적 배제한다.
- 감정평가업무와 관련된 이론과 실용적 업무 관련 내용이 고루 출제되었으며, 문제의도를 정확히 파악한 답안과 단순한 이론적 지식만을 가지고 서술한 답안과의 변별력이 매우 컸던 채점과정이었다. (23회 총평)
- 감정평가이론 과목의 주된 목표는 평가전반에 대한 명확한 용어사용, 평가방식의 적용, 부동산시장변화에 대한 분석능력, 감정평가사로서 펼쳐진 사상에 대한 정리와 논리적인 기술능력 등을 평가하는 데 있다. 기본적인 용어의 개념적 이해부터 현상을 분석하고 기술할 수 있는 능력을 갖추고 있는가를 물어보는데 초점을 두었다. (24회 총평)

- 단순한 암기사항 정리에 국한하지 않고 자신의 생각을 논리적으로 전개하는 능력의 평가에 중점을 두었으며 감정평가원리와 감정평가조건 설정 등을 충실히 반영하여 기술하는 것을 요구하였다. (25회 1번)
- 시사성 있는 문제, 현실문제의 해결능력을 테스트할 수 있는 문제, 기본실력을 테스트할 수 있는 문제를 출제하겠다는 분위기였다. 실제문제에 대한 판례에 관심을 가지고 있는가를 알아보기 위해서이다.
- 이 제도가 어떠한 연유에서 도입되었는가를 종래의 제도와 비교하여 설명하면서 제도의 의의에 대하여 논할 필요가 있다.
- 이는 특히 최근의 판례와 학설대립에 관한 수험자의 의견을 묻는 문제이다. 학설대립에 대한 자신의 입장이 분명히 정리되어야 한다.
- 각론 부분에 처음으로 소개되는 내용이 부동산의 입지선정 분야였다.

3. 감정평가이론 채점방향

- 문제와 채점기준 및 배점을 논의하여 결정하였다. 채점자는 배점기준에 따를 뿐이고, 수험생에게 동정을 베풀지 아니한다.
- 채점기준에서 제시하고 있는 바와 같이 보상의 기준시점과 산정의 기준시점 간 조정방법에 대해서는 구체적으로 설명하지 못하고 있다.
- 수험생이 평소 준비를 해 평이한 문제가 될 수 있어, 이론적으로 비교검토가 요구되는 감정평가업자의 손해배상책임을 문제로 구성하였다. 채점기준은 의의와 요건으로 하고, 민사상의 손해배상책임과의 구별을 하는 경우 가산점을 주도록 하였다.
- 관계법령을 모두 암기하였다고 해서 훌륭히 쓸 수 있는 문제가 아니고, 관계규정을 이해하는 데에 필요한 법리론을 어느 정도 지니고 있는가 하는 점이 중시된다.
- 문제마다 고루고루 점수가 분포될 때 역시 좋은 점수를 기대할 수 있다. 아무리 10점짜리 문제라 하더라도 논점의 체계적인 정리가 필요하다. 수험생들이 가볍게 생각할지 모르나 합, 불합격은 이러한 데서 결정된다. 정형적인 문제일수록 조금만 신경 쓰면, 나름의 목차와 내용으로 신선한 멋을 줄 수 있다. 보너스 문제를 놓친다면 합격을 기대하기 힘들다.
- 상당히 많은 수험생들이 답안작성의 균형배분감각을 잃어버리고 어느 한 문제풀이에 집착되어 있는 듯한 이상을 많이 받게 된다. 10점짜리를 그렇게 길게 쓴다고 해서 점수가 많이 나오는 것이 아니다.

4. 감정평가이론 답안구성

1) 논점 파악

- 문제를 이해하고 꼭 맞는 답을 쓸 수 있는, 동문서답을 하지 않을 정도의 사람은 그 비율이 낮았다.
- 이론에 대한 문제는 내용에 대한 이해의 깊이와 함께 논리적 서술능력을 검증하는 것이다. 이 경우 주어진 주제에 대한 지식이 가장 중요한 전제가 되나, 어떤 문제에 대해 알고 있다는 것과 알고 있는 것을 올바르게 서술하여 남에게 전달하고 납득시키는 것은 서로 다른 문제이므로 아는 것 못지않게 서술의 형식논리를 이해하는 것이 중요하다. 수험생 대부분이 주어진 문제에 대한 지식에서 큰 차이가 없을 경우, 형식논리가 결과를 좌우하게 될 수 있다. (노태욱 교수님, '98)
- 제한된 시간 내에 주어진 주제를 논리적으로 서술하기 위해서는 형식논리를 이해하고 이에 맞추어 글의 분량을 조절할 수 있어야 한다. 논리가 가장 잘 표출되는 것이 목차이므로, 목차의 논리적 맥락을 유지하고, 문항

별 배점과 답안 작성에 소요되는 시간을 고려하여 항목별 서술의 길이를 정하는 기술이 요구된다. (노태욱 교수님, '98)
- 모든 시험은 짧은 시간적 제약 속에서 이루어지므로 알고 있는 것보다 쓰는 능력이 더 중요한, 그래서 수단과 목적이 도치될 위험도 도사리고 있다. (노태욱 교수님, '98)

2) 목차 구성

- 일반적으로 논술의 일반적인 형식논리는 서론, 본론, 결론의 삼단 논법이다. 삼단의 형식논리가 기능하기 위해서는 문제의 주변에서 핵심으로 접근하는 역삼각형 논리 전개가 이루어져야 한다. 서론어서는 당해 문제가 전체적 틀, 이를테면 관련 이론이나 사조 혹은 분야 내에서 어떤 위치를 차지하고 있는가를 밝혀주어야 한다. 본론에서는 서론에서의 포괄적 서술을 바탕으로 범위를 좁혀가면서 문제의 핵심으로 접근한다. 결론에서는 그동안의 논리전개를 요약하면서 끝맺는다. 그러나 이때에도 요약에 그치지 말고 본인의 비판적 시각을 보여줄 수 있어야 한다. (노태욱 교수님, '98)
- 목차공부의 중요성은 아무리 강조해도 지나치지 않다. 현실적으로 많은 답안을 동시에 비교하는 경우 내용의 질적 비교에 들어가기도 전에 목차를 통해 선험적으로 내용의 질에 대한 선별이 이루어질 수 있기 때문이다. (노태욱 교수님, '98)
- 답안의 항목은 순서대로 기술되어야 하는 것이지, 아무런 이유 없이 뒤바뀌어서는 안 된다.
- 주어진 문제 그대로 제목을 잡아야 하고, 일목요연한 제목의 정리가 필요하다.
- 시장의 여러 요인들과 특성을 전체적으로 서술하고, 그 속에서 자본 시장의 이자율을 강조해야 할 것이다.
- 항목 간에는 유기적으로 연결되어 있어야 한다. 형식논리도 내용 못지않게 중요하다. 논점을 문단 중심으로 표현하는 요령을 숙지해야 한다.
- 답안의 체계만 잘 짜여 진다면, 논술은 실타래가 풀어지는 풀려나간다. 답안을 작성하다가 반드시 설명할 포인트가 있다면 추가적으로 메모해두도록 한다.
- 오염된 토지에 대한 평가 관련 지문은 전문가의 조언, 감정평가조건의 설정, 그리고 객관적 추정 등을 논리적으로 전개하는 것이 필요한데 다수의 수험생들이 체계를 잡지 못하고 단순히 추정방법만을 기술하는데 그치고 있었다. (25회 1번)
- 시험문제에 대한 해답은 단순히 암기에 의한 정리보다, 얼마만큼 제대로 이해하고 있으며 제반 문제와의 관련성 판단이 어느 정도 이루어지는가가 중요하다. 그리고 내용을 전개함에 있어서 논리성을 지녀야 하므로 논점에 따른 기승전결에 의한 체계적 전개가 이루어져야 하고, 용어구사도 정확하게 정리되어야 한다. (이창석 교수님, '94)

| 기본형 목차

- 제도도입이 부동산시장에 미칠 영향에서 부동산시장의 의의 또는 개념을 설명한 것은 좋았다. 이 부분이 없으면 논문에서 논리의 비약이 생긴다.
- 평가검토업무에 대해 개념, 목적, 현행 제도와의 비교, 유의사항, 정책적 제안 및 윤리측면의 강조까지 정말 나무랄 데 없는 논문 한편의 요약을 보는 듯 했다. (25회 3번)
- 본 문제는 영업권과 상가권리금의 개념과 상호비교 및 평가방법상의 차이를 묻는 문제입니다. 양자의 개념, 유사성과 차이점, 마지막으로 평가상의 한계나 어려운 점에 대한 구체적인 설명이 요구됩니다. (28회 4번)

- 대부분의 수험생들이 권리금의 정의와 종류의 기술에 그치는 경우가 많았으며 권리금에 대한 이해도 깊지 못한 것으로 평가된다. 업무영역의 확대나 새로운 감정평가기법의 도입 등을 충실하게 기술한 답안은 매우 적었다. (25회 4번)
- 토지가 국공유화되어 있는 국가에 진출하고 있는 우리 기업들과 관련된 문제로 토지의 소유권이 아닌 장기사용권의 가치를 산정하는 방법에 대해 물었습니다. 권리에 대한 가치 평가를 3방식에 따라 설명하고 규정과 업무영역 확대에 대해 이해도 높은 제안을 해준 수험생들이 있었습니다. (26회 3번)
- 신규임료와 계속임료의 평가방법과 유의점에 대하여는 ① 의의 ② 방법 ③ 유의점으로 기술하면 된다.
- 감정평가의 기능과 직업윤리는 ① 기능 ② 윤리 ③ 기능과 윤리의 관계의 순서로 정리하여 기술하면 된다.

| 문제유형별 목차

- 적지 않은 수험자들이 암기에만 급급하여 자신의 목소리를 표현하지 못하고 있으며, 이로 인해 점수에서 상당한 불이익을 받고 있다.
- 열거 정도를 요구하는 것이 아니라, 어느 정도 구체적으로 설명할 것을 요구하고 있다.
- 문제는 보유세의 인상이 부동산시장에 미치는 영향을 묻는 문제입니다. 매매 및 임대시장에 미치는 영향에 대해서 논리적인 설명을 요구하고 있으며, 결과 및 결과가 도출되는 인과관계를 정확히 설명하는 것이 핵심입니다. (26회 4번)
- 사례문제에서는 일단 문제의 제기를 하는 것이 바람직하다고 본다. 어떤 학설을 취하는지의 여부에 따라 보상액의 산정이 다르게 될 수 있다는 점을 지적하고, 어떤 학설의 입장을 취하여 답안논리를 전개할 것인지에 대하여 언급하는 것이 좋다. 수험생들은 사례문제도 논술형문제로 파악하는 경향이 있었다.
- 수험생들은 해당 사안을 구체적으로 판단하는 것과 관련하여서는 제대로 판단하지 못한 사람이 많았습니다. 결과적으로 수험서의 내용을 그대로 외워 적는 것에는 익숙하지만, 해당 제도의 목적이나 취지에 대한 깊은 이해가 부족하다고 판단됩니다. (26회 1번)
- 본 문제는 기승전결에 입각해서 문제를 이해하고, 답안을 작성해야 하는 문제입니다. 많은 수험생들이 기승전결의 틀을 갖추고자 노력한 점은 보이나, 이론적인 내용만을 기술한 형태가 많았고, 제시된 사례와 이론과의 관련성 언급이 부족하였습니다. (28회 1번)
- 영향에 대해 설명하는 문제이지, 지식을 나열하는 것을 요구하는 것이 아니다.
- 본 문제는 금리인하가 부동산에 미치는 영향을 설명하는 문제였습니다. 금리인하가 환원이율의 변화를 통해 부동산가치에 미치는 영향 등과 함께 부동산 수요와 공급에 미치는 영향 등을 보다 논리적으로 접근하는 것이 필요합니다. (27회 4번)
- 본 문제에서는 기준가치가 공정가치인 경우에 시장가치기준원칙과의 관계를 물었습니다. 양자의 관계에 대한 논리적인 설명보다는 용어 정의에만 치우친 차이 분석이나 단순히 결과적으로 동일하다는 식의 단편적인 설명이 많았습니다. (27회 2번)
- 본 문제에서는 할인현금흐름분석법 적용 시 경기변동과 관련한 할인율과 최종환원율과의 관계를 물었습니다. 경기변동에 따른 할인율과 최종환원율의 변화에 대해 인과관계를 논리적으로 설명하지 못한 수험생들이 많았습니다. (27회 2번)
- '비교하라'는 이동점을 밝히는 것으로는 충분하지 않고 유사한 점을 설명하여야 한다.

- 부동산 리모델링의 경우 리모델링의 개념을 명확히 알고 유의사항도 3방식별로 핵심적인 내용을 파악하여 기술하는 것이 필요한데, 일부 수험생들은 단순히 3방식만을 열거하고 리모델링과는 연결시키지 못한 채 일반적인 내용의 기술에 그친 경우도 있었다. (25회 1번)
- 문제가 마샬의 가치이론과 감정평가 3방식의 관계가 아닌데도, 너무 여기만 언급한다. 3방식과의 관계를 논급, 즉 논하던 김에 빠뜨리지 말고 논하라는 것이다. 답안이 주종을 혼동한 것이다. 문제자체가 마샬의 가치이론을 논하라는 것이므로, 이것과 관련된 것은 전부 써야 한다.
- 최유효이용에 대한 전반적인 이해와 상호관련성을 묻고, 부동산 시장이 침체국면일 때 최유효이용의 판단 시 유의해야 할 사항에 대해 설명하는 문제였다. 대부분의 수험생들이 교과서에 있는 내용을 옮겨 놓은 듯한 형태의 답안이 많았다. 출제자는 상황을 주었고, 그 상황을 잘 해석하고, 최종적으로 묻고자 하는 것이 무엇인가에 집중해야 한다. 교재에 있는 내용을 가지고, 그 상황을 설명하기 위한 논리적인 재구성이 필요한 것이다. (24회 1번)
- 기업가치도 가치의 3면성에 입각하고 있으므로 기업가치를 평가하는 각 방법을 유의사항과 함께 설명해야 하는데, 부동산 감정평가 3방법을 그대로 기술하는 등 문제를 잘 이해하지 못한 답안도 상당수 있었습니다. (27회 1번)
- 약술을 용어설명으로 간단히 처리했다면 점수가 낮았을 것이다. "의무와 책임을 설명하라"고 했을 경우, 의무와 책임이 강조되는 이유를 서술해주어야 한다. 용어 약술의 경우 이론적 정의나 내용은 숙지하고 있을 것이므로, 이를 다른 사람들과 특화하는 기교가 필요하다. 용어가 갖는 의미를 제기하거나, 근자에 논란이 되고 있는 부분을 설명해주는 것이 좋다.

5. 감정평가이론 답안작성

| 간결성과 정확성

- 지나친 상술은 문제의 핵심을 과대포장하여 논점을 다소 흐리게 한다. 내용이 쉽고 간결하게 요약되어 있어야 한다.
- 내용이 교과서 범위를 벗어나지 못했지만, 상위그룹에 속한다고 생각된다.
- 공부를 많이 했다는 것은 충분히 과시되지만, 득점에 별로 영향을 준다고 보기 어렵다.
- 내용이 이론적인 것이 아니라 실무적인 것이므로, 관계조문을 충실하게 기술하는 것으로 족하다.
- 수험생은 답안작성에 적합한 용어의 선택이 필요하며, 주어진 사실관계에 입각해서 기술해야 합니다. 나름의 예측이나 추론을 오류를 범할 수 있습니다. (28회 1번)
- 시간적 제한이 있다 하더라도 채점자가 답안을 알아볼 수 있는 정도의 답안 필체로 서술하고자 하는 노력이 필요하며, 중간생략, 지나친 오류 문구 정정 등의 답안도 다수 있었다. (23회)
- 각 문항이 요구하는 키워드를 중심으로 논리적이고 체계 있게 답안을 작성해야 한다. 분량이 많은 주관식 답안의 채점은 주로 키워드의 기재여부가 중요한 변수로 작용하기 때문이다. (이건세 평가사님, '96)
- 문장이 어법과 어순에 맞지 않으면 기초를 의심하게 되고 후한 점수를 주지 않게 된다. (방경식 교수님, '96)
- 한 단어가 지나치게 긴 경우는 약칭을 써서 시간을 줄여야 하고, 여러 가지 순서를 나타낼 때는 넘버링을 하면 이상적인 답안이라고 할 수 있다.

| 구체성

- 출제의도는 상당히 시사성이 있다고 생각되며, 사례의 예시가 필요하다.
- 연혁과 개요와 주창자들이 기술되어 있어 평가이론서들을 열심히 공부했다는 흔적을 읽을 수 있었다.
- 이 제도가 어떠한 연유에서 도입되었는가를 종래의 제도와 비교하여 설명하면서 제도의 의의에 대하여 논할 필요가 있다. 제도가 어떠한 목적과 의의를 지니는가에 대하여 설명하지 않고서는 제대로 이해하였다고 할 수 없다.
- 대부분의 수험생들이 간단한 이론의 전개만 하지, 그 이론의 배경과 특성과 관련된 토지 문제와의 언급은 거의 없다.

| 균형성

- 학설의 대립이 있는 부분에 대하여는 어느 하나의 학설에만 치우치지 말고 객관적 입장에서 설명할 수 있어야 한다. 학설을 설명하는 경우에도 논거와 관련된 쟁점을 제대로 정리하지 않는다면 좋은 점수를 받기 어렵다.
- 견해의 대립을 설명함과 동시에 최근의 판례를 잘 소개하고 있으며, 결론으로 자기의 주장도 잘 표현하고 있다.
- 주관식 답안작성의 기본적인 요령은 주관적 판단에 의한 주장을 피하면서, 시종일관 논지의 일관성을 유지하는 것이다. (김태훈 교수님, '98)

본 교재 〈진도별로 푸는 감정평가이론 기출문제〉는 기출문제를 단원별로 재구성하여 해설하고 있습니다. 처음부터 전체 출제 범위를 한번에 공부하기는 어렵기 때문에, 기출문제를 단원별로 재구성하여 학습 범위는 압축하고 단원별 출제 논점은 집중적으로 공부할 수 있도록 했습니다.
단원별 기출문제에 대한 학습이 어느 정도 이루어졌다면, 이제 전체 출제범위를 대상으로 복습을 할 차례입니다. 이때부터는 회차별 기출문제를 활용하여 전체적으로 내용을 정리함과 동시에 기출 경향의 흐름도 파악할 수 있을 것입니다.

✱ 2001년도 제12회 감정평가이론

01 최근 부동산투자회사법이 시행되었다. 부동산투자회사제도의 의의와 제도 도입이 부동산시장에 미칠 영향에 관하여 논하시오. 20점 예시답안 p.628

02 대체의 원칙이 감정평가과정에서 중요한 지침이 되는 이유를 부동산의 자연적 특성의 하나인 개별성과 관련하여 설명하고 이 원칙이 협의의 가격을 구하는 감정평가 3방식에서 어떻게 활용되는지 기술하시오. 20점 예시답안 p.136

03 토지시장에서 발생하는 불합리한 거래사례는 감정평가 시 이를 적정하게 보정하여야 한다. 현실적으로 보정을 요하는 요인은 어떠한 것이 있으며 이에 대한 의의와 그 보정의 타당성 여부를 논하시오. 20점 예시답안 p.451

04 다음 사항을 약술하시오. 40점

물음1) 경제적 감가수정 10점 예시답안 p.442

물음2) 감정평가 시 가격시점의 필요성 10점 예시답안 p.364

물음3) 자본회수율과 자본회수방법 10점 예시답안 p.499

물음4) 인근지역의 Age-cycle의 단계별 부동산 감정평가 시 유의점 10점
예시답안 p.55

2002년도 제13회 감정평가이론

01 최근 상업용부동산의 가치평가에서 수익방식의 적용이 중시되고 있는 바 수익방식에 대한 다음 사항을 설명하시오. `40점` 예시답안 p.477

물음1) 수익방식의 성립근거와 유용성 `10점`

물음2) 환원이율과 할인율의 차이점 및 양자의 관계 `10점`

물음3) 할인현금수지분석법의 적용 시 재매도가격의 개념 및 구체적 산정방법 `10점`

물음4) 수익방식을 적용하기 위한 조사자료 항목을 열거하고 우리나라에서의 수익방식의 적용상 문제점을 논하시오. `10점`

02 최근 노후 공동주택의 재건축이 사회문제로 대두되고 있는 가운데 재건축의 용적률이 핵심 쟁점이 되고 있다. '토지가치의 극대화'라는 최유효이용의 관점에서 재건축의 용적률이 이론적으로 어떻게 결정되는지를 설명하고, 현실적인 용적률 규제와 주택가격의 상승이 이러한 이론적 적정용적률에 미치는 영향을 설명하시오. `20점` 예시답안 p.169

03 감정평가목적 등에 따라 부동산 가격이 달라질 수 있는지에 대하여 국내 및 외국의 부동산 가격 다원화에 대한 견해 등을 중심으로 논하시오. `20점` 예시답안 p.318

04 다음을 약술하시오. `20점`

물음1) 건부감가의 판단기준과 산출방법 `10점` 예시답안 p.163

물음2) 프로젝트 파이낸싱 `5점` 예시답안 p.633

물음3) 민감도 분석 `5점` 예시답안 p.626

✱ 2003년도 제14회 감정평가이론

01 부동산평가를 위한 시장분석(market analysis)과 시장성분석(marketability analysis), 그리고 생산성분석(productivity analysis)에 대한 다음 질문에 답하시오(여기서의 생산성은 인간의 필요, 주거경제활동, 공급 만족 및 쾌적성을 충족시킬 수 있는 서비스를 제공하는 부동산의 역량을 의미한다). 40점

물음1) 부동산 시장분석과 시장성분석을 비교, 설명하시오. 20점　예시답안 p.37

물음2) 부동산의 생산성을 도시성장 및 발전과 연계하여 설명하시오. 20점　예시답안 생략

02 부동산투자에서는 부채금융(debt loan)을 이용하여 지분에 대한 수익률을 변동시킬 수 있다. 다음 질문에 답하시오. 20점　예시답안 p.616

물음1) 지분에 대한 수익률과 자본에 대한 수익률의 상관관계에 대하여 설명하시오. 10점

물음2) 정의 지렛대효과가 나타나는 경우와 부의 지렛대효과가 나타나는 경우를 비교하여 설명하고, 중립적 지렛대효과는 어떤 경우에 발생하는가를 설명하시오. 10점

03 수익성 부동산의 가치는 할인된 현금수지(discounted cash flow)와 순운영소득(net operating income)을 이용하여 구할 수 있고, 이 가치들은 대부기관의 담보가치 결정기준이 된다. 다음 물음에 답하시오. 20점

물음1) 두 평가방법으로 구한 부동산의 담보가치를 비교하여 설명하시오. 10점
예시답안 p.490

물음2) 담보가치의 결정에서 고려해야 할 사항들에 대하여 설명하시오. 10점
예시답안 p.249

04 다음 질문에 답하시오. 20점

물음1) 부동산 투자, 개발에서의 위험과 불확실성에 대하여 설명하고, 이를 검증 혹은 고려할 수 있는 방법에 대하여 설명하시오. 10점　예시답안 p.613

물음2) 내부수익률의 장단점에 대하여 설명하시오. 10점　예시답안 p.623

✱ 2004년도 제15회 감정평가이론

01 부동산 감정평가의 3방식을 이용하여 시산가격을 도출하기 위해서는 여러 단계가 필요하다. 다음에 대하여 설명하시오. 40점

물음1) 부동산 가격의 구체화, 개별화 단계에 대하여 설명하시오. 10점 예시답안 p.125

물음2) 부동산 가격수준의 단계와 내용에 대하여 설명하시오. 10점 예시답안 p.125

물음3) 부동산 감정평가를 위하여 구분하는 지역을 구체적으로 열거하고 대체성, 경쟁성, 접근성과 관련하여 설명하시오. 10점 예시답안 p.49

물음4) 부동산 가격의 경제적 특성에 대하여 설명하시오. 10점 예시답안 p.97

02 시장가격이 없는 부동산 혹은 재화의 가치를 감정평가하는 방법에 대하여 설명하시오. 20점 예시답안 p.534

03 부동산 감정평가는 기준에 따라 다양하게 분류될 수 있다. 다음에 대하여 설명하시오. 20점

물음1) 부동산 감정평가를 체계적으로 분류하는 목적을 설명하시오. 5점 예시답안 p.277

물음2) 일괄감정평가, 구분감정평가, 부분감정평가 각각에 대하여 사례를 들어 설명하시오. 15점 예시답안 p.344

04 정부가 부동산 시장에 개입하는 이유에 대하여 설명하시오. 10점 예시답안 p.25

05 상업용 부동산의 입지결정요인에 대하여 설명하시오. 10점 예시답안 생략

✱ 2005년도 제16회 감정평가이론

01 감정평가사의 직업윤리가 요구되는 이론적·법률적 근거를 설명하고, 「공익사업을 위한 토지 등의 취득 및 보상에 관한 법률(이하 '토지보상법')」 제68조 제2항의 토지소유자 추천제와 관련하여 동업자 간 지켜야 할 직업윤리의 중요성에 대해 논하시오. **30점**
예시답안 p.421

물음1) 직업윤리가 강조되는 이론적 근거

물음2) 직업윤리가 강조되는 법률적 근거

물음3) 공인·전문인으로서의 직업윤리

물음4) 토지소유자 추천제의 의의 및 지켜야 할 직업윤리

02 감정평가에 관한 규칙 제25조(소음 등으로 인한 대상물건의 가치하락분에 대한 감정평가)에 환경오염이 발생한 경우의 평가에 대한 기준을 제시하고 있다. 토양오염이 부동산의 가치에 미치는 영향과 평가 시 유의사항에 대하여 설명하시오. **20점** 예시답안 p.538

03 부동산 가격공시 및 감정평가에 관한 법률 제21조 제1항에는 "토지의 평가는 유사한 이용가치를 지닌다고 인정되는 표준지공시지가를 기준으로 하여야 한다"라고 규정되어 있으나, 표준지공시지가와 정상거래가격과의 격차가 있는 경우 기타요인으로 보정하고 있다. 기타요인 보정의 개념을 기술하고, 관련 법규 및 판례 등을 중심으로 그 타당성을 설명하시오. **20점** 예시답안 p.461

04 감정평가사 김氏는 K은행으로부터 대상부동산에 대한 담보감정평가를 의뢰받있다. 감정평가사 김氏는 현장조사 및 자료분석을 통하여 아래와 같은 자료를 수집하였다. 아래 대상부동산의 시장분석자료를 근거로 감정평가사 김氏가 K은행 대출담당자에게 담보가격의 결정에 대한 이론적 근거에 대해 부동산가격제원칙을 중심으로 기술하시오. 20점

예시답안 p.140

> 서울시 ○○구 ○○동 ×××-××번지 AA빌라 3층 301호 100평형
> 대상부동산 분양예정가 : 10억원
> 분양성검토 : 대형평형으로 인해 인근지역 내에서 분양성 악화가 우려됨
> 인근지역의 표준적 이용상황 : 40-50평형
> 인근지역의 담보평가가격수준 : 3.6억원~4.5억원
> 거래가능가격(표준적 이용상황 기준): 평형당 1000만원

05 인근지역의 개념, 요건 및 경계와 범위를 설명하시오. 10점 예시답안 p.52

06 공동주택 재건축사업의 시행 시 미동의자에 대한 매도청구 및 시가의 개념에 대해 약술하시오. 10점 예시답안 생략

✻ 2006년도 제17회 감정평가이론

01 부동산감정평가에서 부동산의 종류는 종별과 유형의 복합개념이다. 이와 관련하여 다음 사항을 논하시오. `30점`

　물음1) 부동산의 종별 및 유형의 개념과 분류목적 `10점` 　예시답안 p.22

　물음2) 종별 및 유형에 따른 가격형성요인의 분석 `10점` 　예시답안 p.104

　물음3) 종별 및 유형에 따른 감정평가 시 유의사항 `10점` 　예시답안 p.104

02 감정평가에 있어 시장가치, 투자가치, 계속기업가치 및 담보가치에 대하여 각각의 개념을 설명하고, 각 가치개념 간의 차이점을 비교한 후, 이를 가격다원론의 관점에서 논하시오. `30점` 　예시답안 p.312

03 부동산가격형성의 일반요인은 자연적, 사회적, 경제적, 행정적 제 요인으로 구분할 수 있다. 부동산가격형성의 행정적 요인 중 부동산거래규제의 내용에 대하여 설명하고, 거래규제가 감정평가에 미치는 영향에 대하여 설명하시오. `20점` 　예시답안 p.112

04 건물의 치유불가능한 기능적 감가의 개념과 사례를 기술하고, 이 경우 감정평가 시 고려해야 할 사항에 대하여 설명하시오. `10점` 　예시답안 p.445

05 다음 사항을 약술하시오. `10점`

　물음1) 비상장주식의 평가 `5점` 　예시답안 p.577

　물음2) 사모주식투자펀드 `5점` 　예시답안 p.638

2007년도 제18회 감정평가이론

01 개별부동산을 평가함에 있어 통계적 평가방법에 의한 가격이 전통적인 감정평가 3방식에 의한 가격보다 정상가격과의 차이가 크게 나타날 가능성이 있다. 그 이유를 설명하시오. 30점 　예시답안 p.516

02 지역분석과 개별분석을 통하여 부동산 가격이 부동산 시장에서 구체화되는 과정을 설명하시오. 20점 　예시답안 생략

03 부동산 가격공시 및 감정평가에 관한 법률에 의한 표준지공시지가와 표준주택가격의 같은 점과 다른 점을 설명하시오. 20점 　예시답안 p.213

04 약술문제

물음1) 공적평가에서 복수평가의 필요성 10점 　예시답안 p.279

물음2) 동적 DCF와 정적 DCF의 비교 10점 　예시답안 p.525

물음3) 건부증가와 건부감가의 성립논리 10점 　예시답안 p.166

✱ 2008년도 제19회 감정평가이론

01 일괄평가방법과 관련하여, 다음을 논하시오. `40점` `예시답안 p.329`

물음1) 토지, 건물 일괄평가에 관한 이론적 근거와 평가방법을 논하시오. `10점`

물음2) 일괄평가된 가격을 필요에 의해 토지, 건물가격으로 각각 구분할 경우 합리적 배분 기준을 논하시오. `10점`

물음3) 표준주택가격의 평가와 관련하여,
　　　(1) 현행 법령상 표준주택가격의 조사평가기준을 설명하시오. `10점`
　　　(2) 표준주택가격의 일괄평가 시 평가 3방식 적용의 타당성을 논하시오. `10점`

02 부동산가격지수와 관련하여, 다음을 설명하시오. `20점` `예시답안 p.272`

물음1) 부동산가격지수의 필요성과 기능을 설명하시오. `10점`

물음2) 부동산가격지수를 산정하는데 사용되는 대표적인 계량모형인 특성가격모형과 반복 매매모형의 원리와 각각의 장, 단점을 설명하시오. `10점`

03 향후 전자제품을 개발, 생산, 판매하기 위하여 설립된 비상장영리법인인 A기업은 설립 후 자본금 전액을 기술개발에 지출하여 당해 금액을 무형자산으로 계상하였다(다른 자산, 부채는 없음). 당해 기업의 주식가치를 평가하고자 한다. 적합한 평가방법 및 근거를 구체적으로 설명하고 장, 단점을 설명하시오. `20점` `예시답안 p.579`

04 「부동산 가격공시 및 감정평가에 관한 법률」의 표준지공시지가를 기준으로 평가한 보상평가가격과 적정가격, 실거래가격과의 관계를 설명하시오. `10점` `예시답안 p.297`

✱ 2009년도 제20회 감정평가이론

01 지상권이 설정된 토지가 시장에서 거래되고 있다. 이와 관련된 다음 물음에 답하시오. `40점`

물음1) 위 토지의 담보평가 시 유의할 점과 감가 또는 증가요인을 설명하시오. `15점`
예시답안 p.554

물음2) 위 토지의 보상평가 시 검토되어야 할 주요사항을 설명하시오. `10점` 예시답안 p.554

물음3) 감정평가목적에 따라 감정평가액의 차이가 발생할 수 있는 이유를 감정평가의 기능과 관련하여 설명하시오. `15점` 예시답안 p.209

02 공동주택 분양가상한제를 설명하고, 이 제도와 관련된 감정평가사의 역할에 대하여 논하시오.
`20점` 예시답안 p.262

03 일단지 평가에 관한 다음 물음에 답하시오. `20점` 예시답안 p.560

물음1) 일단지의 개념과 판단 시 고려할 사항에 대하여 설명하시오. `10점`

물음2) 일단지평가가 당해 토지가격에 미치는 영향과 일단지 평가의 사례 3가지를 서술하시오. `20점`

04 비주거용 부동산가격 공시제도의 도입 필요성에 대하여 설명하시오. `10점`
예시답안 p.228

05 저금리기조가 지속되는 과정에서 주택시장에 나타날 수 있는 시장변화에 대하여 설명하시오. `10점` 예시답안 p.68

2010년도 제21회 감정평가이론

01 부동산의 가격은 여러 가격형성요인의 상호작용에 의하여 영향을 받는 바, 가격형성요인에 관한 다음의 물음에 답하시오. 40점

물음1) 다른 조건이 일정할 경우 출생률 저하, 핵가족화가 주거용 부동산 시장에 미치는 영향을 설명하고, 주거용 부동산 감정평가 시 유의사항에 대하여 논하시오. 30점
예시답안 p.74

물음2) 기후변화에 대한 관심이 높아지고 있는 바, 기후변화가 부동산가격형성요인에 미칠 영향에 대하여 약술하시오. 10점 예시답안 p.109

02 비상장법인 A주식회사는 특허권을 가지고 전자제품을 제조, 판매하는 공장과 임대업에 사용하는 업무용빌딩을 소유하고 있다. A주식회사는 2009년 전자제품부문에서 50억원, 임대업에서 20억원의 당기순이익을 얻었다. A주식회사의 주식을 평가하고자 한다. 30점
예시답안 p.583

물음1) 본건 평가와 관련하여 감정평가에 관한 규칙이 인정하는 2가지 방법 및 그 장, 단점을 논하시오. 15점

물음2) 감정평가에 관한 규칙에서 규정하고 있지 않은 주식평가방법(양 방법을 혼합한 방법 포함)들을 예시하고, 평가이론의 관점에서 동 규칙 외의 방법에 의한 평가의 타당성을 논하시오. 15점

03 부동산가격에 관한 다음의 물음에 답하시오. 30점

물음1) 부동산가격의 본질에 대해 설명하시오. 5점 예시답안 p.100

물음2) 부동산가격의 특징 및 가격형성원리에 대해 설명하시오. 10점 예시답안 p.100

물음3) 부동산가격과 가격시점 간의 관계에 대해 설명하시오. 10점 예시답안 p.367

물음4) 특정가격과 한정가격의 개념을 설명하시오. 5점 예시답안 p.327

01 부동산의 가치는 여러 가지 요인에 의해 영향을 받기 때문에 감정평가사는 대상부동산의 개별적인 특성뿐만 아니라 정부의 정책과 부동산시장변화에 대해서도 이해할 필요가 있는 바, 다음의 물음에 답하시오. 40점

물음1) 최근 전력난을 완화하기 위한 초고압 송전선로 설치가 빈번하게 발생하고 있으며 이를 둘러싼 이해관계자들의 갈등도 증폭되고 있는데, 이와 관련된 선하지 보상평가방법과 송전선로 설치에 따른 보상되지 않는 손실에 대해 설명하시오. 15점
예시답안 p.565

물음2) 최근 수익형 부동산에 대한 관심이 확산되고 있는데 수익형 부동산의 특징과 그 가격형성원리에 대해 설명하시오. 15점 예시답안 p.129

물음3) 수익형 부동산의 평가방법에 대해 설명하시오. 10점 예시답안 p.370

02 부동산 감정평가 시 다양한 평가방법이 있고 정확한 가격 평가를 위해서는 경제적 상황의 변화도 고려해야할 필요가 있다. 다음의 물음에 답하시오. 30점

물음1) 감정평가에 사용될 수 있는 계량적 방법인 특성가격함수모형에 대해 설명하고, 감정평가사의 주관적 평가와 비교하여 그 장, 단점을 논하시오. 10점 예시답안 p.522

물음2) 최근의 세계경제 위기가 국내 부동산시장에 미치는 영향을 기술하고, 이러한 영향 하에서 부동산 감정평가를 할 경우 비교방식, 원가방식, 수익방식별로 유의점을 논하시오. 20점 예시답안 p.83

03 정비사업은 도시환경을 개선하고 주거생활의 질을 높이는 것이 목적인데 그 중 주택재개발 사업은 정비기반시설이 열악하고 노후·불량건축물이 밀집한 지역의 주거환경을 개선하기 위한 사업이다. 이에 관한 감정평가사의 역할이 중요한 바, 다음의 물음에 답하시오. 20점　예시답안 p.236

물음1) 주택재개발사업의 추진 단계별 목적에 따른 감정평가업무를 분류하고 설명하시오. 10점

물음2) 종전자산(종전의 토지 또는 건축물)과 종후자산(분양예정인 대지 또는 건축물의 추산액)과의 관계를 설명하시오. 10점

04 최유효이용에 관한 다음의 물음에 답하시오. 10점　예시답안 p.160

물음1) 최유효이용 판단 시 유의사항을 설명하시오. 5점

물음2) 최유효이용의 장애요인을 설명하시오. 5점

2012년도 제23회 감정평가이론

01 시장가치에 관한 다음의 물음에 답하시오. 40점 예시답안 p.281

물음1) 시장가치 개념의 변천과정을 설명하시오. 20점

물음2) 최근 시장가치 정의의 통계학적 의미를 최종평가가치의 표현방법과 관련하여 설명하시오. 20점

02 최근 수익성 부동산의 임대차시장에서는 보증부월세가 주된 임대차 계약형태로 자리를 잡고 있다. 이 수익성 부동산을 수익환원법으로 평가하고자 할 때, 다음 사항에 대하여 답하시오. 30점 예시답안 p.493

물음1) 이 수익성 부동산의 평가절차에 대해서 설명하시오. 10점

물음2) 보증금의 처리 방법과 문제점에 대해서 논하시오. 20점

03 다음 사항을 설명하시오. 20점
물음1) 실물옵션 10점 예시답안 p.531
물음2) 재건축정비사업에 있어서 매도청구소송목적의 감정평가 10점 예시답안 p.245

04 국토해양부의 부동산 실거래가 자료축적의 의의와 한계극복을 위한 감정평가사의 역할에 대해서 설명하시오. 10점 예시답안 p.266

2013년도 제24회 감정평가이론

01 부동산감정평가에서 최유효이용에 대한 다음의 물음에 답하시오. 40점

물음1) 부동산감정평가에서 최유효이용의 개념과 성립요건을 설명하시오. 5점
예시답안 p.149

물음2) 부동산가격판단 시 최유효이용을 전제로 판단해야 하는 이유를 설명하시오. 10점
예시답안 p.149

물음3) 최유효이용의 원칙과 다른 원칙들 간의 상호관련성을 설명하시오. 10점
예시답안 p.149

물음4) 부동산시장이 침체국면일 때 최유효이용의 판단 시 유의사항을 설명하시오. 15점
예시답안 p.173

02 시장분석과 지역분석에 대한 다음의 물음에 답하시오. 30점

물음1) 시장분석의 의의 및 필요성을 설명하고, 시장분석 6단계를 단계별로 설명하시오.
10점 예시답안 p.33

물음2) 부동산 감정평가에서 행하는 지역분석을 설명하고, 시장분석과의 관계를 설명하시오.
10점 예시답안 p.41

03 감정평가이론상 토지평가 방법에는 감정평가 3방식이 있으나, 감정평가 관련 법령은 토지의 경우 표준지공시지가를 기준으로 평가하도록 규정하고 있다. 다음의 물음에 답하시오.
　`20점`　예시답안 p.472

물음1) 토지평가 시 감정평가 3방식을 적용하여 평가한 가격과 표준지공시지가를 기준으로 평가한 가격과의 관계를 설명하시오.　`10점`

물음2) 표준지공시지가가 시장가치를 반영하지 못하는 경우, 표준지공시지가를 기준으로 해야 하는 감정평가에서 발생가능한 문제와 대책을 기술하시오.　`10점`

04 부동산업을 법인형태로 영위하는 경우, 해당 법인의 주식가치 평가방법을 설명하시오.
　`10점`　예시답안 p.589

✳ 2014년도 제25회 감정평가이론

01 최근 부동산시장 환경변화로 부동산감정평가에서 고려할 사항이 늘고 있다. 감정평가원리 및 방식에 대한 다음의 물음에 답하시오. `40점`

물음1) 리모델링된 부동산에 대해 감정평가 3방식을 적용하여 감정평가할 때 유의할 사항을 설명하시오. `10점` 예시답안 p.373

물음2) 토양오염이 의심되는 토지에 대한 감정평가안건의 처리방법을 설명하시오. `15점`
예시답안 p.543

물음3) 공익사업을 위해 수용될 지구에 포함되어 장기 미사용 중이던 토지가 해당 공익사업의 중단으로 지구지정이 해제되었을 때, 당해 토지 및 주변부 토지에서 초래될 수 있는 경제적 손실을 부동산평가원리에 근거하여 설명하시오. `15점`
예시답안 p.145

02 근린형 쇼핑센터 내 구분점포의 시장가치를 감정평가하려 한다. 인근에 초대형 쇼핑센터가 입지하여, 대상점포가 소재한 근린형 쇼핑센터의 고객흡인력이 급격히 감소하고 상권이 위축되어 구분점포 거래가 희소하게 된 시장동향을 고려하여 다음 물음에 답하시오. `35점`
예시답안 p.384

물음1) 대상 구분점포의 감정평가에 거래사례비교법을 적용할 경우 감정평가방법의 개요, 적용상 한계 및 수집된 거래사례의 거래조건보정에 대하여 설명하고, 그 밖에 적용 가능한 다른 감정평가방법의 개요 및 적용 시 유의할 사항에 대하여 설명하시오. `25점`

물음2) 적용된 각 감정평가방법에 의한 시산가액 간에 괴리가 발생되었을 경우 시산가액 조정의 의미, 기준 및 재검토할 사항에 대하여 설명하시오. `10점`

03 감정평가서의 정확성을 점검하고 부실감정평가 등의 도덕적 위험을 예방하기 위해서 평가 검토가 필요할 수 있다. 평가검토에 대해 설명하시오. 15점 예시답안 p.406

04 정부에서 추진 중인 상가권리금 보호방안이 제도화될 경우 권리금 감정평가업무에 변화가 나타날 것으로 예상된다. 이에 관한 상가권리금에 대해 설명하시오. 10점 예시답안 p.269

✴ 2015년도 제26회 감정평가이론

01 A법인은 토지 200m² 및 위 지상에 건축된 연면적 100m² 1층 업무용 건물(집합건물이 아님)을 소유하고 있다. 건물은 101호 및 102호로 구획되어 있으며, 101호는 A법인이 사무실로 사용하고 있고 102호는 B에게 임대하고 있다. 다음 물음에 답하시오. 40점

예시답안 p.356

물음1) A법인이 소유한 위 부동산(토지 및 건물)을 감정평가 할 경우 감정평가규칙에 따른 원칙적인 감정평가방법 및 근거, 해당 방법의 적정성을 논하시오. 15점

물음2) 임차인 C가 101호를 전세로 임차하기로 하였다. C는 전세금액 및 전세권 설정에 참고하기 위하여 101호 건물 50m²만을 감정평가 의뢰하였다. 본건 평가의 타당성에 관해 설명하시오. 10점

물음3) A법인은 토지에 저당권을 설정한 이후 건물을 신축하였으나 건물에 대해서는 저당권을 설정하지 않았다. A법인이 이자지급을 연체하자 저당권자가 본건 토지의 임의경매를 신청하였다. 이 경우 토지의 감정평가 방법에 관해 설명하시오. 5점

물음4) 해당 토지의 용적률은 50%이나 주변토지의 용적률은 100%이다. A법인이 용적률 100%를 조건으로 하는 감정평가를 의뢰하였다. 조건부평가에 관해 설명하고 본건의 평가 가능 여부를 검토하시오. 10점

02 감정평가목적에 따라 감정평가금액의 격차가 큰 경우가 있다. 다음 물음에 답하시오.
　30점　　예시답안 p.255

　물음1) 보상평가, 경매평가, 담보평가의 목적별 평가방법을 약술하고, 동일한 물건이 감정
　　　　평가목적에 따라 감정평가금액의 격차가 큰 사례 5가지를 제시하고 그 이유를 설명
　　　　하시오.　20점

　물음2) 주거용 건물을 신축하기 위해 건축허가를 득하여 도로를 개설하고 입목을 벌채 중
　　　　인 임야를 평가하고자 한다. 개발 중인 토지의 평가방식에는 공제방식과 가산방식
　　　　이 있다. 공제방식은 개발 후 대지가격에서 개발에 소요되는 제반비용을 공제하는
　　　　방식이고, 가산방식은 소지가격에 개발에 소요되는 비용을 가산하여 평가하는 방식
　　　　이다. 두 가지 방식에 따른 감정평가금액의 격차가 클 경우 보상평가, 경매평가, 담
　　　　보평가에서 각각 어떻게 평가하는 것이 더 적절한지 설명하시오.　10점

03 토지가 국공유화되어 있는 국가에서 토지의 장기사용권이 거래되는 경우, 토지의 장기사용
　　권 가치 산정방법을 감정평가 3방식을 이용해 설명하시오.　20점　　예시답안 p.602

04 부동산 보유세율의 상승이 부동산시장에 미치는 영향을 설명하시오.　10점　　예시답안 p.80

부
록

✱ 2016년도 제27회 감정평가이론

01 지식정보사회로의 이행 등에 따라 기업가치 중 무형자산의 비중이 상대적으로 증가하고 있다. 「감정평가 실무기준」에 규정하고 있는 계속기업가치의 감정평가와 관련하여 다음 물음에 답하시오. 40점 예시답안 p.569

물음1) 기업가치의 구성요소를 설명하고, 기업가치의 감정평가 시 유의사항을 설명하시오. 10점

물음2) 기업가치 감정평가에 관한 이론적 배경과 감정평가방법을 설명하고, 각 평가방법의 유의사항 및 장단점을 설명하시오. 10점

물음3) 기업가치의 감정평가에 있어서 시산가액 조정에 대하여 설명하고, 조정된 기업가치에 대한 구성요소별 배분방법에 관해 설명하시오. 10점

02 감정평가사 甲은 乙주식회사가 소유한 △△동 1번지 소재 업무용빌딩과 △△동 1-1번지 나지상태의 토지에 대하여 재무보고목적의 감정평가를 진행하려 한다. 다음 물음에 답하시오. 30점

물음1) 본건 감정평가의 기준가치는 무엇인지 그 개념에 관해 설명하고, 시장가치 기준원칙과의 관계에 관해 설명하시오. 10점 예시답안 p.305

물음2) 甲은 △△동 1번지 소재 업무용빌딩에 대하여 할인현금흐름분석법을 적용하려 한다. 이때 적용할 할인율과 최종환원율을 설명하고, 업무용 부동산시장의 경기변동과 관련하여 양자의 관계를 설명하시오. 15점 예시답안 p.506

물음3) △△동 1-1번지 토지에 대하여 공시지가기준법을 적용하여 시점수정, 지역요인 및 개별요인의 비교 과정을 거쳐 산정된 가액이 기준가치에 도달하지 못하였다고 가정할 경우 공시지가기준법에 따라 甲이 실무적으로 보정할 수 있는 방법에 관해 설명하시오. 5점 예시답안 p.459

03 사회가 발전하면서 부동산의 가치가 주위의 여러 요인에 따라 변동하기 되었는 바, 소음·환경오염 등으로 인한 토지 등의 가치하락분에 대한 감정평가와 관련하여 다음 물음에 답하시오. 20점   예시답안 p.547

   물음1) 가치하락분 산정의 일반적인 원리와 가치하락분의 제외요인 및 포함요인에 관해 설명하고, 부동산가격 제원칙과의 연관성에 관해 논하시오. 15점

   물음2) 스티그마 효과의 개념 및 특징에 관해 설명하시오. 5점

04 한국은행 기준금리가 지속적으로 인하되었다. 금리 인하가 부동산 시장에 미치는 영향에 관해 설명하시오. 10점   예시답안 p.71

✱ 2017년도 제28회 감정평가이론

01 제시된 자료를 참고하여 다음 물음에 답하시오. 40점 예시답안 p.177

> 감정평가사 甲은 감정평가사 乙이 작성한 일반상업지역 내 업무용 부동산(대지면적 : 3,000m², 건물 : 30년 경과된 철근콘크리트조 6층)에 대한 감정평가서를 심사하고 있다.
> 동 감정평가서에 따르면, 인근지역은 일반적으로 대지면적 200m² ~ 500m² 내외2층 규모의 상업용으로 이용되고 있으며, 최근 본건 부동산 인근에 본건과 대지면적이 유사한 토지에 20층 규모의 주거 및 상업 복합용도 부동산이 신축되어 입주(점) 중에 있는 것으로 조사되어 있다. 검토결과 원가방식(면적 400m² 상업용 나대지의 최근 매매사례 단가를 적용한 토지가치에 물리적 감가수정만을 행한 건물가치 합산)에 의한 시산가치가 수익방식(현재 본건 계약임대료 기준)에 의한 시산가치보다 높게 산출되어 있다.

물음1) 심사 감정평가사 甲은 감정평가사 乙에게 추가적으로 최유효이용 분석을 요청하였는 바, 최유효이용 판단기준을 설명하고 구체적인 최유효이용 분석방법을 설명하시오. 20점

물음2) 최유효이용에 대한 두 가지 분석 유형(방법)에 따른 결과가 다르다면, 그 이유와 그것이 의미하는 바를 설명하시오. 10점

물음3) 원가방식에 의한 시산가치가 수익방식에 의한 시산가치보다 높게 산출된 것이 타당한 것인지 감정평가원리(원칙)을 기준으로 설명하고, 올바른 원가방식 적용방법에 관하여 설명하시오. 10점

02 시산가액 조정에 관한 다음 물음에 답하시오. 30점 예시답안 p.396

물음1) 시산가액 조정의 법적 근거에 관하여 설명하시오. 5점

물음2) 시산가액 조정의 전제와 「감정평가에 관한 규칙」상 물건별 감정평가방법의 규정방식과의 관련성을 논하시오. 15점

물음3) 시산가액 조정 과정에서 도출된 감정평가액을 표시하는 이론적 방법에 관하여 설명하시오. 10점

03 정비사업의 관리처분계획을 수립하기 위한 종후자산 감정평가에 대한 다음의 물음에 답하시오. 20점 예시답안 p.300

물음1) 종후자산 감정평가의 기준가치에 관하여 설명하시오. 10점

물음2) 종후자산 감정평가의 성격을 감정평가방식과 관련하여 설명하시오. 10점

04 영업권과 상가권리금을 비교·설명하시오. 10점 예시답안 p.599

2018년도 제29회 감정평가이론

01 다음을 설명하고, 각각의 상호관련성에 대하여 논하시오. `40점` 예시답안 p.117

물음1) 부동산가치 발생요인과 부동산가격 결정요인

물음2) 부동산가격 결정과정(메커니즘)과 부동산가치의 3면성

물음3) 부동산가치의 3면성과 감정평가 3방식 6방법

02 다음의 제시된 자료를 참고하여 물음에 답하시오. `30점` 예시답안 p.58

> 인구 1,000만의 대도시인 A시와 약 40분 거리에 있는 인구 30만 규모의 기성도시인 B도시를 연결하는 전철이 개통되었다. 전철의 개통은 B도시의 광역접근성 개선효과를 가져와 부동산시장 및 부동산가격에 변화를 줄 것으로 예상된다.

물음1) B도시에 새롭게 신설된 전철역세권의 지역분석에 대하여 설명하시오. `15점`

물음2) 전철개통으로 인한 접근성의 개선이 B도시의 유형별 부동산시장에 미치는 긍정적·부정적 효과에 대하여 설명하시오. `15점`

03 최근 토지의 공정가치 평가가 회계에 관한 감정에 해당하는지의 여부에 대한 논란이 있었다. 이와 관련하여 다음 물음에 답하시오. `20점` 예시답안 p.197

물음1) 감정평가의 개념과 회계에 관한 감정의 개념 차이를 설명하시오. `5점`

물음2) 공정가치(fair value), 시장가치(market value) 및 회계상 가치(book value)를 비교·설명하시오. `15점`

04 감정평가의 공정성과 감정평가행위의 독립 필요성을 감정평가이론에 근거하여 설명하시오.
`10점` 예시답안 p.206

★ 2019년도 제30회 감정평가이론

01 공기업 A는 소지를 신규취득하고 직접 조성비용을 투입하여 택지를 조성한 후, 선분양방식에 의해 주택공급을 진행하려고 하였다. 그러나 「주택 공급에 관한 규칙」의 변경에 따라 후분양방식으로 주택을 공급하려고 한다. 다음의 물음에 답하시오. **40점** 예시답안 p.376

물음1) 선분양방식으로 진행하려는 시점에서 A사가 조성한 택지의 감정평가방법을 설명하시오. **10점**

물음2) 상기 개발사업을 후분양방식으로 진행하면서 택지에 대한 감정평가를 실시한다고 할 경우, 최유효이용의 관점에서 감정평가방법을 제안하시오. **10점**

물음3) '예상되는 분양대금에서 개발비용을 공제하여 대상획지의 가치를 평가하는 방법'에서 분양대금의 현재가치 산정과 개발비용의 현재가치 산정 시 고려할 점을 설명하시오. **20점**

02 시장가치에 대하여 다음의 물음에 답하시오. **30점** 예시답안 p.290

물음1) '성립될 가능성이 가장 많은 가격(the most probable price)'이라는 시장가치의 정의가 있다. 이에 대해 설명하시오. **10점**

물음2) 부동산거래에 있어 '최고가격(highest price)'과 '성립될 가능성이 가장 많은 가격'을 비교·설명하시오. **10점**

물음3) 가치이론과 가치추계이론의 관계에 대해 각 학파의 주장내용과 이에 관련된 감정평가방법별 특징을 설명하시오. **10점**

03 「감정평가에 관한 규칙」에서 감정평가 시 시장가치기준을 원칙으로 하되, 예외적인 경우 '시장가치 외의 가치'를 인정하고 있다. 그러나 현행 「감정평가에 관한 규칙」에서는 '시장가치 외의 가치'에 대한 유형 등의 구체적인 설명이 없어 이를 보완할 필요성이 있다. 감정평가 시 적용할 수 있는 구체적인 '시장가치 외의 가치'에 대해 설명하시오. `20점`
예시답안 p.322

04 부동산 가격공시와 관련된 '조사 · 평가'와 '조사 · 산정'에 대해 비교 · 설명하시오. `10점`
예시답안 p.218

✱ 2020년도 제31회 감정평가이론

01 감정평가와 관련된 다음의 물음에 답하시오. 40점 예시답안 p.189

물음1) 감정평가의 개념을 구체적으로 설명하고, 감정평가의 개념에 근거하여 기준가치 확정과 복수 감정평가의 필요성에 관하여 각각 논하시오. 20점

물음2) 시장가치와 시장가격(거래가격)의 개념을 비교하여 설명하고, 다양한 제도를 통해 시장가격(거래가격)을 수집, 분석할 수 있음에도 불구하고 감정평가가 필요한 이유에 관하여 논하시오. 20점

02 토지소유자 甲은 공익사업에 토지가 편입되어 보상액 통지를 받았다. 보상액이 낮다고 느낀 甲은 보상액 산정의 기준이 된 감정평가서 내용에 의문이 있어, 보상감정평가를 수행한 감정평가사 乙에게 다음과 같은 질의를 하였다. 이에 관하여 감정평가사 乙의 입장에서 답변을 논하시오. 30점 예시답안 p.221

물음1) 감정평가서에는 공시지가기준법을 주방식으로 적용하여 대상토지를 감정평가하였다고 기재되어 있다. 甲은 대상토지의 개별공시지가가 비교표준지공시지가보다 높음에도 불구하고 개별공시지가를 기준으로 감정평가하지 않은 이유에 관하여 질의하였다. 15점

물음2) 甲은 비교표준지 공시지가가 시장가격(거래가격)과 비교하여 낮은 수준임을 자료로 제시하면서, 거래사례비교법을 주방식으로 적용하지 않은 이유에 관하여 질의하였다. 15점

03 A토지는 OO재개발사업구역에 소재하고 있다. A토지에 대하여 재개발사업의 절차상 종전 자산의 감정평가를 하는 경우와 손실보상(현금청산)을 위한 감정평가를 하는 경우에 다음의 물음에 답하시오. `20점` `예시답안 p.241`

물음1) 각각의 감정평가에 있어 기준시점, 감정평가액의 성격 및 감정평가액 결정 시 고려할 점에 관하여 설명하시오. `10점`

물음2) 각각의 감정평가에 있어 재개발사업으로 인한 개발이익의 반영여부에 관하여 설명하시오. `10점`

04 「감정평가에 관한 규칙」에는 현황기준 원칙과 그 예외를 규정하고 있다. 예외 규정의 내용을 설명하고, 사례를 3개 제시하시오. `10점` `예시답안 p.353`

✱ 2021년도 제32회 감정평가이론

01 최근 부동산시장에서 경제적, 행정적 환경변화가 나타나고 있다. 다음 물음에 답하시오. 40점

물음1) 부동산시장을 공간시장(space market)과 자산시장(asset market)으로 구분할 때 두 시장의 관계를 설명하고, 부동산시장의 다른 조건이 동일할 때 시중은행 주택담보대출 이자율의 상승이 주택시장의 공간시장과 자산시장에 미치는 영향을 설명하시오. 20점 예시답안 p.28

물음2) 양도소득세의 상승이 부동산시장에 미치는 영향에 대해 설명하시오. 10점 예시답안 p.88

물음3) 3방식에 따른 감정평가를 할 때 부동산 경기변동에 따른 유의사항에 대해 설명하시오. 10점 예시답안 p.94

02 감정평가법인등은 감정평가관계법규 및 감정평가 실무기준에서 정하는 감정평가의 절차 및 윤리규정을 준수하여 업무를 행하여야 한다. 다음 물음에 답하시오. 30점

물음1) 감정평가 실무기준상 감정평가의 절차를 설명하시오. 10점 예시답안 p.403

물음2) 감정평가 실무기준상 감정평가법인등의 윤리를 기본윤리와 업무윤리로 구분하고, 각각의 세부내용에 대해 설명하시오. 20점 예시답안 p.427

03 광평수 토지란 해당 토지가 속해 있는 시장지역에서 일반적으로 사용하는 표준적 규모보다 훨씬 더 크다고 인식되는 토지로서, 최근에 대단위 아파트 단지개발 및 복합용도개발 등으로 인해 광평수 토지에 대한 감정평가가 증가하고 있다. 이와 관련한 다음 물음에 답하시오. 20점

물음1) 광평수 토지면적이 해당 토지의 가치에 미치는 영향을 감가와 증가로 나누어 설명하시오. 10점　예시답안 p.133

물음2) 광평수 토지의 최유효이용이 단독이용인 경우 감정평가방법에 대해 설명하시오. 10점　예시답안 p.186

04 감정평가심사와 감정평가검토에 대해 비교·설명하시오. 10점　예시답안 p.413

부록

2022년도 제33회 감정평가이론

01 최근 지식재산권에 대한 관심이 높아지면서 지식재산권에 대한 감정평가 수요도 증가하고 있다. 지식재산권 감정평가와 관련하여 다음 물음에 답하시오. 40점 예시답안 p.592

물음1) 감정평가 실무기준상 지식재산권의 개념 및 종류, 가격자료에 대해 설명하시오. 10점

물음2) 감정평가 3방식의 성립 근거와 각 방식 간의 관계에 대해 설명하시오. 10점

물음3) 감정평가 실무기준상 감정평가 3방식에 따른 지식재산권의 평가방법을 설명하고 각 방식 적용 시 유의사항에 대해 설명하시오. 20점

02 소득접근법에서 자본환원율을 결정하는 방법이다. 다음 물음에 답하시오. 30점 예시답안 p.510

물음1) 투자결합법의 2가지 유형을 구분하여 쓰고, 엘우드법을 비교ㆍ설명하시오. 20점

물음2) 자본환원율의 조정이 필요한 이유와 조정 방법을 설명하시오. 10점

03 다음 자료를 참고하여 물음에 답하시오. [20점] 예시답안 p.607

> 법원감정인인 감정평가사 甲은 손해배상(기) 사건에서 원고가 주장하는 손해액을 구하고 있다. 본 사건 부동산(제2종 일반주거지역 : 건폐율 60%, 용적률 200%) 매매 당시 매수자인 원고는 부지 내에 차량 2대의 주차가 가능하다는 피고의 주장을 믿고 소유권 이전을 완료하였으나, 부지 내의 공간(공지) 부족으로 현실적으로는 주차가 불가능함을 알게 되었다. 현장조사 결과 대상 건물(연와조)의 외벽과 인접부동산 담장 사이에 공간이 일부 있으나 협소하여 주차가 불가능한 것으로 나타났다. 기준시점 현재 대상 건물은 용적률 110%로 신축 후 50년이 경과하였으나 5년 전 단독주택에서 근린생활시설(사무소)로 용도변경 허가를 받은 후 수선을 하여 경제적 잔존내용년수는 10년인 것으로 판단되었다. 대상 부동산의 인근지역은 기존주택 지역에서 소규모 사무실로 변화하는 특성을 보이고 있고 현재 건물의 용도(이용상황)에 비추어 차량 2대의 주차공간 확보가 최유효이용에 해당한다고 조사되었다.

물음1) 이 사안에서 시장자료를 통하여 손해액을 구하기 위한 감정평가방법과 해당 감정평가방법의 유용성 및 한계점에 대하여 설명하시오. [10점]

물음2) 만일 물음1에서 시장자료를 구할 수 없는 경우, 적용 가능한 다른 감정평가방법들에 대하여 설명하고, 이러한 접근방식을 따르는 경우 손해액의 상한은 어떻게 판단하는 것이 합리적인지 설명하시오. [10점]

04 초과토지와 잉여토지의 개념을 쓰고, 판정 시 유의사항에 대하여 설명하시오. [10점]
예시답안 p.551

✱ 2023년도 제34회 감정평가이론

01 수익환원법에는 직접환원법과 할인현금흐름분석법이 있다. 다음 물음에 답하시오. `40점`

물음1) 직접환원법과 할인현금흐름분석법의 개념 및 가정에 대하여 비교 · 설명하시오.
`15점` `예시답안 p.486`

물음2) 직접환원법과 할인현금흐름분석법의 투하자본 회수의 인식 및 처리방법에 대하여
비교 · 설명하시오. `15점` `예시답안 p.502`

물음3) 할인현금흐름분석법의 한계에 대하여 설명하고, 이를 극복하는 측면에서 확률적 할
인현금흐름분석법에 대하여 설명하시오. `10점` `예시답안 p.528`

02 감정평가와 관련한 다음 물음에 답하시오. `30점`

물음1) 기준가치의 중요성에 대하여 설명하고, 택지비 목적의 감정평가서에 기재할 기준가
치에 대하여 논하시오. `15점` `예시답안 p.308`

물음2) 감정평가사 甲은 한국감정평가사협회가 설치 운영하는 감정평가심사사위원회의 심
사위원으로서 택지비 목적의 감정평가서를 심사하고 있다. 감정평가서에 기재된 공
시지가기준법상 그 밖의 요인 보정에 관한 내용은 다음의 표와 같으며, 甲은 심사
결과 감정평가서의 보완이 필요하다고 판단하고 있다. 甲의 입장에서 공시지가기준
법상 그 밖의 요인 보정에 있어 지역요인 비교 내용의 적정성에 대하여 세부 심사
의견을 기술하시오. `15점` `예시답안 p.466`

> 1) 그 밖의 요인 보정치 산정 방법 : 인근지역 또는 동일수급권 내 유사지역의 가치형성요인이 유사한
> 감정평가사례 중 적정한 비교사례를 선정하여 비교사례기준 비교 표준지의 감정평가액과 비교표준
> 지공시지가에 시점수정을 한 가액의 비율을 기준으로 산정함
> 2) 인근지역 또는 동일수급권 내 유사지역의 택지비 감정평가사례

기호	소재지 및 지번	용도지역	이용 상황	도로 조건	면적 (m²)	감정평가단가 (원/m²)	기준시점
㉮	서울특별시A구 ㄱ동 65	제3종일 반주거	아파트	광대 소각	234,000	18,900,000	2022.08.20.
㉯	서울특별시B구 ㄴ동 10	제3종일 반주거	아파트	광대 소각	150,000	21,000,000	2022.09.20.

3) 비교사례의 선정 : 감정평가사례 중 비교표준지(A구 ㄱ동 5)와 지리적으로 근접하고(A구와 B구는 서로 인접함), 토지이용계획 및 감정평가목적이 동일하거나 유사하여 비교가능성이 높은 기호 ④를 비교사례로 선정하였음

4) 시점수정치의 산정 : 감정평가서에 기재되어 있으나 생략함

5) 지역요인의 비교

조건	항목	세항목	격차율 (사례)	격차율 (표준지)	비교 내용
가로조건	가로의 폭, 구조 등의 상태	폭, 포장, 보도	1.00	1.00	유사함
		계통 및 연속성			
접근조건	도심과의 거리 및 교통시설의 상태	인근교통시설의 편의성, 인근교통시설의 도시중심 접근성	1.00	1.20	표준지는 사례 대비 도시철도와의 거리 및 편익시설 배치 상태에서 우세함
	상가의 배치상태	인근상가의 편의성, 인근상가의 품격			
	공공 및 편익시설의 배치상태	학교, 공원, 병원, 관공서 등			
환경조건	기상조건, 자연환경	일조, 온도, 조망, 지반, 지질 등	1.00	1.20	표준지는 사례 대비 조망 및 획지의 상태에서 우세함
	사회환경	거주자의 직업, 학군 등			
	획지의 상태	획지의 표준적인 면적, 획지의 정연성, 주변의 이용상황 등			
	공급 및 처리시설의 상태	상수도, 하수도, 도시가스 등			
	위험 및 혐오시설	변전소 등의 유무, 특별고압선 등의 통과 유무			
	재해발생 위험성, 공해발생의 정도	홍수, 절벽붕괴, 소음, 대기오염 등			

행정적 조건	행정상의 규제정도	용도지역, 지구, 구역 등	1.00	1.00	유사함
		기타 규제			
기타조건	기타	장래의 동향, 기타	1.00	1.00	유사함
합계			1.00	1.44	

6) 개별요인의 비교 : 감정평가서에 기재되어 있으나 생략함

7) 그 밖의 요인 보정치의 산정 : 감정평가서에 기재되어 있으나 생략함

03 담보평가와 관련한 다음 물음에 답하시오. 20점

물음1) 담보평가를 수행함에 있어 감정평가의 기능과 관련하여 감정평가의 공정성과 독립성이 필요한 이유를 설명하고, 감정평가의 공정성과 독립성을 확보할 수 있는 수단 3개를 제시하시오. 10점 예시답안 p.252

물음2) 감정평가법인이 담보목적의 감정평가서를 심사함에 있어 심사하는 감정평가사의 역할에 대하여 설명하시오. 10점 예시답안 p.410

04 다세대주택을 거래사례비교법으로 감정평가하기 위하여 거래사례를 수집하는 경우 거래사례의 요건과 각 요건별 고려사항에 대하여 약술하시오. 10점 예시답안 p.448

✱ 2024년도 제35회 감정평가이론

01 원가법에 대한 다음 물음에 답하시오. 40점   예시답안 p.434

물음1) 비용성의 원리에 기초한 원가법은 비용과 가치 간의 상관관계를 파악하는 것으로 가치의 본질을 원가의 집합으로 보고 있다. 이에 맞춰 재조달원가를 정의하고, 재생산원가 측면에서 재조달원가의 구성요소 및 산정방법에 대하여 설명하시오. 15점

물음2) 평가목적의 감가수정과 회계목적의 감가상각을 비교하여 설명하시오. 10점

물음3) 건물은 취득 또는 준공으로부터 시간의 경과나 사용 등에 따라 경제적 가치와 유용성이 감소된다. 이에 대한 감가요인을 설명하시오. 15점

02 감정평가와 관련된 다음 자료를 참고하여 물음에 답하시오. 30점   예시답안 p.337

> 1. 본건은 토지와 건물로 구성된 부동산으로 「집합건물의 소유 및 관리에 관한 법률」 시행 이전에 소유권이전등기가 되어, 현재 '건물'은 각 호수별로 등기되어 있고, '토지'의 경우도 별도로 등기되어 있음
> 2. 본건 부동산은 1층(WI호, 102호, 103호, 104호, 105호)과 2층 201호, 202호, 203호, 204호, 205호)이 각각 5개호로 구성된 상가로, 현재 건물소유자는 교회 A101호~204호)와 개인 B[205호 교회에 임대됨]임
> 3. 상가 전체가 교회로 이용 중이며, 이 중 202호, 203호, 204호는 교회의 부속 시설로 소예배실, 성경공부방, 교회휴게실로 이용 중이고, 용도상 불가분의 관계가 있을 수 있음
> 4. 202호는 5년 전에, 203호는 3년 전에, 204호는 1년 전에 교회 앞으로 각각 소유 권이전등기가 되었고, 건물과 함께 토지 역시 일정 지분이 동시에 교회 앞으로 소유권이전등기됨
> 5. 건물은 각 호 별로 구조상 독립성과 이용상 독립성이 유지되고 있음
> 6. 토지는 각 호 별 면적에 비례하여 적정한 지분으로 각 건물소유자들이 공유하고 있음
> 7. 평가대상물건은 202호, 203호, 204호이며, 평가목적은 시가참고용임

물음1) 감정평가사 甲은 평가 대상물건을 개별로 감정평가하기로 결정하였다. 주어진 자료에 근거하여 감정평가사 甲이 개별평가로 결정한 이유를 설명하시오. 10점

물음2) 반면, 감정평가사 乙은 평가 대상물건을 일괄로 감정평가하기로 결정하였다. 주어진 자료에 근거하여 감정평가사 乙이 일괄평가로 결정한 이유를 설명하시오. 10점

물음3) 개별평가와 일괄평가의 관점에서 대상물건에 부합하는 평가방법을 설명하시오. 10점

03 탁상자문과 관련한 다음 물음에 답하시오. `20점` `예시답안 p.416`

　　물음1) 탁상자문의 개념 및 방식에 대하여 설명하시오. `10점`

　　물음2) 탁상자문과 정식 감정평가와의 차이를 설명하시오. `10점`

04 최근 투자의사결정과 관련된 판단기준 중 지속가능한 성장을 판단하는 종합적 개념으로 ESG가 있으며, 부동산가치의 평가에도 영향을 미치고 있다. ESG는 환경요인, 사회요인 및 지배구조의 약칭이다. ESG의 각각에 해당하는 구성요소를 설명하고, 친환경 인증을 받은 건축물의 감정평가 시 고려해야 할 내용을 설명하시오. `10점` `예시답안 p.393`

2025년도 제36회 감정평가이론

01 다음 자료를 참고하여 물음에 답하시오. (단, 각 물음은 서로 독립적임) 40점

> 1. 농업인인 甲은 거주 목적의 단독주택을 신축하기 위해 A광역시 B군에 소재하는 토지 2필지를 매수하고 소유권이전등기를 한 후, 건축비용 마련을 위해 금융회사에 담보대출을 신청함
> 2. 매매계약일: 2024.06.01, 매매대금: 2억원, 소유권이전등기일: 2025.06.01.
> 3. 매매대상토지의 내용은 다음과 같음(매매계약일 기준)
>
> | 구분 | 면적(m^2) | 지목 | 용도지역 | 비고 |
> |---|---|---|---|---|
> | 토지 1 | 200 | 과수원 | 자연녹지지역 | 수령 약 20년생 복숭아나무 15주 소재 |
> | 토지 2 | 300 | 임야 | 자연녹지지역 | 관상수로 식재한 수고 약 10m의 소나무 10주 소재 |
>
> 4. 매매대상토지는 서로 접한 토지로서 자연취락과 인접한 난측하향 완경사지대에 위치함
> 5. 매도인은 매매대상토지를 하나의 대지로 하여 2023.12.01. 단독주택 건축허가를 받았고, 건축공사에 착수하지는 않았음
> 6. 매매계약의 특약사항으로 매매대상 토지에 소재하는 나무도 매매대상물건에 포함되며, 매도인은 건축허가와 관련된 일체의 권리에 대해 매수인에게 무상으로 양도하기로 함
> 7. 금융회사는 매매대상토지에 대해 감정평가사 乙에게 담보목적의 감정평가를 의뢰함
> 8. 기준시점(2025.07.01.) 현재 甲은 B군수로부터 건축관계자명의변경신고필증을 교부받았음
> 9. 인근지역에 소재하는 단독주택의 표준적인 획지는 대지면적이 500m^2 내외임

물음1) 乙은 대상물건의 일단지 성립여부를 분석하고 있다. 일단지 성립을 긍정하는 입장에서 그 근거를 논하시오. 15점 예시답안 p.348

물음2) 乙은 대상물건의 최유효이용분석을 하고 있다. 최유효이용의 판정기준 중 경제적 타당성 여부를 분석할 때 검토해야 할 사항에 대해 쓰시오. 15점 예시답안 p.155

물음3) 乙은 본건 매매사례(거래사례)를 토대로 인근지역의 지가수준을 분석하고 있다. 이 경우 검토해야 할 사항에 대해 쓰시오. 10점 예시답안 p.64

02 감정평가란 토지등의 경제적 가치를 판정하여 그 결과를 가액으로 표시하는 것을 말한다. 다음 물음에 답하시오. `30점`

물음1) 감정평가의 정의에 규정된 '경제적 가치'와 '판정'의 의의를 각각 쓰시오. `10점`
 예시답안 p.203

물음2) 관련 법령에 따라 '복수 감정평가'를 하는 공시지가평가, 보상평가, 재개발사업 종전자산평가의 경제적 가치 판정에 있어 유의할 점을 각각 쓰시오. (단, 감정평가 대상물건은 토지에 한함) `20점` 예시답안 p.231

> • 공시지가평가 : 「부동산 가격공시에 관한 법률」에 따른 표준지공시지가 조사·평가
> • 보상평가 : 「공익사업을 위한 토지 등의 취득 및 보상에 관한 법률」등 법령에 따라 공익사업을 목적으로 취득하는 토지에 대한 손실보상을 위한 감정평가
> • 재개발사업 종전자산평가 : 「도시 및 주거환경정비법」에 따른 재개발사업의 관리처분계획 수립과 관련된 종전자산의 감정평가

03 감정평가와 관련한 다음 물음에 답하시오. `20점`

물음1) 부동산 프로젝트 파이낸싱(Project Financing, PF)의 개념과 특징을 설명하고, 부동산시장 침체기에서 PF사업의 부실위험이 증가하는 요인을 쓰시오. `10점`
 예시답안 p.635

물음2) 부동산시장 침체기의 감정평가에서 거래사례비교법을 적용할 때 발생할 수 있는 문제점과 대응방안에 대해 논하시오. `10점` 예시답안 p.456

04 토지거래허가제의 시행이 부동산시장에 미치는 영향에 대해 쓰시오. `10점` 예시답안 p.91

박문각 감정평가사

오성범 진도별로 푸는 감정평가이론

2차 | 기출문제

제3판 인쇄 2026. 4. 15. | **제3판 발행** 2026. 4. 20. | **편저자** 오성범

발행인 박 용 | **발행처** (주)박문각출판 | **등록** 2015년 4월 29일 제2019-0000137호

주소 06654 서울시 서초구 효령로 283 서경 B/D 4층 | **팩스** (02)584-2927

전화 교재 문의 (02)6466-7202

이 책의 무단 전재 또는 복제 행위를 금합니다.

정가 45,000원
ISBN 979-11-7519-946-0

저자와의
협의하에
인지생략

MEMO